| 光明社科文库 |

徽州管理

（公元1121-1911年）

桑良至◎著

光明日报出版社

图书在版编目（CIP）数据

徽州管理：公元1121－1911年 / 桑良至著. -- 北京：光明日报出版社，2019. 3

ISBN 978－7－5194－5144－8

Ⅰ. ①徽…　Ⅱ. ①桑…　Ⅲ. ①社会管理—社会史—徽州地区—1121－1911　Ⅳ. ①D691. 22

中国版本图书馆 CIP 数据核字（2019）第 042037 号

徽州管理：公元 1121－1911 年

HUIZHOU GUANLI GONGYUAN 1121－1911 NIAN

著　　者：桑良至

责任编辑：杨　娜　　　　责任校对：赵鸣鸣

封面设计：中联学林　　　　责任印制：曹　净

出版发行：光明日报出版社

地　　址：北京市西城区永安路 106 号，100050

电　　话：010－67014267（咨询），63131930（邮购）

传　　真：010－67078227，67078255

网　　址：http：//book. gmw. cn

E － mail：yangna@gmw. cn

法律顾问：北京德恒律师事务所龚柳方律师

印　　刷：三河市华东印刷有限公司

装　　订：三河市华东印刷有限公司

本书如有破损、缺页、装订错误，请与本社联系调换，电话：010－67019571

开　　本：170mm × 240mm

字　　数：348 千字　　　　印　　张：20

版　　次：2019 年 4 月第 1 版　　　　印　　次：2019 年 4 月第 1 次印刷

书　　号：ISBN 978－7－5194－5144－8

定　　价：95. 00 元

前　　言

“徽州管理”是小农经济下以宗族为基础的生存管理模式，这个管理模式运行于宋末、元、明、清数朝，即从公元1121年到公元1911年。当然，在这个期间，徽州管理在不断地发展、完善。大面积地理区块性管理，不是运动会比赛，运动员闻令而发，到界而止，它上有承袭，下有延续。我们仅以公元1121年设徽州府，公元1911年撤销府治，横跨790年的时间段作为研究对象。公元1912年，中华民国成立，政治、文化与以前截然不同，徽州的管理就不在原来模式之中了。

中国是一个重视管理理论探讨的国家，历史上有管理类专著《管子》《韩非子》《荀子》《商君书》等，伊尹、周公是著名的管理专家。这些书与人物关心国家管理，提出了一系列有关国家管理的理论，尊君、牧民、强邦。西方率先进行工业革命，随之出现了一批企业管理学家。企业管理的特点：讲究效率与效益。

徽州管理，小农经济下以宗族为基础的生存管理，讲究名分、爱敬、伦理、安定、自然、稳定、守本、按份随时、礼让。

《徽州管理（公元1121—1911年）》，探讨了徽州人的“信仰”，这是人们反复讨论的课题，立过许多项目，出版了几本书，发表过一系列文章。把这个问题研究透彻，不是一日之功。为了功名研究学术问题，往往适得其反。

本书探讨了礼制管理，指出徽州礼制不是周朝礼制，民间礼治不同于朝廷礼治。徽州礼制建立在朱熹《家礼》基础上，祭祀礼仪则运行在明代夏言奏章获准以后。

本书探讨了徽州的家政管理，指出家政管理的四个维度：家长制、孝道、妇道、门风建设。

本书探讨了徽州的宗法制管理，祠堂、祭祀、宗族公有经济、宗族（安全、生活、教育）保障、宗谱、家法、家规、领导机制、决策机制。显然，徽州民间宗法制不同于皇家贵族宗法制。

本书探讨了徽州的公共管理，申明亭、乡约、社会秩序、滥砍滥伐、偷盗、赌博、土地买卖、佃民、乡风民俗的管理。

本书探讨了徽州的商业管理，徽州商人经商谋生，一路走来，发展成为强大的商帮。西方商人打着自由、平等、博爱的旗帜行商（历史上曾经贩卖黑奴、扩大殖民地），徽商的旗帜上可以表达为：以义谋利，亦商亦儒，光宗耀祖。在小农经济的社会，皇家专政的时代，徽州商人走出了一条成功的路，繁荣了扬州文化与徽州文化。

《徽州管理（公元 1121—1911 年）》，但愿这本书能被读者认为反映了中国文化的实质，能成为我要奉献给社会与读者的一份礼品。读书这么多年，我可以贡献给社会什么呢？

我就职于安徽大学管理学院图书馆学系，除了讲授《图书馆学基础》《图书馆管理》《数字图书馆原理与应用》，还讲授过《管理原理》《企业管理》《知识管理》等课程。1998 年，科学院自然科学基金委员会主任来安徽大学，召开基金申报座谈会，每院一个代表，我出席了座谈会。主任说，安徽社科研究的重点课题是徽州文化，你应该研究徽州管理，但是没有拿到项目，由是心系于此，已经 20 年了。我又是徽学中心研究员，所以研究徽州管理，也是我的任务。

桑良至　2018 年 8 月 9 日于翡翠湖畔

目 录
CONTENTS

第一章

宗教信仰管理

安徽省的南部，有一座美丽的黄山。黄山属于古代徽州，徽州处在崇山峻岭中，面积1.2万平方公里。公元1121年宋朝设徽州府，下辖歙县、休宁、婺源、祁门、黟县、绩溪六县，新安江是其主要的水道，所以古代文人往往以“新安”代指“徽州”。

徽州山环水绕，山清水秀。黄山是世界自然文化遗产，山下的西递、宏村是世界人文文化遗产。徽州有传说中的桃花源，有齐云山的道家圣地。徽州建筑整齐规范，宏伟的祠堂，精制的戏台，清新美丽的水口，道路边有古亭、铺，宁静的村庄，环境优美清新。

徽州文化灿烂，牌坊、祠堂、古民居建筑、新安医派、黄山画派、新安理学、徽州朴学、徽剧、徽商、宗法制等徽州文化影响深远。有人说，欲要了解中国传统文化，就得到徽州去走一趟。

徽州在严格的宗法制下形成了商品经济，在崇山峻岭中建设了书香社会。徽州这种天人合一的美好生存空间，与其卓越的管理是息息相关的。

第一节　管理目标

徽州的古民居、古亭、古桥、水道，几百年、上千年岿然不动。村庄的布局科学合理，水口、街巷、公共建筑、私人住房安排得井井有条。祠堂、坟山、宗谱这些宗法制的要件，得到妥善管理。在那个文化教育不发达、生产力低下的年代，管理一个宗族、建设一个村庄，而且千年相继连续地得以延续下来，是有难度的。村落建设，生产力、空间、物质、精神文化、公私关系等方面，充满了矛盾，徽州人依托制度、法规、风俗、人情，严格管理信仰、道德、情操、风格、品行，使得一座座山村静谧和谐，生机灵动。

徽州村落边的小河，流水滔滔，清澈见底。春汛来时，山洪暴发，巨石翻滚，河道每一年都要经受大自然的考验，古人修的河道，美观、稳固，不用后人年年翻修。徽州古建筑，蕴含了一个要素——信仰。好山好水，寄托了一定的思想信仰。

一、管理意境

宗教，一般有统一崇拜的虚拟偶像——上帝，有统一的教义（如《圣经》《古兰经》），统一的祭祀仪式与祭祀活动。中国尊孔子为圣人，孟子为亚圣，明清统治者又尊朱熹为圣人，配享孔庙。徽州人崇拜朱熹，读圣贤书，学习圣贤学说，实践圣贤理论，内圣外王，信仰儒教，志在修身、齐家、治国、平天下。

徽州的宗谱、家法、家规里写得很明白，族丁不得出家当和尚尼姑（佛教）、道士（道教），禁止信仰儒教以外的任何宗教。

民间往往有功利性许愿跪拜，病急乱烧香。知书达理的人则严守儒家经典。民众祭祀含有宗教信仰、敬仰、敬畏、亲情传承等意识，不一定完全是信仰（如佛道）。民众祭祀属于功利性的居多，属于信仰性质的较少。古制祭祀权等级化，造成民间一些祭祀的庸俗性。老百姓在烧香时，供奉鱼肉、美酒，或烧纸钱、纸制房子（现代人有纸制轿车）。有的文庙把孔子打扮成皇帝的样子，金冠朝服，其中多有腐败意味。徽州有的敬神活动含有娱乐意识，如抬阁、崇敬汪华的活动。朱熹《家礼》中规定的祭祀仪式是肃穆的，皇帝与朝廷官员祭神的仪式是隆重的，具有信仰意识。

二、徽州的信仰管理

徽州是一个宗法社会，宗法管理十分重视信仰。徽州宗谱中要求族民祖孔尊朱，不可祭祀外神。徽州人崇奉朱子，以朱子为新安所独尊。

徽州休宁县虞芮乡趋化里茗洲村《茗洲吴氏家典》凡例中第一条写道（用现代汉语表达，下同）：

朱（熹）文公著《家礼》，制定了冠礼、婚礼、丧礼、祭礼。这四项礼仪如日月一样灿烂，普及民间村落。《茗洲吴氏家典》把这四种礼仪写进家规，要求本族族民严格遵守执行，事事按照《家礼》的规矩办事。《家礼》适合于人情风俗，族民不可私自改动其中的程序和内容。众人要努力学习好《家礼》，一言一行，处处时时遵循家礼，把《家礼》视同衣食一样重要。

《茗洲吴氏家典》凡例第二条规定：《家礼》的冠婚丧祭礼仪，明确告诉我们应该如何对待“外神”。那就是，虔诚地祭祀神仙、祖宗，但千万不要祭祀外神。礼仪弄错了,信义就不存在。我们的原则:祖孔(子)尊朱(熹),信仰孔子朱熹,不得信仰其他的神。

祖孔尊朱,信仰孔子朱熹,不可祭祀外神,是《茗洲吴氏家典》的管理条例。徽州其他宗谱家规中也有此类条文。如明代范徕修《休宁范氏族谱》卷6《统宗祠规》,其中1条规定“邪巫当禁”:“今后族中凡遇僧道,诸辈勿令至门,凡超荐诵经、拜北斗、披剃等俗,并皆禁绝,违者祠中行罚。”休宁藤溪陈氏也有此类规定。

徽州人祖孔尊朱,遵循朱熹《家礼》《朱子家训》。《紫阳朱氏宗谱·朱子家训》说:我们应该注重做人,即君仁,臣忠,父慈,子孝,兄友,弟恭,夫和,妇柔。事师长以礼,交朋友以信。敬老爱幼。有德的人,即使年龄比我小,我也尊敬他;没有道德的人,就是年龄比我大,我也远离他。不轻易谈别人的缺点,也不要自矜自夸。以义行解开以往的仇,以正直化解以前结下的怨,随遇而安。容忍别人的小过,以理让人知晓其犯下的大过。善事虽小要积极地去做,恶事虽小切莫沾边。别人有恶,不要说它;别人有善,要积极地称赞它。不以私仇处世,不以私法治家。不损人利己,不妒贤嫉能。不因愤怒而横逆,不因非礼而破坏器物、伤害性命。不取不义之财,凡合理的事就做。读诗书,知礼义。教育子孙,关心童仆。尊重文人,扶持有患难的人。守分遵礼,尊天听命。这样天道会保佑你。这是行为准则,时刻不可疏忽!

朱子家训,要求族众按照各自的角色,遵循仁、忠、慈、孝、友、恭、和、柔等道德,正确对待师长、朋友、老人、儿童、有德无德的人、有缺点及有仇有怨的人。积善杜恶,无私利人,举贤能,不取不义之财,做合理的事。读诗书,知礼义。教子孙,恤侍从,敬斯文,扶患难,守礼分,尊天命。

朱熹家训,人们认为是处世做人的基本道德,适宜于任何地点、任何时代,切近终极伦理,因而影响深远,徽州千家万户实施朱子《家礼》与《朱子家训》,祖孔尊朱。

宋朝陈宓在《朱文公祠记》中盛赞朱熹是儒学集大成者。陈宓说,孔子为万世师表,学而不厌、诲人不倦。当今的朱熹,博采众长,积善成大德,运天地阴阳,精道德性命之源,知二帝三王之道,孔孟周程之心,诸子百家、天官、地志、兵机、律历,莫不穷其理。朱熹诲人,不论愚敏、贵贱、亲疏,根据其才性加以诱导。无论老幼,应接不休,有问必答。他学而不厌、诲人不倦,著书数十种,切于世教,家传人诵。先生逝世后,晚生向慕,在学宫里建朱文公祠,让学生瞻仰他的塑像,回想他精微恳切的教诲,敬其像而师其心。

清朝黄干《勉斋集(卷19)·徽州朱文公祠堂记》也表达了祖孔尊朱的思想。

黄干说:道源原于天,深入人心,关联着万事万物。如果没有圣贤,则世危邦乱;人们生而荣,死而哀,崇尚道德。尧、舜、禹、汤王、周文王、周武王、周公使得大道施行。孔子、孟子丰富了儒家“道”的理论,周敦颐、程颐、程颢、张载继承孔孟之道。朱文公又继承了周敦颐、程颐、程颢、张载的“道”。道统之传,万世而可考。朱文公,徽州人。徽州人因他而骄傲。我们在郡学建朱子祠。司马迁说,五百余年而有圣人出。孟子以后有五百余年了。历世之久,舆地之广,必有宏博俊伟之士。周程张子之后,朱文公传道。文公生于新安,治教休明,文武相济,天运所开,地灵所萃,旷古创见,是一代伟人。秦汉以来,儒道晦蚀,天理不明,人心不正,事物昧而不彰,方策将坠。文公高明,意志强毅,潜心密察,笃信力行,精粗不遗,毫厘必辨,德盛仁熟,理明义精,使得相传之道灿然昭著。徽州人得朱文公的教诲,归依于朱子学说。特建祠塑像,以慰人心,思其人,尊其道,慕其迹,师其心。公之书,家藏人诵。不为习俗所迁,不为利害所诱,居敬以立其本,穷理以致其知,躬行实践,如亲见道明,行世而安。

> 《徽州朱文公祠堂记》说,天道感于人心,动应事物,圣贤体道经世,万方安宁。尧帝、舜帝、禹王、汤王、周文王、周武王、周公行道,孔子、孟子布道,周敦颐、程颐、程颢、张载扬道,朱熹为道统的集大成者。这样天理明,人心正。我们应该不为习俗所迁,利益所诱,居敬穷理,躬行实践圣贤的学说。

徽州人定居故土是这么做的,外出经商也是这么做的。信仰不以地点时间的变动而变动。徽商外出经营,所到之地建会馆、公所,建朱子祠、文公庙,供奉朱熹木主,按时祭祀。明代浙江的尊文书院、湖北汉口的新安会馆、杭州的紫阳书院,清代的景德镇新安会馆,江苏扬州与淮安、江西九江与饶州、浙江湖州等地的徽州会馆、公所都供奉朱熹神像。

> 程瑶田在《徽州府建文昌神祠议》中写道:朱子,我新安之独尊,为斯文宗主。人们在歙县学宫边建紫阳书院,崇奉朱子。杭州、苏州的紫阳书院,皆崇奉朱子。苏州、汉口新安会馆,供朱子像,崇奉朱子,藉以昌兴文运。新安人无论在里在外,莫不崇奉朱子,以朱子为新安所独尊。徽州为朱子桑梓之邦,徽州人读朱子书,服朱子教,秉朱子礼。

综上所述,徽州人信仰儒教,尤其崇敬朱熹,信仰朱熹学说。

管理者语丝：

信仰内涵终极伦理。信仰的标的，一般指主义、学说以及宗教。宗教是实践某种教义的组织模式，一般有一个虚拟的理想天国，虚拟、唯一的崇拜偶像，统一的教义，规范的组织系统与行为方式。

古代中国的理想世界，不是虚拟的，而是二帝（尧、舜）三王（禹王、汤王、周文王）时代（<书经>称二帝三王）。传说尧舜及夏、商、周开国的时代，风调雨顺，政通人和，路不拾遗，夜不闭户，物资丰富，人心淳朴。人们信仰二帝三王所推行的“道”，孔子、朱熹是布道者。孔子及其弟子汇编了五经，朱熹给四书做集注，四书五经为儒家经典。四书为元代及其以后的科举考试的教材，即为儒家教义。

朱熹祖居徽州婺源，他在徽州讲学多年，徽州弟子很多。朱熹的学说一脉相传至元明清三朝。徽州人读朱子书，服朱子教，秉朱子礼，信仰朱熹。

参考文献：

1. 陈宓：《朱公祠记》，《福建宗教碑铭汇编 · 兴化府分册》，福建人民出版社，1995 年。

2. 黄干：《勉斋集》，台北商务印书馆，1969 年。

3. 朱熹：《朱子家训》，福建刊本，康熙年间。

4. 程瑶田：《徽州府建文昌神祠议》，《程瑶田全集（三）》，黄山书社，2008 年。

5.《休宁首村派朱氏文书》，清代线装抄本，安徽大学徽学研究中心特藏室。

6.（清）吴翟：《茗洲吴氏家典》，黄山书社，2006 年。

第二节　本源上帝及其语义之异化

人生活在世上，需要有信仰，有敬畏意识。人有了信仰，心中有定力。信仰、崇拜，往往产生超越常规的力量。有个村庄，一些人迷信某棵大树有神灵，烧香者众多，于是木匠、瓦匠齐集，一夜之间盖起一座庙宇。虽然这是愚人迷茫行为，但是它产生了极大的动力。歌星、球星、金钱的崇拜者往往也产生一些超越常规的行为，而且有的是愚不可及的。正确的信仰，产生正确的世界观，有利社会，也有利于自己。

社会与自然中有超人的力量，如海潮、地震、崇拜。人们希望生活在公平、公正、繁荣、幸福的世界里，人们希望有超越现实的力量，希望有一个主宰宇宙、万能全德、尽善尽美的上帝，调整人间与大自然中的所有事物，关心人间每一个环节的运行与发展，使得人们安心、顺心。世界上几大宗教，都宣扬存在一个理想的天国、全能的上帝。

关于信仰与“上帝”，在中国文化中是怎样的？我们可以从四书五经、孔子说起。

一、四书五经中的“上帝”

四书五经是我们的本源文化，四书五经指《大学》《中庸》《论语》《孟子》《诗经》《春秋》《周易》《尚书》《礼记》。

五经中《尚书》（即《书经》）中“上帝”一词出现的频率最高，《诗经》《春秋》《周易》《礼记》次之。

孔子以后的儒家门生编辑了四书，即《大学》《中庸》《论语》《孟子》，四书中“上帝”一词出现频率较低。

观四书五经，根据四书五经中“上帝”一词出现的频率及其语义，我们可知“上帝”崇拜与信仰的演变过程。

（一）《尚书》

《尚书》是夏、商、西周的历史文件，文体包括典、谟、训、诰、誓、命。书中关于“上帝”的语句如：

1. 虞书·舜典：“肆类于上帝，禋于六宗，望于山川，遍于群神。”

2. 商书·汤誓：“夏氏有罪，予畏上帝，不敢不正。”

3. 商书·伊训：“惟上帝不常，作善，降之百祥；作不善，降之百殃。”

4. 周书·泰誓上：“观政于商，惟受罔有悛心，乃夷居，弗事上帝神祇……天佑下民，作之君，作之师，惟其克相上帝，宠绥四方……予小子夙夜祗惧，受命文考，类于上帝。”

5. 周书·泰誓下：“郊社不修，宗庙不享……上帝弗顺，祝降时丧。尔其孜孜，奉予一人，恭行天罚。”

6. 周书·大诰：“予惟小子，不敢替上帝命，天休于宁王，兴我小邦周……迪知上帝命，越天棐忱。”

7. 周书·吕刑：“上帝监民，罔有馨香德……上帝不蠲，降咎于苗。”

《尚书》中有关“上帝”的语句出现的频率很高。《尚书》中的“天命”“天”“皇天”“昊天”，其语义等同于“上帝”。

《尚书》是夏商周及其以前朝廷遗存文件的汇编,在五经中,《尚书》篇幅最小,“上帝”一词出现频率最高。《尚书》中的“上帝”,主宰宇宙,历次改朝换代,都说是秉承上帝的旨意。天子率师攻打敌人,说是敌人缺德,替上帝恭行天罚。书中说,上帝洞悉一切,做好事,上帝给予善报;做坏事,上帝给予惩罚。天子每年定期祭祀上帝,凡朝廷大事,必须祭祀上帝。不祭祀上帝,或仪式不规范,态度不虔诚,属于执政者的罪过。

(二) 《诗经》

《诗经》是西周初年到春秋中叶的诗集,文体有风、雅、颂。书中关于“上帝”的语句如:

1. 小雅·祈父之什·正月:“既克有定,靡人弗胜。有皇上帝,伊谁云憎。”

2. 小雅·桑扈之什·菀柳:“有菀者柳,不尚息焉。上帝甚蹈,无自暱焉。俾予靖之,后予极焉。”

3. 大雅·文王之什·大明:“昭事上帝,聿怀多福……上帝临女,无贰尔心。”

4. 大雅·文王之什·皇矣:“皇矣上帝,临下有赫。监观四方,求民之莫。”

5. 大雅·生民之什·板:“上帝板板,下民卒瘅。出话不然,为犹不远。”

6. 大雅·荡之什·荡:“荡荡上帝,下民之辟。疾威上帝,其命多辟……文王曰咨,咨女殷商,匪上帝不时,殷不用旧……曾是莫听,大命以倾。”

7. 鲁颂·泮水:“上帝是依,无灾无害……无贰无虞,上帝临女。”

《诗经》里很多语句提到“上帝”,按照诗的体例,“国风”中不见“上帝”一词,“大雅”“小雅”与“颂”中出现较多。《诗经》中“上帝”表达为万能的神,上帝管理天下,为民造福。人们敬畏上帝,信赖上帝。在“大雅·文王之什”中,多次出现“帝谓文王”的语句,上帝指示文王做什么,怎么做。此即表示,周文王按照上帝的指示行事,替天行道,周文王灭商兴周是正义的。上帝与周文王语言相通,这就显然把上帝人格化了。在“雅”“颂”体诗歌中,上帝与人的情理相通,上帝保佑众生,此即表示,每个人的头顶上都有神灵。

(三) 《周易》

《周易》是上古的辩证逻辑推演法,据此推算事物的发展变化。夏代、商代已有其原型《连山》《归藏》,经周文王进一步提炼拓展与孔子的注释,成为《周易》。《周易》的文体包括经、传(彖、象、系辞等)。书中关于“上帝”的语句如:

1. 上经·豫:“先王以作乐崇德,殷荐之上帝,以配祖考。”

2. 下经·鼎:“圣人亨以享上帝,而大亨以养圣贤……”

3. 下经·益:“六二,或益之十朋之龟,弗克违,永贞吉。王用享于帝。”

4. 下经·鼎:“象也,以木巽火,烹饪也。圣人烹(饪)以享上帝。”

《周易》中“上帝”一词的出现,表示卦象显示神的意图,主人因此祭祀、祷告上帝,敬仰上帝,表示自己真诚地按照卦象的指示行事,希望上帝保佑取得成功。《周易》中“上帝”一词出现的频率不高。

(四) 《春秋》

孔子撰的编年体史书,记载了公元前722年至公元前481年鲁国的历史。后人左丘明为《春秋》作传,称《春秋·左传》;公羊高、谷梁亦给《春秋》释义,分别称作《春秋·公羊传》《春秋·谷梁传》。书中关于“上帝”的语句如:

1. 襄公(二十四年春):“上帝临女,无贰尔心……有如上帝。”

2. 成公(十三年春):“秦背令狐之盟,而来求盟于我:昭告昊天上帝。”

《春秋》是历史书,历史应该忠于事实。“上帝”属于信仰,不属于史实。《春秋》中“上帝”一词出现不多。上面摘取了书中2个有关“上帝”的语句,其一“上帝”引用自《诗经·大雅》;其二“上帝”,表示国家结盟等大事,祭祀上帝,请上帝督查,使国家大事在诚信的基础上运行。

(五) 《礼记》

《礼记》成书于汉宣帝时期的戴德与其侄子戴圣,内容包括孔子及其弟子的言行、礼仪、典章制度、行为规范、学术观点。书中关于“上帝”的语句如:

1. 王制.第五:“天子将出征,类乎上帝”(类乎,举行隆重的祭祀仪式)。

2. 月令.第六:“是月也,天子乃以元日祈谷于上帝……凡在天下九州之民者,无不咸献其力,以供皇天上帝、社稷陵寝、山林名川之祀。”

3. 郊特牲:“万物本乎天,人本乎祖,此所以配上帝也,郊之祭也,大报本反始也。”

《礼记》成书于汉代,汉代相距周代时间较长。《礼记》篇幅不小,而“上帝”一词出现的频率不高,这里所摘语句表示祭祀上帝的礼仪,以及为什么祭祀上帝。

(六) 《孟子》

孟轲,孔子之孙子思的学生,他的学说重视“义”,学说观点包括“人性善”“正心”“养气”“循天理”等。书中关于“上帝”的语句如:

1. 卷2·梁惠王下:书(周书·大誓)曰:天降下民,作之君,作之师。唯曰其助上帝,宠之四方,有罪无罪,唯我在,天下曷敢有越厥志。

2. 卷4·离娄上:诗(大雅·文王)云:商之孙子,其丽不亿。上帝既命,侯于周服。侯服于周,天命靡常……

3. 卷4 · 离娄下:孟子曰:“斋戒沐浴,则可以祀上帝”。

《孟子》一书引用了《尚书》《诗经》中有关上帝的语句。书中说了祭祀上帝的礼仪,表明上帝主宰一切,上帝主持正义,祭祀上帝应该虔诚。

(七)《中庸》

四书之一,辑录于《礼记》。该书说,天理之公,人心之私,尧授舜:人心惟危,道心惟微,惟精惟一,允执其中。书中关于“上帝”的语句如:

第18章:郊社之礼,所以事上帝也。宗庙之礼,所以祀乎其先也。

《礼记》规定:在郊社祭祀上帝,在宗庙祭祀祖先。

(八)《大学》

四书之一,辑录于《礼记》。该书教人穷理、正心、修己、治人。书中关于“上帝”的语句如:

《诗》云:殷之未丧师,克配上帝。仪监于殷,峻命不易。

此句说,朝廷的命运,在上帝的监察下运行。

(九)《论语》

《论语》,曾参、有子2人的门生(其学生的学生都称为其门生)编写,他们没有见过孔子,只是在(孔子的学生)有子、曾子传授的文献中,收集、选取的孔子语录。书中没有出现“上帝”一词,但是书中有“天”“天道”“天命”等词语。

(注:以上四书五经中引用的语句,见《四书五经》,天津古籍书店,1988年7月)

二、四书五经中“上帝”一词的语义

四书五经中的“上帝”一词可以表达为:上帝主宰天地,全能、全智、全德、尽善尽美。上帝威力无边,洞察人间一切、赏罚分明。四书五经中的“上帝”,又称为“昊天上帝”“皇天上帝”“天”,都表示至高无上的权威。上帝保佑德行良好的人,君权由上帝授予。四书五经告诉我们,古代人信仰上帝、忠于上帝、敬畏上帝,以郊社之礼祭祀上帝。

三、孔子与上帝

四书五经中“上帝”一词在五经中出现的频率高,在四书中出现的频率低,历史时代早的频率高,历史年代晚的频率较低。孔子编撰的书中“上帝”一词出现的频率高,孔子以后的儒家弟子编撰的书中“上帝”出现的频率低。

“孔子不语怪力乱神”(《论语·述而第七》),这里的“怪力乱神”,标点符号如果打在四字中间,就是怪、力、乱、神,这显然不符合事实,因为孔子经常说到“神”。如,在《周易·说卦传》中孔子说:“昔者,圣人之作《易》也,幽赞于神明而生蓍。”孔子在该卷给“神”下的定义:“神也者,妙万物而为言者也。”这表明孔子心中有神,言辞中有神,而且说“祭如在,祭神如神在”。(《论语·八佾第三》)

那么,另外一种标点方法是“孔子不语怪力、乱神”。这里“怪”“乱”是形容词,“力”“神”是名词。孔子不语“怪力、乱神”,即孔子不宣扬、不祭祀暴力与邪神。孔子“敏而好古”,孔子收集的古文献中“上帝”一词频出,孔子必然信上帝。孔子儿童时期就爱开展祭祀活动,而且孔子说过“祭神如神在”,如果不信神就不用祭祀。孔子倡导礼治,祭祀正神,极为重视飨祀上帝。《礼记》中关于飨祀上帝的礼仪,不详细,不具体,而对于祭祖先的礼仪烦琐、具体、复杂,这可能是书的作者、孔子的弟子没有看到过飨祀上帝的礼仪。

祭祀在古代是第一等重要的权力,孔子小时候就爱祭祀活动,朱熹教育学生的一项重要内容是祭祀。

孔子敏而好古,崇信周礼,周礼规定祭祀等级制,上等人祭祀上等神,下等人祭祀下等神,即天子祭祀上帝,大臣祭祀高级别的神,地方官吏祭祀地方神,老百姓只许祭祀自己的祖先。孔子祭祀的对象如果是上帝,他是不能说的,因为他不能违背周礼祭祀上帝。

按照儒家学说,尧、舜、禹、汤、周文王、周武王、周公、孔子是圣人,孔子以及后人编撰了“五经”,朱熹汇编《四书》,为儒家教义。孔子相信上帝,相信神,但不兴神道,不标榜自己是上帝的化身、上帝的儿子、真理的代言人,也不标榜自己是万能的神。

四、只有天子(皇帝)有权祭祀“上帝”

上帝万能、全权、睿智、公平、正义,人们信仰上帝,祭祀上帝。古代祭祀是第一等大事,在众多权力中,祭祀是首要的权力。礼仪规定了祭祀的许多条文。如以郊社之礼事上帝,以宗庙之礼祭祀祖先。这里的地点、用词有等级区别,地点有“郊社”与“宗庙”之分,用词有“事”与“祭祀”之异。根据《礼记·祭法》:郊社之礼,事上帝,须祭祀日月山川、历代圣哲。祭祀按照等级各有分工,天子事上帝,诸侯祭地方神。天子祭天地,诸侯祭社稷,大夫祭五祀;天子祭天下名山大川五岳,诸侯祭其所在地的名山大川。这里表明古代的神、人、山川是分等级的。一等人祭祀一等神与山川,二等人祭祀二等神与其所在地的山川,三等人祭祀三等神与其所在地的山川,这是官祭、公祭。

私祭也分等级,古代私祭(祭祖)等级严格。《礼记·王制》规定:"天子七庙(一代祖先一庙),三昭三穆,与大祖(第一个受到封号的祖先)之庙而七(庙)。诸侯五庙,二昭二穆,与大祖之庙而五(庙)。大夫三庙,一昭一穆,与大祖之庙而三(庙)。士一庙。庶人祭于寝。"《礼记》规定皇帝可以建庙祭祀自己的7代祖先、诸侯建庙祭祀自己的5代祖先、大夫建庙祭祀自己的3代祖先,而士族只有一庙祭祀自己的祖先。庶民不得建祖庙,只可以在住所中祭祖。

祭祀礼仪依照等级而不同。天子事上帝,采用"飨"的礼仪,普天之下共皇天上帝社稷之飨,君民共祭同乐。郊社礼事上帝,是全民活动,公祭的对象是天下人共同信仰的上帝。天子率大臣事上帝与大社的神灵,而一般臣子与老百姓则祭祀本地社稷与山川河海等神灵。天子对上帝的礼仪活动称作"事"与"飨",对其他神的礼仪活动称作"祭",或"祀"。"飨"是最高祭祀礼仪。《礼记·礼器》载:"飨帝于郊,升中于天,而凤皇(凰)降,龟龙假(驾);飨帝于郊,而风雨节,寒暑时(风调雨顺)。"这说明在周朝人们事上帝的活动非常规范,规模非常隆重,寄予的期望值很大。

事上帝的活动规模盛大,需要举行仪式,烧烤祭品,夜火通明。所以皇帝"乃命四监收秩薪柴,以供郊庙及百祀之薪燎"(《礼记·月令》),盛大的事上帝活动,事前官员要做有关的物质供应准备。"天子乃与公卿大夫共饬国典,论时令以待来岁之宜。乃命太史次诸侯之列,赋之牺牲,以共皇天上帝社稷之飨(xiang)。凡在天下九州之民者,无不咸献其力,以共皇天上帝社稷寝庙山林名川之祀"(《礼记·月令》)。天子事上帝为国家级典礼,当天政府官员必须出席,诸侯贡献祭品,太史献赋文。地方官与老百姓在当地贡献祭品,开展祭祀活动。君臣与百姓在不同地点同时参与盛大的事上帝,礼仪庄重,规范有序。

事上帝是重要的教育活动,《礼记·礼器》中记载:孔子说,"颂诗三百,不足以一献;一献之礼,不足以大飨;大飨之礼,不足以大旅;大旅具矣,不足以飨帝"。献、大飨、大旅、飨帝分别为四个档次的祭祀活动。"献"属于最低一级,"飨帝"为最高一级。天道至教,圣人至德。参加"飨帝"活动,有益于培养人们良好的道德。不同级别的祭祀给予人不同的教育效果,规模宏大的"飨帝"给人的教育作用非同一般。孔子说,背诵300首诗(其实寓意文化教育)的教育效果还不如参加一次最低一级的祭祀活动。孔子认为祭祀的教育作用大于普通的文化学习,其实质即孔子重视信仰。所以宋代朱熹在书院教育中专设祭祀课。

汉以后的儒家壮大起来,他们把儒家学术全力用在辅政上,不重视宗教功能。

朱熹及元明清朝廷的活动,把儒家学术转化为儒教,儒学开始具有宗教功能,但是儒教仅仅是皇家政治的工具,没有独立的宗教地位。儒家没有深刻理解孔子的话:“颂诗三百,不足以一献;一献之礼,不足以大飨;大飨之礼,不足以大旅;大旅具矣,不足以飨帝。”孔子说,事上帝,是对人最重要的教育。为什么?上帝圣明全德,尽善尽美,公平正义。事上帝,就是信仰上帝。一个人信仰上帝,则其心中有美好的天国,有主持正义的神,存在理想的世界,世界是光明的,前程远大而幸福。有定力,有信心。如果不信上帝,则没有理想的世界,没有美好的追求目标,不愿遵守契约、规则,甘愿做混世虫。从这个角度看问题,孔子的话意义深远。

举行祭拜上帝的仪式由天子(以后的皇帝)主持,天子代表上帝行使权利,民众是天子的臣民,天子代表民众祭祀上帝,民众不得自行祭祀上帝。天子飨上帝,上帝保佑天子。如果万民飨上帝,上帝保佑万民,皇帝就有些不自在了。

自春秋始,礼崩乐坏,天子“以郊社之礼事上帝”,诸侯不应,臣民不关心。本来郊事上帝,火树银花,全国上下君民同乐。天下纷争,诸侯各自为政,君不君,臣不臣,谁来行郊社之礼呢?长此以往,百姓只知私祭,忘了公祭。心中有祖先,没了上帝。天子掌控专事上帝的权利,可是统治者不作为,老百姓奈之何?久而久之,上帝的概念淡化了。

历史上,西方政治制度进行了一系列的探讨与改革,宗教信仰制度也进行了几次重大改革。如从多神崇拜到专一神崇拜,从旧经书到新经书,宗教信仰逐渐普及。我国秦始皇执政以来,政教浇于一版,哲学、文化、科学技术、教育、宗教、信仰,一统于政,政归于皇帝,皇帝主宰一切。历代皇帝效法古人“郊事上帝”,但不是“天下九州之民者,无不咸献其力,以共皇天上帝社稷寝庙山林名川之祀”。本来皇帝飨上帝,皇帝与百姓共同参与,属于共同的信仰活动,以后变为与百姓无关联的活动。“上帝”的概念淡化了,封建社会的《三字经》《今古贤文》、名人家训、《幼学琼林》等基础教本中没有上帝,只有追根寻祖的三皇五帝。

根据本源文化,信仰上帝,即崇敬道德,崇敬至善至美,崇敬公平正义,向往理想化的境界。郊祀的礼仪淡化了,信仰发生了缺失。《隋书》卷6·志第1·礼:“万物本乎天,人本乎祖,所以配上帝也。秦人荡六籍以为煨烬,祭天之礼残缺,儒者各守其所见物而为之义焉。”

秦朝以后,我们的本源文化给扭曲了,但是人们自发的崇拜上帝现象时而有之,人们在文字与口头上常用到“上帝”一词,只是这个“上帝”的语义被扭曲了。皇帝每年郊祀上帝,但是他们不见得信仰上帝,以至于唐朝某某皇帝崇敬佛教,明朝某某皇帝崇敬道教,南明永历帝的太后、王后、太子等人成为天主教的教民。

五、“上帝”语义的异化

历代皇帝飨上帝的礼仪活动，一直在进行，只是秦代以后的飨上帝仪式僵化、庸俗，以至于使“上帝”语义异化。

（一） 史书中的异化

“上帝”语义的异化，可见于正史。

1.《史记》卷8·高祖本纪·第8:“于是令祠官祀天地、四方上帝、山川，以时祀之。”

汉高祖祭祀上帝，不用“事”与“飨”，用“祀”，皇帝不亲自事上帝，令祠官祀天地、四方上帝。这种行为不合《四书五经》规定的礼仪，在这里上帝失去了经书中的神圣。“四方上帝”是“上帝”语义的异化，《书经》中没有出现“四方上帝”一词。上帝全职全能，四方上帝则分工分责，不符合上帝的神圣性意念。

2.《汉书》·卷25(下)·郊祀志·第5(下):“冬至日祀上帝于明堂。”《礼记·明堂位》载:“明堂也者，明诸侯之尊卑也。”

明堂不是事上帝之处，此条已不合《礼记》之规范。此处“上帝”或指代为“先帝”。但是“先帝”不用郊祀，祀上帝不应在冬至日。

3.《晋书》卷31·列传·第1:“玄云入户，上帝锡母萌之符，黄神降征……”

这里纯粹是道家语言，不是我们本原文化的上帝。

4.《北史·卷10·周本纪(下)第10》:“既自比上帝，不欲令人同己”。

把自己看作上帝一样尊贵，对上帝大为不敬，丝毫没有敬畏上帝的意识。

5.《隋书·卷6·志第1》:“天称皇天，亦称上帝，亦直称帝。五行大帝亦得称上帝，但不得称天。”其卷14·志第9:“迎送神及皇帝初献、礼五方上帝，并奏《高明》之乐，为《覆寿》之舞。”

《隋书·志》中说，天、皇天、上帝，语义等同，可以简称“帝”。五行(金木水火土)大帝也可以称作上帝，“上帝”与“天”等同，“五行上帝”不等同于“天”，小于“天”。五行上帝之外还有五方(东西南北中)上帝。上帝一词语义混乱，天、皇天、上帝指主宰宇宙的神(唯一)，这里把金星、木星、水星、火星、土星、东方、西方、南方、北方、中心等神也称作上帝，上帝多元化。天子祭祀上帝，一般指祭祀主宰宇宙的上帝。

6.《旧唐书·卷36·志第16》:“今兴庆宫，上帝廷也，考符之所，合置灵台。宜令所司量事修理。”其卷55·列传第5:“时有胡巫惑之曰:‘上帝当遣玉女从天而降。’”

此语乱本原文化为道家意识。

7.《新唐书·列传70》:"祀天旅上帝,祀地旅四望。旅,众也。则上帝是五帝(东西南北中各有一帝)。"《新唐书·卷199·列传第124》:"上帝,天也。昊天之祭,宜祖、考并配,请以太宗、高宗配上帝于圆丘。"

《新唐书》中的"上帝",一会儿说是5个,一会儿说是1个,究竟几个?经书《礼记》规定,事上帝与祭祀祖宗是两码事,唐朝乱制,把二者合二为一。

8.《后汉书·卷13·隗嚣·公孙述列传第3》:"汉复元年七月己酉朔……矫托天命,伪作符书,欺惑众庶,震怒上帝。"

"符书"是道家言辞,道家言"玉皇大帝",不言"上帝",明显指代错位。

晋朝以后,道、佛对于统治者影响很大,中国到处是佛教寺庙与道教宫观,没有祭祀上帝之所,民间"上帝"意识几乎不存在。中国本原上帝的意识淡化了,人们有终极伦理的缺失感,思想没有寄托,终极伦理的缺失造成统治者思想的左左右右,政治的起伏不定,他们忽而信佛,忽而信道,信仰失迷。

9.《元史·卷21·本纪第21》:"加封真武为元圣仁威玄天上帝。丁未,太阴犯天江。以转输军饷劳,免思、播二州及潭、衡、辰、沅等路税粮一年……剌罕哈剌哈孙告昊天上帝,御史大夫铁古迭而告太庙。"

"加封真武为元圣仁威玄天上帝"是道家言辞,"昊天上帝"是经书中的上帝。但《元史·卷72·志第23》好像对上帝一词颇有研究,云:"《周礼》所祀天神,正言昊天上帝。郑氏以星经推之,乃谓即天皇大帝。然汉、魏以来,名号亦复不一。汉初曰'上帝',曰'太一',曰'皇天上帝'。魏曰'皇皇帝天'。梁曰'天皇大帝'。惟西晋曰'昊天上帝',与《周礼》合。唐、宋以来,坛上既设昊天上帝。"汉魏以来,《书经》中的"上帝",随意乱改,毫无神圣的意念。

10.《明史·卷50·志第26》:"又立庙京师,加封金阙真君、玉阙真君。正统、成化中,累加号为'上帝'。"

此皆为道家言辞,不是本源文化的上帝。

11. 清代在学术上要求正本清源,恢复五经之面貌,这种学风影响到编写《清史稿》的人,《清史稿·卷85·志60》:"唯舒穆禄氏供昊天上帝、如来、菩萨诸像,又供貂神其侧。"这里说明清朝少数官吏的崇拜偶像极为混乱。清代太平天国与天主教活动,"上帝"的指代已经西洋化。《清史稿》其卷475·列传262:"'上帝召我,有大劫,惟拜上帝可免。'凡会中人男称兄弟,女称姊妹,欲人皆平等,托名西洋教。"此言洪杨拜上帝会的"上帝"。

(注:以上引用诸史语句,出自《二十五史》(百衲本),浙江古籍出版社,1998

年,杭州。)

（二）　文学中的异化

正史是经皇帝授权的信史,尚有所操守,杂记、小说、诗词、个人文集行文似乎可以天马行空。文人们善用发散思维,想到哪里就写到哪里,追求新鲜、有趣、动人,往往忽略信仰哲理、真实可靠、道德情操等原则。如:

1.《苏轼集》卷27:“上帝降瑶姬,来处荆巫间。神仙岂在猛,玉座幽且闲。”(《苏轼集》,凤凰出版社,即江苏古籍出版社,2006年)

2.《红楼梦》第78回:“始知上帝垂旌,花宫待诏,生侪兰蕙……始信上帝委托权衡。”(《红楼梦》,人民文学出版社,2005年)

3.《西游记》第1回:“惊动高天上圣大慈仁者玉皇大天尊玄穹高上帝,驾座金阙云宫灵霄宝殿,聚集仙卿。”(《西游记》,人民文学出版社,2010年)

4.《三国演义》第11回:“我乃南方火德星君也,奉上帝敕,往烧汝家。感君相待以礼,故明告君。”(《三国演义》,人民文学出版社,1973年)

5.《二刻拍案惊奇》第20卷:“把玄天上帝画像挂在床边,焚香祷请。”(《二刻拍案惊奇》,人民文学出版社,1996年)

6.《醒世恒言》第1卷:“上帝察其清廉,悯其无罪,敕封吾为本县城隍之神……上帝以公行善,赐公一子。”(《醒世恒言》,人民文学出版社,1956年)

7.《警世通言》第40卷:“生天生地,生佛生仙,号铁师元炀上帝。”(《警世通言》,人民文学出版社,1986年)

8.《牡丹亭》第23出:“因此玉皇上帝,照见人民稀少,钦奉裁减事例。”(《牡丹亭》,人民文学出版社,1963年)

9.《乐府诗集》卷64·杂曲歌辞4:“上帝休西棂,群后集东厢……碧峰海面藏灵书,上帝拣入神仙居。春罗剪字邀王母,共宴红楼最深处。”(《乐府诗集》,人民文学出版社,2010年)

10.《全唐诗》第24卷034首“杂曲歌辞·神仙曲”:“碧峰海面藏灵书,上帝拣作神仙居。”其第540卷153首“钧天”:“上帝钧天会众灵,昔人因梦到青冥。”(《全唐诗》,上海古籍出版社,1986年.)

（三）　纪昀修《四库全书》时的批语

《四库全书总目提要》对于“上帝”一词的出现较为斟酌,纪昀指出某些书中“上帝”语义违背本源文化,每句话都击中要害。

《四库全书总目提要·卷125·子部35》:“附会六经中上帝之说,以合于天主,而特攻释氏以求胜。”(《四库全书总目提要》,河北人民出版社,2000年,下同)

《四库全书总目提要·卷137·子部47》:“昊天上帝云云,突接以风神曰封姨,是经典与小说联为一例矣。”

《四库全书总目提要·卷144·子部54》:“织女误牵文曲星衣,上帝丑之,手批牵牛颊,伤眉流血,竟公然敢于侮天矣。”

《四库全书总目提要·卷147·子部57》:《徐仙翰藻·14卷》附《赞灵集4卷》(浙江范懋柱家天一阁藏本):“金阙上帝、玉阙上帝,谨案《大明一统志》。福州府闽县南,旧有洪恩灵济宫一所,祀二徐真人,即今之金阙、玉阙二真人也。”

主编纪昀慎重区分“上帝”“昊天上帝”“五帝”“金阙上帝”“玉阙上帝”“天主”等语词,揭示了种种歪曲“上帝”本源文化词义的现象,唐宋以来诗词、小说、地方志等违背经书,混淆“上帝”语义,纪昀正本清源,为人们廓清了“上帝”词义的界域。

中国从远古始,人们有“上帝”的意识,“上帝”主宰宇宙。周朝以后,把飨上帝(或称事上帝)作为最高礼仪,只有皇帝有权行此大礼,百姓在各地同时祭祀地方神,与事上帝的礼仪相辅佐。春秋战国以后,礼崩乐坏,君不君,臣不臣,无法事上帝。人们只能祭自己的祖先,上帝概念在人们心中日益淡化,“上帝”的语义日益模糊。上帝概念缺失造成异化与替补,佛教、基督教等闯入中国文化,百姓所称的“上帝”出现错位。

秦始皇以后皇帝每年正月十五郊祭,按照周礼祭祀上帝,但是没有明确的关于“上帝”信仰理念。唐宋儒家形成“道统”理念,明清两朝统治者每有大事,或祭祀上帝,或祭祀道统之源黄帝。公元1371年明太祖朱元璋仰慕黄帝神功圣德,派大臣代表皇帝祭祀黄帝;公元1531年明嘉靖皇帝、公元1651年清顺治皇帝、公元1703年及公元1709年康熙皇帝、公元1755年乾隆皇帝,都曾派员祭祀黄帝,清朝入都北京后共祭祀黄帝36次。在信仰方面,历朝皇帝概念模糊。如乾隆皇帝按照周礼每年正月十五郊祀上帝,可是他在北京、承德避暑山庄又建设了一系列佛教庙宇,他处理政务则严格遵守儒家经典。

封建社会,自汉朝以后,儒家是一个有优越地位的社会管理学派,唐宋的儒家道统思想具有明显的宗教意识,其三纲五常被统治者定为终极伦理。民间祠堂维护三纲五常,而不敬事上帝。“上帝”缺失,人们寻求补缺,这是“上帝”异化的根源。

管理者语丝:

孔子编写的书中“上帝”一词出现频率很高,孔子重视祭祀,朱熹让学生学习一门主课是祭祀,这说明儒家不是无神论,他们心中有上帝。

关于上帝的概念,可以分作三个层次:

1. 宗教的上帝是创造世界、主宰一切的神。上帝全职全能,明察一切,扶善除恶,奖惩分明。上帝睿智、高大、完美、公平、正义、富有、威力无穷。

2. 社会科学的上帝是人们崇拜的虚拟偶像。人们有了虚拟的偶像崇拜,可以避免社会庸俗的活体偶像崇拜带来的灾难。上帝是人们理想所在,光明之源。

3. 自然科学的上帝是一个完整的系统,该系统包括宇宙、山水、气象、生物与其他物质。这个系统可以自行完善、发展、修复。

春秋战国无人祭祀“上帝”,失去信仰。秦以后,政治、宗教、礼教、宗法、哲学、文化、教育、风俗,含混不清,政重而教轻。历史上有的政客们玩忽信仰。

信仰是定海针,定心丹,像太阳、月亮、气象的运行,个人素质离不开信仰。朱熹在《家礼》中,排佛老,尊儒教。徽州人信仰朱熹,即信仰儒教。

参考文献:

1.《四书五经》,天津市古籍书店影印,1988 年 7 月。
2.《二十五史》百衲本,浙江古籍出版社,1998 年 5 月。
3.《徽州文化全书》,安徽人民出版社,2005 年 9 月。
4.《百子全书》,上海扫叶山房石印本,1919 年。
5.《道藏》,上海商务印书馆,1923—1928 年。
6. (清)毕熙旸:《檀几丛书》(佛解一卷),新安汪氏刻本,嘉庆九年。
7. (意大利)利玛窦:《天主实义》,燕贻堂,1603 年。
8. 王晓朝:《宗教学基础 15 讲》,北京大学出版社,2004 年 6 月。
9. 龚鹏程:《中国传统文化 15 讲》,北京大学出版社,2006 年 9 月。

第三节　徽州祠堂与终极伦理

徽州人聚族而居,祠宇绵亘,奉祀祖宗,溯本追源,连属亲疏,相叙礼让。古代徽州村村有祠堂,祠堂是徽州一大景观。世界文化遗产西递村胡氏有 1 个宗祠,2 个大支祠,23 个小支祠与专祠。黟县南屏村有 11 个祠堂,现在尚存(叶氏、程氏、李氏)8 个祠堂,这其中 2 个是宗祠,3 个支祠,3 个家祠。徽州一府六县现存的祠堂有 760 多个,其中 28 个祠堂被列为国家级文物保护单位,17 个被列入省级保护单位。

一、族民放心、安心、归心之所

徽州村村有祠堂,有些祠堂建筑规模宏伟,建筑艺术精湛。祠堂形成徽州村落文化的一道风景。这与西方众多的教堂很相似。徽州的祠堂与西方的教堂一样起着管理与教化的功能,使得族民放心、安心、归心。

二、维护终极伦理

世代沿用的伦理道德谓之终极伦理。终极伦理不同于世俗伦理。世俗伦理随着时势而变。人们的价值观、舆论导向、文化背景、生存环境等导致世俗伦理的变化,竞争环境的影响往往将道德伦理扭曲。终极伦理维护了社会环境,维护终极伦理,信守善道,将各种人融合在一起,互相帮助、互相友爱,共同生活。古代主持祭祀上帝的权力在天子那里,老百姓只能把祖宗作为心仪的神在祠堂祭祀。祠堂除了祭祀功能,还宣讲并执行家教家法,管理宗族事务,维护三纲五常,实施社会保障。

(一) 家法家教

明清之际,徽州人重礼教、重教育,遵守家法、家规、家教,维护社会化群体生活的基本道德。如徽州俞氏家训:敦孝悌,崇忠信,明礼仪,尚廉耻,务正业,睦宗党,尊师傅,教子孙,慎丧葬,积阴骘。各个祠堂的家规、家训不一样,其道德信念都是三纲五常,仁、义、礼、忠、信,勤劳、善良、孝敬父母。

祠堂对于不遵守道德规范的人给予惩罚,维护道德规范的正常运行。徽州俞氏族规对不顺族民的处罚是:1. 跪香(在祖宗神位前跪下,直到一炷香烧完)。2. 罚款(对非法行为给予经济处罚)。3. 捆责(用草绳捆缚用细竹苕抽打违规者)。4. 革逐(开除族籍)。祠堂把家规、家训印在书上、刻在石板上。家规、家训、家法与三纲五常的主旨是一脉相承的。

清代社会治理是三维结构。一维治理道德,表现为族规家法与各种社约。如《仕川社约14条》:1. 严禁盗砍荫木伤损风水;2. 严禁放火烧山,延害坟茔;3. 严禁谩骂尊长,不顾名分;4. 严禁淹溺生女,大干天和;5. 严禁凌弱幼妇,忍心害理;6. 严禁男子戏侮败坏风俗;7. 严禁开场聚赌,引诱子弟;8. 严禁开设烟馆,窝藏贼盗;9. 严禁聚众殴斗贻累相邻;10. 严禁结会烧香,男女混杂;11. 严禁容留匪类,累害地方;12. 严禁宰杀耕牛,以伤农事;13. 严禁毒、网河鱼,杀生绝种(钓鱼不禁);14. 严禁纵放六畜践踏禾稼。二维治理行业行为,如徽州的"客商规略",主张买卖公平,以义谋利,谁不遵守行规,就受到行会的制约。三维依法治理社会,按照国法政纲给予制裁。

（二） 祠堂的宗族治理

徽州祠堂有多种,如总祠、宗祠、分祠、支祠、家祠等,与西方的教堂分级管理相似。总祠一般建于村镇端口,规模较大,主体建筑一般有两个或多个三合院。有关本宗族人士的功名牌坊、孝子牌坊、贞节牌坊置于祠堂前。支祠较简单,多为四合院式。祠堂布点规律,与教堂有些相似。基本上每个村落(相当于城市里的社区)有一个祠堂,富裕的地区布点密,建筑豪华。族长在祠堂祭祀祖先、劝诫子孙、宣讲族训、教育新人、举办典礼、合议族事,组织祠墓祭扫、修撰宗谱、瞻顾孤寡、迎神赛会、唱戏娱众等活动。祠堂有祠田、族田、祭田、义田、公田,族产由族人捐纳。族产资金用于安排祭祀、瞻济、开办义学、精舍、书院,补助族中贫寒子弟读书、参加科举考试。农历正月初一日合族支丁到宗祠庆新岁。从正月初七至十七日在祠堂举行“春祈会”“暖灯酒”等活动。宗族要求族民遵守规范,惩罚异端,经教育不改者在祠堂按族规予以处罚。

（三） 维护三纲五常

徽州各个宗族的家训、家规、家法不统一。但其管理基本原则是三纲五常。即君为臣纲,父为子纲,夫为妻纲,仁、义、礼、智、信。三纲五常的释义为:父子有亲,君臣有义,夫妇有别,长幼有序,朋友有信。族训家规教育族人修身、处事、接物的道理,言忠信,行笃敬,惩罚过激行为、淫荡行为,迁善改过。正其义不谋其利,明其道不计其功。己所不欲,勿施于人,行有不得,反求诸己。

管理祠堂的主权在族长、宗子或公推的能人。族长是绝对权威,言必信,行必果。管理具有前瞻性、战略性、历史检验性。

（四） 社会保障作用

祠堂给人以归属感。祠堂建设相当于现在保险的社会福利。祠堂的族田与族民的捐款,支持贫困族民的孩子上学,给在外经商失败的族民以基本生活保障。兵荒马乱时,在宗族管理下族民有一个安然的环境。族民进士及第、升官发财时,到祠堂祭祖。族民荣华时想到祠堂,危难时依托于祠堂。祠堂的安心作用与安身作用,就是人们心灵的天堂。如果族民违反族规家法,被开除族籍,就失去了“天堂”,苦不堪言。

徽州人闯荡天下经商,需要有稳固的大后方。祠堂管理,排除了社会、宗族社区内部的不法、不道德的现象,经济活动有了基本保障,构筑了经济活动根据地,在动乱时期,是人们心中的精神绿洲——祠堂的道德伦理是永恒的。

管理者语丝:

宗教的基本要素包括宗教意识、宗教组织、宗教礼仪与宗教器物(王晓朝《宗教学基础知识》北京大学出版社2009年版。)。祠堂祭拜各自的祖宗,遵守各自的家规、家训,有祭祀礼仪、祭祀器物。宗教不把人类引向未来,而是永驻于理想的天国。信仰塑造人格与道德,凝聚了人的内动力,产生良知与博爱。徽州的宗祠与宗亲渊源相续,超越时空,情系故土,形成淳朴的文化、风俗。由于各个祠堂崇拜的偶像不一,把广大的民众分割为不同的精神家园。祠堂以功名社会定调,号召人们以耕读为本,升官发财,追根报本,光宗耀祖。这是服务于小社区的心境。祠堂的族民有严格的等级区分,按照辈分与年龄大小,每一个人在宗族中的排序明确定位。祠堂祭祀让人们心灵纯化与自行道德检讨。祠堂将政治与宗教合二为一,国法与家政合二为一。祠堂既维护"政"又传"教",家教严格遵循"四书五经"。祠堂祭祀的是家神、宗族神。依照韩愈《原道》的说法,三皇五帝、尧、舜、禹、汤、周文王、周武王、周公、孔子都是"道"的传人,他们是公祭的对象。祠堂信仰"道统",按照朱熹《家礼》,族民只可信仰儒教,一律排除佛道等外神。

参考文献:

1. 张宗旺:《谈谈徽州商人的宗教信仰》,《安徽史学》1992年第3期。

2. 桑良至:《徽州祠堂的历史作用》,安徽省徽学学会二届二次理事会暨"徽州文化与和谐社会”学术研讨会论文集,2007 年。

3. 陶明:《徽州宗族的内神与外神信仰》,《江南大学学报》(人文社科版)2008 年第 1 期。

4. 桑良至:《徽州祠堂与终极伦理》,《网络财富》2009 年第 3 期。

5. 常建华:《明代徽州宗祠的特点》,《南开学报》(哲社版)2009 年第 5 期。

6. 黄世福:《徽州宗祠文化的宗教性探析》,《学术界》2010 年 8 月。

7. 林济:《明代徽州宗族精英与祠堂制度的形成》,《安徽史学》2012 年 6 月。

8. 邵旦:《徽州宗祠文化的宗教性》,《艺术科技》2014 年 2 月。

第四节　程朱理学与信仰

理学,是宋明儒家的哲学。中国封建社会政治统辖宗教,儒学宣扬宗教终极伦理“仁义礼智信”。理学以仁义礼智信为核心,推进天理、气、性、欲等哲学范畴的探讨。很多官员、学者参与了这个理论探讨,他们把宗教、哲学、政治融合一体,直接作用于社会管理。

一、概述

元、明、清官方大力推崇性理学术的探讨,推动了人们的理性化思维,促进了社会由尚武向崇理的转型,推动理性化,推动了社会的有效管理。

理学的代表人物有朱熹、程颐、周敦颐、张载、程颢、邵雍,以及陆九渊、王阳明等。这些人在学术上一脉相承,又各有特色。张载提出天地、气质与心统的性,提倡穷理尽性。程颢提出心、性、天一统。程颐提出性即理。朱熹认为心的本体是性,心的作用是情,心是“主宰”,朱熹提倡“即物穷理”。

理学家认为万事万物沿着“道”运行。“道”可以区分为“天道”与“人道”。“天道”与“人道”存在各自的“理”。天道的“理”指元、亨、利、贞,表现为自然中的生、长、遂、成;人道的“理”指仁义礼智,表现为社会人伦。

理学家指出:每个人具有不同的性。性包括气质与义理,气质与义理是错落的、矛盾的。人的气质与义理二轨运行越是一致,越是圣明。人应该根据万事万物的理,格物穷理,涵养心性,调整心态,使自己的气质符合义理。

理学学者认为理大于一切。自然与社会复杂纷纭,矛盾重重,人应该顺从天理,信守天道人伦,正心诚意,在矛盾冲突时,处理事物坚持一个原则:存天理,去人欲,维护社会与自然的和谐。

理学的盛行,使得人们普遍接受了“义理”,遵从“义理”,以“理”为判断事物是非的唯一标准。“讲不讲理”,成为人们的口头禅。这说明人们从探讨义理,到崇信义理,发展到普遍实践义理的阶段,这是历史上一大进步。

徽州文化的发展,是理学引导人们探讨义理、认识义理、实践义理,一步一步向文明社会迈进的历程。

二、关于“理”的含义

关于程朱理学的书很多,如朱熹代表作《四书集注》《近思录》朱熹讲学、答问语录的分类汇编书《朱子语类》,论著《四书发明》《书传纂疏》《礼记集成》《六典撮要》,工具书类著作《性理字训讲义》《太极图书》等。程朱理学的核心是“理”。程朱理学的“理”,属于哲学的范畴。我们探讨程朱理学,读他们的著作,从他们的有关语句中分析理解“理”的含义。

(一) “理”无处不有,无时不在

《四书集注·孟子·梁惠王章句·下》:“天者,理而已矣。大之事小,小之事大,皆理之当然也。自然合理,故曰乐天;不敢违理,故曰畏天。包含遍复,无不周遍,保天下之气象也。制节谨度,不敢纵逸,保一国之规模也。”孟子说,国家以理制节谨度,维护天下太平。“理”无处不有,无时不在。天道维护理,合理则发达,不合理就灭亡。人们畏天、畏理。

(二) “理”表现为“三纲五常”

《朱文公文集》卷七十:“宇宙之间,一理而已,天得之而为天,地得之而为地,而凡生于天地之间者,又各得之以为性,其张之为三纲,其纪之为五常,盖皆以此理流行,无所适而不在。”

朱熹说,遵守“三纲五常”,就是遵从“理”,遵守社会秩序。

(三) “理”表现为伦理道德

《四书集注·论语·微子第十八》:“人之大伦有五:父子有亲,君臣有义,夫妇有别,长幼有序,朋友有信是也。”

人有道德,是有理智的,遵从“理”,就要信守人间伦理道德,处理好父子、君臣、夫妇、长幼、朋友之间的关系。

(四) “理”表现为法律

“法者,天理之当然者也。”(《四书集注·孟子·尽心章句·下》)法律是天理的一种表达式。

（五）“理”表现为宗法制

“伊川曰：且立宗子法，亦是天理。”（《近思录·治法·第九》）宗法制是理的一种反映，有益于封建社会的管理。

天理包含自然的理、物理，包括大自然运行规律，物质的形态、元素、质、量，物质的运行、整合的规律。天理包含社会的理、人性的理，即社会管理的理，人的本质、精神、权利、义务，社会的运行与整合等。新安理学着重探讨的是社会的理、人性的理、治世的理。

对于理的认识，世界各地不同时期有不同的观点。

15 世纪德国主教尼古拉提出人的认识有 4 个过程：感性—理智—理性—直觉。理智指分析、比较、区分事物，理性指综合、概括、结论，直觉指与灵魂、上帝相关的高级知识。

16 世纪布鲁诺提出的理性思想：自然是万物的本源，万事万物是变化的。哲学的单点、物理的原子、数学的点，分别是该领域的最小单位。宇宙是统一的、无限的。

欧洲近代伦理学提出尊重理性。17 世纪的理性学说冲击了宗教思想，18 世纪出现了思辨伦理学。

康德的理性伦理学认为：知识来自经验与感觉，知识的价值取决于道德的价值；空间、时间、因果是先天决定的。康德认为人是有理性的，理性决定人的价值。人与动物都有感性与欲望，只有人具有理性。人类的道德，指理性驱动人们按照一定的法则行事，保证各界的秩序与人的幸福。人们按照一定的道德法则判断行为的善恶。

牛顿发现了自然中的秩序与规则，卢梭发现了人追求自由的天性，理性中含有这些内容。

休谟的道德价值论揭示：科学没有完善理性，反而扭曲了理性。

人们对于理性的探讨，是一个认识真理的过程。朱熹与西方哲学家一致认为，人具有理性，人的道德表现在理性的驱动。有理性，方有社会秩序与众人的幸福。程朱理学构筑了人们认同的通理。一个社会有了人们愿意共同遵守的通理，如同大海有了定海针，人们可以安然地行船。

三、探讨几对哲学范畴，深化信仰，推动社会有效治理

程颐、程颢、朱熹等人对于“理学”的研究，拓展了儒家道统的思想，把宗教性质的儒教，扩展到哲学的范畴。使“仁义礼智”终极伦理延伸到思辨科学，直接指

导人们的社会实践。“理”是程朱理学的核心,这个“理”,指“天理”,纯真的理,近似于今天的真理。人们认可真理,信服真理,遵循真理。

天理,程朱哲学的本体。程颐的天理,源于《周易》,天理就是易,易就是道。乾道变化,各正性命,保合太和,乃利贞。首出庶物,万国咸宁。天理就是天道,天理是客观、绝对、至上的本体。

(一) 程颐的真理认识论

程颐的真理认识论有以下特点:

1. 天理是客观存在
2. 每事每物必然有一个理与之相对应
3. 人应该顺应天理
4. 天理维系纲常伦理、道德性命
5. 天、地、人贯于理,人可以感应到事物中的理
6. 人应该尽心、知性、动情、达天,合于天理
7. 天理与象、气、物贯通
8. 人性即天理

朱熹继承、发扬了程颐的天理理论,盛赞“在昔程氏,继周绍孔,奥旨宏纲,星陈极拱”(《朱文公文集·易五赞》)。

朱熹的气先论、格物致知论,发展丰富了程颐的天理论,形成了程朱理学体系。程朱理学对于真理认识论与真理实践论展开了广泛的探讨。

我们现在认为,真理反映了事物的本质和规律。真理是绝对的,又是相对的。真理的绝对性,指真理不依人的主观意志而存在,是无条件的、无限的。真理的相对性,指真理的正确性是有条件、有限的。真理是对大千世界某个方面、某个领域的正确反映,有特定的适用范围,真理是对特定事物本质和规律一定程度、一定层次的正确认识和反映,其正确性是有条件的、相对的。真理是正确的认识,但是正确的认识不全是“真理”。真理与谬误不存在绝对的界限。因局部与全体、主观与客观、事实与价值的取向不同,人们对于同一事物的判断结果也不同。真理的正确性是一定时间、地点和条件的反映,实践是检验真理的唯一标准。

程朱的天理是绝对的,天理绝对存在,又绝对的正确。天理不受人的主观意志支配,每事每物都有一个理,天理是符合一定客体、时间、地点、领域、条件的真理。

程朱的“心”“性”类似于柏拉图的感性世界,“天理”类似于柏拉图的理念世界。程朱主张人以博学、涵养、道德为基础,感通天理。感通是获得真理的途径。

与天理感通了,事情就做对了,于是正义在胸,真理在握。

天理是神圣的,人的本性是追求善,追求真理,努力使自己的行为与生活符合天理;在政治上,天理是一种救世的手段,实践的政治。在哲学上,天理是本体,是主要的,人是次要的,人应该服务于天理。当人的意志、行为与天理发生冲突时,人应该让位于天理,直到把生命献身于天理。

(二)　西方哲学家的真理认识论

人是真理的追求者,又是判断者。人们因为知识有限,对于社会与自然不能全面理解,处于黑暗中,人们追求真理,追求光明,可是无法判断真理。大人物或势众者都说他(们)拥有真理,真理在哪里?人们往往质疑。程朱的天理至高无上,不容置疑。天理是原始存在,独立于人之外,人依靠善的本性可以感知天理。

基督教宣称,耶稣代表上帝,给人带来真理。耶稣拥有真理判断权,耶稣和真理同在。耶稣说服人们信任他,信任是认识真理的出发点,人们在坚定的信仰里认识真理、获得真理。路德认为人对神存敬畏之心,人的良心具有真假善恶分辨能力,良心使人在理解事物上拥有判断力。人的良心在向神的开放中接受神的启示。齐克果(SorenKierkgaard)认为,人在追求真理时,并不能确认他所追求的是真理。人接受真理是处于非真理状态中,真理不是在有效判断后接受的。程颐的天理不是神启示的,人只要努力获得知识,就可以从上帝那里感悟到。程朱的天理认识论,是感性—知性—理性的演绎过程。

(三)　朱熹的真理认识论

朱熹继承和发展了程颐的天理理论,重点探讨了如下几对哲学概念。

1. 义与利

“仁”是作用于人内心的道德,“义”是作用于社会与他人的道德,即把仁心实践于社会。人天生有私心,要获利,追求功名利禄。“义”与“利”往往互相冲突,有人甚至只管追求“利”,而不顾是否合乎“义”。“义”与“利”是一对矛盾,人们如何认识天理,遵循天理,如何处理“义”与“利”的矛盾?

《四书集注·孟子·梁惠王章句·上》写道:“此章言,仁义根于人心之固有。天理之公也。利心生于物我之相形,人欲之私也。循天理,则不求利而自无不利。徇人欲,则求利未得而害已随之。所谓毫厘之差,千里之谬……程子曰:君子未尝不欲利,但专以利为心则多害。惟仁义,则不求利而未尝不利也。”这里明确告诉人们,在“义”与“利”之间,明智的人应该遵循天理,不能一味追求私利。一个人没有正确的世界观,唯利是图,结果必然不堪想象。以仁义为根本,设身处事,即使不图利也会有利。

《近思录·出处·第七》:“伊川曰:义与利,只是公与私也。才出义,便以利言也。只那计较,便是为有利害。若无利害,何用计较。利害者,天下之常情也。人皆知趋利而避害。圣人则更不论利害,惟看义当为不当为,便是命在其中也。”程颐说,“义”与“利”是“公”与“私”的问题,芸芸众生盲目追求私利,而有社会责任感的人则出于公心,不为私利所困惑。

《近思录·警戒·第十二》:“伊川《易传》曰:理者,天下之至公。利者,众人所同欲。苟公其心,不失其正理。则与众同利,无侵于人,人亦欲与之。”程颐在《易传》中说,出于公心则不失天理。公,则众,其利、欲与众人一致。

人的心表现为“私”“公”“诚”三种状态。诚则明,明则诚。“性”与“理”“诚”“仁”“一”等语义相通。人的情因人、地、时、事而变化,而诚是永恒的。“一”“诚”是天地生化的源泉,也是人的本心、本性所在。人通过主一、存诚、正心、养性,修养个人的心性。通过修身养性,做一个明白人,有知识的人。知识、道德在人心中,恢复天性,便可感悟天理。

《近思录·观圣贤·第十四》:“宁学圣人而未至,不欲以一善成名。宁以一物不被泽为己病,不欲以一时之利为己功。”程颐学习圣人,追求美好的境界,不急功近利,沽名钓誉,永守正道。朱熹认为:“正其谊,则利自在;明其道,则功自在。”(《朱子语类·卷37》)

康德认为,行为人必须遵循法则,履行职责,这是判断行为是否道德的根据。判断行为道德要根据行为人的动机,而不是结果。动机善良,符合道德;动机不善,无论行为结果如何,都不符合道德。道德存在于纯粹理性的概念中,情欲、嗜好与利益不是判断道德的根据和原则。道德的强制性就是人内心的理智性约束。理性者的行为,应该符合社会大众的普遍规则。康德认为,道德意志自律,出自“应该”“义务”的绝对命令。人是感性的存在体,人有欲望、理性与意志,人可以自律,在汹涌的欲望浪潮中,享有自由。人可以承担道德责任,为自己的行为负责。人的理性可以超越自然,超越感性,使行为符合道德。有道德或有高尚人格的人,他们的内在价值是任何价值无法比拟的。一个人应该摆正大义与私利之间的关系,承担道德责任,做高尚的人。康德的理性与朱熹的理性,是人们在社会生活中享有“自由”(康德语)与“自在”(朱熹语)的根本。

2. 天理与人欲

约翰·密尔与边沁认为,人的行为是为了谋取最大的幸福与快乐,或最大多数人的最大幸福。每个人应该珍惜他人的幸福,甚至牺牲自己的利益为他人创造幸福。人的良心、感情与社会责任、义务相联系。人的言行一般会遵循理性。但是人有七情六欲,情值与欲望不相等,获取与消费的能量不相等,资源的配备不均衡,这就产生了理与欲的矛盾。朱熹为了社会的和谐,要求人们克制私欲,维护天理。

《四书集注·论语·雍也·第六》:“仁者,心之德。心不违仁者,无私欲而有其德也。”朱熹在这里说一个人有仁心,无私欲,德性就好。克制私欲,不留私欲,天理就不会受到损伤。

《朱子语类·卷38》:“一言一语、一动一作、一坐一立、一饮一食,都有是非,是的便是天理,非的便是人欲。”朱熹认为,天下的所有是非都是人欲惹出来的,人欲往往产生祸患。人欲若能自控,社会自然安宁。

《四书集注·孟子·梁惠王章句》:“下盖钟鼓、苑囿、游观之乐,与夫好勇、好货、好色之心,皆天理之所有,而人情所不能无者。然天理人欲同行异情。循理而公于天下者,圣人之所以尽其性也。纵欲而私于一己者,众人之所以灭其天也。二者之间不能以发,而其是非得失之归,相去远矣。故孟子因时君之问,而剖析于几微之际,皆所以遏人欲而存天理。”朱熹认为,人有七情六欲,将天理与人欲处理得恰如其分,很不容易。纵欲必亡,公心循理才符合圣道。为了维护天理,人需要适当地遏制人欲。养心明理,在于寡欲。天理是本,人欲是末。朱熹认为人在社会生活中,发生天理人欲相冲突的时候,应该放弃人欲以维护天理。切不可乱常拂理,随俗习非。

朱子说过“灭人欲”,有些人不赞同。《朱子语类》卷十二:“圣贤千言万语,只是教人明天理,灭人欲。”《朱子语类》卷13:“人之一心,天理存,则人欲亡;人欲胜,则天理灭,未有天理人欲夹杂者。”朱子的“灭”应该理解为“克制”、调整,而不是失去人性地把人欲统统消灭掉,前提是在天理、人欲冲突时。

朱子告诫人们要克制欲火,分清欲望的是非。《朱子语类》卷5:“欲是情发出来的。心如水,性犹水之静,情则水之流,欲则水之波澜。但波澜有好的,有不好的。欲之好的,如我欲仁之类;不好的,则一向奔驰出去,若波涛翻浪;大段不好的欲,则灭却天理,如水之壅决,无所不害。”朱子在这里明确指出,人的欲望有两种,一种是好的欲望,一种是邪恶的欲望。显然,朱子的灭人欲,指的是消灭邪恶的欲望。

《四书或问》卷二:“夫外物之诱人,莫甚于饮食男女之欲,然推其本,则固亦莫非人之所当有而不能无者也。但于其间自有天理人欲之辨,而不可以毫厘差耳。”朱子认定欲望是人当有的,不可缺失;但是人的欲望需要有“度”的制约,越过一定的度,原本“应当的”就会转化为“不应当的”。

3. 性与气

人应该遵守天理,天理在社会中往往被人扭曲,甚至背离其本源。人具有性与气,人应当调适好性与气,适应天理的要求。

《朱子语类·卷四·性理》中,论述理、性、气,指出:天下无无性之物,每一物有其特有的性。人与物的性,有同有异。太极动,二气形成,万物化生,产生性的共同点;二气(阴阳)五行(金木水火土),交感万变,这样产生了性的差异。人与物的性,各有差异。人们遵守仁义礼智,这是理性作用,作为理的性,性相近。人有理性,动植物没有。人有理性,所以人为贵,动植物为贱。

人的性表现为各种气质。各人的天命不同,因而性也不同。天命,如同律令,是不可抗拒违背的;性如同职能,气如同尽职的能力、能量,各有所异。

程子说:仁义礼智根于人心,即人性。有人性,所以人有恻隐之心,羞恶之情,谦让之礼,是非之辨。

人是由理与气合成的。天理浩渺,非气则理不存。阴阳二气交感凝聚后,理方有所依附。人的言语动作,思维活动,是气运行的结果,"气"的物质运动,其中亦有"理"的精神运动。

"性"是"理"的一种表现。无物质的"气",就没有精神的"理"。天地的性,表现为天理;气质的性,表现为运动。气是变化的,性则相对守常。性依附于气质,气成于天性。人之善恶决定于气质清浊。气清明则精神高尚。人越高尚,其天理越纯净;如果人的精神低下,则满腹私欲。本原的人性是善良的,但是受到气质的影响。由于气质的清纯浑浊不等,形成了不同心性的人。

人能否成为圣贤,是气所禀。气刚则暴;气柔则弱。气清为圣贤,气浊为愚、不肖。人须认识自己,用功克治气性,调和气性达到中庸。圣人立教,克制缺点,以期至善。一个人重视性,不重视气,不是全人;重视气不重视性,是个糊涂人。

气偏则理缺。如果某人的气太盛,就会扭曲其本来的性、天然的命;如果一个人德行好,可以补足天性。德行好,其命能顺应天理。人经过修炼可以改变气质,功夫深了,其气质必然符合义理。人的功夫下到哪里就亮到哪里。人必须好学明理,心中向往圣贤。

命贯于理、气,理气相连。天以气命人;人以气受天命。命有两种:一种是贫富、贵贱、死生、寿夭;一种是清浊、偏正、智愚、贤壅。一种属气,一种属理。遵循天理,性在命中。

仁义礼智信五常,贵贱死生寿夭,全是天命。天命赋予精英为圣贤,因为他们运行的是全、正的理。赋予清明人英爽,赋予敦厚人温和,天命所赋不可移易。

程朱理学探讨了理、命、性、气之间的关系，指出命是特定的，性与命是先天所定，气是后天所定，性与气可以调适。人可以通过学习圣贤、修行积德，调整人的性与气，从而改变人的命运。朱熹从唯心的命题出发，转而进入唯物的积极应世的态度，指出人通过积极追求，可以达到理想的目标。

朱子认为，性是人自然态的表现，理在其中。性，形而上；气，形而下。性善，气灵。人需要守志以养气，担道义以养气，集义以养气。

四、普及理学，推动人们遵循天理

朱熹探讨理学，普及理学，在哲学层面推动人们认识真理，使禁闭的意识形态洞开一线光明，解放思想，推动社会的发展。

朱熹说："若此学不明，天下事绝无可为之理。"(《朱文公文集》卷70)朱熹在这里指出，如果人们不能认识"理"，不追求"理"，不遵从天"理"，那就什么事也做不成了，社会就乱套了。

明清之际，徽州崛起，在严格的宗法制下形成了商品经济，在崇山峻岭之中建设了书香社会，程朱理学的探讨与普及，对徽州的发展起了良好的推动作用。

（一） 程朱理学广泛传播

道光《休宁县志》："自井邑田野，以致远山深谷，居民之处，莫不有学有师，有书史之藏。其学所本，则一以郡先师朱子为归。凡六经转注，诸子百家之书，非经朱子论定者，父兄不以为教，子弟不以为学也。是以朱子之学虽行天下，而讲之熟，说之详，守之固，则唯新安之士为然。"程朱理学在徽州深入人心。

（二） 程朱理学深入探讨

元代及明清时期程朱理学大发展。天理、人欲、心性、义利等哲学问题得到深入探讨。

《还古书院志》记载："讲义乃阐明圣贤精蕴，贵发前人所未发，又宜无偏无颇，纯粹中正，而不背朱子之意者为佳。不敢阿私妄有所取。"还古书院的讲义传授儒家理论，以朱熹的论点为标准，不敢任意阐发。

朱熹的著作很多，传播很广。朱熹逝世以后，天下的学者积极研究程朱理学，传承朱熹的学术思想，各立门户，争奇趋异，有得有失，有的甚至与朱熹的学术相背离。为了维护朱熹学说，徽州定宇先生著《四书发明》《书传纂疏》《礼记集义》等书，数十万言，清除当时背离朱熹学术的言论。

新安理学学者郑师山先生对朱子学术研究颇深，他说朱子的学问，不在言语文字之间，而在于深入理解；不在高虚广远之际，而在于言行实践，明理修身，治民教子。

（三） 程朱理学深入人心

道光《徽州府志·人物志》记载，清代徽商汪扬烈每天背诵朱熹的《四书集注》，不知疲倦。朱熹众多弟子学以致用，各有特色，如明代学者朱升求真知，郑玉求本领，赵汸求实理，唯真是从。朱熹学系弟子，一般尊崇孔子，排斥佛老，重内功，认天理，尊德性，涵养本源，读书穷理。

（四） 商人应用程朱理学

明天启年间程春宇《士商类要·养心穷理》，把程朱理学应用于商业经营中，书中说，商人心中需要存养天理，天理存则心平气和，心平气和则容纳百川。做生意必须学习程朱理学，明晰事理。事理明晰则心宽，心宽则能做到“己所不欲，勿施于人”。

《士商类要·经营篇》指出，商人应该正确认识义利关系：做人做事，先须克己无私。经商不要贪小失大。清代黟县商人舒遵深刻理解这个原则，他说：我们应该遵循圣人的教导，生财有道，以义为利，不以利为利。

（五） 用程朱理学指导做人

程朱理学不仅为后代学者所传承，而且化作老百姓的行为指南。明代歙县商人胡山（字仁之）教导儿孙说：我一生信守“天理”二字，天理是仁义礼智信的本源。我仰不愧天，俯不欺人，心胸坦荡，乐似王子。所以我把经商的店号命名为“居理堂”。

清代扬州盐商生活奢侈，《扬州画舫录》卷6记载，歙县盐商鲍志道（字诚一）在扬州经商，坚持勤俭的原则。鲍志道的妻子、儿女自己打扫卫生，门前没有车马，不演戏，室内不留社会闲散人士。这样，扬州商人的奢靡风得以改观。

人们按照朱熹的教导行事，认为不讲理，不按理行事，就不像人。朱熹说：“既为人，须尽得人理，然后称其名。”（《四书集注》·孟子·尽心章句·上）

万事万物都有其中道理，程颐说，一物有一理，须穷致其理。要弄懂道理，或读书，或讨论，或在实践中明理。人不应该糊里糊涂，要善于剖析事理，按理行事。君子居敬穷理，通情达理，做理智的人，受社会欢迎的人。

（六） 守纲纪 正伦理 别善恶 识廉耻 尽忠孝

程朱理学认为纲纪、伦理是天理。家政管理重在正伦理，笃恩义。儒家崇尚道统，尽忠孝，知晓礼义廉耻，向善抑恶，尽力使社会风气好起来。

（七） 涵养正气

《士商类要·买卖机关》应用程朱理学，告诫商人做生意应该坚持诚信原则，至诚忠厚,光明正大。那种千般狡猾妙计,丧失道德的事,断不可行。

从南宋前期至清乾隆年间,新安理学在徽州维系了600多年,对徽州社会及徽州文化的发展产生了很大影响。

五、推动徽州地区文明的发展

程朱理学的深入探讨,在元明时期形成庞大的队伍,明代休宁人程瞳著《新安学系录》,记载了新安理学家112位。

在理学方面,徽州直接经朱熹授课指导的弟子众多,著名的弟子有程洵、程先、祝穆、吴昶、程永奇、汪莘、许文蔚、谢琎、滕璘、滕珙、汪清卿、李季札。有些人不是程朱直接指导的弟子,他们崇信程朱理学,在理学研究方面卓有贡献,如饶鲁、程若庸、陈栎、朱升、赵汸。有些人虽不是朱熹弟子或再传弟子,他们爱好程朱理学,在学术上也卓有贡献,如吴儆、郑玉、汪循、程瞳。各县在理学研究方面出现了一批才俊,如歙县钱时、曹泾、郑玉、唐仲实、姚琏、吴曰慎,休宁理学九贤,祁门汪克宽,黟县李希士等。南宋歙县人吴昶著《书说》,休宁县会里(今洪里乡)人程大昌著《易原》,元代婺源人胡炳文著《四书通》,婺源人胡一桂著《易学启蒙翼传》,休宁县人陈栎著《书传纂疏》,元末明初祁门桃墅人汪克宽著《春秋经传附录纂疏》,婺源胡师夔著《易传》,胡允著《〈易本义〉启蒙通释》《外翼》,他们阐发朱熹的学术观点。吴儆提出君亲一心、忠孝一事的观点;李缯提出礼、义、廉、耻缺一不可的观点;程询提出君子循理而行,程大昌坚守无为,提出等待时机作为的观点。婺源许月卿阐发朱子学,纠正有些人对朱子学的曲解,用易学的乾实坤虚论阐发敬、诚观点;休宁陈定宇著述剔除某些著作中违背朱子思想的观点。婺源程复心撰《四书章图》,阐扬朱子学术。倪士毅编《重订四书辑释》纠正诸儒异说。

这些理学信徒在徽州各地著书演讲,传播程朱理学。徽州教育,凡六经传注,父兄之教、子弟之学,全是朱子理论观点,与朱子学术不一致的,一律不讲。徽州崇信朱子,把朱熹奉为圣人,建庙定时祭祀。

人们对于性理的探讨,促进了理性思维。

朱熹的学说指导宗法制建设,以及社会文化、风俗、教育。人们“知书达理”“通情达理”。在封建社会,生产力低下,文化不普及,科学不发达,没有辩证法,激情、迷信、盲目意识居优,程朱理学促进人们理性化思维,提高了社会的有效管理。

管理者语丝:

宋代在宗法制、礼教、民俗、人事组织、选拔人才、经济、科技、医药卫生、文化与教育、人权方面有很大改进与发展。天理的探讨，引导人们追求真理，引导社会理性化思维，进而推动平等、自由的发展。探讨真理，有许多的积极作用，例如：

（一） 突破“贵贵”“尊尊”“亲亲”的制约。中国封建社会处理事务遵循的原则是“贵贵”“尊尊”“亲亲”。这是人治的法则，即以人为判断是非的原则，而不是以法、理作为判断是非的标准。天理、真理，没有阶级性，趋向于民主、自由、平等。探讨天理，是社会进步的表现。

（二） 向“刑不上大夫，礼不下庶人”宣战。真理面前人人平等，可以促进“人人生而平等”、人权相等。天理的探讨，以真理为标准，人的社会化生活就有了共同的平台。阶级淡化了，社会融和了。

（三） 突破神权和权威意识。封建社会，权力至上，官本位，崇拜权威，一切由有权势的人说了算。一切思想、认识、意识、观念都来源于他们，不容怀疑，这样阻碍了社会的发展。天理的探讨，使人们认识事物的观点有了改进。天理的讨论，使人们认识到，凡是清楚明白的，切实可行的，那是真的。真理在自然中，也在人们的心灵中。天理的探讨得到人民大众的认同。

（四） 天理的认同与实践促进了社会和谐、有序。柏拉图说，人在有生之年要好好追求真理，明白事理，永远走向上的路，追求正义和智慧。程颐、朱熹关于天理的探讨，引导人们追求真理，追求正义，追求知识文化，追求文明，为建设徽州文明社会提供了推动力。天理学说，深化了人们的信仰，显现出一线新思想的晨曦。

参考文献：

1. （南宋）朱熹：《四书集注》，岳麓出版社，1985 年 3 月。

2. （南宋）朱熹，吕祖谦撰集，于民雄译注：《近思录全译》，贵州人民出版社，2000 年 10 月。

3. 钱光华主编：《西方哲学发展史》，安徽人民出版社，1988 年 8 月。

4. （宋）熊节集：《性理群书句解》，《四库全书·子部·儒家类》。

5. 安徽省徽学学会：《众耕集（二）》，安徽人民出版社，2014 年 11 月。

6. （宋、元）人注：《四书五经》，天津市古籍书店影印，1988 年 7 月。

7. （南宋）黎靖德辑：《朱熹语类》，《四库全书·子部·儒家类》。

8. 刘玉建：《“天理”的易学体贴——程颐天理的本体涵养》，《周易研究》2013 年第 5 期。

9. 何静：《论程颐的天理论和道家的关系》，《宁波大学学报》2001 年第 2 期。

10. 付长珍:《程颐境界哲学的理性之维》,《厦门大学学报》2006 年第 5 期。
11. 姜海军:《程颐易学与理学建构》,《洛阳师范学院学报》2008 年第 3 期。
12. 蔡方鹿:《程颢程颐在宋学和理学中的地位》,《学习论坛》2007 年第 5 期。

第五节 信仰朱熹

中国传统文化中,黄帝、尧、舜、禹、周文、周武、周公、孔子是圣人,孟子为亚圣。三皇五帝是圣道实践者,孔子、孟子是圣教创著者,即布道人。孟子以后的布道人是朱熹,明清朝廷认为,朱熹是孔子以后最重要的布道人,他的地位在孟子之上,孔子之下,也是圣人。

一、中国的圣人

中国的圣人伏羲,创立八卦,教民渔猎,倡导男聘女嫁,同姓不婚。他创作乐曲歌谣与乐器,任命官员管理社会。炎帝与黄帝结盟并打败了蚩尤,与黄帝部落形成了华夏族。炎帝亲尝百草,用草药治病,他创造农具及炊具,他教民垦荒种植。黄帝统一天下,定九州、度量衡、五音十二律;发明舟车、弓矢,制军阵法,令仓颉造字,作《黄帝内经》,指导人们保健;其妻嫘祖始养蚕制衣。尧建章立制,观天象,兴农耕,任人唯贤。舜,倡导礼让风尚。禹治水而天下安然。周公建立了礼制,孔子及后人编撰《五经》,传承圣道,建立了以仁为核心的道德体系。孟子继承发扬了儒家学说,深入探讨了以义为核心的道德伦理。

三皇五帝时期,天下为公,建设了人们传说中的理想社会。孔子所在的社会天下纷争,礼崩乐坏,孔子周游天下,在人间根植道德伦理,被后人尊为圣人。孟轲发扬光大孔子的学说,功绩卓著,被世人尊为亚圣。南宋朱熹深入研究探讨孔孟等儒家学说,进一步拓展孔孟学说,他的学说成为孔孟之道的里程碑。朱熹是徽州人,他的学说对徽州产生了深刻的影响。徽州人信仰儒教,尤其信仰朱熹。他们广泛建立祠庙祭祀朱熹,徽州人在外地经商,徽商会馆、商店里都供奉朱熹塑像。

二、朱熹生平

朱熹,原籍徽州,公元 1130 年 9 月 15 日出生于南剑州尤溪(今属福建省尤溪县),公元 1200 年 4 月 23 日逝世。朱熹字元晦、仲晦,号晦庵,晦翁。他逝世以后,朝廷给予谥号“文”，赠宝谟阁直学士，追封为徽国公。

唐代朱熹祖宗朱瑰领兵戍守婺源，朱瑰由徽州篁墩迁往婺源。朱瑰八世孙朱松（生于公元1097年）与歙县大商人祝确女儿结婚，生子朱熹。公元1118年朱松以迪功郎任福建建州政和县尉，于是将一家人带到福建。靖康之乱后，朱松以教馆教书为生。朱松爱好文学、历史，特别是程颢、程颐的哲学。

朱熹14岁，父亲逝世。其父朱松生前安排朱熹从学于学者胡原仲、刘致中、刘冲。朱熹与刘致中之女刘清结婚。公元1153年，朱熹拜李侗为师，这时他开始怀疑释家、道家的学说，爱好并研究儒学。公元1157年，朱熹弃官回故里，专心致力于学术活动。

朱熹18岁考取贡生，19岁（1148年）考中进士。

（一） 一片丹心辅朝政

公元1151年，朝廷授朱熹左迪功郎、泉州同安县主簿。公元1178年宋孝宗任命朱熹为知南康军兼管内劝农事，公元1181年任命朱熹提举浙东常平盐公事。宋光宗即位后，朱熹知漳州、潭州。宋宁宗即位后，朱熹任焕章阁待制兼侍讲。朱熹在宋高宗、孝宗、光宗、宁宗四朝当了9年官。他在从政期间，创立社仓储存粮食，在南康救旱，浙东治荒，漳州划定经界，很有管理才能。

公元1162年宋孝宗即位，次年朱熹应诏上奏章，反和主战、反佛崇儒，讲学明理、任贤修政。朱熹向朝廷谏言，皇上应正心诚意、格物致知，反对老、佛异端，外攘夷狄，内修政事，反对宠信佞臣。公元1194年朱熹任焕章阁待制兼侍讲，他希望以匡正君德来限制君权滥用，这样得罪了皇帝。朱熹在朝仅46日就被罢官。公元1196年朱熹被列入党禁名单，丢职落野。

（二） 《四书章句集注》

下野后，朱熹讲学著述，成为著名的学者。

公元1182年，52岁的朱熹合刊四书，作《四书集注》。该书构成朱熹理学思想体系，成为标准教科书，儒教教义。元朝皇庆二年（公元1313年）恢复科举，皇帝诏定以朱熹《四书章句集注》为教材，朱元璋洪武二年（公元1369年）诏定科举以朱熹等“传注为宗”。

（三） 鹅湖之会

理学是元、明、清三朝官方哲学。公元1153年朱熹受学于李侗，李侗把朱子引入儒家道统学。公元1167年，朱熹往潭州（今长沙）访问哲学家张栻。公元1169年朱熹创“中和新说”。公元1175年，浙江东阳吕祖谦与朱熹在寒泉精舍相聚一个半月，编次《近思录》。同年五月朱熹到信州鹅湖寺（今鹅湖书院）会见陆九龄、陆九渊、刘清之，史称“鹅湖之会”，确立了以理性本体、人性、方法为基点的理性主义哲学。

（四） 著名的教育家

朱熹一生重视教育，他在各地任职期间，创建了寒泉精舍、云谷晦庵草堂、武夷精舍、考亭书院，修复了白鹿洞书院、岳麓书院、湘西精舍。任职或罢官以后，朱熹在很多书院讲过学，如瑞樟书院、钟山书院、逸平书院、兴贤书院、龙光书院、南轩书院、濂溪书院、石洞书院、月林书院、东山书院、怀玉书院、银峰书院、草堂书院、蓝田书院、石湖书院、紫阳书院等。公元1179年朱熹知南康军时，重建白鹿洞书院，制定了《白鹿洞书院教规》。这是一份有历史价值的教育管理文献。

朱熹的弟子很多，公元1170年寒泉精舍建成前后，朱熹有弟子20多人，如许升、范念德、李宗思、吴楫、林用中、蔡元定、刘炳。公元1183—1190年，在武夷精舍建成前后，朱熹有弟子近百人，如黄干、丁克、吴必大、陈文蔚、包扬、吕道一、宋之源等。公元1192年前后，在沧州精舍求学的朱熹弟子57人，如陈守、徐容等。考亭的沧州精舍建成后，朱熹有弟子106人，如陈希真、郑南升等。朱熹在徽州的弟子主要有程洵、滕璘、滕珙、李季札、汪晫、祝穆、吴昶、程先、程永奇、汪莘、许文蔚、谢琎等。

朱熹讲学，办书院，订学规，崇文重教，影响深远。宋朝以来徽州府学、县学、社学众多，民间书院、族塾、义学遍地开花。在徽州，传授朱熹理学的书院宋代有14所，元代17所，明代48所，清代54所。如紫阳书院、师山书院、碧阳书院等，教育“一以朱子为宗”。

徽州教育事业昌盛，书院之外，还有各类社学。在徽州，明代有462所社学，清代562所社学，民间义塾、族塾、家塾、私塾不计其数。徽州十户之村，不废诵读，远山深谷，莫不有学、有师。凡六经传注，非经朱子论定者，父兄不以为教，子弟不以为学。教育促成徽州科举辉煌，宋代以后，徽州考中文武状元29人，进士1741人，大批理学名臣以朱夫子为榜样，忠君爱国，清廉耿介，勤政为民，直言敢谏，成为国家栋梁。

朱熹著述、撰注、编辑图书，系统地和整理儒家学术著作，硕果累累。朱熹撰《周易本义》，与其弟子蔡氏父子（蔡元定、蔡沉）编撰《易学启蒙》。他编写了《文公易说》《诗经》（集传）、《四书章句集注》《四书或问》《太极图说》《太极图解》《通书解》《西铭解》《楚辞集注辩证后语》《原本韩文考异》《周易参同契注》（考异）、《中庸辑略》《孝经考误》《资治通鉴纲目》《宋名臣言行录》《家礼》《近思录》《河南程氏遗书》《伊洛渊源录》《晦安先生朱文公文集\续集\别集》等。《周易本义》《易学启蒙》《太极图说》《西铭解》是朱熹的哲学研究著作,《资治通鉴纲目》《宋名臣言行录》是其史学著作,《晦安先生朱文公文集》是其理学著作,《楚辞集注辩证后语》《原本韩文考异》是其对学术遗产的整理和研究。《中国丛书综录》朱熹词条下著录图书130多种。

朱熹门人辑录《朱子语类》一百四十卷。《四库全书》著录了朱子著作25种,600余卷,总字数在2000万左右。朱熹为程颐、程颢编了《二程遗书》《二程外书》。谢良佐为朱熹的父亲朱松编了《韦斋集》。清朝李光地编修了《朱子全书》。

朱子于经学,融贯古今,汇纳群流,采摘英华,积厚益新。朱熹对《大学》《论语》《孟子》《中庸》,用40年功夫潜心研究,著成《四书章句集注》,首次提出了与“五经”相对应的“四书”,元明清以“四书”作为科举教材,儒教的教义,经学的主体和基础。

朱熹在先秦诸子、佛道思想、史学、文学、天文地理、文字音韵、训诂考据、典章乐律等方面,有相当深入的研究。朱熹著作中最有影响的,除《四书集注》,还有《朱文公文集》《朱子语类》《朱子家礼》。

朱子《家礼》正名分,别尊卑,敬宗睦族,亲亲长长之义灿然。徽州人按朱子《家礼》建祠、修谱,拟定族规、家法。休宁《茗州吴氏家典》族规推行朱子《家礼》,遵行《家礼》,率以为常。歙县富泽王氏族规:冠、婚、丧、祭遵文公《家礼》。黟县城西隅余氏宗族以朱子《家礼》建立家规,训子孙。徽州宗族和祠堂以朱熹理学为指导,发挥祭祖、教化、励学、惩戒功能,调适族内和族际的矛盾,使徽州社会习于人伦,揖让风行,贤于四方。

《朱子家训》深入人心,使人安土重迁,叶落归根,乐善好施,济危扶困,忠诚宽厚、克己待人,淡泊名利,知足常乐,宁可饿死,不可失节。

朱熹著书、作文一般署名“新安朱熹”,朱熹祖籍新安,即徽州。朱熹生于福建,在福建逝世。朱熹的著作署名“新安”,徽州学子、百姓以此自豪。徽州大批朱熹弟子探究推行朱熹理学,讲学授徒、著书以朱子为宗。新安为朱子桑梓之邦,人们读朱子之书,取朱子教,秉朱子礼,以邹鲁之风自持。

三、理学的集大成者

程朱“理”学批判佛老的虚无哲学,建立儒家宇宙论。程朱认为气为万物运动的根据和原因,他们在周敦颐、张载的宇宙论的基础上建立人性与天道的联系。万物遵从天理,天者理也,性即理也,人性与宇宙同属于天理。伦理秩序,阴阳开合,同属于天理。朱熹等宋明哲学家,探讨了宇宙论(本体论)、心性论及方法论,提出“主敬穷理”,使理性主义占主导地位,使本体与人性得到联系。理气论、心性论、格致论构成程朱理学体系三个主体部分。

朱熹在哲学中探讨的问题:理在气先,理气动静,理一分殊(道德原则的普遍与特殊、统一与差异),宇宙本体与万物之性,本原与派生的关系,普遍规律与特殊规律的关系,理与事物的关系等。

理气论:朱熹认为,宇宙由理和气构成,气是事物的元素,理是事物的本质和规律,理、气不分离。从本原上说,理先于气而存在。这是精神与物质的哲学范畴。

理事论,朱熹发挥了程颐的观点,认为一切事物中都有理,理无形迹,但具有本质及其规律。朱熹发挥程颐“理一分殊”的思想,把理的整体称为太极,太极是一,是宇宙的本体。每一事物都禀受这个理(太极)。

心性论:朱熹研究《中庸》已发、未发的思想,以及二程以来诸儒的观点,认为心理上已发、未发活动的不同阶段或状态,以未发为性,已发为情。性是心之体,情是心之用。朱熹关于性的理论认为,人有天命之性和气质之性,天命之性指人禀理而生、以理而言、纯粹至善。气质之性指人禀气而有形、清浊偏正善恶。朱熹关于心的理论认为,心可以分为道心与人心。道心即天理、公心,人心中包含善欲与恶欲。

认识论:朱熹发挥《大学》中格物致知的观点,认为要认识事物,必须接触事物,有足够的知识研究其中的理,进行分析归纳。

知行观,朱熹提出知先行后,他强调道德的实践性。

功夫论:修养方面,朱熹主张主敬涵养,强调未发,人在无所思虑及情感未发生时,保持收敛、谨畏和警觉的状态,思想和情绪平静,涵养德性,努力学习,提高道德修养,存天理,去人欲。

朱熹指出了人与物性的同异,性理在质与量方面的差异。朱熹认为人的性普遍含有仁义礼智的特点,人与物在性方面各有特殊性。

朱熹在心性论中探求已发未发,把主静的功力作为人的性情修养方法,从追求未发的直觉主义转为主敬穷理的理性主义。

朱子提出人性禀承天地之理,人的气质与人品由天理秉性决定,血气的刚弱由理与气的差异形成。他继承孟子观点,认为人性本善,善恶是由情(程朱哲学概念)商的不同而导致的。

朱熹认为心为人的主宰器官,心生知觉,人的主观意志出于内心。人的内心具有道德品质先天性。他解释了心、理、性的哲学概念，指出每个人兼有道心与人心，道心内涵公心、法纪、秩序等意识；私心内涵欲望需求。他主张以公心克制私心，以道德伦理克制个人奢侈的欲望。

朱熹还探讨了格物与致知、格物与穷理、知与行等哲学范畴。

四、“道脉薪传”的圣人

唐朝开元八年（公元720年）朝廷颁诏官办学校祭祀孔子，把孔庙里祭祀的木主改为博士肖像，配享10哲，庙壁绘孔子70弟子像以从祀，儒教得以彰显。元朝、明朝、清朝重视意识形态建设，程朱理学、朱子学成为那个时代的精神支柱。朱熹继圣启贤，辨微辟异，明理正心，是正宗的儒教的布道者。孔圣人以后，杰出的圣徒有颜回、曾参、孔伋、孟轲、荀子、董仲舒、张载、周敦颐、程颐、程颢、朱熹等人。朱熹的研究深入、精微、融汇百代精华，朱熹是儒教的具有代表性的人物。

朱熹逝世后，地位日渐上升。公元1209年，宋宁宗赵扩给朱熹谥号“文”，后人称朱熹“朱文公”。

宋理宗赵昀认为朱熹《四书集注》本末透彻，使孔孟之道大明于世，他加封朱熹为徽国公，下诏全国按亚圣孟子的规格祭祀朱熹。

公元1245年（宋淳祐五年）宋理宗赐额“文公阙里”于婺源，第二年宋理宗赐额“紫阳书院”于徽州南门书院，公元1269年宋度宗下诏定朱熹祖籍故里婺源为“阙里”，按照祭祀圣人孔子的规格祭祀朱熹。

这样朱熹就是与孔子同等级的大圣人了。

公元1335年元（元后至元元年）代朝廷下诏建立徽国文公庙，专庙祭祀圣人朱熹。科举考试只考四书，不考五经。

公元1369年，朱洪武诏颁天下，以宋儒传注为宗，朱熹集注的《四书》成为全国科举考试的官方指定教材。正史中，朱熹“传记”升格为“世家列传”，《史记》里孔子被列入世家传记，朱熹即与孔子地位相等。

公元1687年（康熙二十六年）康熙帝题“学达性天”匾额，派人送达婺源朱子阙里。公元1712年（康熙五十年）诏天下孔庙配享宋儒朱熹，朱熹位列12哲人之中。公元1723年（雍正元年）诏改启圣祠（注：明正德十一年，诏于府学建启圣祠，祭祀孔子父亲，配祀者孔鲤、曾点、颜无繇、孟孙激等4人，从祀者朱熹的父亲朱松、程珦为崇圣祠，封孔子五世先祖为王。公元1738年（乾隆三年）乾隆帝为婺源朱子题“百世师表”（注：康熙二十三年，康熙帝书“万世师表”额于天下文庙，孔庙），公元1744年乾隆帝题“道脉薪传”匾悬于紫阳书院，乾隆皇帝认为朱熹传承弘扬道统学说,丰富发展了儒教理论。公元1761年12月乾隆皇帝赐篁墩二程、朱熹祠牌匾“洛闽溯本”,确立了徽州“程朱阙里”的地位,也昭示了儒教的强化历程。

五、遍地朱文公祠

朱熹被朝廷称为“学达性天”“道脉薪传”的圣人,明代弘治皇帝赐封每年农历二月、八月上戍日和九月十五日祭祀朱熹。清乾隆九年开始,皇帝钦颁祭文、祭品祭祀朱熹。祭祀朱熹的信仰活动一般在朱文公祠、朱子庙,朱熹建的书院、精舍,或在朱熹讲过学的书院里进行。商人在经商城市建立的会馆(如扬州、汉口、苏州、杭州、上海)里供奉朱熹像,徽州民间组织在专门的会社祭祀朱熹。

徽州人崇敬朱熹,他们在各地的新安会馆、徽州会馆和歙县会馆,设“朱子堂”“文公祠”,专祀徽国文公,表示自己的信仰,弘扬朱子理学。如吴江盛泽镇徽宁会馆供奉紫阳徽国朱文公,福州尤溪、台湾金门、九江、洛阳、嵩县等地明、清之际建有朱文公祠。南昌府学、杭州退省庵建有朱文公祠,贵州镇远知府黄希英创建朱文公祠,河南洛阳、嵩县等建有朱文公祠。人们筹集资金,建立或维修祭祀朱熹的祠庙、书院、会社。人们祭祀朱熹,研究朱熹,读朱熹的书,传承朱熹的学术,实践朱熹的治世观点,按照朱熹的教义判断是非、处理社会问题。

不同时期,各地建朱文公祠、庙、书院的活动有:

(一) 公元1213—1246年宋朝徽州建筑的朱文公祠及阙里、书院

1. 公元1213年徽州知州赵师端建朱文公祠于州学讲堂。2. 公元1208—1224年绩溪知县王柟在县学改置朱文公祠。3. 公元1222年歙县知县彭方建朱文公祠于歙县岁寒亭。4. 公元1234年黟县知县舒咏之修学宫,置朱文公祠。5. 公元1234年婺源知县李遇重修朱文公祠。

(二) 公元1279—1340年元朝徽州建筑的朱熹祠庙、书院

1. 公元1278年徽州建文公祠,大成殿,先贤阁。2. 公元1282年重建徽州紫阳书院。3. 公元1301年休宁人朱震雷建文公祠。4. 公元1324年婺源建乡贤祠祭祀二程、朱熹。5. 公元1332年祁门主簿宋也于县学前立加封先圣诏旨碑。6. 公元1335—1340年婺源复建晦庵书院于县学。7. 公元1358年婺源重建朱文公庙。8. 公元1360年徽州紫阳书院移建县学后,中堂绘朱子像。9. 公元1362年歙县再建紫阳书院。10. 公元1367年绩溪县学里塑朱文公像。

(三) 公元1375—1616年明朝徽州建筑的朱文公祠庙、书院

1. 公元1375年婺源重建朱文公庙。2. 公元1393年祁门建朱文公祠。3. 公

元1450—1456年祁门查山书堂内祭祀朱熹及其弟子汪克宽。4. 公元1457年婺源朱熹十世孙朱稳重建屏山书院。5. 公元1478年徽州府捐资修朱文公祠。6. 公元1480年徽州府修缮紫阳书院。7. 公元1518年休宁县学府中建朱文公祠及二程夫子祠。8. 公元1521年祁门县建东山书院于东眉山,祀朱子。9. 公元1530年婺源紫阳书院祭祀朱子,是年天下儒学立孔子木主,改大成殿为先师庙,建启圣祠、敬一亭。10. 公元1531年歙县建崇正书院于竺溪寺,供奉朱子等。11. 公元1542年祁门重修环谷书院,更名为文公祠。12. 公元1557年祁门续修文公祠。13. 公元1615年婺源复建紫阳书院,祀二程、朱熹。14. 公元1616年祁门修复文公祠。

(四) 公元1687—1866年清朝徽州建修的朱子祠庙、书院

1. 公元1771年婺源新修福山书院,院后立朱子祠。2. 公元1804年婺源知县丁应銮建紫阳书院,内设朱熹塑像。3. 公元1812年徽商鲍氏捐银五千两助学紫阳书院,内设朱熹塑像。4. 公元1814年歙县岩溪书院建朱文公祠。5. 公元1824年歙县重修朱文公祠正殿。6. 公元1866年徽州府修复紫阳书院,重塑朱熹像。

前人建的朱文公祠,可能几百年后仍然完好,有的要维修。新建的,维修的,有的被记入文献,有的没有被记入文献。有的文献尚在,有的文献不在了,所以朱文公祠不止以上这些。历史上的朱文公祠多见于东南一带,特别是朱熹涉足过的地方。富商与官吏往往投资建设朱文公祠,弘扬道统。正如邹鲁(教谕)写的“改建朱文公书院记”云:窃惟我文公以继往开来之功,垂宪后世,虽穷乡下邑,靡不尊崇而祀享之……与山之高、水之长,并景仰于千百世之下矣。(《安溪县志(嘉靖版)》卷7·文章类)

公元1382年,明朝颁诏天下通祀孔子,同年颁布府州县学敬拜孔子的礼仪。公元1391年颁诏郡县官员每月朔望在孔子庙举行礼仪敬拜孔子。明朝的官员与学生定期敬拜孔子,儒学已经宗教化了。徽州有浓郁的儒教信仰氛围,徽州人对朱熹特别崇信。明代万历元年,歙县知县刘伸建“程朱阙里”于岩镇,每年二月、八月致祭,官方安排1人管理程朱文公祠,每年给管理人银子3—6两。公元1761年,歙县儒生徐麟甡移建“程朱阙里”于歙西篁墩村富仑山麓,吴炜奏请御题“洛闽溯本”,并将皇帝题字镌于坊石。公元1650年徽州知府祖建衡下令所辖六县诸儒尊文公遗规讲学,推行朱熹理学。公元1692年休宁汪晋徵倡议在还古书院归仁堂祭祀朱子。

公元1335年婺源诏立徽国文公庙,婺源乡绅汪禹主动出资,在朱熹宅基立文公庙,捐祭田30亩,歙县乡绅鲍鲁卿献私田以供文公庙祭祀。公元1480年徽州修

复紫阳书院,歙县老儒汪贵建议,每年九月十五日朱熹生日为朱子公祭日。公元1787-1791年,歙县曹文埴和两淮盐商复建紫阳书院:歙县程国光父子为书院增补生提供生活费20余年;鲍志道之子鲍均捐银5000两,徽商20多人捐资修建各个时期的继承朱熹学说的紫阳书院。

民间敬仰、崇拜朱熹。朱熹定仪礼,详品节。徽州乡风淳朴,慈孝敦睦、仁恕中庸、忠信笃敬、窒欲迁善、推己及人,成为风俗,得益于朱熹,徽人信仰朱熹,成之有因。

管理者语丝:

徽州人崇拜朱熹,建朱熹庙,塑朱熹像,祭祀朱熹。统一、坚定的信仰,使徽州在严格的宗法制下发展了商品经济,在崇山峻岭中建设了书香社会。

朱熹处在南宋时代,朝廷危机重重,特别是军事上被敌人金国所压。但是从人口发展状况分析,经济实力尚可。公元960年五代十国的人口0.4亿,公元1110年宋徽宗时1.2亿,公元1207—1223年南宋宁宗时1.25亿,公元1351年元惠宗时0.97亿。宋朝出现了人口高峰,人口大发展与当时的社会环境、经济状况有关,宋朝的政治、经济、文化教育、农业、科技、医学、卫生进步较快。社会的繁荣、生活的幸福往往产生负面效应,例如信仰缺失、政治腐败、道德沦丧、风俗变易、人性扭曲、管理效率不佳。朱熹力主的理学、家礼、家训,在当时稳定社会、家庭、人心等方面发挥了重要的作用。

朱熹《四书集注》,丰富发展了儒家理论,成为儒教教义。

理学使人们以理判断是非,宋代没有人权,不承认人人平等。理学超越了权势与武力决断一切的历史,推动社会文明向前跨越。

朱子家礼,把社会文明开拓到家庭文明的界域,建立了家政管理模式,使家庭成员生活在温良恭俭让的基本道德上。它增强了徽州的宗法与礼制建设,也为徽州稳固的家庭建设奠定了基础。

朱子家训,规范了个人道德、言行的模式,属于个人行为守则。这是家礼之外的个人行为礼仪。那时,自然资源丰富,个人能量过剩,知识与认识力不足,盲动时时有之,家礼与家训给予人以理性的光芒。

朱熹为社会发展做出了卓越的贡献,元明清统治者逐级加封朱熹,把朱熹提高到圣人的地位。用今天的眼光打量朱熹,朱熹倡导内敛式管理、宗法管理、家政管理,他把宗教与政治捆绑得严紧,没有公平与竞争意识,所以朱熹以后的元明清社会活力不强、动力不足,社会文明发展缓慢。

朱熹为儒教做出了巨大的贡献。

理学使封闭的徽州人的思想发生飞跃,他们走出深山,背乡离井在外地经商。徽商在店堂里供奉朱熹像,在各地会馆里祭祀朱熹。习惯上人们认为商人奸诈,可是徽州商人心里有孔子、朱熹,他们在外经商漂浮一生,四书五经是他们的定海神针。他们重视信仰、人格、人品,谨名分,崇爱敬,商海熙熙攘攘,泾渭分明,以义谋利,诚信为本。徽州人读朱熹的书,传朱熹的教,遵朱熹的礼,行朱熹的道。可见,徽州的辉煌与朱熹息息相关,成功的徽商,内中有卓越的理念。经济基础与上层建筑一脉相连,相辅相成。

参考文献:

1. 张培锋:《论“儒教”之确立——以朱熹为中心》,《东方丛刊》2007 年第 4 期。

2. 施璜等撰:《紫阳书院志》,陈联等点校,黄山书社,2010 年。

3. 汪舜民撰:《徽州府志》,上海古籍书店,1964 年。

4. 程瞳撰:《新安学系录》,台湾商务印书馆,1986 年。

5. (南宋)朱熹著:《朱文公文集》,台湾商务印书馆,1986 年。

6. 许承尧著:《歙事闲谈》,黄山书社,2001 年。

第六节　地方贤达崇拜

《辞海》中将“信仰”词条解释为:对某种宗教,或对某种主义极度信服和尊重,并以之为行动的准则(《辞海》,上海辞书出版社,1980. 8)。信仰包含了人对于某种真理、目标理念、价值观、世界观的向往与追求。信仰含有理性的因素与非理性的因素。徽州人对于朱熹的信仰主要在知识阶层,建立在程朱理学的基础上。徽州十户之家,不乏读书之声,读书人信仰朱熹。徽商的主体是儒商,儒商也信仰朱熹。

崇拜,意指尊崇,投入,顶礼膜拜。崇拜对象可以是人,可以是物,可以是虚拟偶像。崇拜表达一种敬仰、佩服、高度尊重与信任、崇尚、敬奉、甘拜下风、尊敬等心态。崇拜对象众多,包括人对于自然、图腾、神灵、英雄、明星、金钱等的崇拜。权威、成功者被人崇拜,往往是他们表现出超人的潜在能量,很高的社会声望,使人感到神秘而敬畏,有人狂热追随。崇拜往往含有非理性的因素,崇拜可以使人陷入迷信中。没有文化及知识文化较少的人,尤其喜欢各种崇拜活动。

徽州地区以儒教信仰为主,同时,徽州地方贤达崇拜活动频繁。他们神化地方贤达,把祭祀活动与民间娱乐活动相结合,丰富乡村的文化生活。例如,徽州人对于地方贤达汪华、程灵洗、方储的崇拜。

朝廷批准建庙祭祀的地方贤达一般是朝廷高官,他们一生忠于皇帝,造福于本地人民,孝敬父母,逝世后受到皇帝加封,官方建庙供人们祭祀,为人们所崇拜。徽州汪华、程灵洗、方储 3 人的庙祀与宗族祖祭相交于一点,庙祀是社会活动,祖祭是宗族活动,双向活动,声势浩大,产生崇拜效应。人们神化地方贤达,每有疑难,到庙中祈祷,希望得到贤达保佑。

一、汪华与忠烈庙

汪华(公元 587—649 年),原名汪世华,字国辅,一字英发,安徽歙县登源里(今属安徽绩溪)人。隋末天下大乱,汪华起兵统领歙州、宣州、杭州、饶州、睦州、婺州六州,建立吴国,自称吴王,保证了一方百姓安居乐业。公元 621 年汪华归顺唐高祖,朝廷授予他上柱国、越国公、歙州刺史官衔,总管六州军政。公元 628 年李世民授予汪华忠武大将军。汪华逝世后,朝廷赐予谥号“忠烈”。以后唐玄宗、宋徽宗、元世祖、明太祖、清乾隆帝等多次下诏加封汪华,赵普、李纲、苏辙、岳飞、朱熹、文天祥曾经赋诗题词赞颂汪华。徽州百姓奉汪华为神,称其为“汪公大帝”“太阳菩萨”“太平之主”。历史上徽州汪华祠庙多达 70 余座,四时祭祀。汪华逝世后葬于歙县城北云岚山,山边建有“汪墓祠”。公元 980 年在汪华出生地汪村建了一座宏伟的汪公庙。公元 1114 年朝廷钦定庙祀,赐字匾额“忠显”。公元 1272 年,宋朝皇帝加封汪华为昭忠广仁武神英圣王,赐额“忠烈庙”。明朝朝廷颁发文件保护汪王庙。公元 1371 年,朱元璋下令规范祭祀对象及仪式,徽州只允许祭祀汪华与忠壮公程灵洗,2 人成为官方认可的地方祭祀神。汪王庙正殿供汪华塑像与神位,两旁是他的从弟铁佛与天瑶,后殿供他的祖父母、父母、妻妾 5 人、9 个儿子。徽州每年 1 月 18 日、2 月日曜日、8 月日曜日祭祀汪华。

汪华祠庙,又称汪王庙、汪公庙或忠烈庙。忠烈庙是官方的称号,汪王庙、汪公庙是民间的称呼。

乌聊山的汪王庙为汪王祖庙,其他地区建的汪王祠庙被称为行祠。行祠具有祠堂和神庙双重性质,汪氏在行祠祭祀祖先汪华,其他氏族的人在行祠祭拜汪华神灵。汪华行祠分布在徽州各县,歙县有棠樾、龙山、新馆、龙屏山等 6 所行祠,休宁有东山、汪溪、斗山等 6 所行祠,婺源有大畈、天泽门、丰田等 11 所行祠,祁门有重兴寺侧1所行祠,黟县有城东、黄冈等4所行祠,绩溪县有北门白鹤观、一都外坑、坑口等5所行祠。

乌聊山汪王墓祖庙建于唐,唐陶雅刺史在墓边建亭,立石人、石兽、华表。宋代3次修整,公元1277年建庙。明代敕建忠烈庙,嘉靖年间,歙县县衙立四石人于庙前。自唐末至清朝前期,汪王庙11次重修、重建或扩建,其中8次由官方发起。官方祭祀汪华,汪氏宗族以此开展活动造声势,其他姓氏跟着烧香,以求平安无事。

唐朝时,歙州、杭州立庙,春秋祭祀汪华。与徽州相邻的杭州吴山汪王庙规模宏大,香火很盛。

明清时期徽州会社多,祭祀汪华的会社最多。每年的春节前后迎神庙会,举行祭祀汪公大帝的活动。农历正月十八是汪华的生日,徽州有108个会社祭拜汪华。农历二月十五日,绩溪登源举办"花朝庙会"纪念汪华。绩溪仁里供奉越国公汪华神像,用大蜡烛敬神,用整猪鲜果祭祀,挂灯结彩,搭台演戏,白天表演武打,夜里骑火马、执火灯,唱戏舞狮,列队游行。农历8月13日靖阳节,屯溪人祭祀汪华,搭台演戏,跑马祭祀汪公。徽州民间的大型活动"赛琼碗",热闹非常,各家做供品送到汪公庙敬神,其中有食物雕塑,糕点拼盘,各种美食佳肴,好像一种烹饪大赛。

民间祭祀汪华活动声势浩大,公元1775年8月,金士诚、金时彦等17人签约的会社祭祀越国公汪华。他们筹集资金,备办仪仗、祭器。该会社的祭祀仪式隆重,主祭、鸣赞、读祝各1人,司香、司爵、司帛、司馔各2人。汪氏族人肃立汪华像前,奏乐,主祭三上香,带领族民3鞠躬,献奠帛,献爵,奏乐,读祝文。

各个会社要求会员以金银、土地房屋做入股资本,经营生息,以赚来的钱作为祭祀的费用,保证每年的祭祀活动正常运行。

汪华故里登源12个会社轮流主持祭祀汪华,人们认为五谷丰登,人丁兴旺,全仗神灵护佑。这些会社都是民间自发组织的。会社的活动,一方面表现了人们对于汪华的崇拜,另外,祭祀活动与文化、艺术等相结合,使得沉寂的乡村生机勃勃。

汪华,唐朝官员,在天下大乱时期,保护一方平安。汪华为人民谋幸福,人们感谢他,尊他为地方神,世世代代祭祀他。

二、程灵洗与世忠庙

程灵洗,字元涤,新安海宁(今休宁)人,新安程氏始祖元谭公第十四世孙。梁朝末年休宁、黟县、歙县、鄱阳、宣城等地多盗贼，人民无可奈何，程灵洗勇武善射，威服四境，他招募少年，追捕盗贼。侯景之乱，程灵洗聚集武力不让乱兵入徽州，保护了一方平安。梁武帝授予他刺史、太守、将军官衔，封他侯爵。程灵洗于公元568年卒，谥号“忠壮”，赠镇西将军，配享高祖庙。南宋朝廷鉴于程灵洗保境安民的业绩，给予程灵洗及其家族10次加封，追封程灵洗为“广烈侯”。宋宁宗皇帝赐程灵洗祀庙“世忠庙”匾额，接着各地建了很多世忠行祠。公元1224年一个方姓进士出资为程灵洗在篁墩修建了庙宇，程灵洗崇拜现象达到了登峰造极地步。从那时起，自夏及冬，鼓乐吹打，杀猪宰羊，立牌位祭祀。祭祀程灵洗的活动从篁墩向徽州各地扩展。

公元1275年朝廷下诏追封“忠壮”公程灵洗远祖、新安程氏始祖，晋新安太守程元谭为“忠佑”公，夫人董氏为“惠懿夫人”，长子文季为“忠护侯”。公元1327年加封程灵洗为“忠烈王”。公元1370年钦降世忠庙祝文，徽州府知府每逢春、秋致祭。明清时期，篁墩有程氏世忠庙，徽州府多处有世忠庙行祠，歙县有槐塘、托山、临河3所行祠，休宁有汊口干龙山、斗山、率口、苏山、庙山岭5所行祠，婺源有二都、龙山、金竹、凤岭、高安5所行祠，绩溪有仁里1所行祠。

民间里人以程灵洗功勋卓著，崇拜他，奉程灵洗为地方保护神，凡久雨、久晴、瘟疫、疾病、虫灾，人们烧香祷告，说是有求必应。明清徽州人组织了100多个会社祭祀程灵洗。忠壮公崇拜活动自公元568年始至1960年，持续达1400年之久。

清朝以后程灵洗的祭祀逐渐宗族化，各地的世忠行祠演变为程氏宗祠。

程灵洗在天高皇帝远的徽州，组织武装，缉捕盗贼，维护社会治安，保护人民，使人民生活安然。程灵洗为人民谋幸福，人们感谢他，纪念他，尊他为地方神，每年祭祀他。这是乡贤崇拜。

三、方储与真应庙

方储（？—93），东汉官员、学者。字圣明，一字颐真，丹阳歙（当时的宣州歙县）人。

方储聪颖博学，公元220年《开国公家世行实》描述方储其人：博经文，辨图谶；讲孟氏易，善星文，占吉凶，知未来，察略谋，预知灾异。公元79年方储被推举为孝廉和贤良方正，他参加廷试对策获得第一名。公元80年二月初一，日食，汉章帝请方储谈谈日食可能引起哪些灾祸。方储借机毛遂自荐，称自己文才武功兼备，皇帝可以如意使用。

公元84年，方储再次被举为贤良方正，策试又是第一。汉章帝于是授予方储议郎、洛阳令、太常等官。公元93年6月,汉和帝准备外出举行郊祭,他事前询问方储当天的天气情况,方储回答说那天天气不好,不宜出行。到了郊祭那天,天气晴和,汉和帝谴责方储妄言欺君。方储蒙受欺君之罪,这属于不忠行为,他感到耻辱,饮毒酒自尽。汉和帝郊祭回归途中,气象突变,天降冰雹,打死、冻死近千人。汉和帝此时才知道方储有先见之明,深为内疚。汉和帝追封方储为太常尚书令、黟县侯。徽州乡民在歙县霞坑柳亭山建庙祭祀方储,方氏宗族在浙江淳安县东郭(临近歙县)方储墓地建了墓祠。唐监察御史张文成在方储碑中撰文说:(方储)生平羽驾乘空,仙游蝉脱而去,公为仙化,莫知所归,共建祠堂,以时祭享。宋明帝加赠方储为龙骧将军、洛阳郡开国公。公元1114年宋徽宗赐给方储庙"真应庙"额,《敕赐黟侯真应庙额》一文说:方储仙翁,立庙祀典千余岁,灵迹不少。近年久旱、洪涝,公私所祈,无不感应。每岁春夏之交,邻近有疫疠,此地无一人患疾病,实神以安,委是功德惠民深远。

东汉永元年间(89—104),歙县南边的柳亭山立庙祭祀黟侯方储,以后历经晋、宋、齐、陈、隋、唐六个朝代。公元988年族裔方忠正改建方储庙,置祀田,招僧人守祠。公元1606修复庙宇,不再用僧人守祠,方氏宗族各支派订合同轮流掌管祭祀事务。这样,方储庙改为祠,官方祭祀改回到族民祭祀,此系祖祭—神祭—祖祭的变化过程。

歙县柳山方储庙,又称"仙翁庙""黟侯庙",后名真应庙。民间传说方储有神功,唐监察御史张文成写的碑文、宋徽宗皇帝的敕文都把方储描述为神。相传祭祀方储能使徽州减灾免疫,人们感谢他,祭祀他,希望他为人民谋幸福。

徽州崇拜的地方贤达,除了汪华、程灵洗、方储,还有郡守孙公祠(知府孙遇)、蔺将军庙(隋将军蔺亮)、通真庙(唐朝通真太子)、歙县的萧王、歙县的孔愉,婺源的石敬纯、婺源朱文公家庙、歙县杨先生祠、休宁程定宇先生祠等。汪王为地方保护神,程忠壮公为武神,郡守孙公是良吏神,蔺将军为地方靖难神,关公(不是徽州人)为义勇神。

管理者语丝:

地方贤达,朝廷加封,百姓崇拜,以至于把他们奉为神。祭祀贤达,官方旨在弘扬正气,端肃民风;百姓旨在保佑五谷丰登、身体健康、消灾除祸、升官发财等。地方贤达被奉为神,有些人视为万灵妙丹。官方发文祭祀他们,本地氏族炒作,崇拜与娱乐活动共举,形成具有地方特色的风俗文化。少数老百姓只知娱乐,或希求得到保佑,往往分不清信仰与崇拜,分不清孔子、朱熹与地方贤达的轻重。愚人无信仰,苦难深重,无处化解,于是到处烧香磕头。他们对于诗书礼仪知道的不多,分不清圣人与贤达,也分不清庙与祠的不同,也不知道什么是信仰,什么是崇拜。徽州汪氏是第一大姓,程氏是第二大姓,方姓是最早迁入徽州的 3 个姓氏之一。徽州对于汪华、程灵洗、方储的庙、祠祭祀,以及众多的文化娱乐活动,除了官方的认可,也有各个姓氏之间竞争,为了获取霸权而进行的炒作。

参考文献:

1. (清)方善祖:《方氏会宗统谱》,乾隆十八年刻本。

2. (清)程国熙:《新安伊川程氏宗谱》,同治七年,木活字本。

3. 唐力行:《徽州与杭州汪王庙的变迁兼论国家民间社团商人互动与社会变迁》,国家、地方、民众互动与社会变迁国际学术研讨会暨第 9 届中国社会史年会论文集,2002 年 8 月。

4. 王昌宜:《明清徽州的汪氏宗族与汪王信仰》,《宗教学研究》2012 年 6 月。

5. 汪柏树:《新安之神靖民之神罗愿〈新安志〉关于汪华的研究》,《黄山学院学报》2009 年第 2 月。

6. 陈浩河等:《祁门县社景村傩舞"游太阳"与汪华祭祀》,《黄山学院学报》2015 年 8 月。

7. 章毅:《宋明时代徽州的程灵洗崇拜》,《安徽史学》2009 年 7 月。

8. 丁希勤:《唐宋徽州程灵洗神话故事考》,《安徽史学》2015 年 3 月。

9. 翟屯建:《程灵洗与徽州文化的融合》,《江淮文史》2015 年 9 月。

10. 丁希勤:《神话与政治以东汉以来徽州方仙翁为中心》,《安徽史学》2016 年 3 月。

第七节　外神崇拜

道教与佛教是中国影响面较大的两个宗教。徽州各个氏族的族谱家规、家训里明文规定,不允许族民成为外神的信徒,有违背者,从族谱中除名,给予开除族籍的处分。所谓外神,就是道教与佛教等儒教以外的神。

中国各地的宫观寺庙,烧香许愿者甚多,多是为了解忧排难。徽州各个宗族的族规、家法明文规定,不允许祭祀外神。人们零星地外出到宫观寺庙烧香许愿,家法没有进行干预,或许这属于私下的行为,非正式的活动吧。民间如此,皇帝也是这般。如明成祖崇信道教,乾隆帝崇信佛教。皇帝信道教、佛教,违背朱熹的礼教,岂不应该受到指责?朱熹严格信守一个信仰,不信奉外神。譬如,朱熹有次生病了,邻居劝他到当时传闻有许必应的灵顺庙烧香,朱熹一概拒绝。

徽州人尊朱子礼教,严禁族人出家做和尚道士,严禁与僧道往来。不许在祭祀活动中延请僧道,以超度灵魂,期许未来。遇到天灾、人祸,处于逆境、困境时,有些徽州人进庙烧香,请僧尼、道士做佛法,这不代表他们信奉佛道。许承尧在《歙事闲谭》中说:"徽俗不尚佛、老之教,僧人道士,惟用之以事斋醮耳,无敬信崇奉之者。所居不过施汤茗之寮,奉香火之庙,求其崇宏壮丽,所谓浮屠老子之宫,绝无有焉。于以见文公道学之邦,有不为歧途惑者,其教泽入人深哉。"(许承尧:《歙事闲谭》,合肥,黄山书社,2001 年)。徽州的寺庙、道观不仅是香客祈祷之所,也是文人墨客活动的场所。许承尧可能见过学者、画家与和尚道士往来的事例,许承尧未尝不知徽州有道教齐云山、西干如意寺。许承尧在这里的表述,旨在说明徽州人信仰儒教,其他宗教与神不在信仰之列。

一、道教崇拜

道教,受古代的巫术与方术的影响,东汉时期张道陵创五斗米道,张角创太平道,东晋形成丹鼎派天师道、北魏寇谦制定乐章颂戒法,南朝陆修静编著斋戒仪范,元代道教合并为符箓派正一道,(金代王重阳、邱处机创)修炼派全真道。修炼派笃信通过修炼可以归本成仙,符箓派笃信斋醮符箓可以禳灾得福、役使鬼神。道教崇拜三清神,即元始天尊、灵宝天尊、道德天尊(太上老君)。道教产生于中国,没有统一的教义、统一的崇拜偶像、统一的祭祀仪式,没有规范的终极伦理,不是合于规范的宗教。有些人认为道教修炼成仙、驱鬼消灾具有实用价值,所以道教宫观之中,香火隆盛。

歙县飞布庙、灵山庙,休宁城隍庙、中顺庙,祁门历口庙,婺源东岳庙,黟县顶游庙、绩溪归善庙,是历史悠久的道观庙宇。唐代歙县的灵星观、休宁齐云山、婺源灵岩三洞等是著名的道观。宋代徽州六县共有道观 10 所,歙县 5 所,婺源 2 所,祁门、休宁、黟县各 1 所。

(一) 灵顺庙(五显庙)

《三教源流搜神大全》记载,唐光启年间夜里,五个神人降临婺源城北王瑜园林,红光满天。5 人自称受天命,福佑婺源人,言罢,升天而去。见者聚集,决定立庙供奉神人。初取庙号"五通",宋朝大观中(公元 1107—1110 年)赐庙号"灵顺"。因显灵事屡闻于朝,宋宣和、绍兴年间五显神两次被封为侯爵,乾道年间加封为公爵,嘉泰、景定年间封为王爵。五显神,即广济王柴显聪、广佑王柴显明、广惠王柴显正、广泽王柴显真、广成王柴显德。庙称为五显庙,香火隆盛。《蠡海集》称9月28日为五显神生辰(5个人同一天生),江西德兴、婺源,浙江杭州有五显神的行祠。五显神也见于典籍《夷坚志》。

五显神,各地称呼不一,如称五显大帝、五显灵官、五猖神、五路财神、华光大帝等。婺源县城北的灵顺庙是最早供奉五显神的道教宫观。我国南方及东南亚地区,湖北、湖南、四川、贵州、甘肃也有五显庙。《搜神记》卷二《祖殿灵应集》记载,公元886年,婺源人,门下省侍中王瑜园林中,一天晚上红光通天,见五神(东方风猖神、南方狂猖神、西方毛猖神、北方野猖神、中央伤猖神)从天而下,威仪如王侯。为了四方百姓消灾免疫,王瑜特建"灵顺庙"祭祀。自此,民间崇拜五猖神。"五猖"(又称"五显""五通""五圣""五郎"等),凶煞无比,却十分灵验。人们祈祷五显神,施药驱疫,水旱灾疾,祷之皆应。每年五猖庙会,热闹非凡。每年的正月十五、七月十五、十月十五众多人到婺源去拜五显大帝。

灵顺庙,或五显庙,源于徽州婺源,广延于徽州6县,以及其他地方。人们认为五显神灵验,进香者众多。各地每年都有关于"五猖"的迷信文化娱乐活动。有人把五显神归于道教系列,其实没有什么逻辑性。中国古代主体信仰没有神化,而民间总是创造一些神来丰富文化、丰富想象、丰富生活,满足希冀。

(二) 齐云山道观

休宁县齐云山,与江西龙虎山、湖北武当山、四川青城山为中国四大道教圣地。

唐代道士龚栖霞隐居于岐山栖真岩,公元1226年道士余道元在齐云山建立真武祠,崇尚玄武帝。公元1532年明世宗敕建玄天太素宫与道场,齐云山道教进入兴盛时期。明朝皇室崇奉道教,使齐云山玄武崇拜迅速兴起。明朝在玉屏峰下紫霄峰斜壁深窟中建玉虚宫、天乙真庆宫、治世仁威宫,供奉玄天上帝神像,岩石上刻有玄武帝碑铭。齐云山道教早期为湖北武当山全真宗的分支,江西龙虎山正一派于公元1556年建真武殿,为当时江南道教活动中心。

相传,崇拜道教玄武帝,可以保命延寿,祈嗣生育,解除水灾、旱灾。明朝嘉靖和万历2个皇帝先后8次到徽州休宁齐云山做斋,其中4次是为了祈命延寿。

齐云山有25种道场,供信众开展祈禳活动。从七月初一到十月初一。香客与香会团体进香。九月初,九玄天上帝登极日,香火最盛。香客黄布袋上写"齐云进香",香会会首领导香客,旗帜、锣鼓、伞幡伴随,鞭炮唢呐齐鸣。每过一观,朝拜一次。他们从齐云山回来,在山下登封桥回香亭烧完剩余的香烛纸箔。

齐云山道观，丹霞地貌，宫观殿院馆楼阁亭台108处。建设费用出自朝廷拨款，徽商捐助与香客进献。休宁商人查应光，号玄岳先生，崇拜道教。他捐款在齐云山建梦真桥、石窟塑像、凉亭。

道士程惟象善于占卜算命，预言人的贵贱祸福，有众多信徒。传说道士打雨醮可以求天下雨，道士作法可以给亡人超度来生。道家通过一系列活动拓展社会活动空间，例如道家养生术、道家健身术、道家武功等。道教这些功能超众，人们加以神化，与天地鬼神结合起来，引起众人崇拜。

二、佛教崇拜

佛教发源于印度，悉达多·乔达摩（释迦牟尼）的无常、缘起、众生平等思想，逐步发展成为四谛、八正道、十二因缘核心教理，众多信徒写了大量的经、律、论著作，使信众在戒、定、慧方面进行修持。现在各区域流行的主要有小乘教、大乘教与喇嘛教。佛经公元67年传入中国，隋唐时期形成天台、唯识、华严、净土、禅宗、密宗诸派。它们与中国传统伦理、宗教思想相结合，影响很大，几乎各个城镇、风景点都有佛教寺庙。晋朝时徽州有了佛教寺院，公元535年建向杲院，公元757年歙县西干建兴唐寺。唐代歙州6县有佛教寺庙85个，其中歙县31个，婺源19个，休宁13个，祁门11个，黟县6个，绩溪5个。宋代徽州有佛寺131个，其中歙县41个，婺源35个，绩溪19个，祁门和休宁各14个，黟县8个。明朝弘治《徽州府志》说徽州有长庆、观音、罗汉、如意、妙法、净名、经藏、等觉、崇寿、福胜、五明、兰若等佛寺24座，清朝康熙、乾隆年间歙县西干有10个佛寺，太平天国后西干诸佛寺大多被毁灭。

宋太祖敬天畏神，相信因果报应，重视佛教。明朱元璋信佛，他的朝廷僧官制度、度牒制度完备。这以后对徽州人影响较大的佛寺有西干寺、九华山等庙宇。

（一） 西干寺

歙县县城练江从太平桥到紫阳桥新安江岸，旧称西干，即城西江岸。自公元757年这里建了一系列寺院。如：太平兴国寺、应梦罗汉院等。

五明寺是文人唱和集结地，新安画派和新安文学人士常在这里开展活动。如意寺香火兴盛，佛事活动频繁。清初重臣曹文埴早年就读如意寺，和僧人莲成结下深厚友谊。

（二） 九华山佛寺

九华山不在徽州境内，九华山山脉与黄山山脉相邻。九华山是中国四大佛教基地之一，有规模宏大的庙宇群，香火鼎盛。徽州人常到九华山参与佛事活动。

管理者语丝:

《茗洲吴氏家典》第 25 条:"子孙毋习吏胥,毋为僧道,毋狎屠竖,以坏乱心术。"徽州家规明文写道,不允许族民成为僧人道士的信徒,可见佛教、道教不是徽州人的信仰。但是徽州人请和尚念经超度,请道士做道场等活动时而有之。这些活动与朱熹在《家礼》中的规定相违背,属于叛经离道的行为。古代科学不发达,法制不明,没有人权,人们很多委屈与痛苦无处申诉。人们以虚拟的神化活动,慰藉心灵,不涉及信仰。有些人把参加佛道活动,视为一种文化娱乐。

参考文献:

1. 罗愿:《新安志》,清光绪十四年重刻本。

2. 汪尚宁:《徽州府志》,嘉靖四十五年刻本。

3. 赵吉士:《徽州府志》,康熙三十八年刻本。

4. 马步蟾:《徽州府志》,道光七年刻本。

5. [元]吴师道:《礼部集·婺源州灵顺庙新建昭敬楼记》卷十二,文渊阁《四库全书》本。

6. 许承尧:《西干志》,安徽省图书馆古籍部。

7. 韩养民:《中国古代寺院生活》,陕西人民出版社,2002 年。

8. 潘国好:《从许承尧〈西干志〉辑录看歙县西干佛教生态》,《淮北师范大学学报》(哲社版),2013 年 12 月。

9. (清)吴翟:《茗洲吴氏家典》,合肥,黄山出版社,2006 年。

第八节 功能神崇拜

中国哲学认为,天地间万事万物互相参透,只要久远存在,就有生命与灵气,大山、大水、古树、巨石都有神灵。绩溪县的梓山庙,相传是因为一个石头化为飞鸟,以此被人们所祭祀。山有山神,水有水神。《新安志》记载,天要下雨,在歙县的灵山可以听到鼓角声,人们认为灵山山神显灵,由是敬畏祭祀。该志书记载,天旱的时候,到颜公山去祈祷,天就下雨。古代科学知识缺乏,产生了许多主观臆想,例如民间建立了分管雨水的龙王庙、分管五谷丰登的土地庙、分管生儿育女的观音庙、分管城市安宁的城隍庙、分管教育文化的文昌庙、分管经济发财的财神庙、分管山脉的山神庙、分管河流的河神庙。歙县西溪南村建有天帝庙、忠烈庙、仁德社等。有些功能神虽然不立庙,人们也崇拜,如灶神、桑蚕神、鲁班神等。徽州龙尾砚采石工还在采石前设坛祭祀砚石资源神,养蚕人开工前祭祀蚕神。似乎每一个实体,每一项工作都有神灵。

人们自发组织会社,开展祭祀活动。清代徽州金溪村建立了三保田神会、嚎啕会、关帝会、乐义会、春祀会、冬至会、福缘会、正兴会等,各种会社开展各种特色的活动。金氏宗族成员,组织了以祖先祭祀为中心,兼及其他兴趣的活动,丰富了他们的文化生活。

管理者语丝:

《茗洲吴氏家典》第 80 条规定:"祭灶,祀社,乡厉外,不得妄举淫祀,违者罚之。"这里规定,族民除了祭祀自己的祖先外,还得祭祀灶神、社神、厉鬼。灶神关系到一家人吃饭;社神指公共神,如土地神、山神、水神等,厉鬼指无人祭祀的非正常死亡的鬼。淫祀,指超越规范的祭祀、滥祀。不允许祭祀的对象包括佛教、道教系列的神,某些人自许的神,未经官方认可的崇拜对象。民间常有一种现象,一旦认为某种物体显灵,就一窝蜂似的去烧香磕头。家法规定,信仰儒教道统,坚定不移,不许淫祀。各个宗族的家规、家法指示族民不可随意崇拜,处处狂热。

朝廷规定,祭祀孔子、朱熹在孔庙、文庙,一般在政府衙门所在地建庙祭祀。朝廷认可的地方神,在特定的地点建庙祭祀。个人祭祀自己的祖先,以及灶神、社神、乡厉,不得祭祀其他神。佛教、道教诸神都不在官方认可的祭祀之列。人们偶尔到寺观去祭祀,那不属于规制以内的事。

中国封建社会,宗教归政府管理,宗教、政治、文化、风俗、哲学混作一团。《书经》告诉我们上帝是万能的、公正的,人们信仰上帝,朝廷每有大事祭祀上帝。根据《原道》,道的创建者是尧、舜、禹、汤、周文王、周武王、周公、孔子。孔子、孟子、朱熹是儒教教义的创建者。儒教主张:君仁臣忠,夫慈子孝,夫爱妇顺,仁、义、礼、智、信。理想的社会是大同世界。儒家教义传播孔子、孟子、朱熹的学说。孔子是崇拜偶像,但不是上帝的代言人。孔子主张德治,他信神,不主张神治。皇帝称为"天子(即上帝的儿子)",皇帝称其行事是"奉天承运",皇帝祭祀上帝。人们敬畏皇帝,并不以皇帝为信仰。为了皇位及个人的奢靡生活,有的皇帝杀父兄、不顾社稷苍生、杀忠臣战将、卖国割土、饿殍遍野,道德沉沦,刷黑信仰。儒家既要忠于皇帝,又要拯救信仰,于是提出圣君信仰,即道统信仰。事道统不等于事上帝,事道统是儒家在皇权控制下的权宜之计,孔子如果知道了会不高兴的。

古代把神分为公共神与家神，公共神包括上帝、日月神、风雨神、山神、水神、财神、土地神等，家神指本宗族的祖先，特别是功德卓著的人。老百姓只能在社屋（或称社庙，古代徽州每个村庄都有）中祭祀公共神，在本宗族的祠堂里祭祀家神。知书达理的人，有教养的人，信仰儒教，徽州人信仰朱熹。但是徽州的朱熹信仰没有深入每个人的心里，没有文化的人与朱熹的距离是很远的。人们信仰万能全德的上帝（也可以称天），信仰儒教，但是遇到灾难苦疼，或有祈求，找不到上帝庙，也找不到上帝化身与真理代言人，而佛教、道教的庙宇、寺观很多，他们闻说玉皇大帝、某乡贤、古树、大石显灵，就去功利性地烧香磕头，以获得精神寄托。

人们敬畏上帝（天），上帝万能全德，人们信仰上帝，信仰儒教。人们对于儒教是理性信仰，而对上帝是虚拟的神化信仰。社会通行儒家道统的理性信仰，忽略了虚拟的神化信仰。孔子说，颂诗三百不及一献，他认为事上帝是最好的教育活动，因为虚拟的上帝代表了美好、睿智、公平、正义。信仰上帝，心中有敬畏信赖的神，有纯洁、美好、幸福、光明的境界，有真理，精神有寄托，从而有定力、追求与信心。

徽州祠堂是私祭场所，明嘉靖皇帝解放私祭，没有解放公祭。公祭属于信仰，私祭属于敬仰。私祭的场所祠堂，建筑豪华，深刻地影响着本地人的心灵。在那个公共管理不足的时代，徽州祠堂有使人归心、安心、放心、舒心的功能。

新安为朱熹桑梓之邦，徽州人读朱子书，服朱子教，秉朱子礼，信仰朱熹。知书达理的人是朱熹的个人信徒，宗族是朱熹的团体信徒。家规、家法不允许族民当和尚、道士。当和尚、道士便成为佛教、道教的信徒，而向某个庙宇、道观烧香，祈求幸福、健康、安全、富贵，以期得报答的功利性活动，不属于信仰，家规、家法不予管理。

（说明：祭祖请见宗法制一章）

参考文献：

1. 唐力行：《多元与差异，苏州与徽州信仰比较》，《社会科学》2005 年第 3 期。
2. 丁希勤：《五显信仰的实质及与道教的关系——对徽州婺源灵顺庙的考察》，《安徽史学》2009 年 11 月。
3. 方利山：《朱熹理学在徽州的普世化》，武夷山朱子学研讨会交流论文，2008 年 7 月。
4. [明]彭泽王舜民：弘治《徽州府志 · 祀典》卷 5。
5. 宋、元人注：《四书五经》，天津市古籍书店，1988 年 7 月。
6. （唐）韩愈：《原道》，《古文观止》，中华书局，1959 年 9 月。
7. （清）吴翟：《茗洲吴氏家典》，黄山出版社，2006 年。
8. 丁希勤：《徽州灵顺庙与东南民间信仰》，《宗教学研究》，2011 年第 2 期。

第二章

徽州的礼制

礼制，周朝周公创立的一种管理制度。礼制也称作礼治。

周公，姬旦，周文王姬发的弟弟，他辅佐周武王伐纣王，制定典章制度，他以宗法制把家族和国家、政治和伦理融合，形成一个系统的国家管理制度。周公的管理模式反映在《周礼》一书中。

周公制定封建制度、宗法制度、井田制度等。他以礼区分人的尊贵卑贱、嫡庶，强调等级，使人尊尊；他以乐礼促进人和，使人亲亲。他以礼制与宗法制相结合维护父子、君臣的等级隶属关系，维护天子的统治。

按照宗法制　周天子及其嫡长子继承大宗，其弟弟及其次子为公或诸侯，是小宗。诸侯的嫡长子在被封国内继承大宗，其他儿子卿大夫是小宗，这样组成逐级分封的大小宗族关系网络。同姓不婚，异姓诸侯与姬姓权贵联姻形成亲戚关系，血缘关系与政治授权相结合组成周朝的统治系统。

按照礼治，诸侯朝见天子，公、侯、伯、子、男依次站立在明堂的中阶上。按照礼治，乐分为礼乐与俗乐，礼乐按照人的尊贵等级，配置不同类型的乐、舞，以及乐器的数量、乐舞的人数，体现尊卑贵贱。

周公增补、汇集夏、商典章制度而成周礼。经礼三百，曲礼三千，礼乐用于敬神和庆典，事天地，尊先祖，隆君师。周公规范册封、巡狩、朝觐、贡纳制度，调整宗法人伦和行为规范，推进政令划一，维护周朝的上层建筑。

周公被儒家尊为圣人，孔子认为周公善于管理国政，在周公管理下，政通人和，秩序井然，孔子十分崇拜周公。

周公的礼制把人分成层次序第，确定每个人的定位、身份、角色，规范每个人在不同场合的言行。人人按份随时，礼让谦和。以后，礼制不仅用于管理国家、社会，还被用来管理宗族、家庭。

第一节　礼制的功能

春秋战国时期百花齐放，百家争鸣，出现了儒家、道家、法家、墨家、阴阳家、农家、名家、兵家等学术流派，他们各自突出一种理论以达到管理的目的。中国古代伊尹、周公、孔子、孟子、荀子、管仲、韩非、商鞅等，是著名的管理家。

对后世影响最大的是儒家与法家，儒家比法家占有更优越的地位。儒家在管理上主要实行宗法制与礼制。儒家强调管理的规范程序，法家强调竞争的效果。

儒家的礼制几乎包括所有的政务管理，如祭祀、祠庙、诸侯国疆界区划、组织结构、官员配置、衣帽佩饰、房屋建筑、乐舞、车马、法律、待人接物的秩序与行为模式。《周礼》记述周朝实施的礼治制度，内容包括政治管理、社会管理、官吏管理制度。《礼记》是孔子的弟子及西汉儒家门生的礼治思想，内容包括分封、井田、宗法制度，天子、官员的为人准则，住居、衣服、车马标准，婚、冠、丧、祭礼仪，法律、音乐、儒士规范等。《仪礼》描述朝廷各种仪式的行为礼节，包括吉礼、凶礼、军礼、迎宾礼、嘉奖礼。这些都是官方的行为规范，管理的目标在于秩序井然。

礼不下庶人，刑不上大夫。礼制属于上层建筑范畴，它与宗法制一起维护封建政权。皇家、贵族、官员以规范程序进行管理，老百姓则以刑法进行管理。朝廷对皇家及官员实行温文尔雅式的管理，对老百姓则实行强权管理。礼制，在乐、舞、祠、庙、车马、衣帽、住居等方面做了等级化的规范。

秦汉以后，宗法制废弛。宋朝的哲学家提出恢复宗法制，稳定人心，稳定社会。南宋朱熹著《家礼》，把原来上层建筑的礼制与宗法制进行改革与简化，普及到民间。经朱熹改革以后的礼制与宗法制推动了民间的文明发展，使乡村管理秩序井然，社会治理出现了新的气象，礼治管理产生了良好的效果。从而使上层的礼制与宗法制，演变为民间礼制与宗法制。由于朱熹的籍贯在徽州，他又在徽州长期讲学，他的弟子门徒继承朱子学说，宣扬、实践朱熹的学说，使得徽州的礼制与宗法制比其他地方更完善典型。

一、礼治对社会团体的管理功能

孔颖达《礼记正义》说："礼者，理也。其用以治，则与天地俱兴。""礼，经国家，定社稷，序民人，利后嗣。"（《左传·隐公十一年》）儒家治政，导之以德，齐之以礼，礼教、风俗、宗法互佐，弘扬道义，维护秩序。礼可以用于国家管理、团体管理,以及个人管理。礼治的内容包括宗教、政治、军事、法律、教育、文化、风俗、法律、规章、纪律、规范、条约等内容。礼治不仅仅表现为铁定的条文,还渗透了人的素质、亲情,礼治把法、理、情融为一体。

儒家按照礼教规范风俗,建设文明社会。评估道德仁义,首先要检查其行为是否遵循礼制规范,遵循者即符合道德仁义,否则无法言及道德仁义。如《礼记·王制》规定了官员等级、俸禄制度,行政区划制度,组织机构、辨才任事制度,对乱政惑众、不敬、不孝、不从、叛逆者的处罚制度,小学、大学建设制度,生物环境保护制度,祭祀制度,敬老制度,行路男右、女左、车中的制度等。礼规定了君臣、上下级、父子、兄弟的角色行为模式。人们遵从礼教,读书求学、拜师求技艺。治政、治军,遵从礼制,纪律威严,令行禁止,雷厉风行。按照礼制开展祭祀活动,场面庄严,从而达到虔诚、庄重、敬仰的效果。

《礼记·曲礼》则说:"夫礼者,所以定亲疏,决嫌疑,别同异,明是非也。道德仁义,非礼不成;教训正俗,非礼不备;分争辨讼,非礼不决;君臣上下,父子兄弟,非礼不定;宦学事师,非礼不亲;班朝治军,莅官行法,非礼威严不行;祷祠祭祀,供给鬼神,非礼不诚不庄。是以君子恭敬撙节退让以明礼。"隆礼贵义则国治,简礼贱义则国乱。礼的管理功能涉及方方面面。例如:

(一) 定亲疏

儒家的礼制是人治,人治与宗法制珠联璧合。第一,宗法制在管理上重视区分人的亲疏关系。儒家拟定了辨别亲疏的五服关系,以及亲属关系,以丧服表达各种亲疏关系的权重。第二,按照亲疏的脉络给各个人一一定位,不同位点的人有不同的话语权、事务处理权。第三,处于上位点的人、近位点的人,比下位点、远位点的人,在处理事务方面有较大的、优先的权值,判断是非,往往依据上位点、近位点人的决策,即角色决策、感情决策,亲情决策。徽州古代的文书中,凡订立经济契约、继嗣等活动,需要有当事人的亲人(如族长)在场,婚礼需要由宗子主持仪式,父母主导冠礼,父母决定子女婚姻。儒家管理定亲疏,亲疏管理权值不等。

(二) 序列化、等级化

礼制是等级化的管理。《礼记·礼运》第9:"处其所存,礼之序也。玩其所乐,民之治也。礼达而分定。""故礼义也者,人之大端也。所以讲信修睦……达天道、顺人情之大窦也……故先王修义之柄,礼之序,以治人情。故人情者,圣王之田也,修礼以耕之。"有德性的天子重视礼乐,诸侯守礼,大夫守法,士守信,百姓遵守和睦相处的原则。周文王修礼达义,体信达顺,社会平安。国家的管理应该顺应人情,管理的实质就是以礼来耕耘人情。

礼确定了君君、臣臣、父父、子子的秩序,每个人按照自己的身份,尽职尽责,这样天下自然安定。讲信誉,修和睦,达天道,顺人情,这是社会管理的根本。贤明的君王进行政治管理,制定公侯伯子男、君臣父子等级序列,治理社会,维系复杂的人情关系。人情是礼制管理的基本要素,礼制按照序列等级关系,管理上各有侧重点,天子重德与乐,诸侯重礼节,大夫重法治,普通官员重信誉,民众重和睦。朝廷以贵贱排位,男女长幼排序。序列化、等级化的政治管理,符合稳定社会的管理目标。

等级序列化管理,体现在建制、建筑、礼仪、用品、语词等方面。《礼记·礼器》第10:"礼有多贵者,天子七庙,诸侯五,大夫三,士一。"该文说祭祀分等级,体现了贵贱等差的人际关系。《礼记·祭法》第23:天子祭祀7庙:1壇1墠。天子建庙祭祀过世的父亲、祖父、曾祖父、高祖父、始祖父(即考、王考、皇考、显考、祖考),共5庙,每月祭祀1次;并且建1壇1墠,每月祭祀。更远的祖宗在壇、墠祭祀(注,壇、墠也用于公务,壇即誓师的场所);诸侯建5庙祭祀祖先,比照天子,诸侯不得祭祀始祖、高祖。诸侯每月祭祀自己的曾祖父、祖父、父亲,诸侯也有1壇1墠。大夫3庙2壇,祭祀自己的父、祖、曾祖;适士2庙1壇,祭祀自己的父亲、祖父;官师只建1庙祭祀自己的父亲;庶士庶人不得建庙祭祀祖先,只在自己家里祭祀。士分3等,适士、官师、庶士,可见等级森严。

天子、诸侯、大夫、士等级森严,他们占有的土地数量、拥有的人口数量、祭祀的规格、穿的衣服、乘的车,住房建筑都有等级的限制。等级制,就是组织纪律,任何人不得违制,组织纪律维护了朝政的秩序。

等级序列化管理,把人、鬼神按照等级分列,下级服从上级,形成秩序。《礼记·哀公问》第27:民之所由生,礼为大。非礼无以节事天地之神。非礼无以辨君臣上下长幼之位,非礼无以别男女、父子、兄弟之亲。君子遵守礼制,然后可以教导百姓,遵规守矩,行为有板有眼。在人间,遵守礼节非常重要,在礼的管理下,天、地、神、君、臣、上下、长幼、男女、父子、兄弟等关系和谐。

古代公众活动的地方为社,社也分等级。《礼记·祭法》第23:王为群姓立社,曰大社;王自为立社,为王社;诸侯为百姓立社,曰国社;大夫以下成群立社,曰置社。"社"分成很多等级,王设立的公社为大社,私社为王社;诸侯设立的公社为国社,大夫设立的公社为置社。公社有大社、国社、置社3个等级。礼把人分成等级,再按照人的等级规范有关配置,这是阶级制的管理法则。

礼书说按照礼的管理,天地和谐,万物衍生,社会繁荣。

（三） 程序化、规范化管理

《礼记·礼运》第9："大道之行也，天下为公。选贤与能，讲信修睦，故人不独亲其亲，不独子其子。使老有所终，壮有所用……礼义以为纪，以正君臣，以笃父子，以睦兄弟，以和夫妇，以设制度，以立田里。"这里说，在天下不能人人为公的社会里，人们建设城墙，挖护城河，保护人身与财产安全；按照礼义定下纪律规范，使人做到君仁臣忠，父慈子孝，兄弟和睦，夫妇相爱。国家的礼治的管理是程序化、规范化的管理。

礼治规定，天子以郊祀礼祭祀上帝与各种神，官员臣子以社祀礼祭祀地方神。各人在家庙举行祭祀礼，体会慈孝顺从。人们举行五祀祭礼，体现法律与规则的威严。礼治的郊祭、社祭、庙祭（家祭）等规范化、程序化活动，促进人们敬畏上帝、崇敬祖先、遵守法律与规则、谨守文明礼让，促进社会稳定。

"礼之于正国也，犹衡之于轻重也，绳墨之于曲直也，规矩之于方圆也。"（《礼记·经解第26》）礼用于治国，好比度量衡的砝码，木匠的绳墨，制图人的圆规，它是一系列的行为规范。

如朝觐礼规范君臣的行为模式，聘问礼规范诸侯相见时的行为模式，长祭礼明臣子恩，乡饮酒礼使民间长幼有序，婚姻礼使男女按照程序成亲。礼防止语言行为不当而形成矛盾；如果没有婚姻礼，男女轻浮，容易产生许多纠纷、疾病、罪过；如果没有乡饮酒礼则长幼失序，争斗频繁；如果没有丧祭礼，臣子薄恩，贪生怕死；如果没有聘觐礼则君臣失位，背叛侵凌。以礼进行管理，可以引导人们避邪从善，忠孝诚信。（《礼记·经解第26》）

（四） 管理模式化

礼制规定了人们的行为模式，在社会管理中发挥出重要作用。周朝制定了射礼、冠礼、婚礼、朝觐礼、聘礼等礼仪模式。《礼记·礼运第9》："孔子曰：夫礼，先王以承天之道，治人之情……是故夫礼，必本于天，殽于地，列于鬼神，达于丧祭，射、冠、婚、朝、聘，圣人以礼示之，故天下国家可得而正也。"射礼、冠礼、婚礼、朝觐礼、聘问礼是人们的行为规范。冠礼是人生第一个礼仪，婚礼是人生根本性的礼仪，丧礼与祭礼是最凝重的礼仪，朝觐礼、聘问礼是表示官场尊严的礼仪，乡饮酒礼、射礼是促进人间和睦的礼仪。这些人们行为的基本模式，引导人们走向文明，非礼勿视，非礼无言，非礼勿动，天下安然。

（五） 礼安天下，同敬合爱

义生然后礼作，礼作然后万物安。（《礼记·郊特牲第11》）公共社会、公共生活、公共活动需要以礼来进行管理，礼治运作起来了，天下安然。鲁王实行礼治，政权稳固，礼乐刑法政俗运行良好，一代又一代，皆没有犯上作乱的夺权现象。

实施礼治，以礼道志，以乐和声，政令一致，以刑防奸，礼乐刑政，相辅相成。治政者顺从民心，以礼乐治理天下，人人讲礼让，父子情亲，长幼有序，四海之内如兄弟，目标一致，众人一心，天下太平。

大乐与天地同和，大礼与天地同节。和，则万物应时而生。祀天祭地，明有礼乐，幽有鬼神，四海同敬合爱。礼，使异地异岗的人合敬；乐，使各种文化、风俗、习惯的人合爱。礼乐情同，乐和天地。

按照礼进行管理，人们居住一起，尊老爱幼，爱护妇女，文明打猎，民风淳朴。朝廷以礼行政，军旅以礼治军，政令贯通。

按照礼制做人，父亲慈爱，儿子孝顺，兄长对弟弟友好，弟弟对哥哥恭敬，丈夫关心妻子，妻子顺从丈夫。按照礼进行管理，政通人和，环宇清明。

《新安黄氏会通宗谱·集成会通谱叙》说：宗法制不应废弛，徽州朱熹阐发六经幽奥，开化万古群蒙，复兴三代（尧舜禹）祖制，酌古准今，著《家礼》，扶植礼教。《家礼》正名分，别尊卑，敬宗睦族，亲亲长长。徽州人习朱子礼，社会风尚良好。

《茗洲吴氏家典》中说：新安为朱子桑梓之邦，读朱子之书，服朱子教，秉朱子礼，以邹鲁之风自待，以邹鲁之风传之子孙。

按照某些宗谱的说法，以礼进行管理，邦、国俱兴。

二、对个人的管理功能

礼，不仅仅应用于邦、国管理，也适用于个人管理。我们从以下几点探讨礼治对个人管理的功能：

（一）　回归本源

礼，引导人们返璞归真。人是社会化的人，社会人受到功名利禄的诱惑，奢侈欲望的刺激，往往会背离仁义道德，背离人伦，以礼进行管理，可以还原渐离渐去的人性（儒家认为人"性本善"）。《礼记·祭义第二十四》说："天下之礼，致反始也。致鬼神也，至和用也，致义也，致让也。致反始以厚其本也。致鬼神以尊上也。致物用以立民纪也。致义则上下不悖逆也。致让以去争也。合此五者以治天下之礼也，虽有奇邪而不治者则微矣。"该文说，礼治使人不失天性，具有美德，敬鬼神，行仁义，讲礼让。在熙熙攘攘的社会，通过礼治管理，回归人性的本源，培养基本道德。尊鬼神，听命于上级与长辈，为民制定纪律，物尽其用，尽信义，上下和谐，讲礼让而不明争暗斗。这样则天下大治，即使有越轨现象，产生的副作用也是不大的。

该文还说:圣人的礼制,除了上述内容,还规定:筑宫室,设宗祧,别亲疏远近,返古复始,不忘其源由。人们通过祭祀、回忆、学习来继承祖宗的优良传统,不忘记本源。

儒家把返璞归真作为管理的一个基本原则,防止人们在复杂的社会环境中异化。《礼记·礼器第十》说:"礼也者,反本修古,不忘其初者也。"

以礼进行管理,使人们不失本源,信守初衷,维护原生态。慎重做事,客观地处理每一件事,真诚,守信,言行一致,不做违心事。礼治,深入地管理人的心理、心态、思想、信念。心理、心态、思想、信念指导人的言行,这种管理属于根本性的管理。

礼治,表达了个人的心理、心态守恒与发散的管理意识。哪些方面应该守恒,哪些方面应该发散?这是管理学需要研究的重大课题。

(二) 礼治重视管理个人的素质与表象

人有素质与表象。人的表象分为形象容貌与行为,人的素质包含文化、教育、体质、道德、性格、情操等。人的素质与表象的差异会在社会交往中产生不同的效果。如果没有"礼"的规范,就无法形成社会生活的平台。《礼记·文王世子》说:"凡先王教世子,必以礼乐。乐所以修内也。礼所以修外也。礼乐交错于中,发行于外,是故其成也怿,恭敬而温文。"该文中说,先王教育子弟,涉及礼与乐。"乐"陶冶人的内在素质,"礼"培养人公共活动的基本素质。礼节与音乐情感素质融合在一起,在社会活动中表现出强大的感染力,给人以温良恭俭让的良好形象。

《礼记·乐记第十九》说:礼乐皆得,谓有德。先王制礼乐,教民化解好恶争执,返回人道。礼节民心,乐和民声,以政治推行礼乐,以刑罚防止乱礼淫乐。乐声即心声,由内而出,礼反映在言行中,属于人外在的行为。乐由静而发声,礼由文而得体。乐至则无怨,礼至则不争。音为心表,乐通伦理,人应该闻声、知音、懂乐,以声知音,以音知乐。听声可察其德,听乐可察风俗政治。礼调和民心,乐调和民声。乐是人沉静后的溢出,礼是人文明的表现。爱好音乐的人没有许多牢骚怨语,崇尚礼教的人讲礼让,不喜欢与人争名夺利。礼使人温文尔雅,恭敬谦让。

《礼记·乐记第十九》:宗庙中的礼乐(祭礼),君臣上下同听,莫不和敬。乡里中的礼乐(乡饮酒礼),长幼同听,莫不和顺。闺门内的礼乐(婚嫁礼),父子兄弟同听,则莫不和亲。乐,合和父子君臣,附亲万民。祭祀的乐声陶冶了君臣,乡饮酒礼的乐声陶冶老老少少,婚礼乐声陶冶父子兄弟,礼乐表达了人们的思想感情,凝聚了人心,把父子君臣、万民的心联通在一起,发挥了有效的管理作用。乐礼可以串通人心,合众人之志,使人心理同化,提高人的素质。

《礼记·经解第二十六》说:诗经教人温柔敦厚,书经教人疏通知远,乐经教人广博善良,易经教人洁净精微,礼经教人恭俭庄敬,《春秋》教人属辞比事。读诗经可以达人知天命,通乐经使人有情操,通易经使人有逻辑思维,行为严谨,通《春秋》使人辩证客观看问题。读四书五经,可以提高人的素质,彰显良好的为人形象。

《礼记·祭义第二十四》说:祭祀的时候,应想到被祭祀者的形象、笑貌、语音、意志、嗜好。如见其容,闻其声,听到其气息。事死者如其在生,思念故人。如果祭祀心理不正,不愿顺承先人遗志,采取世俗的贿赂手段,以期得到阴间的保佑,那就失去了祭祀的意义。

《礼记·文王世子第八》:"知为人子而后可以为人父。知为人臣,而后可以为人君。"

礼治的原则,尊重有德行的人,尊重地位高的人,尊重老人,对长者尊敬,对幼小慈爱。态度端正,和颜愉色。没有高高在上、救世主的姿态,没有满腹牢骚怨言,或无限委屈的样子,表现出良好的素质与形象。

(三) 程序化、规范化

礼,规范团体的典章制度、仪式,也规范个人言行。朱熹的《家礼》拟定了日常生活行为规范与程序。凡为人,必讲礼义。礼义始于正容体,齐颜色,顺辞令,规范了人们交往中的形态、表情、语言,体现各种角色特征与亲和力。例如《礼记·曲礼》中说,跟随长辈、老师行路,不得与路对面的人说话。路上遇到长辈、老师,要小跑步到他面前,立正站好,两手拱揖。他们有话则回答,没话就退回。

《礼记·表记第三十二》说:"无辞不相接也,无礼不相见也。"礼合于仁义,一旦有人私欲暴行,就不合仁义,这礼怎么能够实现呢?孔子对颜渊说:"非礼勿视,非礼勿听,非礼勿言,非礼勿动。"(《论语·颜渊第十二》)人们严格遵守礼教,非礼不言,非礼不视,非礼不听,非礼不动,非礼不交。每个举止行为必须符合礼的规范,否则就会被社会排斥在外。

(四) 角色管理

礼如同管理工具,人们使用管理工具实施管理,实现管理效果。礼的管理工具包括祭祀、宴会的等级,佩饰的等级、宫室建筑的等级、服装的等级、迎宾的等级等各种制度。非礼不行,非礼不言,非礼不信。礼包括制度、规章、仪式、礼节,土地区划、行政建置、建筑规范、官吏系统,生活中的冠、婚、丧、祭礼仪,衣服冠带的规范、言语规范、行为规范、器皿用品的规范。所有的管理,建立在等级制上,建立在不同角色的责任与义务上。遵守礼教,社会和谐,内部平和没有怨言。每个人内心根植“忠”“信”二字,在行为上遵循“义”“理”二字。忠信是做人的根本,义理是人行为的文。人立于本,行于文(指义理)。所以《礼记·礼器》中说:“故君子有礼,则外谐而内无怨。先王之立礼也,有本有文。‘忠信’礼之本也,‘义理’礼之文也。无本不立,无文不行。礼也者,合于天时,设于地利,顺于鬼神,合于人心,理万物者也。”礼浸润人心,使人们安分随时,顺上体下,合宜世务,称职尽责。礼是国家、社会管理的器具,在管理上体现了等级化的角色意识。

(五) 激励个人

《礼记·乐记第十九》:知礼乐之情则能作,识礼乐之文则能述。作者为圣,述者为明。中正无邪礼,庄敬恭顺。学习礼乐,按照礼乐管理,人则不偏激,不堕落,不狂不乱,庄敬恭顺。显示威严与和悦。以礼管理天下,内和而外顺,效果良好。

《礼记·仲尼燕居第二十八》:孔子说:一个人的行为有敬意,如果不符合礼的规范,那么就会给予人“野”的印象。一个人行为的样子“恭”,如果不符合礼的规范,则势利。没有仁慈心,勇而无礼则乱。懂礼的人,除了言行合于礼的规范,还得有一颗真诚的心。

《礼记·乐记第十九》说:乐统一人们的心声,礼规范了各种不同场合、不同身份的人的行为,礼乐管理,涉及人情。《礼记·表记第三十二》说:素质很高的人严格要求自己,恭敬勤俭以便符合“仁”的美德,坚持“诚信”与“仁义”以求符合礼的规范。男女应该有雄心壮志,认真学习礼教,发奋有为。

徽州人懂礼,遵礼,视《家礼》为经典,一切行为都遵循《家礼》。如绩溪明经胡氏《新定祠规二十四条》:“凡祭祀……一切仪节,谨遵朱子《家礼》。”歙县潭渡黄氏《祠规》:“元旦谒祖、团拜及春秋二祭,悉遵朱子《家礼》。”

徽州是礼仪之邦,管理效果显著。如《茗州吴氏家典》规定:“族中子弟有器宇不凡、资禀聪慧而无力从师者,当收而教之,或附之家塾,或助以膏火。”茗州吴氏践行礼治,育才扶贫,为人仁孝。婺源袁采撰《袁氏世范》记载:“若一家之中长者总提大纲,幼者分干细务,长者幼谋,幼者长听,各尽公心,自然无争。”婺源袁氏按照礼制管理,各尽角色,公心办事,与世无争。赵吉士《寄园寄所寄》记载:“明休宁汪彦光、彦礼,兄弟和睦,光五男,礼仅二男,父遗资厚,将析箸。礼(汪彦礼)曰:‘吾兄弟平分,吾儿信有余,五侄薄矣,请七分之。’里人高其义。”汪氏兄弟分家产,弟弟主动对爸爸说,不要兄弟二人平均分产,我两个儿子,哥哥 5 个儿子,按照 7 等份分产吧。他们遵循礼教,友爱谦让。家政和善,符合礼教。

管理者语丝：

礼治,宗法制环境下内敛式的等差管理,在人事上强调血缘亲情,在组织上实行大宗、小宗、辈分、排行的定位序列,在祭祀、政治、经济、生活上按照等级差别予以配置。周礼为上层人服务,所以法律也是按照等差级别定刑法的。礼的管理等级化、规范化、程序化、模式化。

礼治管理维护人性守恒原则,不提倡竞争,不提倡创造。

人生社会复杂多变,每个人有其不同的生理特点,不同的欲望,不同的情感,不同的目标,不同的思维方式,不同的语言特点。人们所处的环境与群体不同,熙熙攘攘,社会怎么管理？面对这些问题,儒家倡导以礼治国,老庄倡导无为而治,法家倡导严刑峻法,墨家倡导兼爱、节俭、敬神。汉武帝及其以后历朝统治者治国以儒家学说为主,兼蓄百家。

礼,从宜,使从俗,根据时间、地点、人物而施行,形成风俗。礼教导人民相爱,上下用情。礼的管理,旨在人人通达情理,相互敬让博爱。礼治管理强调道德,在贫穷的时候爱好音乐,在富裕的时候注重礼让,势力大的时候息事宁人,努力约束自己,具有高尚的素质。

礼的管理涉及个人、事业、国家。礼行义,义生利,利在为民。礼义廉耻为管理的四个支撑点。礼的管理厚民生,养民心。礼是人们在家庭生活和社会活动中必须遵循的道德秩序与规则。礼的内在精神为仁,每个人应该内仁外礼、努力学习,从善如流,改正缺点,使自己的言行符合仁义礼智信的规范,礼达而分定。

参考文献：

1.（汉）郑玄注,（唐）贾公彦疏:《仪礼注疏》,上海古籍出版社,1990 年。

2.（宋）朱熹著,1999 年王燕均、王光照点校:《家礼》,朱杰人主编《朱子全书》第 7 册,上海古籍出版社,安徽教育出版社,2010 年。

3.（宋、元）注:《四书五经》,天津古籍出版社,1988 年影印世界书局,1936 年铜版。

4. 李山译注:《管子》,中华书局,2016 年。

5. 高华平等译注:《韩非子》,中华书局,2016 年。

6. 安小兰译注:《荀子》,中华书局,2016 年。

第二节 朱熹《家礼》——乡村礼治管理模式

《周礼》《仪礼》《礼记》是礼治的经典著作,《周礼》规范周朝天官、地官、春官、夏官、秋官、冬官的职责,《仪礼》规范周朝宫廷及其官吏各项活动的礼仪。《礼记》涉及的内容广泛,包括一般人的礼节,朝廷中的礼节,丧葬的礼节,爵位等级、分封管理,对应时令的施政要领,祭奠礼,君臣、父子、长幼之道,礼乐因革与上层建筑的关系,礼制设备、器皿、程序,大庙祭祀、丧服、铭文称呼、吊唁礼节,教育化俗、礼乐行政、丧事安排、祭祀仪式,10 种人伦,防微杜渐、言行表情、儒士的特征、冠礼、婚礼、乡饮酒礼、射箭礼、饮酒礼、天子诸侯相见礼等。

春秋战国时礼崩乐坏,礼制难行。秦代实行分封制,宗法制受到了挑战。汉代举孝廉,任贤良,开豁礼乐旧制,适应新局面。魏晋南北朝的门阀制度,即反映了当时的上层建筑,也关联当时的经济基础。唐朝、五代以后,士族与庶民之间的界限淡化了,士族与庶民可以通婚。唐朝科举考试举士,宋朝政治、经济、文化、教育、风俗大发展,民权得以增强。

宋代的哲学家张载、程颐等人提出加强宗法制建设,以正风俗。人们开始重视民间礼制建设。唐朝人著有《家祭礼》,北宋有《政和五礼新仪》《祭享礼》等书,民间影响教大的还有韩琦《古今家祭式》,司马光的《涑水祭仪》,张载、程颐著《祭礼》,吕大防兄弟、范祖禹都著了《家祭礼》。祭礼是诸礼中第一大礼,礼制的改革,必然从祭礼开始。诸种著作推动了家礼的进一步演化。朱熹参考了司马光《书仪》以及众人之说,采摘增损而成他自己的《家礼》一书。

司马光的《书仪》内容包括表奏、公文、私书、家书等应用文书写规范,以及冠仪、婚仪、丧仪的规范,朱熹的家礼省去了其中应用文书写规范。

司马光与朱熹都深入研究过《仪礼》。《仪礼》的内容包括:婚礼、冠礼、相见礼、乡饮酒礼、乡射礼、大射礼、宴会礼、聘礼、觐见礼、即夕礼、士虞礼、丧礼、馈食礼等。

朱熹吸收了《仪礼》《书仪》中的部分内容,结合社会发展,各个时期各个地区治家理论与治家礼仪,排除南宋时已经不适应的某些规定,改革上层建筑,推行民间文明建设。朱熹著《家礼》很快普及开来,《家礼》适用于平民百姓,乡镇村落。自给自足经济时期,城镇人口少,农村人口多。所以《家礼》主要应用于乡村,使得徽州地区村落文化建设独树一帜。

朱熹《家礼》影响大,流传广,版本较多。如五卷本有南宋嘉定九年杭州本,南宋赵崇思刻萍乡本,这两个版本已佚,公元 1245 年杨复作注的附录本尚存。《家礼》尚有 10 卷本、7 卷本等版本。本书采用《朱子全书》第 7 卷中的《家礼》。该版本以宋版抄配本为底本,参考元代《文公家礼集注》《朱子成书》等书。

朱熹《家礼》五卷,第 1 卷通礼,第 2 卷冠礼,第 3 卷昏(婚)礼,第 4 卷丧礼,第 5 卷祭礼。书中传承了孔子、孟子的学说思想,规范了人们重要节点的生活程序与仪式,给生活程序与仪式建模,使理念、抽象的伦理转化为世俗百姓的行为,把"忠义孝悌"与长幼尊卑等礼仪融入人们的灵魂。

一、《家礼》"序"的管理思想

朱熹的《家礼·序》,把家庭管理区分为"本"与"文"两个方面。"本"管理根本问题,"文"管理具体问题。

朱熹《家礼·序》中的"本,"内含"名分"与"爱敬"两个核心主题。《家礼》重名分,讲爱敬。所谓名分,指循名责实,每个人按照自己的职称、职位、角色,做自己应做的事,获得应有的待遇,遵守相应的礼仪。所谓爱敬,指尊老爱幼,尊重客观的事物,具有忠厚、博爱的情怀。《家礼·序》中的"文",内含冠、婚、丧、祭等仪章规范。"本"扎实,渊源深厚,则其"文"枝茂叶盛,核心问题是管理到位,使家庭生活欣欣向荣。

《家礼·序》中的"本",是家庭运行的精神支柱,即"爱敬"与"名分",名分角色意识与爱敬精神是构建家庭的基础,即本源。在良好的本源基础上运行礼仪、规范、家教、家法、家规,维系人伦纲纪。

朱熹要求人们通晓《家礼》,铭记《家礼》,不可有一日粗心大意,需要熟练操作,规范言行,把事务处理得分寸合宜。

管理者语丝:

朱熹认为,经过尧舜禹三代的实践产生的《礼经》,有关的行为规范,不怎么适用于南宋。很多志士仁人权变古今,试图更新。他们详略析中,把原来礼经中失本务末、轻实重文的部分加以改革。朱熹研究古今文献,把握礼制的实质,根据时势加以增减,写成《家礼》。书的主旨是谨名分、崇爱敬,然后根据这个主旨演绎开来,努力使《家礼》符合孔子"从先进"的初衷。他认为每个人要宣讲《家礼》,弘扬圣人的修身齐家、慎终追远的精神,崇化导民,改进社会公共管理。

朱熹在序言中指出:家礼管理有两个要素,一个是谨名分、崇爱敬,这是管理内在动力,管理的基点。另一个要素是冠、婚、丧、祭仪程,这是管理外在的表达式。显然,《家礼》在管理上具有广泛适用性与可操作性。

二、《家礼》卷一 “通礼”的管理

《家礼·通礼》中,朱熹规范了祠堂的作用,祠堂的建筑、设备、祭祀经费、出入及大事必向祖宗报告的制度,每逢节日向祠堂献食及水果的制度,衣服规范款式,以及司马光家政管理经验。

(一) 祠堂管理

朱熹认为祠堂是尊祖敬宗、创业传世的根本。祭礼在这里举行。祠堂是人心的凝聚点,犹如人的脸面。经书中,普通老百姓没有建庙祭祖的资格,《家礼》要求人们在居所创建祠堂祭祖,合于经典,属于俗礼。

1. 祠堂建设

祠堂建在住房的东边,面南、坐北、左东右西,三开间,中门两边各有3级台阶,屋檐遮护,不受雨浸。西阶之侧有橱柜藏先人遗存的图书、衣、物,东阶之侧有橱柜藏祭器。正寝在前堂。宗子住祠堂里。前堂内设四龛,龛内置桌,桌上置神主牌位。龛外挂帘子,帘外置桌,桌上置香炉。一龛一神主,自西向东依次为高祖、曾祖、祖、父。高祖的长子祭祀四代祖宗;曾组的长子不得祭祀高祖,西边一龛空出;祖父的长子不得祭祀高祖、曾祖,空出西边二龛;父亲的长子只祭祀父亲,空出西边三龛。每一代只祭祀自己前面四代祖宗,嫡长子享有祭父权。新一代人按照这个顺序,改题神主,移动神主龛位,四代以前的神主迁走,不再祭祀,并举行递迁礼。

历来只有官员有资格建庙祭祖,官大庙多,祭祀祖先也远,官小只给祭祀近祖。唐、宋两朝的家庙制度不一,宋政和《五礼新仪》规定六品以下官员及庶人,可以建二庙祭祖,也可以在住房里祭祖。宋朝官方规定的祭祀礼仪已经做了重大改革,但是祭祖礼仪没有朱熹《家礼》那样详细的规范。朱熹的《家礼》移风易俗,有广泛的适用性。

古时生产力低下,多数平民百姓不能丰衣足食,住居条件不好。每家每户建一个符合《家礼》规范的祠堂是一件不容易的事。明朝夏言上奏章要求朝廷允许民间建庙祭祖,得到皇帝许可后,徽州奉行同族集体建祠、集体祭祖的方式,神主的牌位在祠堂里按照昭穆统一陈列。这是在朱熹改革的基础上进一步的改革。夏言改革以后,减少了每家每户单独建祠祭祀的费用,把单一活动变为集体活动,增强了宗族的凝聚力,有利于宗族的管理,提高了宗族集聚管理效率。

2. 置祭田

祠堂建成后，需要筹集祭祀费用，《家礼》规定，每个神主按照其子孙拥有土地的1/20作为祭田，祭田租金收入作为祭祀费用。宗子管理祭田的收入资金及祭祀费用。祭田立有契约文书，并经官府登记盖印，任何人不得典卖祭田。

古代徽州的土地中，祭田占的份额不小。很多徽州人，经商发财以后，或科举登科当官以后，购买百亩、千亩土地捐给祠堂作为祭田。徽州的某些家族分家时，留出一份土地、山场作为祭祀费用。徽州人拓展了朱熹的祭祀经济理念。

3. 具祭器

《家礼》要求筹办祭祀用的床、席、椅子、桌子、盆子、火炉、酒具、餐具等，贮于祭器库中，不得他用。明清徽州祠堂中的祠产丰富，远远超过《家礼》一家一户拥有的祭器。

4. 出入必告

宗子每天早上着深衣焚香礼拜祖宗。宗子、宗子妇外出办事，必敬告祖宗，回来以后要向祖宗拜告。如果在外几天以后回来，要焚香拜礼。如果外出10多天才能回来，在向祖宗焚香拜礼时，口中祷告：我将到某个地方去，特此告诉祖宗，行辞拜礼。回来以后拜告祖宗，祷告说：我今天从哪里回来了，特拜见祖宗。外出一个多月回来，需要打开中门，立于阶下，焚香祷告，拜礼。

5. 正至、朔望则参

春分、夏至、秋分、冬至，正月初一、十五祭祀祖宗，祭祀前一天，祠堂打扫卫生，每龛设新果一盘，桌上置茶盏、酒盏。神主椟前设苞茅聚沙。盆子、毛巾放在阶下，供宗子及其亲属、执事用。宗子盛服入门就位，宗子、宗子妇、宗子母亲、宗子的父伯、姑嫂妹姊、兄弟、子孙及办事人、弟媳妇及诸妹、子孙妇女、女性办事者各就各位，宗子洗手，升阶，把诸神主牌位置于椟前。宗子妇洗手，把诸女性神主牌位置放到位。宗子到香桌前，给神灵焚香拜礼。冬至祭始祖，礼仪如上。徽州族谱记载了祭祀仪式，各个宗族礼仪繁简不等。祠堂祭祀在规模与程序上超出了《家礼》的规范。

6. 俗节则献以时食

清明节、寒食节、端午节、中元节、重阳节等，献时鲜水果。徽州家谱中，规定了各个节日祭祀的物产、备办人等。

7. 有事则告

《家礼》规定，如果宗族中有人在朝廷授了官衔，或受到贬降、追赠、因事特赠，或生子、冠礼、婚礼，要在祠堂祭拜祖先。宗子与主妇立于香案前，祝祷人跪读祝文。各种祝文按照统一格式书写，如授官祝文：维年月日，孝子（人名），官（职衔），敢昭告于某皇某亲，官封谥府君，某亲、某封号、某人，以某月某日，蒙恩得授某官，奉承先训，获沾禄位，馀庆所及，不胜感慕，谨以酒果，用伸虔告，谨告！

徽州人中了进士、封了官，要在祠堂、祖墓举行隆重的祭祀仪式。

如果发生水灾、火灾、盗贼，先救祠堂，然后依次抢救神主牌位、遗书、祭器、家财。徽州的家谱中有如此的规定。

朱熹对祠堂建设、祭祀礼仪做了规范，具有可操作性，而且比古制简单、易行。

（二） 深衣制度

参加礼仪活动，服装规范，可以显示出礼仪的庄重。朱熹研究了古人的着装，删繁就简，设计出符合大多数人的服装，《家礼》称作的深衣，相当于现在的正装。朱熹规定，衣服长度到胯的为裳，到脚背的为衣。《家礼》规定衣料用布，注明了衣服的部件组成：圆袂、衣领、曲裾、黑缘、大带、缁冠、幅巾、黑履等，标注了裁剪尺寸。《家礼》要求衣服庄重，不要求每人衣服一样。官员可以戴幞帽、穿公服、系带、穿靴子、持笏；进士可以戴幞帽，穿褴衫，系带；无官的人可以戴普通的帽子，穿衫衣，或深衣、凉衫，系带。朱熹设计的深衣对后世影响不大。

朱熹的祠堂建设、祭祀、祭田、出入必告、有事必告、深衣制度，属于守恒管理。这种管理促进人们尊宗敬祖，始终把祖先放在心上，旨在培本厚德。

（三）司马氏居家杂仪

《家礼》引用司马光管理家庭的经验。司马光治理家庭的经验写在《书仪》中，该书在海内外影响很大。朱熹说家政管理是日常事，管理的原则是端正伦理，笃实恩爱。他把家政管理区分为“本、实”与“枝、末”。他认为“正伦理，笃恩爱”是“本”“实”，司马光家政管理的细则属于“枝”“末”。

司马光的家政管理具有开拓性，也有时代的烙印。司马光家政管理的要点如下：

· 家长必谨守礼法，管理好子弟与家丁。

· 事无大小，下辈必须请示家长，不得自作主张。家长管理家政。

· 妻子不得蓄私财，丈夫俸禄及田宅的收入全部交给父母公婆。

· 儿子孝敬父母（孙事祖父母同），妇人孝敬公婆（孙媳妇亦同）。

· 父母有过，儿子下气怡色柔声劝说。

· 子弟富贵以后，不得在父兄族人面前显得高人一等，必须谨守长幼之礼。

· 儿女出门要告诉父母，回来后面见父母。

· 父母、公婆生病，媳妇无故不得离开，应亲调汤药。

·父母爱什么,敬什么,儿子应当顺从父母表示同样的爱敬。

·媳妇不敬不孝,可以规劝,怒斥,鞭笞,或把她赶回娘家。丈夫喜欢的妻子,如果不孝敬公婆,应当休弃。丈夫认为不好,公婆说好的媳妇,不得休弃。

·房屋分内室外室,内外不共井,不共浴室,不共厕。男治外事,女治内事。

·男仆不入中门,女仆无故不出中门。

·卑幼对于尊长,早晚问安,丈夫唱喏,妇人道万福。

·冬至日、每月初一、十五日,一家众人举行团聚礼仪,向长辈致敬。坐着或路上遇见尊长,或自远方归、数日不见,须对尊长行礼。节日及家长做寿等活动,卑幼盛服依序站立,行跪拜礼。

·注意教育儿女,深思远虑,防微杜渐,养成良好的天性与习惯。6岁男孩学写字,女孩学针线。7岁男女不同席、不共食,都学习《孝经》《论语》。8岁教育他们懂得谦让,男孩读《尚书》,女孩不出中门。9岁男孩读《春秋》及诸史,女孩学习《论语》《孝经》《列女传》《女戒》。大家女子学习歌诗、音乐,精通经术政治。10岁,男孩读书,女孩学习蚕桑、织绩、裁缝、饮膳技能。

·内外仆妾,务使他们勤劳忠实,贵贱有礼,长幼有序。

管理者语丝:

朱熹把司马光的治家经验纳入《家礼》,希望千家万户深入学习做人的礼仪。按照角色,学习怎样做妻子,怎样做儿女,读什么书,说什么话,行什么礼,人人有良好的角色意识,实现家庭和谐、幸福。司马光实行家长全权管理制度,家长拥有人事权、经济建设权、福利分配权、信息与思想管控权。家庭成员无条件地按照家长的旨意办事,绝对忠诚,绝对孝顺。司马光《书仪》中的家庭礼制严格分明。

三、《家礼》卷2 冠礼、笄礼的管理

朱熹在《家礼》中制定了冠礼、笄礼礼仪,朱熹在继承古礼的基础上,结合当时的风俗对冠礼、笄礼做了适当的改进。

(一) 冠礼

男子年十五至二十岁加冠,加冠后就不再是孩童,而是成年人。加冠后,在家庭里可以承担成年人的责任,可以参加社会往来。用现在的话说,就是有了法人资格。加冠以后,成年人要承担成年人的责任与义务。加冠前,男孩应学习《孝经》《论语》,粗知为人的礼仪。

一个人到了加冠的年龄,如果处于守丧期间,应当推迟加冠。加冠前三日,宗

子告于祠堂，宗子主持礼仪（其父亲主持也可），向祖宗神灵宣读告文：某人的儿子（姓名），已经成年，于某月某日加冠于其首，谨以酒果，虔诚报告。

选择一个贤达懂礼节的朋友作为即将加冠人的辅导员。宗子穿礼服到戒宾（辅导员）家里，饮茶，宗子告诉戒宾说：某人的儿子（姓名）将加冠，聘请你为戒宾教育他做人。戒宾谦虚地说：我能力不够，恐不能胜任，不敢受责。宗子说：愿您给予他终身指教。戒宾说：您反复要我从命，我哪敢违命呢。

加冠在祠堂举行礼仪。众人穿着整齐站在祠堂规定的位置。宗子立于阶下，子弟、亲戚、童仆站在他后面。

主人迎宾入祠堂。宾客、礼赞者、宗子、加冠者、戒宾就席。戒宾给冠者加冠巾，并祝贺说："吉月令日，始加元服，弃而幼志，顺而成德，寿考维祺，以介景富。"礼赞者把方巾递上，戒宾接过来戴在冠者头上。第二次加帽子，祝贺道："吉月令辰，乃申尔服，谨尔威仪，淑顺儿德，眉寿永年，享受胡福。"第三次加襆头，祝词为："以岁之正，以月之令，咸加尔服，兄弟俱在，以成厥德。黄耇无疆，受天之庆。"

众宾客饮酒。冠者向戒宾祝酒，致辞。

戒宾给加冠者授字（成人姓氏之外有名、有字）。戒宾祝贺说："礼仪既备，令月吉日，昭告尔字，爰字孔嘉，髦士攸宜，宜之于嘏，永受保之。"加冠者答道："某虽不敏，敢不夙夜祗奉。"

宗子接见加冠者，与加冠者一起在祠堂拜告祖宗，然后与父母、叔父、兄、姊、嫂、乡先生及父之执友行礼。宗子酬谢戒宾。

（二） 笄礼

女子年龄到了 15 岁可以许配出嫁，出嫁前加笄。15 岁的女子虽未许嫁亦可加笄。加笄以后，女子享有成年人的责任与义务，可以参与一定的社会活动。

宗子主妇，在祠堂主持给女子加笄。笄礼的仪程与冠礼大同小异。

管理者语丝：

冠礼与笄礼，今天称作成人礼。今天的成人礼，邀请亲戚、师长、好友参加，举行隆重的仪式，让孩童意识到自己已经是大人了，应该告别童稚，展开宏图大业。有的人在成人礼上给孩子名外取字。古代孩童加冠、加笄以后，头发、服装升级为大人样式；非父母不呼其名，而以字称呼；家规，大人吃饭，小孩不上座，加冠、加笄以后，可以入座；有来宾，可以参与活动。如果加冠、加笄以后，行为不上规矩，撤销其冠、笄，经考察合格后，再恢复其成人资格。

冠礼、笄礼让人感到人生到了新的历程，产生升华意识，从而产生推力、动力。

所以说,加冠与加笄是人生成长过程中的有效的管理程序。

明清时期,徽州一些没文化的农民家庭不一定举行程序复杂的冠礼、笄礼,有的家庭仅举行一个简单的成人仪式。不识字的人,一般名外无字、号。

四、《家礼》卷3 婚礼的管理

一般的家庭都很重视婚礼,尽力把婚礼办得隆重一些。徽州风俗中关于婚礼的规定很多,各个祠堂一般参照朱熹《家礼》,根据本地特色做适当的调整。男女结婚,顺天理,合人情(处于服丧期间,不得办婚礼)。如果到了一定年龄没有结婚,父母要承担责任,会受到社会指责,甚至官方的处罚。

婚姻,经过媒妁之言,父母同意,然后履行一系列的程序,再拜堂成亲。慎重的婚姻有益于建设稳固的家庭。《家礼》中的婚礼包括以下主要程序:议婚、纳采、纳币、亲迎、媳妇见公婆、庙告祖宗、女婿见岳父岳母。

(一) 议婚

朱熹在《家礼》中指出,人们应该以正确的态度论婚说嫁。联系婚姻,需要了解对方的品行与家教家风,但不能羡慕人家的富贵。贫贱富贵因人而变,女婿贤达,来日方长。如果不肖,今虽富盛,后而何益? 妻子贤惠,家庭兴旺。如果妻子娘家富贵,轻视丈夫、公婆,骄妬庸俗,则不妥。如果男子依靠妻子而富贵,没有大丈夫的志气,应该感到惭愧。童婚、指腹为婚,无法预测其成人后的身体健康状况与品行,此为不宜。如果男子在外做官,往往弃信负约,引起狱讼。男女长成人后议婚,符合双方意愿,不会造成心理障碍。朱熹的婚姻观,得到人们的赞许。

(二) 纳采

通过媒人介绍,男女双方同意,纳采订婚。纳采的主要仪程:宗子写一封信,先在祠堂告诉祖宗:某人的儿子,年龄多少,与某地某官某人之女订婚,特此敬告! 宗子派人将订婚信送到女方家,女方宗子出见信使。饮茶之际,信史告诉宗子:某人派我来递信,请纳采。如果宗子接受来信,则要到祠堂告诉祖宗:某人的女儿、年龄多少、许嫁某地某官人之子,今天纳采,特此敬告! 宗子写一封信交给信使带回。

(三) 纳币

古代婚礼问女子姓名、生辰八字,然后纳吉(请人按照阴阳八卦推算合卺的日子),这2个程序朱熹《家礼》予以省略(但是农村多数人家没有放弃纳吉程序)。按照纳币礼,男方送给女方1—10两银子,或送给项链、手镯、戒指、美酒、时果等。

男方写一封信派人送到女方，女方接收来信与礼品，并回信。纳币是纳采以后，双方对于婚姻的进一步确认。

婚姻合二姓之好，上事宗庙，下继后世。女方不必向男方要很多嫁妆、礼金。婚姻不能有商品意识，男女双方应该互敬互爱，结婚后不要重男轻女。双方有正确的婚姻观念，才能保证有幸福美满的生活。这里体现了朱熹“正伦理、笃恩爱”的管理思想。

（四） 亲迎

所谓亲迎，就是万事俱备，开始迎亲，把新娘子接回来。礼仪要求履行程序：婚礼前一天，女方派人到男方家铺陈婚房。举行婚礼的日子，早上，堂中设桌椅(2把)，桌上陈列水果、糕点、酒、一个锯开的葫芦。新郎穿新衣到祠堂，宗子告诉祖宗神灵：某人之子，什么名字，今天迎亲。然后宗子命新郎去接新娘。出发前遵守有关仪式，父亲吩咐：你去迎接尔妻，承我宗事，态度恭敬认真，如同平常。儿子答：是，唯恐不堪，不忘父命！

新郎乘马到新娘家。女方宗子在祠堂告诉祖宗：某人之女，什么名字，今天归于某地某人。新娘着新装，向父母行告别礼仪。父亲嘱咐女儿：敬之，戒之，夙夜无违你公婆之命！母亲则嘱咐道：勉之，敬之，夙夜无违而闺门之礼！

新郎带着一只雁（雁，表示阴阳往来，相伴终生）随女方宗子进入室内，跪拜。

新郎乘马，新娘坐轿，一对高照前导。

到了男方家，入堂，新郎、新娘相拜。

（五） 媳妇见公婆

结婚第2天早上，新娘在堂间见公婆，继而见其他长辈，以及新郎的兄弟姐妹。如果新娘是宗子妇人，吃中饭的时候，新娘需要拿着酒壶给公公婆婆进酒，饮毕，拜。

（六） 庙见

结婚第3天，宗子主持礼仪，新娘在祠堂拜祖宗，宗子告诉祖宗神灵说：某人的妻子某氏，奉上果蔬，告知祖宗。

（七） 女婿拜见岳父岳母

结婚第4天女婿到岳父家拜见岳父、岳母。岳父待之如客人。拜岳父前先拜见女方宗子夫妇。然后再拜见岳父那边的叔、姑、舅、姨。

管理者语丝：

《家礼》以一定的程序，规范男女婚姻大事。男女什么年龄结婚？以什么方式结婚？这些直接影响婚姻的质量。婚姻决定生活的幸福，家庭的和睦。有些人早婚、晚婚，有些人指腹为婚，有些人抢婚，有些人为图谋金钱、地位而结婚。《家礼》明确告诉人们应该有婚姻的尊严，自立的人格。婚姻履行一定的礼仪程序：媒妁之言，男女同意，双方父母赞成，双方宗子出面，在祠堂向祖宗祭祀禀告，拜堂成亲，与内外亲朋见面，融入社会生活。但是每一道程序的实施，给人以浓郁的文化与亲切感，这是有历史意义的。徽州人遵循《家礼》的要义，丰富发展婚俗礼仪，很多家族的婚礼具有自家的特色，例如新娘下轿以后走麻袋，饮交杯酒，拜堂时拜天地、祖先、父母，娘家陪嫁妆，闹新房。《家礼》婚礼程序的管理，突出敬祖、遵父母之命、媒妁之言、两相认同、虔诚联姻。《家礼》不许在婚姻礼仪过程中求娱乐、做游戏、显示门第势炎，各种宗教、流派不得借婚礼参与活动。

五、《家礼》卷4 丧礼的管理

古代人重视丧葬仪式，人死了，进行沉痛哀悼。亲朋在仪式上，穿着、表情、饮食、寝住、交往、语言等方面严格遵守规范，在守丧期限、亲情等级等方面也严格遵守规范。对于死者的祭奠、安葬程序繁多，从而表达了生命的可贵、人生的价值、感情的凝重、精神的光芒。

《家礼》中丧礼礼仪程序有：初终、沐浴、袭、奠、灵位、饭含、灵座、魂帛、铭旌、小敛，大敛、成服、朝夕哭奠、上食、吊、奠、赙、闻丧，奔丧、治葬、迁柩、朝祖、奠、赙、陈器、祖奠、遣奠、发引、及墓、下棺、祠后土、题木主、成坟、返哭、虞祭、卒哭、祔、小祥、大祥、禫、答谢等，共40多项程序。其中有的程序包含许多小程序，例如成服、治葬的细节非常复杂，例如成服规定的五服制度。

五服，封建父系社会，高祖以下的男性后裔及其配偶，自高祖至玄孙的九代人，直系亲属和旁系亲属，亲疏关系表达式。

五服原有4个含义：1. 周朝首都以外，以500里为一个区划，由近及远分为侯、甸、男、采、卫五服，为地域的层次。2. 古代的天子、诸侯、卿、大夫、士五等服饰，表示官吏职别的层次。3. 古代以亲疏不等的五种丧服，表示人际亲疏关系的层次。4. 谓高祖、曾组、祖父、父亲、自身五代人的层次关系。总之，五服用以区分层次，表明级别。

五服守丧制度，是逝世人的亲友、上下级人士，以衣食、寝室、表情、守丧时间长短等表示的哀恸程度。服丧按照期亲、大功亲、小功亲、缌亲、妻为夫族、外亲、门外义服7种。将亲缘关系分为至亲、期亲、大功亲、小功亲、缌亲、义服6种。丧服义例分为正、加、降、不降及义服五种。

“至亲以期断”,至亲服丧的时间不少于1年,多则3年。虽是至亲,若非嫡长子、父卒为母、父在为母、出嫁女等情况,便不以斩衰守丧3年,但不得低于1年。

服丧主体和客体,一为亲属关系,一为臣属关系。亲属以“亲亲”为核心,以血缘和婚姻为纽带,分为本族亲和姻亲。臣属以“尊尊”为核心,以等级高下为纽带。

义服是为政界各级人士,以及非本宗的宗子、继父、乳母、好友的丧服。

明清两朝将朱熹的规定做了不同程度的修订。下面是《家礼》中的五服制度。

(一) 斩衰(音cui)

五服中最重的丧服,分上衣下裳,衣服用粗麻布衣料做成,不锁边,称作“斩”;“衰”,表示哀痛,服丧期3年(25个月)。古代,臣为君(逝世)(正服),男子及未嫁女为父(或嫁而返父家之女)(正服),长房长孙为(父亲早逝)祖父(加服),妻妾为夫(从服),媳妇为公公守孝着义服。斩衰礼要求男子扶竹杖行路,女子不用杖,守孝25个月。尽斩衰礼,服丧者住居于搭建的草棚里,稀饭蔬菜,不吃荤,不饮酒,不娱乐。

(二) 齐衰

穿粗麻布衣料做的衣裳,锁边,扶桐杖。服期分3年、1年、5个月、3个月。尽齐衰礼3年者,子为母,庶子为母,嫡孙的父亲先逝为祖母,母为长子,媳妇为婆婆,为继母、慈母,继母为长子,妾为夫君的长子。

尽齐衰礼杖期,守丧1年,用丧杖。嫡孙父早逝为祖母,为改嫁母、出母,丈夫为妻,父在为母、夫为妻、男子为庶母、休妻、改嫁妻之子为他的生母。尽齐衰礼不杖期,不用杖。为祖父祖母,为伯叔父,为兄弟,为侄子等。尽齐衰礼五月者,为曾祖父母。为尽齐衰礼三月者:为高祖父母,为曾经的继父。承重孙为曾祖父母、玄孙为高祖父母、丈夫及其妇为宗子、为宗子之母、妻。

(三) 大功,亦称“大红”。

穿粗熟麻布衣料做的衣裳,服期为9个月。为从父兄弟姊妹,为侄子的妻子,为丈夫的祖父母及伯叔父母等。

(四) 小功,亦称“小红”。

用稍粗熟麻布衣料做的衣裳,服期5个月。

(五) 缌(si)麻

用较细熟麻布衣料做的衣裳,服期3个月。

五服之外,同五世祖的亲属为袒免亲,着“素服”,明、清时,以一尺白布缠头。

这个五服制度可以表达为九族五服图:

纵向：高祖父母、曾祖父母、祖父母、父母、本人、子（媳妇）、孙（媳妇）、曾孙（媳妇）、玄孙（媳妇）。

横向平辈：本人，兄弟姊妹、堂兄弟姊妹、再堂兄弟姊妹、三堂兄弟姊妹。

往上数旁系长辈：叔父婶婶、伯父伯母、姑，堂伯父母、姑，再堂伯父母、姑，祖伯父母、姑、堂伯祖父母、姑，曾祖伯父母、姑，等。

往下数旁系下辈：侄与妇、侄女，堂侄与妇、堂侄女，再堂侄与妇、再堂侄女，侄孙与妇、侄孙女，堂侄孙与妇、堂侄孙女，曾侄孙与妇、曾侄孙女等。

这些宗族五服的不同辈分男女的角色称呼，现在的人一般是弄不清的。在红白喜事中，这些人际关系必须分清，按照礼仪给予适当的安排，如果弄错了，会引起不尊重人的嫌疑，产生人事纠纷。这是宗法制下人事管理的关键环节。

管理者语丝：

《丧礼》中治丧程序繁杂，成服的等级分明，如果没有专门的研究，很容易搞错。《家礼》根据古代礼仪做了删改，仍然复杂，明清时期又做了一定程度的修改，徽州各个宗族在实行中也有变易。

徽州人特别重视丧礼，徽商四海经营，逝世以后，一定要归葬徽州故乡祖坟山。徽商各地的会馆，其中一项重要任务就是把在外逝世的徽州人装敛运棺回到故里，选地下葬。徽州因信风水，葬地引起的官司很多。徽州很多宗谱中写明，一切依《家礼》而行。其实，实际生活中，往往背离朱熹规定的原则。例如，朱熹指出治丧、守丧，不做佛事，不做道场，不做水陆大会，不抄写（佛、道）经书，不造佛像、道像，不建塔、不建庙，不要相信堪舆阴阳学说。这是针对民间有人利用治丧过程，引入外神崇拜，铺张浪费，给清新的社会环境带来污染，给人们正常的社会生活带来压力，做出的移风易俗性规范。儒家的这些规定，符合社会文明，同时也有利于社会发展。

《家礼》中朱熹重申了五服制度，明清时期将其做了很大的改革。五服制度是封建时期亲情关系及人际关系的规范与标尺，在宗法制下，对社会管理产生重大作用。

人生几何？父亲逝世守丧 3 年，母亲逝世守丧 3 年（在朝廷工作的官员要求卸任回家守丧），加上祖父、祖母等人逝世的守丧，占去了多少光阴？守丧尽斩衰礼，破衣褴衫，拄竹杖，吃稀饭，无荤菜、不饮酒、不娱乐，结庐在墓，影响人身健康。朱熹治丧礼，只考虑为逝世者尽哀，不考虑生者的安危，仁爱何在？

治丧、服丧的过程，体现了管理上的守恒原则，亲亲永在，仁爱永在，理、志永在。祭奠、守丧可以考验及培养人的忠诚度,考察孝子、悌弟、贞妇,严肃礼治与道义,把人纳入先人之道。

六、《家礼》卷5 祭礼的管理

祭祀是古人生活中的一项重要的活动内容。孔子少年时常常练习祭祀,朱熹在书院中,把祭祀作为学生的一门必修课。《家礼》中的祭祀,是家庭生活中的常规祭祀,内容包括四时祭、初祖祭、先祖祭、祢祭、忌日祭、墓祭。

(一) 四时祭

春节、清明、中元、冬至举行的祭祀。四时祭,宗子持笏,焚香,薰珓,掷珓卜吉日祭祀。祭祀前三日斋戒,沐浴更衣,不吊丧,不听乐,无凶秽事。

祭祀前一日,打扫卫生,摆设桌椅。设高祖考妣神位于堂西,男士牌位自西向东,女士牌位自东向西。设香案于堂中,置香炉、苞茅聚沙于香案前。设酒,胙肉、巾、茶、盐、醋。火炉、汤瓶、香匙、盆、巾于阶下。桌上有果蔬、肉鱼馒头、糕、羹、饭。

祭祀那天,众人穿深衣(正装,礼服),在祠堂依序立定,宗子焚香,执笏,告曰:孝孙某人,今在仲春,祭祀高祖某官某府君、封妣某人,曾祖某官某府君、封妣某人,祖某官某府君、封妣某人,父某官某府君,封妣某人,现在某亲某官府君及其妻子祔食。敢请神主出就正寝,恭伸奠献!告讫,宗子持笏前导,主妇随后,卑幼后继。至正寝,宗子启椟,奉诸考神主出位。主妇奉诸妣神主出位。

参神　众人依次站立,拜。年龄大、有病的族民在厅里休息。

降神　宗子持笏,焚香,执事立于主人身边注酒。宗子执酒灌于茅上,伏拜。进馔一人捧鱼肉盘,一人捧饭食盘,一人捧汤盘,至高祖位前。宗子上呈鱼肉祭奠,宗子妇上呈饭食祭奠。

初献　宗子立高祖位前,执事执酒壶立于右。宗子持笏,给高祖、高祖妣上酒食。跪读祝文:某年某月某日,孝元孙某人、某官,昭告于高祖考、高祖妣。气序流易,时维仲春,追感岁时,不胜永慕,当以上等佳肴,美酒水果,诚荐岁事,愿高祖、高祖母,尚飨!拜,退。

亚献　由宗子妇主持,诸妇女捧鱼肉祭献,不读祝文。

终献　由长兄、长男或亲宾主持。众子弟捧鱼肉祭献。

侑食　宗子持笏给诸位斟酒后,立于香案东南。宗子妇端饭碗立于香案西南,北向拜。

合门　宗子立于门东偏西,众男子随其后。宗子妇立于门西偏东,众妇女随其后。

启门　礼生唱祝三声，启祠堂门。众人入。

受胙　执事设席香案前。宗子就席，礼生立宗子右。宗子、礼生跪，祭酒。礼生盛饭少许，对宗子说："祖考命工祝承致多福于汝孝孙，使汝受禄于天，宜稼于田，眉寿永年，勿替引之。"宗子伏拜，尝饭，饮酒。

辞神　众人拜。

纳主　宗子与宗子妇，各捧神主纳于椟。

分祭胙品，开席，男女分坐，尊者先坐，众人依次坐下。执事斟酒祝曰："祀事既成，祖考嘉飨，伏愿某亲，备膺五福，保族宜家。"长者伏拜，复位。尊者自斟，祝曰："祀事既成，五福之庆，与汝曹共之。"众男向他作揖。长者与众男拜。妇女向女尊长作揖。内外尊长拜揖，行酒。宗子颁胙于外仆，主妇颁胙于内执事。

宗子以爱敬、至诚之心祭祀，根据财力办事，不可铺张浪费。

（二）　初祖祭

冬至祭始祖，祭祀前三天斋戒，前一天设神位、陈器皿。祭祀日天亮时陈列果蔬酒馔。然后举行降神、参神、进馔、初献、亚献、终献礼。

（三）　立春祭先祖

先祖即初祖以下，高祖以上的祖先。如祭初祖之仪。

祭祀程序大致为：斋戒、设位陈器、设果蔬酒馔、降神、参神、初献、亚献、终献、侑食、合门、启门、受胙、辞神、撤馂。

（四）　祢祭

秋天9月举行祭祀亡父的礼仪，如祭先祖之仪。

（五）　忌日祭祀

在亡者逝世日祭祀。祭祀程序：斋戒、设位陈器、设果蔬酒馔、着装、奉神主于正寝、参神、降神、进馔、初献、亚献、终献、侑食、合门、启门、辞神、纳主、撤。祭祀当天不饮酒、不食肉、不听乐、素服黑巾、住室外。

（六）　墓祭

三月上旬举行。祭祀程序：斋戒、具馔、洒扫、布席、陈馔、参神、降神、初献、亚献、终献、辞神、撤，然后祭祀后土。

管理者语丝：

《家礼》6种祭礼祭祀祖先，以宗子为主祭，宗子妇为副主祭，本宗族的族民为参与者。祭祀时,人们服装整齐,秩序井然。烧香、祭酒、读祝文、跪拜,表达子孙对于祖宗的敬仰。通过各种祭礼,以众多的礼仪与程序,强化宗法意识。

小家庭是生活的基本单元,宗族是大家庭,众多族民同一个祠堂,他们有同样的祖宗,同样的遗传基因。祭祀活动凝聚人心,突出了以下4点:祖宗的尊严、宗子的领导权、族民的等级角色、感情的内化。

《家礼》提倡文明、礼让、孝敬、行为规范,每个角色尽心、至诚、尽责。《家礼》详细规范了婚礼、冠礼、祭礼、丧礼,通礼规范祠堂设施、每事报告祖宗的制度。《家礼》推广司马光家庭管理的经验,特别提到管理的核心是谨名分、崇敬爱,正伦理,笃恩爱。同宗的人住居在一起,在自然经济、原生态环境下,管理的原则不是竞争、效率,而是伦理、名分、敬、恩、爱,仁义廉耻,风格、情操。这是家庭生活的精神支柱,家中每个人这样做了,就会和谐、温暖、风清、气正、幸福、美满。

朱熹所处的时代,大自然十分富有,人均自然空间很大。个人则表现为:能量大,各有个性,缺文化、缺理性,感情封闭而又激越。《家礼》维护家长制,维护守恒原则,维护等级序差式的管理。家庭中不存在人权、公平意识。一家人,仅守敬、爱、仁、孝就够了。

家庭中的礼仪不可没有,也不可太复杂。太复杂,则人的时间、精力、资源、经济、文化全陷落其中,对人的发展形成负面影响。朱熹对于社会文明有杰出的贡献,也造成了一些误区,责任重大。例如缺少人与人之间的平等意识,选贤任能意识,以及效率意识。《家礼》维护静态管理,缺少活力。

参考文献:

1.(宋)朱熹著,1999年王燕均、王光照点校:《家礼》,朱杰人主编《朱子全书》第7册,上海古籍出版社、安徽教育出版社,2010年。

2.(宋、元)注:《四书五经》,天津古籍出版社,1988年影印世界书局,1936年铜版。

3.(日)吾妻重二著,吴震编译:《朱熹〈家礼〉实证研究》,华东师范大学出版社,2011年。

4. 赵华富著:《徽州宗族研究》,安徽大学出版社,2016年。

5. 邓声国:《清儒“五服”研究中的民俗学》,《兰台世界》2008年3月下半月。

6.(清)赵吉士撰:《寄园寄所寄》,清康熙刻本。

7. 常建华:《明代宗族祠庙祭祖礼制及其演变》,《南开学报》2001年第3期。

第三节 基于五服的亲情管理

亲情,表现形式多种多样,例如宗族亲、姻亲、乡宜亲、同学亲、战友亲、组织亲、社会团体亲、朋友亲等。宗法制与礼制管理认为宗族是第一等亲,宗族亲的等级,朱熹以五服表达出来。

一、五服是共生圈

礼治服丧制度,把人的服丧标准分为5等:斩衰、齐衰、大功、小功、缌麻。人的亲疏关系也由此而规范化了。父亲、长子逝世,尽斩衰礼3年;父亲早亡,母亲逝世,尽齐衰3年礼;父亲在时母亲逝世,以及妻子逝世,尽齐衰杖期礼;祖父母及伯叔父母逝世,尽齐衰不杖期礼;兄弟、儿子、侄子、曾祖父母逝世,尽齐衰3个月礼。尽大功9个月礼的有:姑妈、姐妹、从父兄弟、庶孙、嫡孙妇。尽小功5个月礼的有:从祖祖父母、从祖父母、从祖兄弟、从父姐妹;尽缌麻3个月礼的有:族曾祖父母、族祖父母、族父母、族兄弟、庶孙妇、从祖姑、从祖出嫁姐妹、从祖兄弟之子、曾孙、父亲的姑母。

《清史稿·礼志十二、服制》:"顺治三年,定丧服制,列图于律,颁行中外。"道光四年,增辑《大清通礼》,所载冠、服、绖、履,多沿前代旧制。制服五:斩衰服,生麻布,旁及下际不锁边。麻冠、绖,菅履,竹杖。妇人麻履,不杖。齐衰服,熟麻布,旁及下际锁边,麻冠、绖,草履,桐杖。妇人仍麻履。大功服,粗白布,冠、绖如之,茧布缘履。小功服,稍细白布,冠、履如前。缌麻服,细白布,绖带同,素履无饰。

五服表面上反映守丧时不同的着装,客观上反映了人的亲疏关系。"五服之内为亲",从高祖开始,高祖、曾祖、祖父、父、自己,五代人都是至亲,自己之下,儿、孙、重孙、玄孙,也是5代,都是至亲。同父同母的兄弟姊妹是一服,同父不同母的兄弟姊妹是二服,同祖父的兄弟姊妹是三服,同曾祖父的兄弟姊妹是四服,同高祖父的兄弟姊妹是五服。五服之外往上数为天祖——烈祖——太祖——远祖——鼻祖。本人之后往下数,五服之外为来孙——晜(kun)孙——礽(reng)孙——云孙——耳孙。习惯上五服之外不亲,形式上表现为不往来,不供情,视作圈子界外人。五服是一个亲情圈、人情圈、往来圈、利益圈、共生圈。

共生圈内的人,一荣俱荣,一损俱损。大家共同维护共生圈的利益,相互支撑,相互关心,促进共生圈的繁荣。

亲情不是平等的，而是以本人为核心外延，由一服向五服发散、递减，一服关系的人最亲，五服关系的人亲情在临界点，淡薄，五服以外不是亲戚关系。

亲情除了纵向的人际关系，还有横向的人际关系，这样组成九族五服图。

纵向为：高祖父母、曾祖父母、祖父母、父母、己身、子、孙、曾孙、玄孙。

横向为：己身，兄弟、堂兄弟、再堂兄弟、三堂兄弟，姊妹、堂姊妹、再堂姊妹、三堂姊妹。

上辈横向为：叔伯父母、堂伯父母、再堂伯父母，祖伯父母、堂伯祖父母，曾祖伯父母，姑、堂姑、再堂姑，祖姑、堂祖姑、曾祖姑等。

下辈横向：侄妇、堂侄妇、再堂侄妇，侄女、堂侄女、再堂侄女，侄孙妇、堂侄孙妇、侄孙女、堂侄孙女、曾侄孙妇、曾侄孙女等。

人际关系很难描述准确，龚端礼在《五服图考·义解》（见《续修四库全书》第95册第9页）里记载了王章作的五服关系图，人称《鸡笼图》，把鸡笼图简化，可以表达如下：（该图引用于：吴飞：《五服图与古代中国的亲属制度》，《中国社会科学》，2014年12期）

高祖父母				
曾祖父母	从曾祖父母			
祖父母	从祖父母	祖族父母		
父母	叔伯父母	从祖父母	族父母	
自己（本人）	昆弟（同父）	从父昆弟（同祖父）	从祖昆弟（同曾祖父）	族昆弟（同高祖父）

图中横行内反映的是同辈分关系，竖行内反映的是高低不等的辈分关系。每个竖行的空格，表示该级辈分的人不属于同一高祖。

关于五服图，历史上研究颇多，表达的方法不一。朱子学派十分强大，他们表述的宗枝图如上：（该图引用于：吴飞：《五服图与古代中国的亲属制度》，《中国社会科学》，2014年12期）

				高祖母齐衰三月	高祖父齐衰三月				
			族曾祖母缌	曾祖母齐衰三月	曾祖父齐衰三月	族为祖父缌			
		族祖母缌	从祖祖母小功报	祖母不杖期	祖父不杖期	从祖祖父小功报	族祖父缌		
	族母缌	从祖母小功报	世叔母不杖期	母，父在齐衰三年，父卒杖期	父斩衰三年	世叔父不杖期	从祖父小功报	族父缌	
族昆弟之妻无服	从祖昆弟之妻无服	从父昆弟之妻无服	昆弟之妻无服	妻杖期	己身	昆弟期	从父昆弟大功	从祖昆弟小功	族昆弟缌
	从祖昆弟子妇无服	从父昆弟之子妇缌报	昆弟子妇大功	嫡妇大功，庶妇小功	长子斩衰三年，众子不杖期	昆弟之子不杖期	从父昆弟之于小功报	从祖昆弟之子缌	
		从父昆弟之孙妇无服	昆弟子孙妇缌报	嫡孙妇小功，庶孙妇缌	庶孙大功	昆弟之孙小报功	从父昆弟之孙缌		
			昆弟之曾孙妇无服	曾孙妇无服	曾孙缌	昆弟之曾孙缌			
				玄孙妇无服	玄孙缌				

图3　朱子学派宗枝图

该图描述了不同辈分纵横点位各个人服丧的级别。这个图出现在朱熹著作《仪礼经传通解续》卷16中(该册收于《朱子全书》第4册)。朱熹的仪礼,明清时期官方做了改动。所以,我们说徽州人执朱子之礼,指遵循其礼的实质精神,没有原本照搬。

五服制,属于礼制研究的核心问题之一。中国古代有的学者专攻礼经,在五服制上下功夫,南宋以后朱熹的理论是基础,各朝礼部做了适当的修改,使之更贴近人情。五服制成为宗法制下人事管理的一种工具。

二、以男性为中心宗法式血缘亲情关系的表达

亲情,指人的归属性的感情,没有疑虑的、值得信赖的感情。亲情直接影响人的生长、发育、归属。每个人有其特定的亲情关系,亲情关系表达了人的一定程度的属性,因此,在管理上,人的亲情关系的描述数据非常重要。

(一)　亲属

亲属包括法律确认的亲属,一般指具有婚姻、血缘或法律拟制的血亲关系,各个亲属角色具有一定的权利义务。

1. 亲属分为配偶、血亲和姻亲三个种类

(1)　配偶即夫妻。

(2)　血亲是有血缘联系的亲属,包括自然血亲和拟制血亲。如父母与子女,祖父母与孙子女、外祖父母与外孙子女、兄弟姐妹等。拟制血亲,又称为法定血亲

或准血亲,因收养而产生,养父母、养子。血亲包括直系血亲和旁系血亲。

(3) 姻亲以婚姻为中介而产生的亲属,但不包括配偶本身。

亲属也可以分为直系血亲、旁系血亲和直系姻亲、旁系姻亲。

2. 直系血亲、旁系血亲和直系姻亲、旁系姻亲

(1) 直系血亲辈分,又称行辈,指亲属间的世代第次。一代人为一辈分,同一代人同辈分。父辈、祖辈为长辈,子辈、孙辈为晚辈,同辈排行分长幼。长辈称尊亲属,如自己的外祖父母、自己的父母等。晚辈称卑亲属,如子女、侄女、外甥女等。平辈如同胞兄弟姐妹、表兄弟姐妹等。

(2) 旁系血亲:伯伯、叔叔等。

(3) 直系姻亲:母亲的父母、兄弟姐妹,妻子的父母、兄弟姐妹。

(4) 旁系姻亲:伯母叔母的父母、兄弟姐妹,堂兄弟的父母、兄弟姐妹。

3. 亲等是计算亲属亲疏、远近的单位

亲等数小的,表示亲属关系亲近,如一服亲人;亲等数大的,表示亲属关系疏远,如五服亲人。

现在我国的《民法通则》与《婚姻法》规定的近亲属包括配偶、父母、子女、兄弟姐妹、祖父母、外祖父母、孙子女、外孙子女等。《刑事诉讼法》第 86 条第 6 款规定:近亲属是指夫、妻、父母、子女、同胞兄弟姐妹。《继承法》第 12 条关于法定继承人范围规定为:“丧偶儿媳对公婆,丧偶女婿对岳父、岳母尽了主要赡养义务的,作为第一顺序继承人。”这里的第一顺序继承人是法定亲属。

(二) 不属于亲属的亲情

给予某人重大影响力的人,双方之间有着浓厚的亲情。如关键时刻给予帮助的人,俗称恩人,以及老师、师傅、领导、战友、同学、同事等。有的可以列为一等亲情。徽州人从小外出谋生,无论经商,还是科举,得“仙人指路”,则成为至要亲情。

区分亲疏,不仅是管理的需要,也是人的一种本能。但是从法理区分亲疏,或以传统的五服制区分亲疏,或依照对于一个人生存的影响力来区分亲疏,都牵涉方方面面理论的探讨,深入研究尚有空间。

三、准五服以制罪制度

五服是一个人际利益圈,封建社会,在赡养、继承、判罪、量刑方面,朝廷取士用人方面,门风、家规、个人素质考核方面,联姻对亲等方面,五服是重要的决策因素。

自晋朝至清朝实行“准五服以制罪”原则,其刑法原则是:如果案犯及受害人

是五服关系之内的亲戚,地位低下的人触犯了地位高贵的人,或晚辈触犯了长辈,以下犯上,处罚重于常规,关系越亲,处罚越重。管理伦理上亲戚之间,应该遵循礼教,守本分,讲爱敬,违者严惩。如果是以尊犯卑,地位高的人侵犯了地位低的人,上犯下,管理上实行尊尊原则,维护长上的尊严,处罚轻于常人。五服以内的不正当男女关系,给予严厉惩罚,关系越亲,处罚越重。这是道德伦理问题,(五服以内不婚),也是一个科学问题,不论尊卑一律严刑禁止。亲戚之间偷盗,从轻处罚。亲戚之间,不宜在物质财富上伤感情,应当严加管教,不产生偷盗现象。五服以内即使发生刑事案件,一般家丑不外扬,家长处理,不报官府。徽州人在经济财产上习惯于使用契约,徽州文献中,有很多兄弟之间为一两或几两银子而立契约,这样减少了亲故之间的经济纠纷。

《晋律》提出"竣礼教之防,准五服以制罪",唐朝遵守并发展了这个原则。《唐律疏议》12 篇 502 条款,其中有关家族的法律 154 条,有关准五服以制罪的法律 81 条。《元典章》法典、《明律》《清代服制命案》《刑案汇览》及《大清律例》都有关于准五服以制罪,维护伦理亲情的条款。

《大清律例》卷 26 刑律规定,凡谋杀祖父母、父母及期亲尊长,谋杀外祖父母、丈夫的祖父母或父母,事实确凿,不问首从,不问已伤未伤,皆斩,杀死人的处凌迟罪。谋杀缌麻以上尊长,事实确凿,未伤,杖 100 流放 2000 里;伤人,判绞刑;已杀,斩。尊长谋杀(本宗及外姻)卑幼,事实确凿,依常规罪减 2 等;伤人,减 1 等;已杀,依常规案例判案。例如,清雍正九年二月初四,祁门石溪村康杰因盗物重伤母亲,依据《大清律例》"忤逆不孝,殴母重伤",属于十恶不赦。后经本人认罪,宗族教化,劝谕,立约。没有送衙门惩罚,宗族此举依然是维护亲情(《清雍正九年二月初四祁门石溪村康杰重伤母亲请族老出面调解供状》,安徽大学徽学研究中心特藏室)。

《大清律例》规定:妻子殴打丈夫,依法给予她杖击 100 下,丈夫可以藉此休妻;如果妻子打伤丈夫,依照普通人"斗伤罪"的条款加罪三等;致使残伤的,判处绞刑;致死的,判处斩决。丈夫殴打妻子,打伤不犯法;伤筋动骨,按照常规"打斗"律例减罪 2 等,妻子可以藉此离婚,若不愿离异,男方收养;丈夫打死妻子,判处绞监候。丈夫过失杀妻,无罪。妻过失杀夫,以及妾过失杀夫君,皆判绞刑。康熙年间,汪茂文母亲阿胡在园锄草,其妻毕氏在家烧饭,中饭过迟,婆婆嗔怒,毕氏一气之下,将饭碗向婆婆掷去。茂文回来后,阿胡气愤地将此事告诉儿子,茂文于是把妻子打了一顿,毕氏哀怨,投塘殒命。官府批文:汪茂文应照夫殴妻至折二齿以上,减二等杖九十律,应杖九十折责三十五板。官府断案是遵循男尊女卑的原则,给予打妻子致使其妻含怨投塘的汪某仅杖责了之(《纸上经纶》卷1《招》)。

《大清律例》规定:同姓亲属相殴,虽五服已尽,尊卑名分犹存,若是尊长殴卑幼,按常规减罪一等;卑幼殴尊长按常规加罪一等;把人打死,无论尊长卑幼,按常规惩处。如公元1716年,徽州府黟县胡瑞寿与胡可佳告争园地案。胡瑞寿不法,族人胡可佳有园地高坵,其父先年买下,交管多载。胡瑞寿借口胡可佳伪造契约,当年3月将地圈占。该契有房长胡可桂作中,阄书内有胡瑞寿父胡有缘作中,不存在疑义。府衙审批:胡瑞寿占杀情真,本应重惩,姑念同族,薄罚,以警狂暴,断令地归胡可佳,照契管业。同族宗亲之间的事端触犯法律,官府薄罚以维护亲情。(王钰欣、周绍泉主编:《徽州千年契约文书》(清民国编)卷一,花山文艺出版社1991年版,第175页)

《大清律例》规定,子孙不孝,致使祖父母、父母自尽,判处斩决。若子孙违反教令,致使长辈含忿轻生自尽,判处绞监候。不居住在一起的本宗、外姻亲属犯盗窃罪,尊长犯卑幼,依亲属间相盗窃减罪,卑幼犯尊长按常规处罚。如果同居卑幼盗窃自家财物,未伤人,不罚。公元1732年徽州府休宁县监生程昭五诬告姚子聘为仆:休宁县姚子聘,监生程昭五为邻居。当年正月十三日,因姚子聘儿子与程昭五儿子发生口角,程昭五率侄程兰孙持棍将姚子聘之妻黄氏殴伤额头,赴县呈验,程昭五认为姚子聘是仆人,以“抗役(误)伤”具诉。官府判决:姚子聘非程姓仆人,程昭五压良为贱,恃势行凶,了如指掌。姑念其身为监生,将伊侄薄责。这不是同宗发生的案件,但处理问题的原则是尊尊、贵贵。监生程昭五压良为贱,但其为监生,有身份的人,贵于姚子聘,二者相争,程有罪,但是从轻处罚。(王钰欣、周绍泉主编:《徽州千年契约文书》(清民国编)卷一,第256页)。

《大清律例》规定:对亲属间相奸加重治罪。亲属间非法性行为,违反伦理道德,亲缘关系越近,越是悖逆,为法律、情理所不容。明末歙县雇工邵天老,受雇于方良贞家,与主人女儿方仲兰相爱,徽州习俗,良贱不等不得联姻。邵天老与方仲兰出逃成婚,方良贞告到官府,邵天老受到惩罚,方仲兰改嫁绩溪(《歙纪·卷9·纪谳语》)。

万恶淫为首,百行孝为先。孝顺是入德之门,立德之本。悖礼违教,要给予重罚。子孙违犯礼教,若日常品性端正,属于一时失误,可以从轻处理。

子孙违犯礼教,父、祖有权责罚子孙,致死无罪,或送官府惩治,法官依照父、祖提出的上诉判案不疑。

管理者语丝：

亲属互相关爱，是人的本性。古代“同居共财”“亲属不分财”。立法司法，顺应人性，保护自然的亲情。《大清律例》卷2 二十五：凡本宗、外姻亲属相盗财物者，双方是期亲，比照常规减刑五个等级；双方是大功亲，比照常规减刑四个等级，小功亲减三等，缌麻亲减二等，无服亲减一等。法律按照亲情等级给予等差式的量刑，而不是法律面前人人平等。

减轻亲属间财产相侵犯的处罚是为了家庭和睦、宗族和睦。如果酿成伤害，则以违背道德伦理，依杀伤尊长卑幼律论罪。

如果没有分家，数世子孙同居共财，即一家人，不存在财产相犯的问题。别居的亲属，财产相犯，按照一般人的律条减罪处理。古代以不分家共居共财为荣，浦口郑氏13代不分家，财产共有，共同生活。古代以大家庭，显示家庭和睦，兴旺发达，礼教文明。古代法律维护家庭，维护亲情。

四、亲情容隐制度

自唐至明清法律有“同居相为隐”“干名犯义”的条文，亲属可以相互隐匿犯罪，不得告发，但是涉及国家安全的罪不准隐匿。

（一） 亲属犯罪不得告发

秦时法律规定子女不得告父，汉初法律规定子应当为父隐瞒过失，但是父不必为子隐。汉宣帝时颁立了“亲亲德相首匿”法令，规定了“子为父隐”“妻为夫隐”“孙为祖隐”的法律。南北朝有“期亲相隐”律，兄弟姐妹也实行亲情容隐。后来大功以上亲属，甚至小功或缌麻亲也可以容隐。清律将此项规定扩展到岳父岳母、女婿。

唐朝法律维护亲情。《唐律疏议》规定：藏匿相容隐的人，不罚；藏匿相容隐人的伙伴（同案犯），不犯法。让犯了罪的亲属逃脱，造成官方追捕，不治罪。

唐朝的法律维护亲情，以后各朝也然。徽州处理一般案件的程序，先经祠堂族长、里老人、文会，不能越级告到县衙，否则要被县衙杖责六十下。民众到县衙告状，往往会受到各种盘剥，费用高昂。家丑不外扬，矛盾不张扬，族内化解，实质就是亲属相隐的原则。

（二） 同居相隐

古代法律，允许同居的大功以上亲及外祖父母、外孙，孙之妇，夫之兄弟及兄弟妻，有罪相为隐。部曲奴脾为主子隐，小功以下亲人相隐。家丁、奴婢、常住工匠，不论有服无服，若有人犯罪，可以隐匿，不向朝廷告发（由家长处罚）。这称作家丑不外扬,但是在家庭内部要严格处罚。

在一个锅里吃饭,有人犯了法,不能无情无义,动法论理。家庭里应该讲名分、讲爱敬,讲礼让。

(三) 子女不得为父亲犯罪的事实作证

元《诉讼律》规定:诸子不得为其父犯罪作证,奴婢与主人,妻妾弟侄,如果不相容隐,有伤风化,干名犯义。

(四) 告言祖父母、父母为"不孝"

古代告发祖父母、父母为"不孝",告言大功、小功等亲人为"不睦",入"十恶"而重惩。《新元史·刑法志》记载:元英宗时,斡鲁思等告其父母谋反等罪,帝大怒,认为"非人子所为",命斩之。《大清律例》:子孙告祖父母、父母,妻妾告丈夫及其祖父母、父母的,杖击 100 下,判刑 3 年;诬告,判处绞刑;告期亲尊长及外祖父母,告大功尊长、小功尊长、缌麻尊长,都应受到惩罚。

按照礼治,祖父母、父母、夫妻、子孙骨肉亲,应该互相关心,互相爱护,舍己为人。失去亲亲爱敬之心,就是失去了天理人伦,相互攻击,诉诸法律,不是一家人。一个合格的家庭应该有温良恭俭让的气氛。

(五) 期亲被杀,私和,则大逆不道

祖父母、父母及丈夫被人杀,不积极与罪犯斗争,不上告,无耻地与不共戴天的罪犯私和,属于大逆不道,历朝法律给予重惩。私和,亲等越高,处罚越重;《大清律例》:凡祖父母、父母及丈夫、家长,被人杀,子、孙、妻妾、奴婢、雇工,不报案私和者,杖击 100,判刑 3 年。

按照礼治,期亲被杀,不告官,私和,失去人性,法律给予严惩,符合理性。法律人性化,法中有情。

(六) 谋反、窝藏奸细不得容隐

涉及国家安全的罪犯,即使是亲戚,也不得容隐。

管理者语丝:

亲情容隐制度,是宗法社会管理的特点。宗法制是人治,维护血缘关系,维护亲情。亲情容隐,不是在法律面前人人平等,显然不利于社会治安。亲情是人的天性,亲情往往是公平执法的障碍。古代法律,要求执法者公平执法,但举报人可以维护亲情。

五、宗祧继承

宗祧,即合法的继承人,或接班人。宗法制强调宗祧,明确继承人。宗祧选择有如下几种方式:嫡长子继承、幼子继承、兄终弟及。大宗宗子世代继承家族的政治与经济资源。

实行宗祧制度,尊祖敬宗、别嫡庶、分长幼。如果祖辈有世袭的封号爵位,每代由一人继承,那么继承人应是宗子,其他人不可僭越。小宗的财产与官爵无联系,众多儿子平均分配。如果没有亲生儿子,可在五服内选人立嗣。立嗣遵循以下原则:

(一) 以长房为重点选择对象

(二) 以男性父系同姓同宗为原则

(三) 五服以内择立嗣子,按照亲缘等级由亲及疏依序选择

(四) "应立"与"择立"

"应立",指法理上必选的立嗣对象,一般是嫡长子、同父的侄子、或同祖父的侄子。"应立"的嗣子享有完全的继承权,在财产继承上,其他人不得要求分利。"择立",如果在应立的范围内没有合适的人选,或者说在一等亲、二等亲内没有合适人选,那么就得在三等、四等亲内选择嗣子。

(五) 择立的嗣子没有完全继承财产的权利

享有优先或同等继嗣权的近亲人氏有权要求分享其继承的一部分财产。

(六) 可以一人承祧二房

如果承祧人在本房是独子,可以再承继另一房,为兼祧。"兼祧"制度包括立嫡、立嗣、立继、命继、爱继,兼祧、收养、归宗等。明朝嘉靖帝继承堂兄正德皇帝的皇位,嘉靖帝对自己的生父与正德皇帝的父亲(其伯父)都称父亲、皇考,一人兼祧两支。

(七) 异姓不立 赘婿不立

例如,明末歙县姚守国无子,欲过继江姓一男孩为子,遭宗族反对。后欲收养许姓一男孩为继子,再次遭到宗族反对。姚守国只好按宗族意愿抱养本族子弟为继子。(《歙纪·卷9·纪谳语》)

管理者语丝:

宗法制,要求香火永传。立嫡,宗子,承祧,是继承权利、财产的管理手段。这

是家庭人事管理上区分亲疏的要则。

六、财产分配的根据

宗族拥有一定的公共财产，如祠堂祭祀物品，祖宗遗留的土地、房屋、山林、水塘，族民当官发财以后捐置的公产，宗族购买的公产，归于本宗祠祖先的名下，不能分割，不能变卖。

祠堂一般立有公共财产管理契约，族长、宗子等形成的管理机构可以依据契约行使管理权。

家族公产为祖先所有，其使用权与收益权归同本家族子孙平均享有。清代法律支持家族固定财产在宗族内交易，鼓励祖业在家族内部流通。如果需要出售，应取得亲族同意，基于家族制度或亲属一体观念，在法律上父子祖孙共产，尊长有绝对的掌控权，父母在世，子女不敢私其财。祖辈死亡后，仅是家产的管理权发生变化，不代表财产归属的私有化。如果不得已或特殊情况下需变卖家产，应按照五服近亲优先承买的原则交易。保护财产在同一祖先名义下的管理。家庭财产诸子均分，不分嫡庶。诸子分产，长子提取长房田。如果财产分配中有特殊安排，家长需要提供书面说明。乡绅及房长、族长在家庭财产买卖中起公证作用。

公元1657—1729年婺源一位胡姓地主买卖33份土地，其中31份是在兄弟、叔侄和孙辈内部交易。公元1633—1727年休宁三都二图《金氏置产簿》中93份土地买卖，其中76份在金氏祖、叔、兄、侄之间交易。17份金姓以外的交易，多为金姓亲属。宗族维护田产交易价格合理，或低于市价。

管理者语丝：

徽州遗存的文书中，大量的是关于经济文书，涉及分家、财产继承的问题的很多。涉及承祧的文书，在政治上属于继祠，即确立主权人的文件。

七、免除徭役赋税的根据

《新唐书》卷54·志第35·选举志·下记载：嗣王、郡王享受四品待遇，亲王诸子封郡公享受五品待遇，国公为正六品上，郡公为正六品下，县公为从六品上，侯为正七品上，伯为正七品下，子为从七品上，男为从七品下；皇帝缌麻以上亲、皇太后期亲为正六品上，皇太后大功亲、皇后期亲为从六品上，皇帝袒免亲、皇太后小功缌麻亲、皇后大功亲为正七品上，皇后小功缌麻亲、皇太子妃期亲为从七品上，外戚皆以服属降二级。

古代各个朝代不同时期给予某些人免除徭役赋税的规定，例如皇族缌麻以上亲，朝廷命妇一品以上亲，郡王及五品以上祖父兄弟，国子太学四门学生，凡有品级爵位的人，以及受封的孝子顺孙、义夫节妇，可免除徭役赋税。承袭免税的一般只有该家庭一、二子孙，按照五服，服制近的人有继承权，服制越远继承的可能性越小。五服是判断免除徭役赋税的根据。

管理者语丝：

礼治管理维护特权，免除徭役赋税是特权中的一种，一般是有功名的人享有，继承特权者一般是嫡长子。徽州有的商人捐钱买官，有衔无职，但也可免除徭役赋税。

八、荫庇的根据

荫袭制，官吏子弟依靠父兄的权位进入仕途。世袭制继承父兄原有的官职，荫袭制给予子弟比父兄官职低下的职务，或取得入仕的资格。清代有恩荫、难荫、特荫。京官四品、外官三品、军官二品以上，可以送一子入国子监学习，或授予比父兄级别低的官阶或职务，这是恩荫。战争阵亡、公务殉职的官吏，可送一子入国子监学习，或酌情授予官职，这是难荫。从功臣后裔或前世名人子弟中选人授予官衔或职务，这是特荫。

以后各朝大力减少荫庇，荫庇与世袭都是后人坐享祖辈先人的福，宋朝及其以后的朝廷，在数量与层次上大力减少世袭与荫庇，用以增强社会活力。

荫庇可以是五服内的亲属，旁系血亲及外亲不能得到。

例如，徽州一些有军功的家庭，其官衔由嫡长子世袭，清代的盐业总商鲍志道，由他的大儿子鲍淑芳继承其总商职务。

管理者语丝：

爵位与财产的承袭，宗族传承位点的承祧，荫庇人、免税人的确定，一律按照五服等级序第确定，不竞争，不选择，无可争议。这样可以避免亲人之间为争权夺利而产生暴力或不文明的行为，维护亲情，维护和谐，维护礼制。或许这是管理者经过深思熟虑而形成的宗族内部的管理法则。但是这是腐败培养基，运行的结果，造成社会生态衰落。徽州富商多，进士多，这些高门大户演绎了一个个红楼梦。程晋芳身为大盐商，朝廷高官，死时负债累累，好友袁枚给他安葬。

九、社会往来活动圈

亲情圈内，凡红白喜事，都得赶情送礼。当然五服以内的人，不一定全部供情，不供情，就不往来。由于社会地位、经济水平、社会矛盾等产生的差异，五服以内的人不往来，也是习以为常的。富贵人住在深山车马稠，贫贱人身处闹市无人问。但是一旦供情，则有来必有往，有来无往是非礼的行为。所以民间有句话：人情大似债，头顶锅儿卖。相互供情以后，如果某一方因为特殊原因，经济困难，也应该倾力维护亲情关系，即使断炊，也不可造成共生圈的伤痕。

表示亲情的方式多样，出力、出钱、出人，过年、过节，红白喜事，做房子、买房子，搬迁，生儿子，孩子周岁，中举，出仕，升官等，人情冷暖，各有表示。

五服之内皆亲人，“血浓于水”，古代法律维护家族向心力，维护亲情伦理。亲属关系界定了每个人在宗法系统中的地位和等差、抚养义务、荫庇对象、政治荣誉、服役、继承权等，五服制，亲疏等级，决定个人身份。

管理者语丝：

在管理方面，徽州的礼治表现了7项原则，即正伦理、笃恩爱，谨名分、崇爱敬的管理原则；家长制的原则；亲亲、尊尊、贵贵的原则；男尊女卑的原则；宗亲重于外亲的原则；亲情活动密度与亲等不对称的原则；亲情与市场竞争相背离的原则；等级序第天定的原则；守恒原则。

正伦理、笃恩爱，谨名分、崇爱敬的管理原则　宗族、家庭成员应该牢记这个原则，深入理解这个原则，处处实践这个原则。宗族、家庭不是评理论法的场所，不是功利场，而是讲伦理、笃恩爱，谨名分、崇爱敬的生活群体。家是心灵与亲情的港湾。宗族、家庭应该充分体现伦理与诚信的价值，亲情之间的公平与正义不是显性的，往往是隐性的，利益是长久的。历史上实行准五服以治罪的原则，法律允许亲属相隐、同居不告发、至亲之间不作证。法律维护亲情与爱心，宗族与家庭成员应该父慈子孝，夫唱妇随，兄友弟敬，长幼有序，互相关心，相互爱护，尽心尽力。

家长制的原则　父子、夫妻、兄弟共居、共产、共荣。家长安排家庭的人事、经济、生产、教育、社交、费用。家长有绝对的权利，家长对于子女、媳妇有批评、教育、处罚权。媳妇应该贤惠，子女应该孝敬。

亲亲、尊尊、贵贵的原则　亲亲即一切管理为亲人服务，一切权力与利益向亲人聚集，并且按照五服的亲情等级逐级衍射开来。向核心亲情聚集，向边缘亲情淡化。

尊尊原则,即一切管理维护尊长的名分,这包括:维护职位在上者的尊严,维护辈分在上者的尊严,维护年龄在上者的尊严,维护亲等在上者的尊严。

贵贵原则,即一切管理维护尊贵者的尊严,尊贵者包括官吏、中举的人、富人、受封的人、名人、美人(往往自然受到尊重)、有特殊才能的人(如医生、教师等)。

男尊女卑原则　五服规定,子女(未嫁女)的父亲、妻子的丈夫、父亲的嫡长子属于第1级至亲;子女(未嫁女)的母亲、媳妇的公婆、众孙的祖父(母)属于第2级至亲;堂兄弟,未出嫁的堂姐妹,已出嫁的姑姑等属于第3级至亲;外祖父(母)、岳父(母)属于第4级至亲;曾孙对曾祖父母,同族伯父母,对同族兄弟姐妹属于第5级至亲。

宗亲重于外亲的原则　世袭、荫庇、承祧、免税等规定都体现了这一原则。

亲情活动密度与亲等不对称的原则　实际生活中,来往密切的亲戚主要是叔叔、舅舅、姑妈、姨妈、岳父(母),即父亲的兄弟姊妹,母亲的兄弟姊妹等。父党、母党、妻党常来常往,活动密度大。在宗法制里母党与妻党的亲等很低,重大事务不让他们出场。

亲情与市场竞争相背离的原则　至亲则共居、共财、共荣、共生。至亲之间生死与共,亲戚之间荣辱与共。亲则一体化,不分你我;疏则泾渭分明,锱铢必较。即是亲情关系,就不讲市场交换;即是市场交换,就莫说亲情关系。亲情越重,市场功能越低;亲情越疏,市场功能越强。

等级序第天定的原则　宗法制下,宗子、族长、家长是领导者,宗子是嫡长子,先天决定。族长、家长一般是辈分高,年龄长,公平无私有权威的人。举行礼仪时,宗族中的人,男性按照辈分高低排列,同辈分按照序第排列(出生年月日时的先后)站在宗子身后;妇女按照其丈夫的等级序列排列,排在主妇身后。这是先天决定的,无可争议。

守恒原则　礼治维护尊尊、贵贵、亲亲的制度,维护家长制,保护既得利益者,坚持守恒原则,祖坟、祠堂、宗谱,祭祀,拜祖,凝聚人心,重土不迁,耕读为本。

礼治,保证了徽州秩序井然,永远按照一定的模式生活。徽州的礼治,继承了古人的管理原则,经朱熹的改造,明清统治者的推行演化,形成了平民礼制。这种礼制既促进了徽州的文明发展,又把徽州局限于既定的模式中。一直到公元1911年,徽州人没有走出礼制的圈子。徽州人安土怀生,千丁集聚,彬彬合度。千年之坟,千丁之族,千年谱系,丝毫不紊。主仆之严,数十世不改。重宗谊,讲世好,世风淳朴。

礼治,需要经济基础的支撑,需要有一定的自然生活空间与社会生活空间。上层社会的礼制,这些条件是具备的。在下层社会实行礼制,如果衣食不能饱暖,没有土地,没有住房,没有安全保障,没有生活保障,要求他们举行烦琐的葬礼、祭礼等礼仪是不可能的。徽州商人多,书香门第多,经济基础好,这是实施朱熹《家礼》的前提。徽州的管理将民间宗法制与礼制相结合,形成了一个具有特色的管理模式。

参考文献:

1.(南宋)朱熹:《朱子家礼》,《景印文渊阁四库全书·经部·礼类》(第142册),台湾,台湾商务印书馆,2008年。

2.(清)吴翟:《茗洲吴氏家典》,合肥,黄山书社,2006年。

3.(清)赵吉士:《寄园寄所寄》,合肥,黄山书社,2008年。

4.(清)董钟琪修:《婺源乡土志·婺源风俗》,光绪三十四年活字本(1908年)。

5. 张铮:《论周代五等爵制与五服制》,《求索》,2007年12月。

6. 吴飞:《五服图与古代中国的亲属制度》,《中国社会科学》,2014年12月。

7. 朱一:《张惠言〈仪礼图·丧服表〉研究》,江西师范大学2015年硕士论文。

8. 李梅:《论五服制的伦理基础和社会功能》,《理论学刊》,2005年12月。

9. 邓声国:《清儒"五服"研究中的民俗学》,《兰台世界》,2008年3月下半月。

10. 马步蟾修:《徽州府志》,南京,江苏古籍出版社,1998年。

11. 程敏政:《新安文献志》,《景印文渊阁四库全书·集部》,台湾,台湾商务印书馆,2008年。

12. 田涛,邓秦点校:《大清律例》,法律出版社,1999年9月。

第三章

宗法制管理

清朝赵吉士在《寄园寄所寄》中写道："新安各姓，聚族而居，绝无杂姓搀入者。其风最为近古，出入礼让。姓各有宗族统之，岁时伏腊，一姓村中千丁皆集。祭用文公家礼，彬彬合度。父老尝谓，新安有数种风俗胜于它邑：千年之冢不动一抔，千丁之族未尝散处，千年之谱丝毫不紊；主仆之严，虽数十世不改，而宵小不敢肆焉。"

徽州是一个宗法制社会，而且是中国典型的宗法制社会。

第一节　徽州宗法社会的形成

徽州有许多名门望族，如歙县棠樾鲍氏宗族、呈坎罗氏宗族，休宁县月潭朱氏宗族，祁门县渚口、伊坑、滩下、花城里倪氏宗族，黟县西递明经胡氏宗族、南屏叶氏宗族，绩溪龙川胡氏宗族，婺源游山董氏宗族等。每个宗族有一个共同的始祖，以血缘为纽带，昭穆世次分明，开展宗族集体活动，有集聚地，制定了族规家法，有公益财产，有一定的管理模式。徽州宗族的这些特征是在历史的运行中形成的。

一、上层社会的宗法制

历朝历代宫廷里争权夺利，刀光剑影，在权力与财产继承上，演绎了许许多多的故事。周朝吸取历史经验，实行宗法制管理。宗法制避开竞争，天子驾崩以后，嫡长子继位，先天定好的。排行在后的儿子，不得竞争，所有女子无权继位。

天子的其他儿子被分封在诸侯国；诸侯国也传位给嫡长子，其他儿子分封为卿大夫；卿大夫也传位于嫡长子，将其他儿子分封为士。天子、诸侯、卿大夫、士，属于周朝不同级别的掌权人，他们都分封得到一份领地。各级掌权人是分封土地的所有权人，也是该块土地上民众的主人。下级是上级的臣民，保卫上级，向上级纳税、服役。天子以下,一代接一代的嫡长子形成大宗,诸侯以下一代接一代的嫡长子形成小宗。每一代都会繁衍成大宗与小宗,如果从始祖算起,有1级宗族,2级宗族,3级宗族,等等。2级宗族属于1级(大宗)宗族下的小宗,3级宗族属于2级宗族下的小宗。大宗统领小宗,1级大宗统领全体族民,是领导核心。1级大宗是政权组织的纲,其他级别小宗是政权组织的目。纲举目张,全国组织在宗族的统治下,严密有序,不争不闹。这样把每一个人都定位于一定的土地,定位于某个血缘次序的特定点上。

周天子统领姬姓大宗,诸侯国统领姬姓小宗。周朝分封诸侯国不仅有姬姓,还有姜、赵、魏、韩、曹、任、子、瀛、颜、蓼、轸、熊等。这些人有的因为军功受封,如姜子牙封在齐国;有的因为先父治水有功,如伯益的儿子若木封在徐国;有的是商朝末年率众投降周朝有功,他们效忠于姬姓周天子。即使在姬姓封国里,统治者姓姬,多数奴隶不姓姬。这说明周朝的宗法制不仅是宗族管理机制,还是政权管理机制。

秦朝采取郡县制,不是依照血缘关系逐级分封。

西汉后期的庄园式的组织团体,和平时期园丁在庄园里耕田,战时在庄园主率领下征战。他们服从皇帝的统治,庄园主不一定与皇帝同姓同宗,他们或是国戚,或是因武功受封的亲贵,或是因贤良、孝廉式的官人。

魏晋实行九品中正制,强宗大族形成门阀世族。选人才,家世门第第一,才能、德行居次。门第管理中有宗法制的阴影。

隋朝废除九品中正制,实行科举制。隋唐士族参加科举考试中举者可以参加政府的管理。参加科举考试的人是少数,大多数人在宗族社会中生活。历朝皇帝出台了一些政策,限制强宗豪门,不让他们田宅逾制,族居聚势,影响朝政,影响社会公平。

宋代凡良民都可以参加科举考试,人事管理政策有了新的突破。这样选拔人才,与血缘没有直接的联系,与周朝宗法制的距离就更远了。

管理者语丝:

周朝的宗法制依照血缘关系,把天子及其他贵族按照人种姓氏分层、分级、定点,按照不同层级的人授予祭祀权、地域区块所有权、政治权、经济权、军事权、外交权、人员归属权、宗族统辖权等。一般臣民及奴隶归属于其所在封地的主人,没有建庙祭祀权,也不可能有宗法。所以周朝是权贵宗法制,它既表示人的种属关系,也表示了政权的所有关系。种属关系、政权所有关系都形成体系网络,以期达到政权与利益固化的目的。

天、地、人、社会、政治、经济是运动着的，一切都在演变。西周以后维护天子及贵族利益的宗法制日益衰微，秦朝实行郡县制，中央以下权利不世袭。汉代举贤良、任孝廉，在一定程度上否定了宗法制。宗法制在演变中，魏晋南北朝的门阀制度，将政权与血缘相结合的宗法制颗粒化，九品中正法没有公正性，被历史淘汰了。

周朝实行宗法制居于主轴地位，政权、经济、文明中心的地位，这种原生态管理模式对周边地区及后人的影响很大，历朝历代都受到宗法制的影响。

二、徽州模式的民间宗法制

宗法制的政治魂魄一直依附在统治者的身上，历史江河的波涛滚滚，帝王欲行宗法，定波涛，但是，权治的小舟需要乘风破浪。宗法制用于内部管理成本很低，比较省力，但没有竞争力。宋代实施了很多新政，对外拓展无力。为了社会的安宁，某些名士提出振兴宗法制。

（一）　徽州民间宗法制产生的社会背景

1. 理学家张载提出：明确家谱世系与立宗子法，管摄天下人心，收宗族，厚风俗，使人不忘本。张载认为，芸芸众生，谋利、谋义、谋名、谋江山，八仙过海，各显神通，欲望横流，人心惟危，需要管摄人心。宗法制确定尊卑、贵贱上下、长幼之间的关系，守孝道，尊祖宗，可以定社稷。

2. 北宋苏洵、欧阳修等创立欧式与苏式两种修谱体例。使原来官修族谱，普及到民间。族谱成为宗法制管理的要件。

3. 南宋朱熹编《家礼》　刑不上大夫，礼不下庶人。“礼”原本是应用于皇家贵族的。朱熹撰《家礼》，在家祠建设、祭祀礼仪、冠（笄礼）礼、婚礼、葬礼等方面，制定了管理守则，强调三纲五常，把宗族伦理秩序与封建社会秩序管理结合起来。

4. 范仲淹在苏州设立宗族义庄、义田，给予族中贫民困难补助，这是民间宗法制下的公益经济与基本生活保障措施。

5. 公元1536年（嘉靖十五年）礼部尚书夏言上疏《请定功臣配享及臣民得祭始祖建家庙》（《桂洲先生奏议》卷17）：“乞诏天下臣民冬至日得祭始祖。”明朝廷同意了夏言的意见。封建统治者一直严格遵守“四书五经”，“四书五经”中的《礼经·祭法第23》规定，王七庙，祭祀逝世的父亲、祖父、曾祖父、高祖、始祖，每月祭祀；诸侯祭祀逝世的父亲、祖父、曾祖，每月祭祀，高祖、始祖只可四季祭祀；大夫祭祀逝世的父亲、祖父、曾祖,只可四季祭祀;适士只可对逝世的父亲与祖父四季祭祀,多数人没有祭祀始祖的权力。公元 1536 年以后,每家每户都开始祭祀始祖了。

6. 移民需要建设村落文化。徽州土著吴越山民,刀耕火种,生产力低下。中原人迁移徽州,带来了先进的文化与生产能力。徽州早期的移民有西汉长沙王吴芮之子吴浅,汉哀帝时丹阳令方紘,东汉建安二年(公元 197 年)会稽令汪文和。永嘉之乱,程、鲍、俞、余、黄、谢、詹、胡、郑 9 个氏族迁居徽州;安史之乱与黄巢起义,陈、叶、孙、洪、罗、舒、姚、赵、戴、康、施、冯、夏、李、朱、潘、刘、曹、毕、王、江等 24 个姓氏迁居徽州;靖康之乱,宋、张、周、阮、杨、蒋、刘、饶、马、滕、孔、徐、吕等 15 个姓氏迁居徽州。《新安名族志》记载的 15 个大姓,原籍主要在山东、河南、河北、江苏、浙江、湖北、湖南、江西、山西、陕西、甘肃、安徽、福建等省,中原地区是徽州氏族的主要来源。

汪姓是徽州第一大姓,第二大姓是程姓,第三大姓是吴姓。

各个姓氏宗族相互竞争,优胜者成为名门望族。他们在经济实力、官宦人数、科举人数、人丁繁衍等方面领先于当时的一般水平,徽州人聚族而居,一村一姓,每个村子是一个山环水绕的独立空间,一个封闭的社区。在这样的环境下,他们不可能建设希腊式的城邦共和国,而是选择了民间宗法制,以亲亲、尊尊的原则建设家园,或者说社区。

(二) 徽州民间宗法制的特点

夏朝政权可以由儿子、弟弟继承。商代产生了直系、旁系,嫡、庶,大宗、小宗的区分方法。周朝确立了嫡长子继承制度。宗法制将族权、神权与政权结合在一起,由亲亲而尊尊,在血缘关系的基础上配置权利。自秦朝开始,世卿世禄的承袭制度发生动摇。强宗大族越来越多,他们以宗党,割据一方,筑堡坞,训练武装,操纵官吏,出现了一些冠族、望族、世族、名族。

徽州的名门望族主要来自中原宫廷斗争中逃逸的人、在徽州任职的官员,以及爱好徽州山水的隐士、文人。显然,这些人不求在政治上翻云播雨,但求安然怡情。他们在徽州山村修建钟楼、琴房、戏台、书房,路亭。这些人是政治的失意人,文化的追求者。他们原本贵族、官吏,属于尊贵的人。他们出入礼让,重宗谊,讲世好,五服六亲,互相帮助,纲常伦理,风清俗正,集聚一村,实行宗法制管理。其管理有如下的特点:

1. 祠堂　每村有公共活动场所——祠堂,总祠、支祠。

2. 修宗谱　整合宗族文件,保存宗族档案,定期编修,严格管理。

3. 祭祖　全族人依时开展祠祭、墓祭、庙祭活动。

4. 家教　规范族众的行为、礼仪,每个宗族制定家训。

5. 族规家法　宗族制定族规家法,处罚违反家教、礼仪的人。

6. 组织严密　宗子、族长、房长、家长、专职管理人员,分级管理。管理具有前瞻性、战略性、历史检验性。

7. 公共财产　宗族拥有公共财产,为族员提供安全、养老、救急、教育等保障。

8. 拥有少数奴隶　徽州称作“细民”,他们是小姓、客姓、船民等弱势群体,一般指佃仆,他们在村子里做木匠、石匠、篾匠、瓦匠、厨师,或佃农,或守山场、坟地。地位低下,不许与大姓联姻,不入家谱、不入祠堂,不享有族众的权利与义务。

徽州民间宗法制维护集聚社区(或村落)的安全、生产、生活、伦理、风俗。

管理者语丝:

徽州民间宗法制以宗族团体生存繁衍为管理目标。徽州人生活在山区,独立、宁静、祥和、与世无争,加上纯净的血缘关系,使人们只能信守一个原理:谨名分、崇爱敬、正伦理、笃恩爱,而不是自由、平等、民主。人们生活在父母与兄弟姐妹中,所以礼让是行为的首选,家族群体与奉献的观念尤其重要。徽州民间实施宗法制,令族民放心、安心、归心。宗法管理,形成向心力、引力场,可以凝聚族民安然生活。

参考文献:

1. 赵华富著:《徽州宗族研究》,合肥,安徽大学出版社,2016 年 8 月。

2. [日]川胜贤亮:《明清时代徽州地方的宗族社会与宗教文化》,《98 国际学术讨论会论文集》,安徽大学出版社,2000 年 5 月。

3. (民国)许承尧撰:《歙事闲谭》,黄山书社,2001 年。

4. (清)方崇鼎纂,何应松修,道光《休宁县志》,清道光三年(公元 1823 年)刻本。

5. (明)汪道昆撰:《太函集》,明万历十九年(公元 1591 年)金陵刻本。

6. 方祖善等纂:歙县《方氏会宗通谱》,清乾隆十二年(公元 1747 年)抄本。

7. 左云鹏:《祠堂族长族权的形成及其作用试说》,《历史研究》1964 年第 5－6 期。

8. 李文治:《明代宗族制的体现形式及其基层政权作用》,《中国经济史研究》1988 年第 1 期。

9.（清）赵吉士:《寄园寄所寄》卷十一《故老杂记》,清康熙刻本。

10.（明）汪尚宁纂,何东序修:《徽州府志》嘉靖四十五年（公元 1566 年）刻本。

第二节 宗族的组织

徽州处于崇山峻岭之中,交通不便,在封建社会没有通信、媒体的前提下,每个村庄与外界几乎是封闭的。广大人民如果要有一个比较安然的环境,必须有一个妥善的管理模式。徽州人聚族而居,一个村落居住同姓同宗的人,由宗祠管理宗人,宗法制管理适应村落社区以及外出经商的社会环境,易于管理。

一、组织结构

村落环境,人们同姓同族,自然经济,安居谋生。宗族管理组织结构严密,各个管理人员有具体的任职条件、责任与义务。

（一） 五级组织结构

徽州宗族管理分为五级,族长、大房长（1 级宗支）、支房长（2 级宗支）、家长（3 级宗支）、族民,金字塔式分布。族长主政,专项管理人在族长的领导下分管某项业务。少数宗族的族长由宗子担任,多数宗族的族长经选举或推举产生。宗族有大有小,大宗族在族长下设 1 级、2 级房长。小宗族不设房长,只有族长。

宗族规定各级管理人员的任职条件、权利与义务,但是没有统一规范文件,各个宗族因社会环境、周边环境、时局、势力的不同而异。

（二） 族长

族长是宗族最高领导人,权威人士,在宗族及乡里具有感召力。

1. 族长的任职条件

（1） 有地位、有声望,德高望重,男性,身份可以是卸任官员、绅士、商人、取得功名的人。

（2） 孝顺、谦虚、恭敬,勤劳、朴素、正直、无私,管理有方。

（3） 以身作则,明辨纲常义利,清廉宽厚,以德高、公正为主,才能为辅,房分、辈分次之。

2. 族长的产生

各房房长、绅士、有身份的人、有功名的人,举行通族会议,从房长中择立族长,或从族民中择立房长。当选族长要到祠堂祭告祖宗,有的宗族将族长任职报请官府认可,使其具有官方代理人身份。族长有一定的司法权。

清末有的宗族组织"族会",选举族长。公元1907年绩溪华阳邵氏的族长,由族众投票公举,得票多的当选。任期一年,干得好,可以连选连任。有功劳的,记入族谱。不胜任的,经过宗族大会予以罢免。

族民尊敬族长,每月15日,族辅邀集族民在祠堂迎候族长,向族长行礼,然后族长召集会议。族民对族长,事事听命,遵循族长约束,维护族长的权威。

3. 族长权利的制约

族长遵循祖训、族规、族约处理宗族事务,不得任意妄为,不能独断,大事会同房长、家长共议。族长有任期,绩溪华阳邵氏祠规规定,若族长所选之人,滥用职权,徇私舞弊,玩忽职守,损公肥私,族民不满,反复劝谕不听,则于祠堂集会,以彰其过,更立贤者。

4. 族长的职责和权力

(1) 代表宗族立言行事,制定并执行族规家法,维护社区治安。

(2) 主持各种礼仪,包括冠礼、婚礼、祭祀典礼,代表祖先颁布管理规程。族长有权拒绝不守家法的族员参与祭祀,拒绝异姓、养子入祠,保持血缘纯净。

(3) 主持编修族谱,管理宗族文件、经济文书、公匣、档案。(或委派人负责管理)

(4) 主持宗族事务,如修建祠堂、纂修族谱、修筑祖墓、祭祀祖先、迎神赛会、元旦团拜、元宵节灯庆、赈灾恤贫、兴办学校、修桥铺路,或推举和选派负责人,实施管理与督查。

(5) 负责宗族的组织工作,以及对外的交往与接待应酬,例如与其他宗族、县衙、地方绅士的交往。

(6) 主管族产(资金与物产、房屋、田地与山场),负责公有经济的管理、监督、控制,契约签字。

(7) 负责教化或惩罚族民,利用祠堂或会社宣传道德伦理、家规门风。

(8) 督促族民遵守国法,及时完成税赋,处理民事纠纷。

(9) 管理役用佃仆。

(三) 房长

大房长与小房长,即一个宗族的大宗支与小宗支。每个宗支设一个房长,大房长是族长的下属,小房长是大房长的下属。房长由嫡长子担任,或选举、推举产生。

房长的职责与权力：

1. 协助、参与族长领导下的管理工作。负责本房族民的管理。

2. 执行族长的指令及宗族会议的决定。

3. 主持本宗支的祠祭、墓祭等礼仪活动。

4. 主持召开本宗支的会议，处理有关事务。

5. 监督或管理本宗支的财务与资产。

6. 管理本房族民，教育子弟，调解纠纷。

7. 出席宗族会议，代表本宗支发言、投票表决。

（四） 家长

古代以数代人不分家为荣，有13代在一起生活的大家庭，也有一对夫妇带上自己的孩子组成的小家庭。家庭由家长管理，负责家庭的经济、教育、礼尚往来，参与宗族活动。

（五） 专项管理人

负责宗族专项事务，如修建祠堂、修谱、修筑祖墓、元旦团拜、元宵灯会、兴办学校、管理公共经济等。宗族把常规性事务由专人管理，如祠堂管理（包括锁钥、卫生、维护、安全）、宗族账簿、银两、印章、祠田管理。为防止利用职权营私舞弊，专项管理人员的任期只有一年，每年换一次。临时性事务的专项人员，如喜庆礼仪负责人、祭祀筹办负责人、学校建设负责人、修路筑桥负责人，由族长任命。许多宗族对于常规事务实行轮管制度，按房出人管理，轮流替换。例如绩溪黄氏设有负责祭祀的司值，管祠司值。绩溪南关许余氏的管理祀产者由公举产生，其柱首处理日常事务。清代，涉及多个姓氏与村庄的禁渔、禁伐山林、禁赌博等社会治安由约长负责。祁门县六都善和里程氏宗族设斯文一职协助族长管理宗族事务。

专项管理人的职责与权力：

1. 执行族长的指示管理具体业务。

2. 参与有关会议，讨论并决议。

3. 汇报管理中的成绩与问题，经费开支状况。

4. 准时交接工作。

（六） 族民

族民是宗族的基本群众。族民必须遵守国法家规，听从族长、房长、家长，以及兄长的教导，循循有礼。族民可以监督宗族的各级管理，若管理人玩忽职守，或发生闪失，有义务向族长举报。宗族保障族民的安全，族民如果受到外族人的不公正对待或伤害,宗族有责任为他讨取公正。宗族监督族民按期纳税,以使本宗族受到官府保护。

(七) 宗子

正妻出生的长子,有权继承父亲的爵位与财产。西周确立“立嫡以长不以贤,立子以贵不以长”的原则。宗子是祖先的嫡系,尊敬宗子就是尊敬祖先。宗子逝世,五服以内的人全服斩衰礼仪,“五服”外的族众,服“齐衰三月”礼仪,与“庶人为国君”服丧同。《礼记·内则》规定:族民富贵了,车马随从,停在宗子屋外,得到宗子允许方可入。族民有了好的车马、衣衾等,先献给宗子,然后自己才敢使用。族民不可以自己的贵富而凌驾于宗子。

1. 宗子世袭

宗子继承长辈的爵位与财产主要部分,祭祖先、办丧事、宴请宾客,以宗子为主。宗子执掌主祭权,主持不同场合的礼仪。

秦代以后,宗子的权限逐渐削弱,官方权贵、富豪、才俊在宗族中具有实际的控制力。没有法令明确宗子与族长的权限,有的宗族不设宗子。

2. 宗子死,儿子立,如果无儿子,立本房子弟,本房无子弟,则立次房嫡子。宗子必须遵守礼法,以发扬光大先人美德。

3. 宗子的权力

如果宗族设有族长,也设有宗子,那么宗子负责的工作包括:

(1) 主持祭祀。宗族成员娶妻、嫁女、生子、改易名字、死亡,必告宗子。生子,由宗子书于族谱,出门远行或远行归来要向宗子报告。

(2) 代表祖宗向族众发布或宣讲族规、家法。宗子对宗族成员有教导权和惩罚权,宗子对宗族内纠纷有处理权,宗子对族民的财产和人身有处置权。官方对宗族成员实行处罚,先向宗子咨询,宗子在诉讼中有权庇护族民。

(3) 代表族众向祖宗起誓、报告。

(4) 负责冠礼、笄礼、婚礼、葬礼及族员中举、升官等仪式的礼仪活动。

(5) 代表本宗族负责有关与外界交往的礼仪。

(6) 参与族长领导下的宗族事务。

(八) 待遇

宗族给予管理人员相应的待遇,例如宗子每年米三石六斗,宗史每人每年米一石。待遇的多少,各个宗族根据自己的经济实力而定。管理成绩卓著者,死后在报功祠立神主祭祀,或记入家谱。

二、决策机制

宗族的重大事务由会议讨论决定,族长推行。修祠堂、编族谱、营建祖坟、处理纠纷等事,由族长主持会议,宗子、族正、房长、家长(有的宗族设有柱首、祠首、祠董等)参加会议,必要时全体成年男子出席会议,发表意见,合族同心,达成一致。族长经过协调、妥协,取得共识,形成决议。

(一) 领导层会议

重要的事,族长召集会议,参会人包括宗子、各房房长与家长,或者扩大到柱首、祠首、祠董,或者扩大到一些专职管理人员,依照讨论问题的主题内容而定。各人就某个问题提出自己的意见,族长根据与会者的意见拟出方案,然后表决,或者拈阄落实。

(二) 全体族员会议

重大事件,族长召集族中所有的成年人(加冠以后,不一定 18 岁)参会讨论决定。

(三) 一般事务,由族长、房长、家长逐级解决

(四) 文会

文会是一个村子中的组织,不分姓氏(如果一村数姓)。文会集资助学,由致仕或退休的官员、秀才、举人、贡生等读书人组成。由于文会成员知书达理,处于道德高地,村中凡有纠纷,族内调解无效,诉求于文会,听其判断。文会调解无效,向官府诉讼。

管理者语丝:

民间宗法制,管理的主旨是获得安定和睦的生活环境。宗子、族长、专职管理者、房长、家长、族民在管理组织中各司其职。族长负责宗族管理,也承担官府衙门赋予的义务,家国同构。在家庭中,父亲是儿子的领导人,丈夫是妻子的领导人。在族民中,下辈尊重长辈;在同辈人中,年龄小的尊重年龄大的;在同辈同龄人中,按照月份、日子、时辰,排定序次。这样的组织原则,形成了一个尊卑、上下、长幼等第次序严格的组织模式。个人在宗族的位次是先天决定的,每个人必须安分随时,遵守孝道。

民间宗法制组织是一种高效力的管理模式。宗法制下,每个人的根底、长处与短处都清清楚楚,领导人可以准确地用好人力资源,内耗较少。为了子孙后代,

每个人不图名誉功利，以诚心做事。徽州的建筑、环境、河道、桥、亭，千年风貌犹存，见物现人，这是管理的成就。

参考文献：

1. 赵华富著：《徽州宗族研究》，合肥，安徽大学出版社，2016 年 8 月。

2. 陈柯云：《明清徽州宗族对乡村统治的加强》，《徽学研究论文集》，黄山市社科联与《徽州社会科学》编辑部编。

3. （明）黄玄豹纂：歙县《潭渡孝里黄氏族谱》，清雍正九年（公元 1731 年）家刻本。

4. （明）许光勋纂：《重修古歙城东许氏世谱》，明崇祯七年（公元 1634 年）家刻本。

5. （明）休宁《商山吴氏宗法规条》，明抄本。

6. （清）王祺纂：《新安武口王氏重修统宗世谱》，清雍正四年（公元 1726 年）刻本。

7. （清）胡炳衡等纂：《绩溪金紫胡氏家谱》，清嘉庆二十四年（公元 1819 年）刻本。

8. （民国）余攀荣、余旭升纂：黟县《环山余氏宗谱》，公元 1917 年木活字本。

第三节　宗族公有经济管理

宗法制下的经济是小农经济，每户独立经营田地、山林、水域。为了宗族的繁荣，祠堂拥有公有经济。宗族利用公有经济开展公益事业，例如祠堂建设与维护，购买祖坟山、祭祀费用、赈济贫困、发展教育、文化娱乐活动等。族民当官以后，或经商发财以后，大力捐款宗祠，光宗耀祖。下面介绍祁门县六都善和里程氏的公有经济管理。

一、《窦山公家议》

善和里程氏的公有经济管理见于《窦山公家议》。《窦山公家议》分为八卷，卷一管理议，卷二墓茔议，卷三祠祀议，卷四田地议，卷五山场议，卷六庄佃议，卷七银谷议，卷八附录东西军业议。

祁门县六都善和里窦山公，名窦新春，字景华，号窦山，生于公元 1379 年。祖父程弥寿,枢密分院都事。父程佐,工科给事中,因连坐,充军辽东,成为军户。程新春管理有方,勤奋有为,子孙繁衍,族系昌盛。

公元1520年以后,程新春的5房子孙拥有公共不动产包括山场1149亩,田271亩,军业田44.5亩。程氏的公共财产逐年增加,公有财产只给买进,不许卖出。为防止不肖子孙变卖族产,该宗族将所属田、地、山记入《窦山公家议》,让族众共知,共同监督。《窦山公家议》每十年修订1次,把增加的田地、山场记入。我们见到的这个版本是万历九年至二十四年刻的,即1581—1596年刻印的。此本距离程新春创业约200年。

(一) 管理议(《窦山公家议》卷一)(原文经过整理,详细文字请阅读《窦山公家议校注》,黄山书社,1993年9月,以下各卷同)

治国、治家,为政在人,宜选择胜任的人管理宗族事务。

1. 5房各选1人参与管理,任期1年。结交时,账簿清晰无误,填写《家议手册》。农历七月十五日祭祀祖先后,前任管理人手捧《家议手册》放在窦山公神位前的桌上,5个管理人跪下向祖宗宣誓交接。然后接管5人杀生饮血向祖宗誓言忠于职守。每房家长当众检查账簿,核对无误,签字。将新的《家议手册》交给接管人。如果账目不清,交接不及时,交接不合程序,家长、族民可以举报,给予处罚。

2. 5个专项管理人,其中1人管理银子等货币,1人管理钥匙,1人管理手册账簿,1人管理印、秤,1人管理实物。交接须填写接管手册。2班管理共10人(管理山林者也参与)设宴交接,宴会费用限定为6钱银子。

3. 以前传承的手册、账簿、契约,新旧文档,一律于农历七月十五日交接。检点清楚,如有一册失落,当面追查,弄清后方予以交接。如果见错不报,接管人承担责任。

4. 发现重大问题,管理人禀告各房房长,房长召集本支族民讨论,秉公处理,有功者给与奖励。

5. 如果有人把田地、山场及其树木、祠产、墓地盗卖,一经查实,追回财产,以不孝罪处罚,或送官府治罪。

6. 每个族民要注意妥善处理乡间人际关系,不可生事惹非。涉及法律与道义的事,管理者要敦崇礼义,情理兼顾,维护家族名声。

7. 所有的宗族账簿、契约、文件,全部统一管理,十年刊印1次,不得私藏。

8. 朝廷的税粮,由宗族公共经济中支出,以后任何人不得提出分户交付。

9. 祠堂、田地、塘坝的整治维修,须认真监督管理,如实报账,违者重罚。

10.　每年春节、端午、中秋给县衙送礼,经费由公共经费开支。

11.　官员迎送,宾客宴席,妥善安排,不可误事。

12.　管理事项,委以专员,宗族公事,人人都要关心。

该管理议规定,公有的族产,5个宗支各选1人参与职能化管理,任期1年。按照程序交接,管理人向祖宗宣誓忠于职守。税粮从公共的田地里支出,防止有人交不起公粮。宗族重视公共关系,社会往来由宗族出资。宗族统一管理账簿、契约、文件,每十年翻新印刷1次,供族众督查。善和里程氏宗族管理达到了相当高的水平。

(二)　土地管理(《窦山公家议·田地议》卷四)

本议包括公共财产田地、水塘、房产的管理,主要是田地管理。

1. 公有田地的收入用于户役与祭祀费用,韩村、方村、杨坑、青真坞、项源5个地方公田收取的租稻存放在5个仓库里。保证每年交纳税粮、赋役费用、公有财产添置与维护费用、祭祀费用,多余的可以分给族民。

2. 存储一定量的稻谷,用于族民的应急费用。

3. 每年划出一笔经费维护韩村农田水利建设。

4. 丈量田亩,租给人种,公平拟定收租数量的多少。

5. 子孙不可在青真坞开垦,以防破坏公有田产。

6. 许家坦地处偏远,相邻者屡次侵占族田,管理者应该每年去勘察1次。

7. 祠堂前面的水塘,要随时疏浚,保证水域清洁与水域面积不缩小。

8. 祠堂后面拟建附祠,该处现在建了11间房子,5个支房各分2间,1间为公有,可以发租出去,不得成为子孙的私产。

9. 水灾、旱灾后,管理者实地考察,给予租佃户减免租粮,原来田亩面积不足的,应适当宽减。管理者应该大公无私,秉公管理出租田产。

10. 田地水坝,凡有损坏,及时修理。

11. 祁门县城中买的房子,是本宗族人往来、休息、暂住的地方,要妥善管理,要为族民提供茶水、桌椅等服务。

12. 规定某些佃户每年缴纳鸡若干只,以及其他食物,供祭祀、管理用,应合理安排,记入账目。

13. 买田地时,管理人员要去勘查面积、单位(地块)、税粮多少、土地价格,在宗族账目中注明该田地的购买人、年月。接管人复查,如发现不实之处,购买人承担责任;如果接管人隐瞒,由接管人承担责任。

14. 将各处田、地、水塘的名称、发租数量列在手册后面,纳租时在空格里填写收到、减免的数量。手册后面是田地清单。

该田地议规定了宗族不动产的用途,管理要点,监督、处罚措施,实际上是管理细则,操作运行的规范。

（三） 山场管理(《窦山公家议·山场议》卷五)

徽州山多地少,善和里程氏山场有1000多亩,下面是山场管理条例。

1. 除了祖坟用地,一切山场集中管理。当年已经完成管理任务办完交接的5个管理人员,让他们继续管理山场1年。合同文书、山林禁约刊印于后,以便族民知晓。

2. 山上树木无法确定常数、定额,管理上必须法治严明,赏罚分明。

3. 把山租佃给近山居住的能人,以便于防盗防火。

4. 看管山林的人逮住纵火犯,令其赔偿损毁木材的价钱,或当场处罚,或送官处罚。如果管理山林的人暗饱私囊,一旦查出,严惩不贷。

5. 看管山林的人宜尽职尽责,若监守自盗,给予重罚。

6. 邻山过界伐木,罚他赔偿,资金收入归公,不得中饱私囊。

7. 宗族拨出粮食给看山人使用。看山人1人1天3斤稻谷,每年每个看山人给1两银子用于购买看山工具与纸笔,付给看山人的工资费用。

8. 栽树、搜林等费用在公费中支出,须与管理人员商量决定。

9. 出卖木材,看山人与管理人、家长、族众共议,确定价钱,资金收入纳入公有账簿。山上的干柴出卖后,钱亦归公。

10. 卖树的钱,按一定比例分给看山人,以提高看山人的积极性。

11. 山林应造册入账,登记栽树、砍树数量,卖柴数量。

12. 禁止入山滥伐树木,众子孙必须遵守禁约。

13. 调动人力及时栽树,随即付酬。山场不许任意租佃给他人。注重防火防盗。

14. 买山场让没有山的韩村人租佃,解决他们烧柴问题。

15. 管理好绿袍峰水口。水口附近几座山不得掘挖、损伤、伐木。

16. 山场不得卖出,如有连片的山林,可以买入。

17. 看山人发现火、盗,不得已告入官府,管理人员务必同心共治。

该议后面列出山场字号、地名、面积大小。

程氏山林公有,专人管理。雇佣人看山、栽树、伐木。公有,成片管理,比私有零星地块的管理效果好。山上物产收入一律归公,建有山林账簿。山场只给买入,不给卖出。山林管理兼顾主人、雇员的利益。这些都是长期积累而生成的管理条例。

（四）　庄佃管理(《窦山公家议·庄佃议》卷六)

庄佃,细民,他们为主子服务,属于奴隶身份。主子人口繁衍,庄佃因生活条件差,人口流失,人数越来越少,他们的负担越来越重,应妥善管理。

1. 抚恤庄佃,让其安生。庄佃不遵主令,绳之以法。

2. 宗族内有婚丧大事,庄佃无偿服役 1 天。

3. 韩村庄佃比其他村子的庄佃更贫苦,优先抚恤他们。(注,善和里程氏的佃户居住在几个村子里)

4. 青真坞庄佃有监守自盗现象,管理人员应查明。

5. 百花园庄屋,既是庄佃的居所,又是墓祠,应维修妥当。

6. 方村庄佃难以为安,应抚恤,宜维修该村仓库。应在林村建造庄仆住房。应当抚恤祠宇中供奉香火的庄仆。

7. 章溪黄狗岭的庄佃长期失于管理,应该算清账目,让他们心中有个主子。

8. 大年三十,宗族发给庄佃年灯,成年男子每人 4 斤谷,小孩、妇女 2 斤谷。正月十五在祠堂拜年,给男性庄佃吃包子、喝酒。

9. 庄佃男妇(男、妇)病故,给银子 1 钱,不能服役的小孩不给。

该议后面记载了每村庄佃住户名单。

徽州大姓、小姓即主仆关系。小姓为佃仆,他们除耕种主子的田以外,还有保安、营建、交通(送信、运输)、看守、乐工及祭葬等劳役。佃仆是世袭制,子子孙孙永为佃仆。各宗族对佃仆严格管理,如黟县环山《余氏家规》“御僮仆条”规定:“家下奴仆,无所统率,致多恣肆。不论各房远近,分作十班,择伶俐十人长之。其长一年一易,俱要系腰,以别贵贱。有呼即至,有令即行。如有抗违主命、侵害各家山场及在外饮酒生事并自相詈殴者,其长禀于家主,重治,以警其余。”

庄佃是没有主权的细民,他们为主子服务,为大姓服务。这是古代徽州的一种现象,这个管理决议显现了当时的主仆关系与经济关系。鼎盛时期善和里程氏有许多佃仆。为了生存,很多佃仆逃跑了。管理者认为佃仆也是生产力,所以主人考虑要抚恤佃仆,维护佃仆最基本的生存条件。

（五）　货币与实物货币管理(《窦山公家议·银谷议》卷七)

善和里程氏认为,利是义行的结晶,兴义而后得利。宗族应该选用优秀人员管理货币粮食,做好账目。

1. 为保公平,称收租谷,选用合乎标准的秤。定制校准秤的砝码。

2. 通知佃户,交干燥的稻谷,宜于储藏。限期缴纳,不许赊欠。

3. 按照市价出售稻谷，本族人来买稻谷，也按市价销售。管理人不得赊欠或借给任何人。

4. 每年祭祀用费66秤（每秤15斤），即990斤稻谷的价钱，丰年、歉年一样。拨给稻谷安排佃户筹办祭祀用的猪，酿造祭祀用的酒。其余祭祀用费开列于后。

5. 银谷管理人员把账做好，农历七月十五日交接。交接前必须把仓库的稻谷销售完，置换成银两，便于结算。仓库清空，也便于存储新粮。把一年的账簿展示给族民看，如果没有错误，家长在账簿上书写"事完无弊"，然后存档。

6. 账需收支分列，记清某年、月、日，某人，某地，何事收入或支出。

7. 公元1596年收租谷45202斤，1620年收租谷46747斤，1656年39914斤。

8. 各村储存谷数量、五房分谷数量、各项收银数量、卖谷收银数量、卖木收银数量、地租收银数量、各项支出数量等账目，列出清单。

银谷议，就是资金管理。古代银子是货币，稻谷被看作实物货币，存储稻谷的数量即为存款数量。实物货币不便于市场流通，所以要兑换成银两。这个银谷议记载了度量衡的管理，佃户交给主人佃役的原则（稻谷、猪、鸡包含在内），记载了宗族祭祀费用，记载了仓库管理、账簿管理的要领，记载了各项收支状况。善和里程氏1年公有租谷4万多斤，即存款很多，宗族公有经济实力很强。宗族经济积累量大，从事公益服务的力度也大，公益服务好，能收人心，凝聚宗族。

（六） 东西军业管理（《窦山公家议》附录卷八）

窦山公程新春的父亲程佐被签派吏役，因同事犯罪，受牵连罢职回家，后遭连坐，充军辽东，沦为军户。明朝制度，军户世袭，程家永远得有一人在军中。军人战时打仗，战后屯田，不论条件，额定租粮必须完成。善和里程氏为保障军户的衣食费用与租粮，拨出田地作为军户费用，并写入管理决议。

《窦山公家议》文件显示，善和里程氏的家族管理，决策人及监督人是族长与五房房长，职能管理者有会计、印章与度量衡管理、实物管理、资金管理、钥匙管理5个，他们分权制衡。宗族制定管理文件，分别就管理、坟墓、祠祀、田地、山场、庄佃、银谷、东西军业，拟定管理手册。所有资金收入与支出、田地与山场的账目随年累加入总账，公布于众。每十年把新的账本《窦山公家议》予以刻印，分发给各个分房支族监督，保证公共经济沿着祖宗的决议文件运行无误。一个宗族的管理有集权，也有分权；有决策人、执行人，也有监督人。管理人在宣誓效忠于祖宗的前提下，为族众服务。这份文件展示了宗法制下的管理模式、生活方式、生活水平、人文特点，闪耀着宗族管理即村落文化的光芒。

二、经济组织结构

徽州以宗族集聚，以氏族的姓命名居住地，如汪村、郑村、洪村。有的累世同居。宗族设族长，族下设房长，分房下是独立小家庭。家庭是宗族中的基本经济组织，独立核算。家庭结构模式多样，一般分为共祖家庭，单传主干家庭，多传主干家庭。

共祖家庭：数代同堂，成员可多达百人。南朝时歙县的鲍安国兄弟10个人，300余口同居共财，人们称之为“十安堂”。《新安歙北许氏东支世谱》记载，徽商许文才与弟弟许昶一起经商，资产雄厚，不分家，每一分钱都记账，不私自下口袋。

那个时代，崇尚高门大户，人声鼎沸。但是大户难于管理，不易调动个人的积极性与创造力，管理不好，一事无成。管理者的能力与威信、家庭经济基础、家庭成员结构与素质等条件，决定了家庭的管理效率。

单传主干家庭：成员包括父、母、夫妻本人及其未成年子女等。父、母只有一个儿子，与儿子媳妇一起生活，以单传夫妻为主干，开展经济活动。

多传主干家庭：成员包括一对夫妻及其未成年、未婚的子女，其长辈轮年或轮月在家里生活；夫妇共居共财，外加轮值生活的父母。如公元1654年，休宁商人汪正科将家中资财分为5份，1份留给自己养老，1份给嫡长孙，其余3份由3个儿子占阄均分。汪正科可以轮流在3个儿子那里生活，也可以定居于某个儿子家里，他在哪个儿子家里生活，他的那份养老金就带给谁。

宗法制的特点：小农经济，社会稳定，一个宗族定居于一地，交通不便，信息不畅，作为商品交换的物资很少，自给自足，安逸、宁静，亲情浓郁。但是土地少，随着人口增多，他们不得不向外分流，或经商谋生。

三、族产的来源

族产是宗族的公有财产，包括土地、耕牛、山场、祠堂、族学、茶园、果园、房屋、庄佃等生产资料。徽州族产以族田与山场为大宗，有些族民捐献学田、祭田、墓田等，属于宗族专项资产。

北宋时期徽州就有族产记载。北宋歙州人许元多年为官，“性孝友，所得俸禄，悉以给宗族”（嘉庆《绩溪县志・人物志・经济》）。南宋时期捐献族产的事例多了起来。南宋初年，休宁县许文蔚把积累的财产，不留给子孙而是捐给宗族。为了祭祀祖先，族民捐献田地，以田地的收入作为祭祀费用。绩溪《盘川王氏族谱》记载，宋代王氏以墓田400余亩的收入用于祭祀。婺源茶院朱氏有田100亩用于祭祀朱熹。

族产除了个人捐赠以外，还有众存族产。在几个儿子分家时，墓地、墓山、屋基地及部分养老田地不能拆分，不可典卖，作为家族公产世代留存。绩溪《胡氏宗谱》中“六架祖宗合立禁养荫庇基墓山地文约”，即南宋庆元四年（1198 年），其 21 世祖胡之纲的子孙分家析产时，众存祖墓山地 19 亩，留为众存族产。

有些房支将共有资产以转卖的方式并入宗族，成为族产。

黟县的山林多数是各个宗族共有财产。

徽州很多村庄的族田占全村土地的一半以上。祁门县莲花行政村 6 个自然村共 202 户，694 人，吴、项、余、汪、黄、朱 6 姓，9 个宗族，7 个祠堂。吴姓“致顺堂”有族田 982 亩，项氏家祠有族田 30 余亩，余氏德宁祠有族田 100 余亩，汪氏宗祠有族田 20 余亩，黄家宗祠有族田数亩，余家宗祠有族田 7 分，朱氏务本祠有族田 20 亩。莲花村各祠堂共有族田 1210 亩，占全村田亩总数的 54%。公元 1949 年土地改革时，徽州地区耕地面积为 1,183,477 亩，其中族田为 169,431 亩，族田占总耕地面积的 14.32%。宗族族产占的比重高，宗族势力强大。宗族公益费用主要来自以下几个方面。

· 出身于本宗族的官吏、富商、僧侣的捐款。如明朝休宁人程维宗为宗族捐资购买 4000 多亩族田，清代盐商鲍志道曾捐给紫阳书院助学银 8000 两，清代歙县西溪南吴氏诸位在外的官员共捐资买族田 1000 多亩，银子万两，休宁月潭朱士铨捐资购买族田 350 多亩用于宗族公益事业。

· 继承祖宗的遗产。《窦山公家议》记载，善和里程氏有山场 1149 亩，田 320 亩，军业田 44.5 亩，这是善和里程氏祖宗的遗产，子孙世代承继。

· 分家时，一部分财产划归祠堂所有，按照分析财产时的一定比例收取。

· 各户先人神主入祠堂缴纳管理、祭祀费。如每入 1 个神主缴纳 30 两银子，（各个祠堂收费标准不同）。

· 有关公益建设、活动，向族民收费，例如撰修族谱，按照男丁的人数收费。

· 其他收入。如按照《朱子家训》，每户应该把二十分之一的田地交给祠堂作为祭祀费用。

四、族产的管理

宗族的族产有专人管理，有的宗族将族田委派固定人员管理，有的由各房派人轮流管理，有的地主豪绅直接管理。一般情况下，管理人员按照一定标准选拔。如公元 1865 年 3 月歙县胡氏的一份“祀租议合文约”说，以前清明祭祀费用轮流经管,现在人口越来越多,各家外出经商者甚多,祭祀费用管理难度加大。公议举托3个收取管理祭祀费用的人,负责收租,清晒入仓,费用按规定开支、做账。

宗族将公有的水田、旱地、山林、茶园等出租给族民,或外姓人,获得利润,作为宗族公共收入。族内人承租优先,宗子、族长、宗祠司事、祠堂副管等有头面的人承租族田,一般族民与佃农难以承租族田。承租族田纳租不多,等于享受一份福利。世袭宗子享有1.3亩族田。

族田分为祠堂田、寺庙田、墓田、祭田、义田、学田、会社田等。祭田的收入作为祭祀费用,祠堂田、寺庙田、墓田用作祠堂、寺庙、墓庐的维护费用。义田收入用于资助贫困户、受灾的族民。学田的收入用于资助本族子弟读书学习、参加科举考试。会社田的收入用于会社成员会餐、解决地方纠纷或与争讼、招待贵宾。各种名目的族田,作为专项基金,必要时可以互用。

义田是宗族内部实施救济的重要经济基础,族长拥有对义田经营与义租分配的监督权。清代歙县潭渡商人黄寿奔驰南北40余年,资产有饶余,老归故里,捐田百余亩给宗族,赈济族中贫困户,并要求族长、宗彦监督执行。

宗族所有公共不动产,只给增加,不给卖出,违者以不孝罪论。如万历三十五年祁门县洪廷谘等立族产会约,约定宗族祖坟山、祠屋及第宅、祭田、牌坊、基址,为永久不动产。

官员、富商捐献给宗族的银子放贷出去获取利息,让资金增值。宗族公有资金可以投资经商,委派人员经营,获利归宗族所有。

宗族建有公匣制度,公匣管理内容包括宗族的租簿、账簿、宗族祭祀议程与费用、契约、议约等。档案管理有根据,可以追根溯源。

族长有权对宗族财务文书、田产、山场、茶园、资金管理,制定管理规章。族产管理按照规章运行。

五、经费的用途

宗族的公共资金的用途是多方面的。如:

(一) 管理费

宗族管理人员的报酬,族长、宗子、房长、专项管理人员每年按照规定在公有资金中领取报酬。

(二) 宗族公益事业费

包括祭祀费、祠堂维护费、墓地费、安葬费、安居房屋费、贫困族民最低生活保障费、灾民补助费、子弟教育费、军户抚恤费、环境维护费、道路与桥梁修建费、结婚(男)迎娶(女)嫁妆费、文化活动费、外事活动费等。

族长有责任维持族人安然生活,如果出现老人饥寒,甚至族民当了乞丐,即族长、族中富户、亲房失职、有罪。族民衰老、寡孤无依靠,族长开会商议赈济。如果是青少年,责成他跟随族内某人学习技艺,或在族民商店中当学徒,以谋生计。盲、聋、哑、瘫,给食,给医。族民病、丧、急、难,族长与房长等协商抚恤。水旱灾害,群体衣食无着,报告官府抚恤。无力婚娶嫁女者,宗族酌量补助。

家庭缺粮可以提出申请,先向本支房长言明,查实,登记,族长批准后,领取粮食。清朝嘉庆年间,歙县桂溪项氏在《分给条规》《不给规》中,拟定族内救济的条件。可以获得救济的人,每人每季度发给稻谷 3 斛(约 30 斤),凭票称给。凡男子 65 岁、女子 60 岁、丧失劳动力的人、残疾人、36 岁以前丧夫无子不嫁的人、孤儿寡母(孩子到 21 岁后停发),都可以在宗祠领取补助粮。

管理者语丝:

宗法制下,以每家每户为独立经济单位。宗族管理、祠堂维护、祭祀、教育、水利、道路、老弱病残、孤儿寡母,需要有公益基金。宗族发展公有经济,形成宗族保障机制,使人收心、安心、定心。宗族以富有族民捐款等各种形式集聚资本,形成宗族公有经济产业。宗族有了富足的公益金,便可以设法缩小贫富差距,增大亲情。宗族在管理上,实行公有经济与个体经济互补,财产共享与市场交换互补,共建安乐园,努力提高公共福利,维护亲情。每户的私有田地、山场、房屋之类固定资产,宗族要求不得流出族外,保证宗族内固定资产总量只增加,不减少。宗族重视公有资产与公有经济的管理,祁门善和里程氏的《窦山公家议》是典型的宗族公有经济的管理文件。这份管理文件中,体现了管理的伦理道德、亲情、管理章法。历史告诉我们,民间宗法制下有着丰富的管理理论与经验,他们特别强调管理的人性化,上对祖宗负责,下对子孙负责,让每个人适得其所。

参考文献:

1. 赵华富著:《徽州宗族研究》,合肥,安徽大学出版社,2016 年 8 月。

2. 陈柯云:《明清徽州的修谱建祠活动》,《徽州社会科学》,1993 年第 4 期。

3. 陈柯云:《明清徽州族产的发展》,《安徽大学学报》,1996 年第 2 期。

4. 朴元从:《柳山方氏看明代徽州宗族组织的扩大》,《历史研究》,1997 年第 1 期。

5. 常建华:《明代徽州宗祠的特点》,《南开学报》,2003 年第 5 期。

6. 周绍泉、赵亚光:《窦山公家议校注》,合肥,黄山书社,1993 年。
7.(清)项启鈵纂,歙县《桂溪项氏族谱》,清嘉庆十六年(公元 1811 年)刻本。

第四节　祖坟山管理

祖坟山是祖先安葬之地,被视为宗族的根本。保护祖坟山是宗族头等大事。族谱绘有墓图,写有墓志,记载祖坟山与各个墓的方位图,便于子孙维护、祭祀。徽州每有大事全宗族的人到祖坟山祭祖,清明、中元、冬至到祖坟山祭祖,族民中了进士、科第,到祖坟山祭祖。如潘奕隽 1762 年 8 月乡试中举,获得"举人"功名,当年 10 月从杭州沿着徽杭山道回到故乡歙县大阜上坟祭祖。潘奕隽的侄子潘世恩中了状元,回到歙县拜祭祖墓,光宗耀祖。徽州商人有了钱,看风水,买墓地,修祖墓,举行声势浩大的祭祀仪式。

徽州人死了一定要葬在祖坟山。在外地当官,或在全国各地经商,死后不论路途长短,不论交通运输多么艰难,一定要把棺材运到祖坟山下葬。墓前立石碑,刻字述说其人生平。程晋芳晚年穷困潦倒,投靠朋友陕西巡抚毕沅,死在陕西。袁枚从广东到陕西祭祀,并将程晋芳的灵柩运到歙县祖坟山安葬。各地徽州会馆专置费用,把死在外地的徽州人棺材运回故乡安葬。

朱熹要求人们不要迷信堪舆风水,但是徽州人对于墓葬地点、朝向、形态、安葬时间十分讲究。歙县榆村邱应书的母亲逝世于公元 1828 年,父亲逝世于 1834 年,因为没有合适的归葬地,直到 1842 年 6 月,用 40 两银子买到了碧阳书院右边马驼山,符合风水吉地的理论,在该年冬至日才安葬(黟县 1 都榆村邱氏文书,《徽州文书》第 1 辑,广西师范大学出版社,2005 年)。争风水宝地,纷争很多。宗族之间纷争,葬主之间纷争。安徽省博物馆藏《明嘉靖郑氏膡誊簿》"天顺三年郑德宽、郑德勋立保护祖坟合同",即是防止外人侵越祖坟地的文件;安徽省博物馆藏"成化九年祁门吴隆应立甘阀(罚)文约",即族内人丁为拆毁坟碑的斗争而产生的契约;中国历史研究所藏"弘治九年徽州府为霸占风水等事付李溥执照",即为风水之争产生的官方裁决文书;中国历史研究所藏"万历二十九年祁门王有祖等为保护坟山请照状文",即为保护祖坟山而取得的官方批文。

墓祠,在祖坟墓旁建祠堂,也称享堂,配祠田、细民,四时祭祀。《窦山公家议》中记载程氏百花园有墓祠,系为窦山公建的专祀祠。徽州汪华、程灵洗、方储都有专祀墓祠。有人占用墓祠土地,引起诉讼,例如歙县呈坎罗氏宗祠因僧侣侵占其墓祠土地，呈坎罗氏宗族为此打了8年官司。

《窦山公家议》卷2·墓茔议，规定了他们宗族墓基管理的原则，提出：一旦墓基受到族内、族外人的侵袭，全族人应该奋起与其斗争。祖坟山是一个宗族风水、龙脉。族民应该守护好祖坟山，不允许任何人在祖坟山动土，不允许砍伐祖坟山上的树木柴草。

《窦山公家议》卷2·墓茔议，即墓茔管理，其管理要旨如下：

坟墓保持原样，不轻易动土。维护墓茔一定规模，定期维修。墓祠派专人保护。发现墓土、林木受损，及时维护。清明节在宗祠举行合祭以后，到胡夫人等10个墓上挂纸钱。始祖以下10所墓茔碑石，宜维护好。祖墓山水环蹑，张弛合度，发散于后人。子孙不可在此增加坟墓，破坏风水。墓前树木，荫翳面积太大，可适当修剪。墓旁树木不得随意砍伐，不得损伤一草一木。五房的祖坟山，清明节统一祭祀。

管理者语丝：

中国传统的管理分清本末，树根为本，枝叶为末，培本为要。宗族管理，祠堂与墓茔为本，所以墓茔管理是宗族的大事，世世代代，每个族民十分关心。人们为了争抢墓葬风水，引起了许多烦恼。中国的主流文化是儒家文化，徽州堪舆风水风俗盛行，不合孔子、朱熹的学说。祖坟山管理属于宗法制的重要内容，但原则上违背了儒家教义。

参考文献：

1.（民国）许承尧撰：《歙事闲谭》，黄山书社，2001年。

2. 王钰欣、周绍泉编：《徽州千年契约文书》（宋元明编）卷8，石家庄，花山文艺出版社，1981年。

3. 周绍泉、赵亚光：《窦山公家议校注》，合肥，黄山书社，1993年。

4. 歙县呈坎《传家命脉图. 始祖秋隐公墓图》，抄件。

5. 薛贞芳：《清代徽人年谱合刊》，合肥，黄山书社，2006年。

6. 卞利：《明代徽州的民事纠纷与民事诉讼》，《历史研究》，2000年第1期。

7. 郑小春：《从清初苏氏诉讼案看徽州宗族内部的矛盾与分化》，《史学月刊》，2009年第3期。

第五节 祠堂祭祀管理

皇帝被称作天子,即上帝的儿子。皇帝祭祀上帝,上帝保佑皇帝。皇帝下的命令,称为圣旨,圣旨即上帝的旨意。圣旨开头语“奉天承运,皇帝诏曰”,即皇帝代表上帝命令某人做某事。老百姓不得祭祀上帝,如果老百姓可以祭祀上帝,“君权神授”安在?

祭祀是神圣的大事,礼记把祭祀分成几个级别。人分等级,神分等级,庙也分等级。人分王、诸侯、大夫、士、民,神分上帝、国神、地方神、功能神、家神。庙分坛、坫、庙、祠。

明朝弘治年间徽州政府主祭的坛坫 35 种(坛坫在春秋仲月进行),官方批准民祭的祀庙 135 种。清朝道光年间政府主祭的坛坫 32 种,官府批准民祭的祀庙 413 种。清代比明代,坛坫减少而祠庙增多,官祭减少,民祭增多。坛坫是公祭,祠堂祭祖是私祭。

公元 1536 年以前,老百姓只能在家祭祖,夏言上奏朝廷批复以后,民间开始祠祭。祭祖属于私祭,即使官人设庙祭祖,也是家里的事,悄悄地祭祀。公元 1536 年以后,民间在祠堂进行私祭,声势浩大。

济阳江氏家训称:祭祀,所以报本也。家必有庙,庙必有主。月朔必祭,荐新必祭,立春、冬至、忌日必祭。祭时须仁孝诚敬,以致如在之思。祭品、祭器,各自量力。祭仪当依《朱子家礼》。

徽州各宗族把祭祖作为头等大事,族民怀着诚心祭祖,慎终追远。参与祭祀是族民一项最重要的权利,族民严重违反家法,不给参与祭祀。李祁(1299 - ?)在《汪氏永思堂记》中说:婺源回岭古溪汪氏永思堂,清明节祭祖,远近族人齐集,远方的祭祀者由宗族发给路费。祭祀遵循一定的仪式举行,仪式设计了礼仪时间与空间、礼仪器物、礼仪服饰、礼仪人方位、礼仪人称号、礼仪队列、礼仪祷文、礼仪供品(如肉、鱼、米饭、面条、谷物、水果、蔬菜和酒)、礼仪程序等。徽州各个宗族的祭祀仪式各有特色。

祭祀常规礼仪程序有:请神主就位、参神、降神、进馔、初献、亚献、终献、侑食、阖门、启门、受胙、辞神、纳主、彻、馂。

儒家不主张神治。祭,主于尽爱敬之诚、孝悌之心。

一、祠堂

祠堂是祭祖、议事、办公、执法、举办礼仪、励学的场所，以及族民举行公共活动的场所，宗法制的外在的表象。

祠堂有几种类型，如总祠、支祠、家祠、专祠。某个姓氏大宗的祠堂称“总祠”，小宗的祠堂称“支祠”，某个族的祠堂称“家祠”。歙县呈坎罗氏宗族祠堂15座，其中1座为前罗氏世祠，1座为后罗氏文献家庙，另有13座支祠。婺源游山董氏有23座祠堂，嘉会堂是总祠，其他22座是支祠。祁门渚口、伊坑、滩下、花城里倪氏有1座统祠，10座支祠。

专祠，祭祀德行、功名卓著的神主，如方储祠、汪王祠、遗爱祠、名宦祠、逸民祠、义士祠、黟县西递的“七哲祠”，歙县棠樾世孝祠，歙县棠樾“清懿堂”，祁门沥口“贞一堂”边的“庶母祠”，歙县呈坎的“则内祠”“一善堂”，绩溪龙川胡氏宗祠边的“特祭祠”等。

公祭的庙与私祭的祠往往可以转换，如方储专祠真应庙，万历年间转为宗祠，康熙九年转为统宗祠。这个统宗祠即天下所有方氏的总祠堂。

宗祠，不仅是屋宇建筑，还代表独立的单位建制，作为建制的宗祠一般内含祠堂建筑、堂名、族谱、家规、家法、族产、祖坟山等。

祠堂建筑，一般三进七（或五）开间。一进为仪门（楼），重檐歇山式“五凤楼”，由大门、过厅、仪厅、天井组成。二进为享堂，祭祀祖先和处理本族大事的场所，空间可容纳千人。享堂中间壁上挂祖宗容像。三进为寝室，供奉祖先牌位，置放宗族贵重物品。支祠比宗祠小，支族中出了大官或富商则例外。家祠一般与居宅相连，设有寝室、仪门。徽州祠堂建筑占地开阔，厚重威严，给人致美、崇高的意境。徽州现存有宋代3座祠堂，元代5座祠堂，明代39座祠堂。明嘉靖十五年（公元1536年）礼部尚书夏言上奏章《请定功臣配享及臣民得祭始祖》，得到皇帝允许，嘉靖、万历年间及其以后大建宗祠。黟县西递明经胡氏建了26座祠堂，歙县江村建了31座祠堂。据地方志记载历史上徽州有祠堂约6000座，现在尚存730多座。徽州呈坎罗东舒祠、休宁海阳溪头三槐堂、歙县郑村郑氏宗祠、婺源经义堂（包括光裕堂、敦伦堂共7座）、绩溪龙川胡氏宗祠等11座宗祠为国家级文物保护单位。

堂名，宗族的徽号，表示宗族的发祥地、亲缘、名望等族属标记，如徽州朱氏紫阳堂，汪氏敦本堂，章氏积厚堂，江氏济阳堂、胡氏乐善堂、鲍氏宜忠堂等。徽州人“十姓九汪”，姓汪的人多，有了堂号，即使同名同姓，也能分清人的不同。没有堂名的祠堂,其宗族往往没有独立建制,属于支祠。

按照朱熹《家礼》,族民早上在祠堂内拜谒祖宗,告诉祖宗神灵今天干什么。晚上回来也要告诉祖宗神灵。每月朔望拜谒祖宗,过年、过节、四时祭祀祖宗,每有大事祭告祖宗。按照《家礼》,父母生日、忌日(逝世的日子),要在祠堂祭祀。婚丧嫁娶,生老病死,诞子请族长登记。生子三日,入祠报告祖宗,次见宗子族长,书其诞辰年月日时于簿,防止与祖宗重名而失礼。加冠后,上谱入族。立嗣要在祠堂祭祀祖先。科考中举,官场升迁、获得追赠要在祠堂祭祀祖先。正月十五日,清明节、中元节、冬至、春节在祠堂祭祀祖先。

族长在祠堂宣讲家规、家法,维系宗族团结,宣传道德伦理、人生观、价值观,激励后人,维系人心。

祠堂有专人管理。

二、祭祀的神主

宗族在祠堂祭祀的对象,主要是始祖、高祖、曾祖、祖、祢,即已经逝世的始迁祖父(母)、高祖父(母)、曾祖父(母)、祖父(母)、父母亲。祠堂第三进为寝室,寝室有龛室,龛中有木主牌位,上书神主名字、官衔、字号、生卒年月日。神主由孝子按照规范做好,呈交祠堂,中间有点主、进主仪式,神主进入祠堂寝室,祠董按照规定收取一定的管理费。

神主用木板做成,一面写着:显考某官某行某府君神主,另一面写其生卒年、月、日、时,姓名、字、号。祠堂里有神主木牌模板,进主仪式前用毛笔填写官名、生卒年月等字。模板上“神主”2 字为“神王”,需要在“王”上加一点形成“主”字,这个过程称之为“点主”。“主”上那一点用鸡血点为红色。木牌经过点主,意谓祭祀对象的神灵依附于该牌位了。

始祖、功德卓著人的神主入祠永久祭祀,族民的前四代祖宗神主入祠按照常规祭祀。人口繁衍,一代一代传承下去,祭祀的对象随着时光而流转。每一代人只祭祀自己以上的四代人,加上始祖共五代人。始祖与功德卓著的祖先永远祭祀,神主牌位永远在祠堂里。高祖父(母)、曾祖父(母)、祖父(母)、父亲、母亲这些神主的牌位,每一个新生代都在变化。新生代成人了,祠堂里仍然只陈列他的高祖父(母)、曾祖父(母)、祖父(母)、父母亲神主的牌位。儿子高祖父的神主就要替代父辈高祖父的神主了,父辈高祖父夫妇的神主牌位移到储存室存放,或埋入其墓中。

祭祖由男儿承袭,男儿祭祖称作传承香火,一代一代,香火永继,这是男子的第一职责。

清嘉庆年间，歙县桂溪项氏《供奉神主龛室规》写道（这里文字上做了整理）：

1. 始祖以下五世考妣，宗族创始人，泽利后人，神主敬宜供奉寝室正中，永远不迁。

2. 荣膺封赠神主、文武仕宦、甲第科贡、仁贤盛德、忠孝节义、各门门祖神主，爵德兼隆，光前裕后，宜祔享中龛左右，永远不祧。

3. 输金急公、建修祠墓、裹粮效力、捐款修谱神主，凡捐百两银子以上的，于昭穆室供奉祔祭，永远不祧。

4. 各祖考妣神主，捐款、考试后未实授官职的，捐款贡生、监生、文武庠生的，依昭穆排列，五世则迁。

5. 已祧神主，供奉高阁，春秋行祭时另文荐享。

6. 侧室（非正妻）神主，放在右旁侧室。

普通族民神主入宗祠，享受祭祀，须缴纳一定的管理费用。乾隆 60 年 8 月，歙县棠越鲍氏宗族族长鲍元光及房长等 19 人议立祠规，规定庶母，如果她的儿子做官被朝廷封为某某级别的夫人称号，或交一笔钱给祠堂，也可将其神主入祠。

三、祭祀仪式

祭祀是个人人生的第一件大事。祭祀分为祠祭与墓祭，休宁县月潭朱氏在清明节、中元节、冬至日举行祠祭，清明举行墓祭。婺源游山董氏清明、冬至举行祠祭，除夕在祠堂团拜。黟县南屏叶氏清明举行墓祭。凡子孙中举、升官也举行祭祀仪式。族中宗子或族长主持祭祀，成年族民全部参加。列队肃立，礼乐奏鸣，配诗颂文。祠祭大典设主祭、“礼生”等角色。礼生按照职责分为“通赞”“引赞”“司祝”“司帛”“司樽”“司爵”“司馔”“司盥”“司过（纠仪）”“侍神”等。通赞负责整个祭祀程序的指挥。祭祀礼仪，其主要程序包括：祭祀前三日斋戒、前一日设位陈列桌椅器皿、祭祀当天供上蔬果酒水、奉神主就位、参神、降神、进馔、初献、亚献、终献、侑食、合门、启门、受胙、辞神、纳主、徹等。在实际操作中，各个宗祠没有完全按照《家礼》的“祭礼”规定运行，程序繁简不一，有的宗族重视祠祭，有的宗族重视墓祭，有的宗族冬至日的祭祀隆重，有的宗族清明节的祭祀隆重。有的宗族甚至规定参加祭祀的人必须是宗族中有文化、有身份与年长的人，大多数宗祠要求人人参加。祭祀那天黎明，击鼓集合，衣着端庄，不论官位大小，乘车、骑马、坐轿的人，一律按照支祠、辈分、行第列队，肃立。乐队奏乐，锣、鼓、号、唢呐、笙、管齐鸣。祭祀开始，鸣长号，鸣炮撞钟击鼓，通赞发布每一项祭祀程序的命令，引赞指导人们具体怎么做。休宁月潭朱氏《祭仪》有以下程序：序立、执事各司其事、主祭就位、陪祭就位、洗手、启椟（打开神主盒）、降神、参神、奠帛初献、读祝文、陪祭人跪地、宣读圣谕、起身、亚献、鞠躬、终献、鞠躬、侑食、唱赞、上酒、鞠躬、主人以下的人退出、合门、众人大呼 yixing、开门、众人各就各位、献茶、奏乐、鞠躬、饮酒受胙、宣读祝词、主人东向站立、告祝利成、执事鞠躬、辞神、火化祝文、合椟（神主入盒）、撤馔、礼毕。

黟县《南屏叶敘秩堂值年规则（附奎光）》记载，其宗族清明祠祭祭盆16个，中元、冬祭有祭盆36个，清明祠祭祭品有：鱼翅、金针、海参、香菇、大爪、粉丝、肚皮、鲜笋、干鸡、红枣、腌鱼、干糕、蹄包、荸荠、肉元、甘蔗等。

各个宗祠祭祀礼仪不一，程序多的用时在3—4个小时。《棠樾鲍氏宣忠堂支谱》卷十七《祀事・值年规划》和《歙县新馆著存堂鲍氏宗谱》卷3《祠规行礼》规定了130多个程序。

歙县东门许氏宗族春秋祠祭，颁胙用猪肉二千余斤，鸡百只、鱼百尾，枣栗时果百斤，蔬肴、美酒、香料若干。有的宗族在祭祀结束，拟定下次祭祀的品种与数量，族民抓阄准备。有些宗族备有乐工，为宗族祭祀服务。

四、案例

（一）　祁门善和程氏宗族祭祀

祠堂祭始祖、始迁祖。徽州程姓的共祖为新安太守程元谭，共同的“宗”为萧梁忠壮公程灵洗，始迁祖为唐户部尚书程仲繁。宗族中的祭祀对象不纯粹以血缘和辈分决定，祖有德，宗有功，凡功德卓著的人永享祭祀。本人以上的高、曾、祖、祢属于祭祀对象。各门户家庭祭祀对象一般按辈分行第排列位次，但德、爵、功卓著者排在显著的位置。

《窦山公家议》卷3祠祀议仪式和祝文：

1. 正居祠堂1年祭祀2次，时间在除夕、正月十五，全体族民参加。

窦山公祠1年祭祀6次，时间为正月十五日、窦山公的生日及忌日，清明、中元、冬至。

合族祠堂祭祀，全体族员参加，记名入册。合户祠堂，即分支祠堂，本房人祭祀。

书院墓祭的仪式：(1)所有族民依照辈分年龄排队站立，心怀诚心与敬意；(2)在礼生的引导下，向宗族牌位鞠躬；(3)揖拜4次；(4)礼仪主持人读祝文；(5)上供祭品；(6)焚烧纸钱；(7)礼毕。

2. 书院祠祭仪式:(1)序立;(2)鞠躬;(3)四拜;(4)兴;(5)平身;(6)诣香案前;(7)跪;(8)初献酒;(9)酌酒;(10)祭酒;(11)奠酒;(12)读祝文;(13)亚献酒;(14)终献酒(俱如初就俯伏,平身,复位,箱躬,四拜,兴,平身);(15)侑食;(16)焚帛;(17)礼毕。

3. 祝文。族谱中有祠祭祝文、墓祭祝文、正旦祝文、生忌祝文、清明祝文和后土祝文。

(二) 宅坦胡氏祭祀

宅坦胡氏族谱写道,祭祀可以缅怀祖先、弘扬孝道和联谊族人。族谱祠规中规定:春分、冬至日祭祀,节前三天,祠首到祠堂负责办理祭祀事务。派两个仆人洒扫祠宇,擦洗桌椅、祭器。第2天,下帖聘请礼仪生(专业人员)。祭祀前一天,礼仪生入祠堂,检查祭祀的有关陈设、布置、卫生状况,凡不合格的,要求祠首安排人做好,礼仪生在祠堂预演礼仪,预演结束,饮茶。祭祀之日,发现礼仪生不称职,祠堂安排不好,卫生不整洁,值班祠首承担一切费用。如果礼仪生失责,不给他相应的待遇。礼仪生不到,给予惩罚;族民无故不参加祭祖,不给上谱。祭祀时与他人争吵,罚他们拿一块纸,跪在祖宗牌位前谢过。祭毕礼仪生与祠首入祠散发食品。值事仆二人斟酒,不允许猜拳,夜间不饮酒,犯规者,永远不得参加祭祀。祭祀后第二天,管事人入祠,计算费用,做好收支账。

(三) 休宁泰塘程氏宗祠的春祭、冬祭,宗子面北而立,族众按年齿东西相向立,族长高声朗读祖训:“凡为吾祖之后,曰:敬父兄、慈子弟、和族里、睦亲旧、善交游、时祭祀、力树艺、勤生殖、攻文学、畏法令、守礼仪;勿悖天伦也,勿犯国法也,勿虐孤弱也,勿胥讼也,勿胥欺也,勿斗争也,勿为奸恶以贱身也,勿作恶劣以辱先杰。有一如此者,生不齿于族,没不入于祠。”族众拱而应曰:“敢不祗宗长者之训!”复戒之曰:“慎思哉! 勿坠先祖之祀。”众应“诺”,乃揖而退。

徽州《济阳江氏宗谱》记载其祠祭祭祀有“乐章”。

管理者语丝:

祭祀是古代最重要的文化活动,文明的标志。古人祭祀活动频繁。通过严肃、庄重的祭祀活动,把人与神灵联系起来,追根寻源,传承祖训、祖德、祖宗的厚望。教育子孙,奋发有为,光宗耀祖。大树根正、根深,枝叶繁茂,祭祖使人定心、凝志,出尘脱俗。人的成就建立在定心立意的基础上,定心是管理之大法。

宋代哲人希望以宗法、祭祖凝聚人心。祭祀上帝是公祭,祭祖是私祭,按照《礼记》《周礼》(《仪礼》),公祭规模宏大,私祭静悄悄。天子私祭7庙,诸侯5庙,大夫3庙,仅一家人的祭祀,儿子成年以后,按照他的岗位级别祭祖,仍然是静悄悄。明清皇帝一般在太庙祭祖,太庙的规模不见得比徽州的某些祠堂大,占地那么多。祭祀的声势未必胜过徽州的某些私祭。徽州的私祭不合四书五经,也不合朱熹的《家礼》,过于张扬,有原始部落天地独尊的味道。山里人的祭祖,意不仅为祭,他们也把祭祀当做一种文化生活。祭祀是最重要的文化活动。

参考文献:

1. 汪柏树:《徽州歙县瞻淇的王祖祭》,《安徽师范大学学报》(人文社会科学版),2007年2月。

2.(宋)朱熹著,1999年王燕均、王光照点校:《家礼》,朱杰人主编《朱子全书》第7册,上海古籍出版社,安徽教育出版社,2010年。

3.(明)夏言撰:《桂州先生奏议》卷17,《四库全书存目丛书》影印本,济南,齐鲁出版社,1997年。

4.(民国)陈去病撰:《五石脂》,南京,江苏古籍出版社,1999年。

5. 周绍泉、赵亚光:《窦山公家议校注》,合肥,黄山书社,1993年。

6. 赵华富著:《徽州宗族研究》,合肥,安徽大学出版社,2016年8月。

7. 常建华:《明代宗族祠庙祭祖的发展》,《中国社会历史评论》(第2卷),天津人民出版社。

8.(明)程子珪、程子钟纂:休宁《世忠程氏泰塘族谱》,明嘉靖二十四年(公元1545年),家刻本。

9. 唐力行:《徽州宗族》,合肥,安徽人民出版社,2005年。

10. 常建华:《明代徽州宗祠的特色》,《南开大学学报》,2003年5月。

11. 陈慧丽:《朱子〈家礼〉在祁门黄龙口村的实践》,硕士论文,安徽大学,2012年。

12.(清)江光裕纂:黟县《济阳江氏宗谱》,清道光十九年(公元1839年)木活字本。

第六节 族谱,宗族管理的文件

家有谱,国有史。程颐认为:明谱系,立宗法,可以管摄天下人心,收宗族厚风俗,使人不忘本。苏洵认为:纂修谱牒是立德、立功、立言的表现,三世不修谱如同小人。朱熹也提出:谱系,承天而委命。修族谱可以敬宗睦族。

荀子编修的《春秋公子血脉谱》是现今已知的第一部家谱。历朝历代,族谱是管理工具,为家庭继承爵位、为联姻服务,为朝廷选拔官员服务。魏晋南北朝实行九品中正制,上品无寒门,下品无士族,选官、婚姻与社会交往看门第,使权利固化、利益固化。有人想提高自己的地位,篡改家谱,或行贿以求纳入名门望族。为保证家谱的公正性,官方设立机构修撰家谱、管理家谱。《世本》,记载自黄帝到春秋各代天子、诸侯、卿大夫的世族谱系,原本已失,今《世本》是清人所辑。魏晋以后谱牒学大盛,唐代编撰了《氏族志》《氏族录》。宋代民间编撰家谱的风气兴起,宋朝宁宗皇帝颁布了修谱圣谕,明太祖与清顺治皇帝颁布了乡谱诏,指导修谱工作。清朝顺治帝的乡谱诏说修谱,旨在敦孝弟重人伦,笃宗族昭雍睦,训子弟禁非为,明礼仪厚风俗。

族谱可以帮助人们寻根、清缘,了解先人功绩。教育子弟治家、敬业、做人。族谱是宗族管理文件,是家族的精神财富。

根据《中国古籍善本书目》《中国家谱综合目录》和《上海图书馆馆藏家谱提要》,安徽大学图书馆、安徽大学徽学研究中心特藏室、黄山学院、徽州文化资料中心的收藏,可知徽州遗存有 1342 种族谱,民间尚收藏有一定量的族谱,徽州族谱总量约 2500 种。公元 1985 年以后,徽州编修的族谱不在此数中。很多机构收藏的徽州族谱没有收入书目,例如黄山学院图书馆藏族谱 279 种,其中 133 部《中国家谱总目》未收录。徽州文物局、图书馆、档案馆收藏有大量的徽州族谱。

徽州宗族修谱始于宋代,以南宋为多。朱氏家谱始修于公元 974 年,许氏家谱始修于公元 1056 年,吕氏家谱始修于公元 1209 年,余氏家谱始修于公元 1267 年。明代隆庆、万历时期,族谱内容和体例基本定型。

现存的徽州宋元族谱有 14 种,即:宋修明刻《汉歙丹阳河南方氏衍庆统宗图谱》、宋修明续明刻休宁《商山吴氏重修族谱》、宋述明续刻抄婺源《溪源程氏势公支谱》、宋罗颖辑抄本歙县《柏林罗氏族志》、宋纂清刻祁门《左田黄氏宗派图》、宋修清抄本《皖绩程里程叙伦堂世谱》、元纂修明抄本婺源《庆源詹氏族谱》、元纂修抄本《新安汪氏庆源宗谱》、元纂修明重刻本《汪氏渊源录》、元刻本《新安胡氏历代报功图》、元纂修刻本《新安汪氏族谱》、元纂修刻本《新安旌城汪氏家录》、元纂修清四库全书本休宁《陈氏谱略》、元刻本《新安汪氏宗谱》。

明代徽州谱牒在类型、体例、内容、纂修和刊刻方面较以前好。明代刊刻的徽州谱牒善本有 378 种。如程敏政的《新安程氏统宗世谱》,入谱 44 个宗支 53 代 1 万多人;有代表性的家谱如:程敏政《新安程氏统宗世谱》、汪道昆《汪氏十六族谱》、程一枝的《程典》、吴元孝的《临溪吴氏族谱》、张琏的《新安张氏续修族谱》、詹贵的《休宁流塘詹氏宗谱录》、戴祥的《绩溪戴氏族谱》、黄文明的《古林黄氏重修族谱》,以及嘉靖和天启年间纂修的《新安琅琊王氏统宗世谱》、隆庆《新安歙北许氏东支世谱》和万历《吕氏续修宗谱》等。

现存清代徽州宗谱约1000多部。这时的宗谱体例完备,内容丰富,充分体现出宗族文件的特征。如乾隆年间方善祖编纂的《歙淳方氏柳山真应会宗统谱》,记载了社会生活的各个层面、各个方位的状况。该宗谱为商人立传,为经商服务。人们重视修谱,通过修谱,增强宗族联系,存恩义,固本源,笃风化。

徽州名门大姓,积极编修族谱。徽州的官吏与富商积极捐款编修族谱。

一、宗谱管理目标、宗谱种类与体例

宗与族属于上位类与下位类的关系,五世以上而且有一个始迁祖称宗,五世以内称族。谱牒的名称多种多样,往往"宗谱""族谱"二者混同。

(一) 编修宗谱,实现以下管理目标

国史、地方志、宗谱是三个级别的历史,族谱即家史。作为史,一般要求系统全面地反映某个范畴内的各个时期的实况。族谱记载了自某个始迁祖以后的家史,记先人获得的功名、成就,不记失败、过错,只记好人,不记坏人。没有按照年代或者辈分系统地记载宗族的历史,没有关于宗子、族长等组织领导的系统化记载,多数宗谱没有宗族重大事件的系统记载。所以,族谱又不是家史,而是为宗族管理服务的文件。其管理目标可以归纳为:

1. 促进族民遵守国法、家规,维护三纲五常。凡是违反国法、家规的族民不得入谱。

2. 表扬优秀人物,崇尚卓越人士,开辟栏目,表扬忠臣、孝子、淑女、节妇、烈士、义气、善行。通过立传、墓志铭等栏目确定先人的名分。

3. 记载进士及第人士,记载族民的著作、诗歌文章,表扬儒家风范。

4. 通过修谱,统计宗族人口,记载个人身份数据,摸清家底。

5. 通过修谱,拟定族民之间的行辈序第,稳定秩序。

6. 颁布家训、族规家法等管理规程。

7. 形成宗族礼仪,传承优秀门风,树立家庭角色形象。

8. 重视道德规范,强调人品、素质、属性的纯洁度。

(二) 族谱的名称与类型

族谱有多种类型,族谱的名称没有规范化,多种多样。

1. 族谱的名称　族谱记载家族世系血缘关系和重要事迹。族谱是研究历史学、民俗学、人口学、社会学和经济学的珍贵资料。族谱名称多样,各个时代官修族谱名称不一,明清时期民间广修族谱名称更是多样化。所以,族谱又称:宗谱、宗簿、宗系谱、宗世谱、族系录、族姓昭穆记、族志、家乘、家牒、家史、家志、家记、家传簿、世录、世本、世纪、世传、世系录、世家谱、世典、世牒、世思录、枝分谱、系谱、图谱、源派谱、述系谱、大同谱、大成谱、谱录、联宗谱、渊源录、玉牒、辨宗录、传芳集、清芬志、先德传、续香集、房谱、祠谱、近谱、会谱、全谱、合谱、统宗谱、总谱等。

2. 族谱的类型　族谱分为通谱、统谱、总谱、支谱、房谱等类型。

(1)通谱,即统谱。宗族人口日益增多,向各地发展,同一姓氏,祠堂林立。各修各的家谱,于是内涵不尽相同,辈分排列不一致,不易于追根溯源。通谱整合各个家谱,形成统一的族谱。

(2)总谱　某一个区域内一个姓氏的族谱,各个支族修谱以总谱为依据。

(3)支谱　一个宗族支脉修的谱,宗族在修总谱时参考支谱的数据。

(4)房谱　宗族支脉下分成若干房,房下有若干户。以房为单位,以本房累积的数据修谱,即房谱。

(三)　明清时代族谱的体例

徽州以宋代欧阳修、苏洵的小宗法谱牒相结合纂修族谱。欧阳修采用图表连线方式,表述五世祖以来的家族迁徙、婚嫁、官封、名谥、墓葬及其事迹。苏洵按照序、表、传、录的结构表述六世祖以来的家族史。明代以后徽州谱牒纂修,以欧氏图谱表明亲疏,以苏氏序表定长幼之序。明嘉靖时期家谱由单纯的世系向宗族史过渡,隆庆和万历时期近世家谱定型。多数族谱记载人物生平简介、祠图、祠产、世系图表、村居图、像赞、祭祀、行辈表、家训、族规、馀庆录、领谱编号等内容,有的谱牒还有藏书楼、庙宇、桥梁、山场、水道、谱序、凡例、墓图、传记、奏章、诰封赐匾、族产文书、翰墨文章等。徽州族谱世系以时间为主线进行记述。

明清时期,民间族谱主要为卷册式,编写体例与繁简,各有不同,有的一套几十册,有的只有一册,如公元1605年江心镜编纂《新安萧江大宗统谱》,只有1册1卷;公元1766年江初艮等修《济阳江氏统会宗谱》为大型统宗谱。

宗谱前面列有很多栏目,如谱序、谱例、谱论和目录等。

·世系图,世系图、世系录按家族辈分、长幼序列,写出人名、字号、生卒年月(可以具体到出生日、时辰)、官阶爵次、婚配、子女、功名、谥号、葬地,妻妾姓名、生卒年月日时,岳家、女嫁,富贵外孙等。族谱以男性为主体,妇女姓名写在丈夫葬地后,然后记继娶及小妾,注明生卒日期与子女。世系图主要反映人口繁衍状况。

·铭、文，恩荣录，记载褒颂、诰勅、赐谕、告身等，历代皇帝对政府官员及家族成员封赠、褒奖的文字、勅书、诰命、上谕、御制碑文、祭文、赐匾等。

·列传，记载本族名望著世或德行懿范人士的事迹，包括节妇、烈女，附载年谱、寿序、墓志铭、祭文、行述、碑铭等。

·族规、家训、典制（或仪礼），典制包括冠礼、笄礼、婚礼、祭礼，仪文、丧礼图式、器具和祭品的制作。有的族谱把祠规、祠产、义学、祀田的管理条例和契据放在典制内。墓图、墓志，记载祖坟山的位置，各个墓的方位图。

·派行语，又称辈分诗、班行诗。行辈字由名人制订，用吉祥语写成诗。

·捐款人名单（款，用于修祠堂、买祠田、修谱、教育）。

·领谱人名录。家谱按房派编号发放，编号按"千字文"，或按照其他方式编号。

·编撰族谱时间，如《嘉庆十年修刘氏宗谱》。

·郡望堂号，郡望，地望，标示发祥地，南北朝、唐朝时期的望族所在地。如胡姓，祠堂堂号"安定胡""明经胡""金紫胡"。徽州"江"姓"萧江"与"济阳江"。族谱标示姓氏、地名、郡望、堂号、第几次修撰等内容，如《倪氏报本堂重修家乘》。

许多家族规定族谱三十年一小修，六十年一大修。如遇重大社会或自然变故，如战争、大地震、水灾、瘟疫、饥荒，为清点族民、有效管理，宗族组织力量重修家谱。

族谱还记载其他内容，如元代《新安旌城汪氏家录》，记录有科举、书院、义庄、义学、乡社等内容。民国铅印本《绩溪庙子山王氏谱》卷 9 至卷 11 记载了风俗、方言、歌谣、谚语等内容。乾隆十八年编修的《方氏会宗统谱》，记载了柳山方氏明清商人崛起与宗族的发展。

公元 1907 年胡毓琪等修《绩溪金紫胡氏家谱》，卷首为序言、凡例、修谱名目、遗像、诰敕、传志、仕宦、科举、封赠、荫袭、节烈、艺文，卷 1 至 28 为世系，后 3 卷为墓图、墓址、存旧。

公元 1752 年修《新安横槎黄氏大宗谱》，卷首为序文、凡例、谱考、历代沿革、祖像、始祖墓图、修谱序。文献包括传、记、行状、墓志、赞、勅、诰、表、疏、书、策、祭文、杂序、寿文、诗、赋。世系包括安徽、江西、浙江 3 省 92 支派。

明万历年间修《休宁范氏族谱》8 册，按八音分为金、石、丝、竹、匏、土、革、木编序，计 807 页，38 万字。全谱分为谱叙（旧谱序目、旧谱序文）、谱原（原姓、原宗）、谱系（世系总图、各支分图）、谱居（同支各邑迁图、同邑各村总图、同邑各村分图、族村居图说）、谱茔（世祖各茔图、支祖各茔图、节妇烈女茔图、茔禁墓祭诸仪)、谱祠(祠制、祭产、祀仪、宗规、图式)、谱表(宗图名位表、世图名位表、诰敕公移类)、谱传(宗图传、世图总支传、世图分支传、节烈传)和谱考(旧考、新考、附考)九个部分。谱系记载各世各人名讳、字号、排行、生卒、婚娶、子女、墓葬等情况,谱表记载族民仕途及朝廷、地方和家族大事,世系书写同胞兄弟排行。文献按体裁(如表、赋、诗、文、铭、传、状等)编排,谱后有检索工具《分汇三支谱系裔孙》《检核遗文图产裔孙》《填讳参对正讹姻友》《纂刊颁给年月号数》等。

二、修谱的程序

修谱是一项复杂的工程,需要人力、财力、数据等。为了保证族谱的质量,需要拟定程序,一一落实,分工负责。

· **发修谱通知** 族谱纂修时,倡修人通常采用“启文”或“知单”告知族人。公元1758年绩溪华阳邵氏发布修谱《小启》,该文说:邵氏的始祖康公,受封于燕国,食邑在召(地点)。邵氏是姬姓的后代。华阳镇住居的邵氏准备编撰家谱,传承脉络,明辨亲疏,特告族人。乾隆二十三年正月,纹川叙伦堂谱局。

· **成立谱馆、谱局** 谱局延请各支或各房绅士名公,分定总修,综理世系缮写、绘图、校对、监刷等工作。

· **制定章程** 设总纂、监修、协修、校对等职,拟定各自的责任与义务。编撰人员由族内士绅、朝廷官员担任,服务性工作由其他族民兼任。

· **开展联络** 收集资料、调查数据,查实事迹,依据旧谱资料,各支各房提供资料,局内派人调查。

· **综汇** 分理世系,汇齐稿本。

· **总理** 纂修。

· **缮写** 绘图、司库、誊写。

· **校对** 监印。

黟县南屏叶氏修谱先设公局,分工,汇世系、缮写、绘图、校对、监印等项,各款列名,以专责成。各支分理世系,汇齐稿本,查实事迹,汇总整理,分类登载。

请名人写序言 如《古歙许氏宗谱》有王安石写的传记,欧阳修撰写的许氏世系表与许氏族谱序,朱熹写的序,文天祥写的许氏像跋。

谱修成之后,公布财务收支情况,管理部门举行族谱告成礼仪。

三、经费管理

编撰宗谱需要经费,经费往往决定了宗谱编撰、刻印的质量。

（一） 筹集资金

修谱需要一笔经费，如乾隆二十五年刻本，歙县棠樾、蜀源、岩镇鲍氏三族修纂的《重修歙邑棠樾鲍氏三族宗谱》200卷，耗银3564两。徽州纂修谱牒的经费往往来自官员、富商的捐款，如明正德年间编修的《歙县呈坎罗氏宗谱》的资金，是从事海上贸易的罗汝声捐献的。清乾隆年间《歙淳方氏柳山真应庙会宗统谱》，由盐商方祖善捐资纂修刊刻。

多数族谱编修费用，按照人头收费。公元1896年竹源陈氏合议修谱，开初每个男丁出钱200文，继而出银1元，每个女子交米12升。合族369丁，369元，后来费用不敷，募捐筹集银圆。（清）舒安仁等于公元1870年编修《华阳舒氏统宗谱》木活字本，族内每个男丁出钱1000文，女子出钱500文。绘刻每个坟图、祖像，费用为1200文，传记赞文每页费用为700文。

有的宗族规定，族民捐款50两银子逝世后可在祠堂享特祭，捐30两银子给予配享。捐大洋300元以上名列修谱倡捐栏内。谱牒中有《捐输芳名》卷，表彰自愿捐资人。

族民每领一部谱需要交纳成本费。

嘉庆年间韩溪程氏修谱，摊派的资金比例占53.92%，募捐比例占29.35%，领谱收入比例为16.73%。族中有官员、富商修谱则很轻松。

（二） 资金支出

徽州人口流动量大，徽商侨寓他乡，一一调查，收集数据，差旅费多。万历年间编修的《古歙谢氏统宗志》共用1023两银子。为了节省费用，保证质量，谱局招聘谱司编撰、谱师刻印族谱。清嘉庆黟县《南屏叶氏族谱》聚珍版，开印前先与谱司签订协议，根据族谱刊刻内容的复杂程度规定价格。光绪《祁门竹源陈氏宗谱》公开招标，规定族谱的标准样式、刻工价格、纸张的规格与质量、费用，采取承包制。

谱局资金实行预算管理、成本控制管理与最终剩余资金管理。编修人和辅助人员的工资支出平均每人不到八两银子。韩溪程氏嘉庆年间修谱差旅费和诉讼支出银200余两。另外还有谱局杂役、局内值日等人员工资，庆祝活动费用等。

四、维护资料的真实性

东汉末年到魏晋之际（公元200—300年）世家大族形成，这时族谱有三种形式：家传，如《袁氏家传》（汝南）、《裴氏家传》（河东）；家谱，单姓族谱，如：《崔氏谱》（博陵）、《郭氏谱》（太原）；簿状家谱，郡望族谱。

官方修撰族谱，如郑樵《通志》卷25《氏族序》。西晋谱学家挚虞撰《族姓昭穆》，东晋贾弼之撰《十八州士族谱》，齐朝贾渊与王俭撰《百家谱》《氏族要状》，王僧孺《百家谱集抄》。唐初公元638年高士廉等修《氏族志》130卷，武则天时许敬宗修《姓氏录》，唐中宗时修撰《姓族系录》。

修谱隐恶扬善、为亲者讳。族民倘有不孝不悌，犯奸为窃、玷辱家声、逆伦伤化，不准入谱，或从家谱上削去名字。徽州《华阳邵氏宗谱》规定10种人削名不书，即不忠、不孝、弃祖、叛党、刑犯、败伦、狗行、背义、杂贱、乱继的人。

为维护宗族贵人、亲人、隐士和贤达的名声，私修族谱存在牵强附会的现象，如攀附名人、贵族，把祖宗描述成皇亲、高官、英烈等。《祁门关西方氏宗谱》序言指出：天下世家谱牒，牵强附会，攀附名人。或者有些人与事，由于年代久远、族派散居，难以联络，文献、史实考订困难，任意涂改，使族谱失真。优秀的谱书，应该秉笔直书，反复斟酌，实事求是，客观公正。编修族谱需要引证大量典籍文献，有关宗派、支裔、功名、籍贯、葬地、婚嫁、迁居、继嗣、世次、行序、德行、言论等，需要查实、弄清，有根有据。

编修族谱可以参考宗祠已有的文件，如祁门程氏宗族仁山门支派的添丁簿《衍庆录》，绩溪宅坦村祠堂有《聚神谱》（祠谱的底本）、《奉先录》《像牌谱》（捐资建祠、修谱人员的图像）和《殊荣谱》（功名卓著人士的资料）。这些原始资料基本上是可信的。徽州徐氏规定：祠堂设一登记簿，由祠首收存。家里生了孩子以后，第三天到祠堂报告族长，起名登记，注明生辰八字。孩子起名应该避免犯祖讳，防止与其他人重名。男女结婚时在祠首那里登记新婚女子姓名、生辰八字；族中男女逝世，登记逝世的年、月、日、时辰，以备下次修谱录入。

编撰族谱的人重视收集原始资料，以实事求是的态度工作，使编撰的谱成为信谱。

五、辈分用字

宗族内按照血缘传承世次，给予同一级世次的人命定一个字，放在姓名的中间，姓名的第二个字（少数放在后面），即辈分用字。

（一） 拟定姓名的规则

宗族按照血缘关系排定身份，每个人的姓名由三个字表达，第一个字代表姓氏，第二个字代表辈分，第三个字代表个人的名。这样表述每一个人的身份，除了大姓以外，一般情况下，同地同姓氏同年代，重名的现象不多。只要姓氏与辈分代码相同，就是血缘相近的亲人，他们有共同的祖先。在宗族内，辈分代码决定身份的高低，不论官衔的大小。例如：王力勇与王义芳，出于王氏宗族同一个家谱，“力”是这个宗祠的第 59 代的代码，“义”是第 58 代的代码，那么，王义芳是王力勇的长辈。如果王义芳 18 岁，是大学一年级学生，王力勇 58 岁，是某省的省长，按照宗族的规矩，王力勇见到王义芳必须恭恭敬敬，以示尊敬长辈。在宗族内，长辈比晚辈有较大的话语权。宗族按照辈分（即代码）论高低，道德上要求，尊敬长上，礼貌为先。这样，上下、亲疏，一眼分明。

姓氏稳定不变，排行辈分拟定在宗谱中，人名由自己选择。

（二）　确定辈分字的原则

辈分字与个人名一般请知识渊博的人酌定。

1. 族谱中辈分的代码字请知书达理的人选择，具有较广的组词空间，不会形成相同的人名。

2. 辈分代码字必须是褒义字，以便人们形成褒义的人名。传统的辈分代码字，以及人名多数选自四书五经，昭示某种道德、文化、信念、愿望、美景、目标。如歙县鲍氏宗谱：“基开忠厚贻谋远，运际隆平积庆长”，寓意发扬祖先忠厚美德，希望宗族兴旺昌盛。

《涧洲许氏宗谱》卷十《排行小引》说：“名有五：有信、有义、有象、有假、有类。不以国，不以官，不以山川，不以饮食，不以畜牲，不以器币。”《涧洲许氏宗谱》选择辈分字的原则，用信、义、仪象、假借、类比字，不用国名、官名、山名、江河名、食物饮料名、动物名、器材、货币名。辈分用吉祥字，形成诗句，寄意深远，催人奋进。如：八都余川汪氏辈分字：立志振家邦，永作明良世，传书述祖德，兴学为国瑞，同京多令命，敦品期未嗣。

无论男子、女子的辈分字，都体现了一种信仰、道德、情操、节守、伦理，符合四书五经的精神，避免出现庸俗、无稽、空泛、浮华的字。

（三）　宗谱中每次确定辈分字的数量

1. 宗谱中辈分字数可多可少。10 个字可以用 10 代人，每代以 20 年计算，可以用 200 年。明朝嘉靖年间徽州张氏宗谱辈分字 40 个：

源本清河渭，祥开万石钧。千枝宗正脉，亿载裕云孙。

孝友家声振，诗书世泽存。科名荣祖德，昌炽叙舜伦。

公元 1826 年西递明经胡壬派拟定辈分字长达 100 个。

2. 宗谱中排行字，可以循环使用。比如说 20 个排行字，可用 400 年，400 年后从第一个字开始循环使用。这样可能出现与 400 年前相同的人名，但不是同时代的人，有时代界限。

（四） 同郡望，祠堂不同，辈分字可以不同

一个姓氏，相同郡望，不同祠堂，辈分字可以不同。如：

绩溪坑口胡氏南偶派：一脉清功德，千秋纪本根。

坑口胡氏北偶派：仲松永锦，洪维祖德。克庆家邦，世泽流长。

（五） 合姓公用辈分字

如果一村住居2个姓氏，他们共建一个祠堂，共修一份家谱，2个姓氏则使用同样的辈分字，如徽州许余氏合姓辈分字：积振家庭广，源清泽正长，象贤昭学守，名世济光昌。这是小姓联合起来以壮声威的表现，这种情况在徽州不多见。

（六） 女子辈分字

按照常规，宗族中只有男性按照辈分起名字，女子嫁给异姓家庭，不强调按照族谱排行字起名。但是徽州有的宗谱列有女子辈分用字。如：

1. 绩溪瀛洲梧川汪氏爱敬堂女性辈分字：贤慧姜姬娇，霞云淑琼瑶，端庄芳质秀，惠美德音昭。

2. 绩溪磡头尚村高氏把媳妇与未嫁女辈分字分列：

媳妇：淑顺春华秀，贞庄玉质清，芳仪和娣姒，荣贵宝徽音。

未嫁女：翠琬琳珊璧，兰荷桂菊莲，娇娥文凤彩，珍爱润珠园。

在封建时代，女子出嫁一般在16—20岁之间，结婚以后，按照婆家媳妇行辈拟定字起名，有利于大户家族的管理。但这种做法不多见。

媳妇与姑娘的辈分字的设置不同，媳妇是持家过日子的人，要求孝顺、贤惠、端庄；姑娘尚未出嫁，要求秀美、纯真、可爱，所以两种排行风格不同。

六、族谱安全保密管理

徽州十分重视族谱的管理，各个宗族拟定措施，维护族谱安全保密。族谱是宗族的绝密档案，孝子顺孙只可阅读，不可泄密。防止佃仆、小姓修改主人谱牒，改变自己身份。防止庶族利用谱牒跻身贵门望族。

（一） 颁发谱牒

在祠堂举行隆重的仪式，宣读告文，对祖宗宣誓，永久珍藏谱牒，不外传。

（二） 安全保障措施

宗族管理者以各种方式维护宗谱的安全，如：

1. 防止作伪。谱中印有刻板数量、字数、人数。如《祁门竹源陈氏宗谱》附录标出关于各房资料在谱中的刻板数、字数、人数：孝字号140板，61535字，2643人；

悌字号152板,61068字,2985人等。

2. 标明族谱的卷、册、页码数量。如黟县《弘村汪氏家谱》在《凡例》中写明每套家谱12本,26卷,1009页。

3. 限制印数。族谱印刷数量一般不超过100套。

4. 谱牒刊刻完毕,销毁刻板。防止族谱泄密,或篡改。

5. 每套族谱编号,领谱人签字,注明领谱人住居地点、领谱字号。

6. 族谱呈送官府钤印,受官方保护。严防伪谱乱宗,攀龙附凤,紊乱宗支。

7. 盗买盗卖族谱,按照不孝罪,罚款、削除族籍,或者送官衙惩治。污染损毁谱牒,收回交给其他族民收藏。

8. 每年在特定日子(如冬至)检查族谱,近地的一年检查一次,远地的三年检查一次。领有族谱的人呈送族谱给族长、祠董看阅,检验编发字号是否原本,如有霉烂、破损、涂污、遗失不全,甚至伪本,按照情节轻重、家资厚薄给予处罚,公议罚款买谷入义仓。

9. 遇到不测,奋力救护,不得轻弃。族谱家史,至关重要。

10. 每年晒谱,防止霉烂。

从维护宗谱的一系列措施,我们看到宗谱的神圣性。

(三) 举行礼仪后,方可打开族谱

宗谱是神圣的,不可随意打开谱箱。若要打开谱箱,翻阅宗谱,应请示族长,得到同意后,洗澡,正装,鸣炮,烧纸、敬香、跪拜,然后读谱。

每年晒谱,晒谱要举行仪式。祁门县古溪乡黄龙口村汪氏宗族保存了四套族谱,所有族谱由专人保管,晒谱举行仪礼。仪式的程序包括:鸣炮奏乐(锣、鼓、唢呐、笛子伴奏“十番锣鼓”),有关人员入场就座,接谱,运谱,列谱箱于祠堂正殿祭台前,族长介绍宗谱的编撰、保存历程,开谱箱,核对装箱记录,取出始祖像、拜谱,晒谱,把宗谱、画像及拜谱人员名单放入箱内,关箱上锁,贴封条,管理人员签名,盖红布,拜谱,送谱回原处(乐队奏乐)。

七、宣讲族谱

歙县大阜吕氏宗族珍藏族谱,宣讲族谱。每年在祠祭的时候,聚集全族老少,听族长演讲训示,众人虔心聆听,溯源流,明枝派,别亲疏,兴揖让,昭戒训,消僻傲,使贤者知重,愚者不敢妄为。宣讲族谱,整饬门风,教导人们做忠臣、孝子、贤妻良母,努力奋进,光宗耀祖。族长德威并重,在祖宗神灵之地——宏伟的祠堂,宣讲宗族神圣文件,众人诚敬,点滴入心。

管理者语丝：

朱熹在《家礼》中指出，家庭管理的要点：谨名分，崇爱敬，正伦理，笃恩爱。族谱中记载专祠、墓祠、墓碑、传记、士进、著作、文章、像赞、子女状况，每一点都涉及个人名分，如同朝廷对于臣子，死后给一个谥号，盖棺定论，最终定下名分。人生甘苦百年，而族谱传承万年，百年的业绩决定万年的名声。有了宗谱，草民也成了历史人物，见诸族谱，分出高低，在此又现张载“收人心”之效。族谱作为家政管理的工具，发挥了重要的作用。

参考文献：

1. 徐彬、祝虻：《清代以来徽州家族修谱谱局管理模式研究》，《史学史研究》，2014 年 4 月。

2. 胡成业：《也谈徽州排行意蕴》，《徽州社会科学》，2017 年 4 月。

3. 赵华富：《徽州宗族研究》，安徽大学出版社，2016 年 8 月。

4.（元）陈栎：《新安大族志》，安徽省博物馆藏本，又安徽省图书馆藏本。

5.（明）程尚宽等纂：《新安名族志》，日本东阳文库藏明嘉靖三十年（公元 1551 年）刻本。

6.（明）程一枝纂：《程典》卷 20《风俗志》，明万历二十六年（公元 1598 年）家刻本。

7.（明）黄玄豹纂：歙县《潭渡孝里黄氏族谱》，清雍正九年（公元 1731 年）家刻本。

8.（明）程子珪、程子钟纂：休宁《世忠程氏泰塘族谱》，明嘉靖二十四年（公元 1545 年），家刻本。

9.（明）许可复、许凤翔纂：《续修新安歙北许村许氏东支世谱》，明隆庆三年（公元 1569 年）刻本。

10.（清）方祖善等纂：歙县《方氏会宗通谱》，清乾隆十二年（公元 1747 年）抄本。

11.（清）许登瀛纂：《重修古歙东门许氏宗谱》，清乾隆二年（公元 1737 年）刻本。

12.（清）胡炳衡等纂：《绩溪金紫胡氏家谱》，清嘉庆二十四年（公元 1819 年）刻本。

13.（清）江淮椿等纂：《歙北江村济阳江氏族谱》，清乾隆四十二年（公元 1777

年)刻本。

14. (清)邵玉林、邵彦彬纂:绩溪《华阳邵氏宗谱》,清宣统二年(公元1910年)木活字本。

15. 刘伯山等:《朱子〈家礼〉在祁门黄龙口的实践调查》,《重寻徽州》,广西师范大学出版社,2015年11月。

第七节　族规家法

族规家法包括:族规、家规、宗规、祠规、祠约、族约、家约、规约、规条、族条、家戒、家法、家议、家礼、家典、家范、世范、家训、祖训、族训、家箴、宗禁、诫谕等。族规家法维护国法,家国同构。

族规家法分为三个层次:家训、族规、家法。

一、家训

家训,又称祖训、族训、家箴,它是宗族内权威人士的教导,相当于治家的宪法。家训首先应承接皇帝的训示,如明洪武"圣训六条",清顺治六训,康熙十六训等。

(一)　皇帝对于家政的训示

1. 公元1397年明洪武皇帝颁布"圣训六条":孝顺父母,恭敬长上,和睦乡里,教训子孙,各安生理,勿作非为。

2. 公元1652年清顺治皇帝颁布"圣谕六条",即明洪武皇帝颁布"圣训六条"。

3. 公元1670年康熙皇帝颁布"圣谕十六条":

敦孝悌以重人伦,笃宗族以昭雍睦。和乡党以息争讼,重农桑以足衣食。

尚节俭以惜财用,隆学校以端士习。黜异端以崇正学,讲法律以警愚顽。

明礼让以厚风俗,务本业以定民志。训子弟以禁非为,息诬告以全良善。

诫匿匪以免株连,完钱粮以省催科。联保甲以弭盗贼,解仇忿以重身命。

4. 公元1724年雍正皇帝颁布"广训万言",将康熙皇帝的圣谕进一步深化。

明朝开国皇帝与清朝一统江山后的前三个皇帝,在朝廷政纲稳妥实施的前提下,整顿世风民俗,发布民众的行为准则。明洪武皇帝首次倡导,清顺治皇帝沿袭明洪武皇帝的圣谕六条,康熙皇帝将其更新为16条,雍正皇帝进一步拓展了其父训示的内容。

各级政权广泛宣传、落实圣谕，他们把圣谕写在家谱、教材里，刻在石碑上，立于桥头、路边，在祠堂、文会中宣讲，令人背诵，在道路亭铺里宣讲，抽查路人，促进人们记忆。

明清时期正是民间宗法制完善普及，村落文化繁荣昌盛的时期。全社会重视家规、家法建设，风俗建设，书香家庭建设，圣谕在官方运作下具有强大的推动力。

（二） 名人家政训示

皇帝的圣谕不是空穴来风，历史上已有许多家训、世范在社会中广为流传。如周公旦的"诫伯禽书"，贾谊关于处理家庭各个角色关系的"六亲之法"，司马谈的"命子迁"，诸葛亮的"诫子书"与"诫外孙书"，李世民的"诫皇属"，包拯的家训，欧阳修的"诲学说"，朱柏庐的"朱子家训"，颜之推的"颜氏家训"，袁采的"袁氏世范"，李毓秀的"弟子规"，三国杜恕与晋朝嵇康都著有《家戒》，宋朝司马光著《涑水家仪》《家范》，明朝吕坤著《闺范》，徐三重《家则》，名门望族郑氏著《郑氏家范》等。这些著名的家训，表达了宗法制下家政的核心思想：谨时祭、念祖德、保世业、振家纲、孝父母、敬长上、友兄弟、教子孙、务生理、勤学业、力树艺、肃内外、谨火烛、和邻里、亲礼宾。人们重视家政管理，研究家政管理，积累了丰富的家政管理经验，形成著作，广为流传。

（三） 徽州家训

宋代朱熹著《家礼》《家训》，明代方孝孺著《齐家》，这是徽州家政管理的优秀文件。徽州宗法制具有典型性，其家政建设也具有典型性。优秀的家政管理，培育优秀的门风，优秀的门风蕴育高雅的门第。所以徽州各个宗族的管理在家政、门风、门第上各显特色。徽州宗族制定的家训各有所长，现例举一二：

1. 绩溪章氏家训（原文做了整理）

（1） 齐家篇。耕读传家，勤俭兴家，忍让安家；杜绝盗奸、嫖赌、暴凶。

（2） 修身篇。不存猜忌心，休听离间语，休作生气事，不侵公共利。守本也求实，隐患不可存。

（3） 立业篇。子孙期有才，产业精管理，门户有志士，交游多光彩。竭力尽其职，在位无二心。

（4） 劝学篇。知书达理，眼明心亮，勤劳睿智，不辱祖宗，不辱家声；乡党、妻妾为之荣，光宗耀祖。

（5） 笃行篇。知行合一，德业兴隆。匹夫之责，勇敢承担。禀赋不同，尊重他人。预则立，和合通。平常心，与时进。诚如是，始为人。

章氏家训在修身、齐家、劝学、立业、笃行5个方面提出了指导性意见。

多数家训强调:敦孝悌、崇忠信、明礼义、尚廉耻、务正业、睦宗党、尊师傅、教子孙、慎丧葬、积阴德。特别提到了积阴德,善事不求报答,不求名利。训语表达了长辈对子孙的关怀,也表达了他们对社会的责任心。

润洲许氏祖训要求子孙:明伦理、孝父母、敬祖宗、重诗书、正闺门、睦宗族、务正业、早完粮、息争讼、杜邪风、积阴德、慎交友。

婺源《武口王氏统宗世谱·庭训八则》:孝,悌,忠,信,礼,义,廉,耻。这也是各个宗族的祖训的中心思想。

二、族规

族规是宗族管理的文件,它规范宗族成员个人的行为。徽州祠堂的墙板上、族谱中都刻有家训、家规、家法。现例举三者合一的《茗洲吴氏家典》。

(一)《茗洲吴氏家典》卷一·家规80条,在徽州的族规中具有典型性,其内容可以归纳如下24点

1. 建祠堂,供奉祖先神主,按照朱熹《家礼》,出入要在祠堂告诉祖先,每月朔、望日,正月、冬至、清明节、中元节祭祀,供上水果,祭祀祖先。

祠堂整洁,祭器专用,管理妥当。祠堂祭祀后,举行宴会,按照长幼依次坐定,斟酒致敬。

立宗子,主管冬至、立春的祭祀,各个支宗负责本宗的高、曾、祖、考的祭祀,以及四时祭祀。因事出入告诉祖先的活动由支宗负责。

2. 宗子上承祖先,下统宗族,要从小培养他,让他承担职责。若不能尽职,可另选贤达。

3. 子孙入祠堂,应衣冠整齐,容貌端庄。以孝敬的心参与祭祀,恭敬地行礼。不得失容。

4. 祖宗的墓茔,依时展省,及时修理,立墓碑,保护墓边树木。

5. 清查祀田面积与税收,新增的田记入账中,存档。

6. 及时缴纳国家的税收,不要等待朝廷减免。

7. 万不得已典卖产业给本族人,按照市场价公平交易,准时付款。

8. 经商、当官有了钱,自愿捐款给宗族,赈济贫困,发展教育。

9. 凡族中器宇不凡、资质聪颖的孩子,宗族出钱培养他读书学习,希望他将来光宗耀祖。每个人6岁上学,15岁加冠。如不能读书,无田可种,引荐他外出经商。加冠者须颂讲经书,行为有度;否则推迟加冠。其弟符合条件,可以先加冠。

加冠后，请高人辅导其成人。加冠后，不努力学习，无长进，摘除其冠，待改进后复冠。

10. 子孙赌博，或有违礼法，家长给予教育；教育无效，痛打他，仍然不改，就送到官府，或在祠堂告诉祖宗神灵，祭祀时不发给他礼品，在族谱上把他的名字除掉。如果他改错，恢复其名。父兄应该对沉迷酒色、不务正业的族民进行教导，或处分。

11. 见到兄长，要站起来；行走要跟在兄长后面；应答不用“我”，而用正式的名字。称呼兄弟先置其字，如“守愚哥”“知源弟”。称呼伯叔前置行第，如“二伯”“三叔”。

12. 尊敬尊长，如果言行不逊，先给予训导，后众人斥责。受斥责者应无条件地俯首聆听，不得分辩。长上应该谨守名分，言行文明。

13. 不得滥自交友，职业不可为官方役吏、僧人、道人、屠夫，远离艳词幻学，不可迷乱心智。

14. 不得到处烧香拜鬼神，不得乱造祠宇，装塑偶像。不得设壇场，祈禳秘祝。

15. 进退以礼，戒娼妓、俗乐、声犬虫鸟，应多读经书。

16. 进士及第，为朝廷忠臣，配享祖祭，族谱上不能有贪官污吏的名字。

17. 祖宗遗留的书《瑞谷文集》雕版应该妥善保存在祠堂里。

18. 妇女对长者以孝，对丈夫以礼，对妯娌和睦；无事不出中门；不要多嘴饶舌，不要管闲事；违者，经教不改，赶出家门。穿衣朴素整洁。维护主母的尊严，侧室行坐应安分守己；妇女娘家、亲戚中如果有人是僧人、道士，不许往来。妇女不得看牌嬉戏。

19. 不是祭祀、丧事，男女不要讲话，如果要向尊长汇报问题，在厅堂里说。三姑六婆不可入门传言邪说。

20. 不得任意聘侧室，如果到了 40 岁无子，可以聘侧室。侧室不可坐正堂。

21. 婚姻遵循《家礼》，不可与富贵豪强、有恶疾家庭的人联姻。结婚那天，不得闹房。聘礼，富者讲品节，贫者应量力。

22. 丧事遵循《家礼》，不得惑于佛道、阴阳，不用纸钱锡箔、冥钱经文。丧事期间不用药、不饮酒、不食肉。至亲哭丧 7 天，一般的亲戚 5 天，疏远的亲戚 3 天。来吊唁的人，孝子对尊长拜 4 下，平辈拜 2 下，对下辈作揖。给吊唁人吃素餐。

23. 冬至、立春祭祀礼仪，仿照浙江浦口郑氏《家规》。大力倡导敬老育贤、妇女贞洁，树立榜样，鼓励新人。年终祭祀灶神。春秋社日祭祀土谷神，清明节与十月朔日祭祀乡厉。只可祭祀灶神、社神、厉鬼，不得祭祀其他的神。

24. 每年四月用一天讲解族规家法，老少全部到祠堂，认真听讲。这一天在祠堂举行拜师礼。

《茗洲吴氏家典》从公元1713—1735年，20多年间3次刊刻，参阅校正，形成定本。公元1892年由吴厚夫翻刻，内容包括遵国法、严格巡夜、遵守保甲制度、禁毒鱼、尊家主、禁坟林养山、生儿取名、招亲、交租粮、搭桥撑船、禁立神会、祭礼、吉事、寿诞叩贺等多个方面。茗洲是小山村，它的风俗、礼制却四方交赞，200多年间，影响广泛。

（二）《明经胡氏龙川派宗谱·祠规》

徽州胡氏分为明经胡、金紫胡、遵义胡三派，绩溪县龙川胡氏为明经胡氏。《明经胡氏龙川派宗谱·祠规》由彰善、惩恶、职守、名教4篇16条组成。

1. 彰善　指训忠、训孝、表节、重义。

2. 惩恶　指惩罚忤逆、奸淫、贼匪、凶暴。

3. 职守　即修祭事、训祠首、保祠产、护龙脉。

4. 名教　即振士、厚风俗、敬老人、正名分。“振士”，发展教育，宗族以公益金支持子弟学习。“厚风俗”，指父义、母慈、兄友、弟恭、子孝；夫妇有恩，男女有别；乡闾有礼，子弟有学；贫穷患难，亲戚相救；婚姻死丧，邻保相助；农田勤耕细作，不做盗贼，不参加赌博，不好争讼，不以恶凌善，不以富凌贫。行者让路，耕者让畔。“敬老人”，年龄达70岁，春冬两季给予寿礼，80岁以上的人加倍，90岁再加倍。“正名分”，指明确主仆上下尊卑的名分，下不干上，贱不替贵。

胡氏祠规16条中以“训祠首”“保祠产”和“正名分”最重要。祠首管理祠堂，处理日常事务。祠堂、祠产是宗族固定财产，管理如何，直接影响宗族发展。正名分，即各尽职守，注重操守。

徽州族规，形成于明代中期，族规由族长、房长、乡绅和文会负责人制定，收编于谱牒中，许多宗族在元旦、春秋二祭或月朔定期宣讲族规。有的宗族将族规牌匾悬挂在祠堂内。

徽州家族制定族规，规范个人道德行为，体现忠义、孝顺、友悌、勤劳、节俭、礼貌等。晚辈尊敬长辈，婚姻论门第，同姓不结婚，选择及保护祖坟山，祭拜祖先，禁止闲游、迷信、赌博、嫖娼。关心家族事务，履行家族公共义务，强化家族向心力、凝聚力。族规家法规定有关祠堂、祖坟、祭祀、族田、修谱等与家族成员的事务，规定家族与外族、地方、国家的关系，告诫子孙遵守法纪、和睦邻里。族规家法制裁族人为匪作盗、参加会党。

三、家法

家法应该包括祖训、族规、刑法三部分。祖训相当于宗族的宪法,族规相当于宗族里的一般性行为规范,家法视作宗族里的处罚条例,很多家法把行为规范与处罚条例合二为一。

宗法制重视规范行为,要求族民谦和礼让,息事宁人,和睦相处。不提倡以刑法震慑人心。中国历史上有人认为法治使人浇薄,唯利是图;礼治使人温文尔雅。宗法制倡导以礼治建设亲情浓郁的家族,强调个人道德,做到忠厚、道义、孝顺、友悌、勤劳、节俭、和睦、怀恩、报本,具有向心力和凝聚力。

宗族群居,同姓、同祠堂,同一个祖宗。由于人的爱好、志趣、身体健康状况、利益分配、知行能力等,不能完全如愿,往往会发生冲突,悖逆祖训、族规。歙县许氏家规规定:凡遇有不平之事,在族中处分排解,不要报经官府。徽州洪氏家乘也规定:族中互相争竞田土大小等事,不许到官府告状,由族长调解,或召开全体族众大会,共议解决办法。一旦宗族内的事闹到外面去,就失去集体的尊严。

当然,人多了,总有人违反族规家法。如有的人不尊敬老人,不孝敬父母,滥伐山林、盗卖族产、赌博、不务正业、嫖娼、斗殴、言行不恭、造谣诬毁、交非其人、游戏怠惰、动作无仪、用度不节等,经过教导劝说以后,仍然执迷不悟,不思悔改,于是就给予警示、惩罚。

宗族、家庭以和为贵,小事互相涵隐,一般纠纷,由祠堂议处,听从处分,族长、家长周旋体恤,劝导双方相亲相让。犯小过,父兄在家教育。不守规矩,族长诫警,令跪负罪。家法止于杖责、驱逐,不私立死刑。若罪不止此,则送官究治。尊长对于卑幼,可以杖责驱逐,卑幼不得施于尊长。

多数宗族给予违规者的惩罚有以下诸种:

1. 警告 2. 羞辱 3. 扣发胙肉和族丁饼(祭祀仪式发的礼品) 4. 取消祭祀资格 5. 限制自由 6. 叱责 7. 发誓 8. 罚出资演戏 9. 记过 10. 请罪 11. 游村 12. 集众训诫 13. 罚钱 14. 罚物 15. 赔偿 16. 罚站 17. 罚跪 18. 打手心 19. 掌嘴 20. 杖责 21. 关禁闭 22. 不给入谱 23. 开除族籍 24. 驱逐出村庄。

严重的"呈公究治",没有"处死"的规定。家法保护弱者,禁止以强凌弱,以众暴寡,以富吞贫,恃尊凌卑。

案例 1:仕川俞氏宗祠族规

徽州仕川俞氏宗祠族规与家法混在一起,它明确了违反哪一条给予什么惩罚,很多族谱没有这样写明。仕川俞氏宗祠族规原则性很强,其主要内容简述如下:

1. 有罚必有赏。贫困子弟请老师教学,宗族与文会给予补贴。读书无长进的不予补贴。妇女守节给予补贴,不清白者不补贴。

2. 族规治轻不治重。家法济国法之不及。处罚分跪香、罚款、捆打、革逐4种。跪香(罚跪,等一炷香烧完方可起来),望其改过。罚款不能影响人家的生产。捆打,指用草绳捆,用竹丝苕把打,以示警诫羞辱,不得伤身体。革逐,不夺其财产,不累及夫妇双方及其子女。

3. 男子违反家规,跪在祠堂里祖先牌位前,妇女不论年龄,一旦违反家规,一律跪香。重羞耻,端风化。但不可捆打他们,造成内伤。

4. 罚款。按照轻重、长幼、贫富罚款,砍伐祠堂、水口、坟山的树木,入祠跪香,并罚款。贫困的人可以在有钱以后补交罚款。罚款不能影响家庭日常生活。

5. 救济特别困难的人,不要让他们为盗。鳏寡孤独、残疾有病、荒年缺粮、人口众多,宗族周济借贷。如果亲友、族长祠首未能照料,族民为谋生计而偷窃,不罚。

6. 责以示戒,不可伤及身体。16 岁以上男子,不孝,不敬,屡犯不改,应在祠堂挨打。不用木棍,用 3—5 根竹丝打十几下,只是羞辱他。族长、尊长执法,打后,开导他改错。妇女犯错,跪香,不打。如果应该打,只在家里打,不在祠堂打。妇女犯大错,赶出家门。

7. 悖逆不孝,奸淫乱伦,私卖祖坟地,或私卖族谱,结交匪党,犯法辱祖,赶出祠堂,永不归宗。

8. 犯罪重大,送官究治。

俞氏家法,体现了礼治原则,以教育人、救人、改造人为目的,不是为了打击人,消灭人。以知错、改错、重新做人为目的,不是为了丑化人、贬低人,而是使人彻底悔悟,痛改前非,立志做一个好人。

案例 2:宣统年间绩溪《仙石周氏宗谱》卷二·家法

1. 男女逐出永不归宗:子孙悖逆,祠堂依照家法屡戒不悛,使其祖父、父母含恨死去,罪无可解者。凶恶莫制,欲伤害人命者。淫秽逆伦,丑迹明确,合族共见无疑者。有心掘伤祖墓者(砍树误伤坟墓者不在此例)。私卖宗谱者。漂流在外,阴结匪党,行踪诡秘,为凶杀劫盗者,革逐,禀县立案,以免后累。违犯以上过错者由族长、宗长、房长共同告祖。把犯家法男女名字写于板上,钉在祠堂门边。其人不得入族居住,不得进主、上谱。男犯的妻子照常回族居住,死后可进主上谱。

2. 暂革祠祚逐出改过取保归宗:初次奸淫未成者。好斗行凶屡次伤人者。犯奸犯盗,不顾廉耻,伤风败俗,玷辱祖宗者。族长、房长以纸书写“暂行革祚、逐出祠堂”贴祠堂门旁,如三年改过,变好了,依旧归宗。行凶者,三年后,由亲戚担保立约存于祠堂,保证不复行凶,方许归宗。

3. 革而不逐改过归宗:男子不孝敬父母,妇人不孝敬公婆,男子凌辱其妻,妇人凌辱丈夫,已经停胙不改者,罪当暂革,有父母儿女,不忍逐,可革而不逐。书男女罪名于板,钉在祠堂门内,不许其入祠堂,许在族居三年,改过,准其谢罪,复族。如终身不改,死后不上谱,不进主。

4. 不革、不逐、停止祭胙、改过改业,复胙:男子不孝父母,妇人不孝公婆,已经笞责跪香,不改者。玷辱祖宗之业者。停胙,改正业后给胙。终身不改,有子者,死后进神主于幼殇之列,不得配享昭穆。

5. 笞责跪香:男子不孝父母,妇人不孝公婆,已经跪香而不改者。16岁以上男子,怒骂尊长,尊长殴之,而回手者。16岁以上男子动手与妇女戏侮者。16岁以上男子不饥寒而犯窃者。16岁以上男子于祖坟山采细木为薪者。族长或其亲长令其跪祠堂祖宗牌位前,用细竹枝笤(tiáo)把打其背,伤皮而不伤骨。不孝妇,令跪香服罪,叩谢所犯尊长,誓不再犯。

6. 跪香:男子初犯不孝敬父母,妇人初犯不孝敬公婆。幼童男女初犯怒骂尊长者。男子与妇女口出戏言无礼者。迫于穷饥盗人食物者。族长引其至祖宗牌位前跪香,教而释之。

仙石周氏的家法贴近于现在的刑法,该宗族制定了6种处罚,每种处罚对应于若干条违规现象,一一对号,公示在堂,人人知晓,违者必究,勿言不测。处罚,旨在启发犯错者知错、改错,深刻反省,重新做人。无法挽救,逐出祠堂,这是骨肉亲情不愿有的事情。

宗法制的管理是三维结构,一是国法,二是族规家法与社约,三是行规,即行业规范。管理重在维护社会与家族秩序。

家法维护道德秩序、等级名分,与国家法律相辅相成,维护家庭内部秩序,控制本族成员不犯上作乱，解斗争、决是非，居有法，动有礼。

管理者语丝：

祖训、族规、家法，见于族谱、祠堂的墙壁上。各个祠堂的祖训、族规、家法不一样，有的文字多，有的文字少；有的写了，做不到；有的做到了，不写。好的家风，要有好的祖训、族规、家法，也要有管理力度，保证善风畅行。优秀的族长、家长，一言一行，都给人影响深远，任何条规无法与其比美。

宗法制下的规制，目标是家族兴旺。要求族民忠于朝廷，顺从长辈。要求妇女从一而终，保证个人的纯洁；子孙以耕读为本，鼓励读书做官、务农，不做奴婢、讼师、轿夫、屠夫、理发师、吹鼓手，禁止当和尚、尼姑。家法重视教育，旨在科举及第，而技术、音乐、哲学、医学等人才，不纳入宗族扶持的目标。男子被要求正直、朴素、勤劳，女子应相夫教子、管理家务、恪守妇道。婚姻要求门当户对，同姓不婚，经宗族长老讨论批准。族民要处理好上下关系、夫妻关系、主仆关系。和睦乡邻，规避词讼。维护门风，捍卫宗族利益，抵御外侮，保护环境。及时纳税，禁入会党。知廉耻，讲礼让，遵行家礼。宗族定点住居，形成一定的生活模式与文化风俗。宗族强调秩序，遵规循矩，不可张扬个性，一意孤行，应按份随时，迎合众议。

徽州的家法，以教育、警示为主，处罚为次，旨在令族民认识错误、改正错误，重新做人。屡教不改的，开除族籍，驱逐出村，或移送官府，按照国法治罪。各个宗族重视宣讲祖训、族规家法，徽州很多宗祠的墙壁上刻有祖训、族规家法，族民举目可见。非礼勿言，非礼勿视，非礼勿听，非礼勿动，人们知道管理的细则，而且令行禁止，管理便会产生很好的效果。

参考文献：

1. (清)方怀德、方淇湣纂：歙县《方氏族谱》，清康熙四十年(公元 1701 年)刻本。

2. (清)胡祥麟、胡祥木纂：绩溪《上川明经胡氏宗谱》，清宣统三年(公元 1911 年)木活字本。

3. (清)程际隆纂：《祁门善和程氏仁山门支修宗谱》，清光绪三十三年(公元 1907 年)刻本。

4. (清)邵玉林、邵彦彬纂：绩溪《华阳邵氏宗谱》，清宣统二年(公元 1910 年)木活字本。

5. (民国)余攀荣、余旭升纂：黟县《环山余氏宗谱》，公元 1917 年木活字本。

6.(明)王宗本纂:《休宁宣仁王氏族谱》,明万历三十八年(公元 1610 年)刻本。

7.(明)王铣纂:婺源《武口王氏统宗世谱》,明隆庆四年(公元 1570 年)黄西园刻本。

第八节 宗族档案管理

宗谱是宗族文件,这些文件是宗族管理人员制定的,如祖训、族规家法、排行用字,有些是编纂宗谱时整理出来的,如世系表、传记等。档案是原始文献,不经加工选择,原样封存。宗族档案包括:土地关系与财产关系文书,赋役文书,商业文书,宗族文书,科举、官吏铨选文书,教育文书,会社文书,诉讼文书,社会关系文书,各种契约、抄契簿、祭祀簿、经商账簿、会社簿、鱼鳞册、黄册、婚书、请柬、报喜书等。

徽州宗祠把档案存在公匣里,公匣又称众匣,它可分为祠匣、祀匣、会匣等类型。

族人将资金、土地捐入祠堂做祭祀费用,则记入祀匣,如公元 1627 年农历十一月十五日洪天南、洪大鳌将应得的土地捐给宗祠,纳入祀匣。洪文佑等将田 2 块、基地 3 号捐出用于建设祠堂,即这笔账记入公有的祠匣,该田的税粮从祠堂的账簿中开支。

明清时期,徽州人组织会社,会社设立"会匣"。如歙县呈坎罗氏文会规定:会社每年派 4 人负责管理,一人管理会匣,一人管理钥匙。凡是会社费用必须开匣上账。

徽州的公匣,指盛载账簿、档案的柜子、皮包、箱子,有的是账簿的指代。银匣是资金出入的账簿,谱匣是收藏族谱的柜子,或箱子。明代嘉靖年间的《窦山公家议》记载,该宗族设置"大匣""中匣"各一个,存储该宗族买卖文契、祭祀簿、合同、山场草册、佃约文书等。这里的公匣,即文件柜、文件箱,或称作档案柜、档案箱。

徽州有的宗族制定了公匣制度及其管理方式,如《歙县虹梁村程氏德卿公匣规条》共有 85 条,其中包括公匣组织形式、人员遴选、管理与监督规则、公匣功能及租谷银钱管理条例。

绩溪黄氏设三匣,编号为致、中、和三簿。"致"字号公匣收纳契约单据等失去效力的旧账簿,宗族的族长、斯文、能干、司值各书封条贴在公匣上。遇有大事,需要查看其中的文件，族长、斯文、能干、司值到齐拆封，阅毕，归匣封锁。小事，不许开封调阅档案文件。“中”字号公匣收纳关于历代祖宗的档案文件，每年祭祀时打开宣读其中的诰封传记颂词。中字号公匣还收纳当时具有效力的田地号簿、契簿、税簿。“和”字号公匣收纳遗产录、进主簿、上丁（出生登记）簿、老人礼生（做寿）簿、办祭胙簿、收租簿、收支簿，交接班管理的记录。以上三匣所藏，由族正、族副经管。

徽州有的宗族合族推举，或轮房按年轮流管理公匣。由贤能管理公匣，慎重保存交接，公开账目，相互监督，彼此制约，敬神盟誓，营私必罚。

宗族制定规章制度，防止有人违规篡改宗族档案文书账簿，或使其损坏、失落，防止有人转卖契据，已经批作废纸的文书仍然归存众匣。

徽州人为了妥善保护宗族档案，他们采用梁悬或窖藏的方法保存宗族公匣，或用油布包扎好悬挂在屋梁上，或藏在墙壁的夹层，或藏于暗室或地窖中，撒上白石灰防潮，用芝麻秆烟熏以防虫蛀。

公匣可以用来维系公有权利和义务。宗族是发展的，有分化，有联合。宗族的档案、文书、诉讼、议约、合同、账簿，是宗族的历史文件，慎重保存，为后人服务。一旦发生纠纷，可以查阅档案。战乱、水灾、瘟疫以后，人口发生变化，财产归属不清，有了档案，考查便有了依据。很多宗族将公匣禀报官方认可，增强公匣公信力。如公元1696年，休宁首村朱氏宗族更换公匣及管祠人，告知地方乡约保长，禀闻官府盖印予以认可。

管理者语丝：

徽州是一个文献之邦，历史遗存文献达几十万份，这与徽州宗族用公匣保存宗族档案密切相关。徽州文献除了宗族的收藏，个人也极为重视。清咸丰年间，太平天国军队与湘军在徽州打了许多大仗，曾国藩的帅府驻扎在祁门，徽州成为战争的必夺之地，往往一场战争数个村庄毁灭。战后生存者就以尚存的契约认领土地。徽州发生过数次较大的诉讼案，诉讼过程中需要大量的历史档案作证。现在研究徽学，整理文献，有的按照户头归纳文献，有的单户遗存文献上千份。这些档案文献的管理，客观上维护了宗族的利益。所以，宗族档案是徽州宗法管理的一个组成部分。

参考文献：

1. 王钰欣、周绍泉编：《徽州千年契约文书》（清民国编）卷1，石家庄，花山文艺出版社,1981 年。

2.(清)周之屏、周赞贤纂:《绩溪城西周氏宗谱》,清光绪二十四年(公元 1898 年)敬爱堂活字本。

3.《歙县虹梁村程氏德卿公匣规条》抄本,安徽大学程自信教授收藏。

4. 黄玄豹纂:歙县《潭渡孝里黄氏族谱》卷 6《附康熙己亥公立德庵府君祠规 · 议银两归匣》,清雍正九年(公元 1731 年)家刻本。

5. 咸丰《绩溪黄氏家庙遗据录》卷 1《祠制 · 斯文管匣》,安徽省图书馆藏。

6. 刘伯山主编:《伯山文书》,第 1 辑。

7. 田涛等主编:《田藏契约文书粹编》,中华书局,2001 年。

8. 刘道胜:《明清徽州宗族的"公匣"制度》,《中国农史》,2008 年 1 月。

9. 周绍泉、赵亚光:《窦山公家议校注》,合肥,黄山书社,1993 年。

宗族管理案例

案例 1　绩溪县龙井胡氏宗族的管理

宅坦村位于绩溪县西部,宅坦龙井胡氏属于"明经胡",其"尚"字辈分为 5 支,即:上门派、前门派、中门派、后门派、下门派。明代中后期建立 5 个支祠祠堂:豫格堂(上门派)、澳瞻堂(前门派)、敦睦堂(中门派)、继序堂(后门派)和叙伦堂(下门派)。明末天启二年创建总祠——亲逊堂,是本宗族最高权力组织,管理与公关活动中心。《亲逊堂宗祠会议录》二册,手写本,记载了宗族管理的有关问题。

宗祠有印章、祠谱、管理宗祠的规则与公约。族民推选族长,领导开展团体活动,召集会议讨论处理有关事务。

亲逊堂的管理人(祠管)由各派轮流,每年替换。各派经济上独立。在宗族内部,公与私是相对的概念,家庭里个人所有属于私,家产属于公;在支派里,家产属于私,支派财产属于公;在门派里,支派财产属于私,门派财产属于公;在宗族里,门派财产属于私,宗族财产属于公。

亲逊堂的管理班子由宗子、族长、祠管和三总共同承担。宗子与族长可以是同一人,也可由二人分担。宗子是世袭的,由上门派的长房长子担任,族长由族民直接选举产生。每年轮流管理祠堂的管祠人由选举产生。族中重大的事项,由宗族会议讨论决定。宗族会议参加者为族中有权对于事务表决的人。族长与管祠人是宗族会议决议的执行人,祠管又称总管,多为乡绅、儒者。副管是专业管理人员。管祠班子中有乡绅、商人和农民,各个门派的负责人,他们之间互相制衡。成年男性基本上都参与宗族活动,妇女不能进祠堂,五分之二的家庭有人在族中担任职务。

三总,管理祠堂门锁匙的人,管理宗祠印章与称衡的人,管理祠堂或登入祠谱票签的人。三总是明代修建祠堂时贡献最大的族民,三总职务世代相传,相互制约。

宗族费用由祠田、祠山和学田收入开支。亲逊堂共有祠田 206 亩,每年收租稻 8000 斤。

宅坦宗族组织体现了乡村自治原则,乡村精英构筑人脉网络。亲逊堂族民中,农民人数第一,商业人数第二。本土农民是宗族活动基本人群。务农的稳定性保证了宗族活动的连贯性。民间宗法制是君主制下的乡村自治空间,降低了国家的行政成本。(参见:《绩溪县宅坦村龙井胡氏宗族亲逊堂会议录》,《徽学》,2015. 12.)

案例 2　祁门县北部山区的六都村程氏宗族管理

善和是祁门县第 6 都,现为行政村,它管理 14 个自然村,即上村、中村、下村、林村、方村(现在称芳村)、沙湾、秀溪、东坑、许家坦、伟溪、漳溪、东园、竹山、枫林街。历史上六都的人口曾经有 2000 余人。程氏是六都的名门望族。程氏在宋朝分为松山、圭山、学山、仁山四大房,即四个支脉。仁山一脉人丁兴旺,成为程氏宗族的主体。仁山派程成津、程成海经商致富,号称"程百万"。元末仁山派程弥寿随朱元璋征战有功,明初他被任命为浮梁县令等官,著有《仁山遗稿》。程弥寿的孙子程新春,号窦山,人称"窦山公"。他勤劳、朴素、严于律己、厚待客人、仁义道德,善于管理家庭。他的子孙数人中进士,如公元 1442 年程显,1454 年程泰,1508 年程昌。程昌曾任四川按察司使,退休以后,他主持编修了程氏宗谱(附录《窦山公家议》)、六都村志,建设了 17 座祠堂,15 座牌坊。这是程氏宗族建设的顶峰。程氏宗族留下了 4 部家谱(嘉庆《衍庆录》手抄本、光绪《仁山门程氏宗谱》《祁门善和程氏仁山门宗谱》等)、2 部村志(康熙和光绪年间编纂的《善和乡志》)、1 部管理宗族与村庄的账本、1 部誊契簿。

善和程氏拥有公益性田地 320 亩,山场 1236 亩。田地与山场的收入,用于上缴粮税、祭祀活动、唱戏、灯会、抚恤老弱病残、资助教育等。

善和程氏宗族有军田 44. 5 亩,解决在军队服役人员及其家庭的生活费用,田地收入专款专用。

程氏族民自发组织的会社有 33 个。会社积极辅助宗族祠堂管理,特别是文会,扶善除恶,教育族民,端正乡风。族民自发、自愿参与组织,会员要缴纳会费。有的会社祭祀祖先名人,有的会社祭祀关帝(关羽)、朱熹、周王,有的会社集资修桥补路,有的会社帮助族民成家、入学。

程氏族民遵守三纲五常,孝敬父母,遵守家规家法,心仁而好义,有礼节,善学习,守信用。维护门风,光宗耀祖。程氏宗族将宗族祖先窦山公神化,管理者与接管者在窦山公神像前发誓,保证在管理中不营私舞弊。

程氏宗族重大事务集体商议决策,奖惩分明,管理建立在族规家法和村规民约的基础上,强调以德治族、以德治村,以德义情理感化族民。六都是民间宗法制的典型案例。六都村庄优美,生活富裕,这是程氏宗族有效管理的象征。(参见:卞利:《明清徽州的宗族管理、经济基础及其祭祀仪式》,《社会科学》,2006. 06)

管理者语丝:

徽州民间宗法制,在皇家贵族宗法制的基础上,继承了维护纯正血统的特点,将以权利、封地继承的宗旨改为以谋生发展的宗旨。朱熹的《家礼》,夏言的奏请允许臣民祭祀先祖,明清朝廷关于编纂宗谱的一系列圣旨、明清圣谕等,是推动徽州民间宗法制建设的 4 个里程碑。

徽州封闭环境是徽州的民间宗法制发展的客观条件。徽州在崇山峻岭之中,古代交通不便,信息闭塞,官府实际掌控能力有限。为了安全,同族集聚,防匪防盗。为了收人心,在下民不得祭祀上帝的规定下,祭祀祖先,建祠堂,修族谱。为了宗族的兴旺,发展宗祠经济,拓展公益事业,尊老爱幼,扶贫济弱,发展教育,振兴人才,光宗耀祖。祠堂是宗法制的象征,宗族办公场所,族民公共活动场地。徽州的祠堂实质上起着西方教堂的作用。

徽州民间宗法制的发展有其经济基础。徽州的祠堂多,规模大。往往一个村有许多祠堂,总祠、支祠、女祠、专祠,种类多样。豪华的祠堂建设用费 1 万多两银子。古代生产力低下,自然灾害频发,山洪、旱灾、瘟疫、疾病、兵祸,使得人民难以衣食饱暖,全国很多村庄没有祠堂,规模宏伟的祠堂很少。徽州在明清之际,新安理学盛行,盐商暴富,带动了徽商商帮的兴起。新安理学、商品经济孕育了儒商,儒商重视教育,带动科举繁荣。成功的商人与成功的官吏回报宗族,捐款建祠堂、买义田、祭田,修坟墓,修宗谱,弘扬祖训、族规家法,光宗耀祖。明清朝廷注重家国同构,有意把民间宗法制发展成为巩固政权的基石。

任何事物发展,有其先天因素、客观因素、社会因素与主体因素,各种因素并发,产生效应,这样就产生了管理上典型的徽州民间宗法制。

第四章

家政管理

家，指共祖（配偶与丈夫不共祖，但是共亲）、共居、共财、共荣、共生（包括爱好、习惯、文化、生理特征等）、共亲的团体。家政，指家庭的组织、经济、教育、生产、经营、生活、社会往来等方面的管理。中国的家政管理在全世界是最优秀的。

秦朝以前形成贵族宗法制式的家政管理。秦朝至唐后五代形成的贵族府邸及其庄园式的家政管理。宋代起开始建设民间宗法制，以后民间家政管理兴起。

家庭文明、家庭建设、家政管理，丰富了人们的生活，使人们感到幸福。人们总结家政管理经验，撰写家政管理著作，很多宗谱里写入了家政管理的条文。如绩溪县许余（二姓合谱）氏《南关惇叙堂宗谱》卷八《惇叙堂家政》，涉及七个方面：理财、祭祀、营造、养老、赈贫、助学、救荒，该管理把理财放在第一。光绪年间修《仙源杜氏宗谱》卷首《家政十四条》，内容涉及肃宗庙、谨祭祀、珍祭器、理祠产、修宗谱、序尊卑、设义仓、兴文会、明赏罚、节诸费、束家仆、治诸事、严闺阃、慎婚娶。丁耀亢的《家政须知》专讲家政管理。这些家政管理吸取了名门望族的管理经验，深入探讨，各有特色。

宋朝著名的家政管理著作如司马光的《家范》《家仪》，陆游的《绪训》《放翁家训》，朱熹的《朱子训子帖》《家礼》，袁采的《世范》等。元代郑泳的《义门郑氏家仪》，郑太和《郑氏家范》，对社会影响很大。明代民间家政管理得到朝野双方的重视，治家成为明白人关注的课题。名人的治家学说如方孝孺《宗仪》，曹端的《曹月川先生家规辑略》，霍韬的《家训》，姚儒的《教家要略》，庞尚鹏的《庞氏家训》，姚舜牧的《姚氏药言》，庄元臣的《治家条约》，陈龙正的《家矩》，王时敏的《奉常家训》等。清代经过康乾之治，社会安宁，建设幸福美满的家庭是人们关心的话题。许多官员儒士推出了家政管理著作，如孙奇逢的《孝友堂家规》，陈确的《丛桂堂家约》，张履祥的《杨园训子语》，魏象枢的《圣人家门喻》，朱用纯的《朱柏庐先生治家格言》，丁耀亢的《家政须知》，张英的《恒产琐言》，董国英的《传经堂家规》，曾国藩的《曾文正公家训》等。

在徽州,朱子《家礼》《家训》是家政管理的指导性、纲领性著作。徽州人读朱子书,行朱子礼,按照朱子的行为规范办事。作为家政管理,我们要进一步探讨朱熹的《家礼》。

第一节 朱熹的家政管理思想

朱熹在《家礼》中,讲到治家的“本”是名分与爱敬;治家的“文”是冠婚丧祭、仪章度数。“本”是家庭运行的精神支柱,“文”维系家庭纪纲人道的法则。家政管理的主旨是谨名分、崇爱敬,修身齐家、慎终追远。

朱熹在通礼中规定,建住房先立祠堂,祭祀身前四代祖宗,置祭田,出入必告,有事则告。朱熹认为家政管理重在正伦理,笃恩爱。朱熹在《家礼》中引用了司马氏居家杂仪,表述家政管理的细则。

一、谨名分、崇爱敬,正伦理、笃恩爱

朱熹在《家礼》中说,“谨名分”是家政管理的根本,管理应该培本衍末。“本”即管理的指导思想。

(一)谨名分 崇爱敬

名分,可以理解为名位与身份。《易》阐述的主旨为阴阳变化,《春秋》阐述的主旨为君臣名分。根据名分,宣示了与之相应的权利、物质的占有与管理权,以及从事某种服务的义务。家长负责家政管理,一家的人员、经济由家长支配、安排。家长,一家之长,身份所系,有必要管理家庭。

儒家学说中,“名”指君臣、父子、夫妻关系,“分”指与之相对应的责任与义务。在家庭中,父子、夫妻,表现为两个管理概念基因。父子、夫妻的互动体现了伦理精神,人生的价值与意义。父慈子孝,夫唱妇和,属于天性,父子表现为自然的敬爱感情,夫妻表现为自然的恩爱感情。家庭生活应该丰富这种感情,而不是疏远、离间、背离这种感情。维护父子、夫妻的感情,使家庭稳定和谐。“名分”的管理,维系人间文明。

名分哲学,遵守“自然”“和谐”“德性”的原则。《管子·正第》中有“守慎正名”之说,左丘明《国语·晋语四》有“举善援能,官方定物,正名育类”之说,所以朱熹在其《家礼》中提出了“谨名分”的管理思想。“谨名分”,正名,名不正则言不顺。

“百人逐兔”是法家对名分的解释和阐述:野外一只兔,百人追逐,不是大家都可以得到兔子,而是兔子的归属未定,名分未定。市场上卖的兔,没有人敢于强取,因为兔子有归属,名分已定。

儒家认为人的本性仁义、善良,管理者可以用礼乐激发人善良的心,追求真善美,谨守名分,可以达到管理目标。法家强化名分,严格约束人。韩非子的管理,重视应用权谋、权术以达到目的,主张用合理的规则定名分,严格约束管理人员,而自然、人情和道德为次。

礼、法下的名分,在管理上不是互相排斥的关系,而是有着互补的作用。比如夫妻举行婚礼,宣布结婚,言正名顺,这是礼治。到政府部门注册登记,使夫妻合法,这是法治。朱熹《家礼》中符合名分的夫妻,需要经过 7 个程序:议婚、纳采、纳币、亲迎、礼见公婆、在祠堂拜祖,以及见诸位亲友、拜见岳父岳母。证人、证据,系列程序,形成无可非议的、符合名分的婚姻。这样的婚姻不是一时感情冲动的联姻,是慎重的,经过多方论证,履行了规范的程序,表现了意志的坚定性,无怨无悔。婚礼旨在以名分促进、维系家庭的和谐和稳定。

谨名分,表现了强烈的角色意识,例如徽州流传的故事,当强盗谋财要杀死父亲的时候,儿子说他愿替父一死;在老虎咬住父亲的时候,女儿上前捶打老虎救下了父亲。生死攸关的时刻,儿女奋勇向前救父,充分体现了名分与爱敬的关系。

谨名分,重视科举功名、官位品级、爵位、谥号、封诰等荣誉称号,男子符合“孝子”的称号,女子符合“贞女、淑女”的称号。盖棺定论,墓碑上的碑文,神道碑上写出其人的功绩。咬文嚼字,不得有一字之差。特别是谥号,一字之差影响人的身份等级,例如曹振镛(公元 1755—1835 年),歙县人,武英殿大学士,军机大臣,他逝世后道光皇帝赐予谥号“文正”;汪由敦(公元 1692—1758 年),户部尚书,太子太师,他逝世后乾隆皇帝赐予谥号“文端”。“文端”次于“文正”,曹振镛的身份高于汪由敦。

谨名分,重视妻妾、主仆的身份。妻是家庭主妇,妾是没有主权的女性。徽州有大小姓之分,大姓是主子,小姓是仆人。仆人为主子服务,听从主子使唤。徽州有的仆人经商发财,捐款获得了官衔,在原来的主人面前仍然维护旧名分,自称仆人。

名分,家庭管理的工具,礼义廉耻与名分相关联,人的荣辱尊卑与名分相关联,每个人根据名分尽礼义,根据名分演绎自己的角色,也可以试图通过自己的努力取得较理想的名分。

（二） 正伦理 笃恩爱

儒家管理把道德伦理放在首位，三纲五常为基本伦理，君臣有义，父子有亲，夫妇有别，长幼有序，朋友有信。正伦理，要求正确应对10个问题，即：君臣、父子、贵贱、亲疏、爵赏、夫妇、长幼、上下八对矛盾，以及政事、鬼神两项事务。正伦理，是朱熹家政管理的指导思想之一。管理得很好的家庭，其成员应该忠于朝廷，父慈子孝，夫妇恩爱，尊老爱幼，恪守信誉。

徽州人把朱熹家政管理的指导思想贯穿于家训、族规家法中，例如休宁范氏族谱的怡乐堂家规：通奉大夫训示，一家人，父子亲，兄弟义，长幼序，朋友信，夫妻和柔，婆慈媳顺，士农工商俱应勤奋，远离赌博、争讼、声色、异端，过失相规，患难相恤，强不欺弱，富不欺贫。联族属，崇礼教，淑俊秀，力本业。

家庭是一个基本生活单元，营养物质的摄取地，精神生活的绿洲。伦理正，则一家人团结、互助互爱、互为支持，情意融融。

二、朱熹的家长制管理思想

朱熹在《家礼》中引用了《司马氏居家杂仪》一文，该文表达了家长制管理思想。

（一） 家长的任职条件及职责

家长要谨守礼法，以身作则，做遵守礼法的模范，做子弟与家众的表率。家长管理人事，分配工作，如安排子弟、家众管理仓库、房屋，在厨房、田地、菜园工作。授予他们权利，要求他们承担责任，检查督促他们认真做好本职工作。

（二） 家政财务管理

财务管理要有章程、有原则，有中长期计划。家长应量入为出，根据家庭状况，安排衣食及其他费用，裁减不必要的费用，禁止奢华。留有一定的资金，应对计划外（计划不到的、突发性事件）的经费开支。

家庭成员的俸禄及田宅所入一律交给家长（父母、公婆）。如果家庭成员要用钱，必须请示家长批准。儿、媳无私蓄，无私器，不私自借款，不私自赠予。外界送来的东西交给家长。儿子不得有私财，如果父子经济不统一管理，可能出现子女富，父母贫饥而子女饱的现象，这是不孝不义的。

（三） 组织纪律

家庭成员事无大小不得专行，应及时向家长请示汇报。家长（父母）在，不得自作主张。父母如果不当家，大小事也要请示汇报。号令出于一人，家政才好治理。

媳妇孝敬公婆,媳妇、孙媳妇每天天快亮时起床,洗漱穿戴,与丈夫一起到公婆处问候,丈夫唱“喏”,妇人道“万福”。问睡眠安否?安则退,不安,则了解缘由。此为晨省。父母公婆起床后,儿子供上汤药(儿子亲自调煮汤药),媳妇准备早餐、点心。开饭了,家长举筷子吃饭,儿子媳妇退出与子女在另一桌子上就餐,依长幼而坐,男左女右。夜,安置公婆就寝,此为昏定。无事则侍奉父母公婆,容貌谦恭,办事严谨,言语轻柔和气。父母公婆出入起居,亲自扶卫,不得涕唾喧呼。长辈命坐,则坐;命退,则退。

父母交代做的事,记在纸上,速办。办毕,向父母汇报;事未办成,和色柔声向父母说明原因。父母同意不做则止;如果于事无大害,父母嘱咐的事必须继续做。如果父母之命错了,儿子媳妇按照自己的主张做对了,也是不孝顺的行为。

父母有过,和颜怡色柔声劝谏。若不从,敬孝如初,等到父母高兴时再劝谏;或者请亲戚、乡绅劝谏。父母发怒,打儿子媳妇,虽流血不能抱怨,敬孝如初。

尊卑有序。子弟富贵了,不可以凌驾于父兄宗族之上,应该依旧行卑幼之礼。儿子外出要告诉父母,回来要向父母报告。来了宾客,父母坐正堂,儿子坐书房。无书房则坐在父母旁边,不可代替父亲做主处理事务。

关心父母健康,父母公婆生病,儿子媳妇无故不得离开。儿子亲调汤药、尝试后供上。父母生病期间,面带忧虑,不戏笑,不宴游,不做其他事,专门拜医求药。

爱父母所爱,敬父母所敬,父母所爱的,儿女也要爱;父母所敬的,儿女也要敬。对待父母,乐其心不违其志,乐其耳目,安其寝处,供养饮食。幼事长,贱事贵,皆如此。

媳妇不敬不孝,不要发怒,教育她改正。可以训斥,训斥无效,可鞭打,还不改,则把她赶出门,不明言其犯礼。儿子喜欢的妻子,如果是父母不喜欢的媳妇,则把她赶出门。儿子不喜欢的妻子,如果是父母喜欢的媳妇,媳妇应善待丈夫,行夫妇之礼。

男女有别。房子建成内外两进,深宫固门,内外不共井,不共浴室,不共厕所。男治外事,女治内事,男子白天无故不在私室,妇女无故不窥中门。妇女因故出中门用面巾遮住脸。

(四)　日常礼仪

尊敬尊长,晨省,昏定,丈夫唱喏,妇人道万福。坐着时,尊长来了,起身站立。路途遇尊长,则下马。

同居宗人,冬至、正月十五、每月朔望聚于堂上,丈夫自左西上,妇人自右东上，各自成列，长幼有序，共拜家长，长兄立于门左，长姊立于门右，诸弟妹依次拜讫，就列。丈夫坐西，妇人坐东，受拜。卑幼自远方至，见尊长，叙寒暄，问起居，三拜。

节日、家宴、上寿礼仪。晚辈盛服依序立，拜。长子立于家长前，执笏跪下斟酒，祝福道："伏愿某官，备膺五福，保族宜家。"尊长饮酒，回到原座。长子躬身，退，再拜。家长命下辈坐，再拜，就座。易服，退。

（五） 子女教育

生了儿子，择良家妇女做乳母。稍长，教儿子用右手做事，教儿子说自己的姓名、唱喏、道万福。稍大一些，教他恭敬尊长。幼成若天性，习惯成自然，父母应深识远虑，防微杜渐，不得溺小错以养大恶。6 岁应会数数，辨东西南北。男孩习书字，女孩习女工。7 岁男女不同席、不共食，诵《孝经》、《论语》，早睡早起。8 岁教以谦让。男孩诵《尚书》，女孩不出中门。9 岁，男孩诵《春秋》及诸史，晓之义理。女孩学习《论语》《孝经》《列女传》《女戒》，略晓书中大意。大家女子，精通经术，议论明正。不宜作歌诗，执俗乐。10 岁，男孩读诗礼传，以及孟子、荀子、扬子的书，知仁义礼智信。择要阅读《礼记》《大学》《中庸》。不得看非圣贤的书，防止惑乱心志。女孩教她婉娩顺从，以及蚕桑、织绩、裁缝、饮膳知识。女孩未加笄，帮助做饭。举行了冠礼、笄礼，责以成人礼。

（六） 仆妾管理

鸡鸣起床，打扫卫生。先公后私，听主人命，各从其事。年龄大的女仆，子女称其为姊，或姨。贵贱有礼，长幼有序，雍睦相处。不是缮修房子或因水火盗贼，男仆不入中门，女仆不出中门。内外传话、送物品的佣人，不得升堂入厨。如果发生矛盾，主父主母给予呵斥、杖打。男仆如果忠信，给予报酬多一些；如果欺诈，背公徇私，盗窃，弄权犯上，把他赶走。女仆，如果到了结婚年龄，勤劳少过，办嫁妆给她出嫁。如果多嘴多舌，文过饰非，放荡不羁，有叛逆意向，把她赶走。

司马光家政管理，为世人瞩目，已经收入世界优秀文化经典。其管理涉及家长的职责、家庭成员的职责、儿媳无私财、儿媳侍奉父母、长幼有序、男女有别、尊敬长上、管理仆妾等行为规范。其管理者是家长，其被管理者是家庭成员、儿子、媳妇、仆妾，管理的内容包括人事、经济、行为规范、礼仪、子女教育等，管理工具为礼节。

司马光家政管理，在理论上形成了家长管理体制，即家长制。家长制下，父子、夫妻、主仆、尊卑各个角色，在家庭中承担职责，每个角色有明确的行为规范。

司马光家政管理突出了家长的核心地位，大小事要向家长请示汇报。一家人共居、共财、共荣、共享信息(能说知心话)、共生(包括生产、经营、生活)、共同目标、(一盘棋)共荣。子女、媳妇,以及所有家庭成员要求无条件地服从家长管理。

尊卑有序,上对下为尊,父对子为尊,夫对妻为尊,主对仆为尊,官对民为尊,德对俗为尊。家庭中的尊卑关系是永恒的,父亲对儿子永远为尊,长辈对下辈永远为尊,丈夫对妻子永远为尊,主对仆永远为尊,不可变易。发财了,当官了,要模范地遵守礼节,尊敬长辈,孝顺父母,关心爱护老弱,以及仆人。

司马光家政管理突出了对于子女的管理,子女应该孝顺父母,一旦父母生病,子女怎么办?父母犯错怎么办?对媳妇的管理,媳妇必须无私财,媳妇犯错怎么办?对于子女教育,特别提示教育须从小抓起,深识远虑,防微杜渐,不得溺小错以养大恶。

司马光家政管理重视礼节,子女、媳妇早晚晨省、昏定向父母请安,坐着时遇有长上来起身致礼,路上遇到长上下马、下车致礼,以及祭祀、盛宴、迎接客人时应该遵守礼仪。

司马光的家政管理饱含儒家的仁义道德伦理。比如说,对待媳妇,强调慈爱和谐,对于犯错,屡教不改的,丈夫有休妻的权利。但是双方长期生活在一起,难免发生对抗,最终由公婆决定,即家长决定。多数宗族,为了防止公婆横强霸道,往往需要通过族长、宗子、房长等人的讨论决定。对待旧社会没有人权的仆人,族人尊称她们为姨妈、姐姐,仆人到了结婚年龄,给她们介绍对象,陪嫁妆。说明司马光的家政管理,既有管理条例,也遵循道德伦理的法则。

管理者语丝:

家长制,朱熹治理家政的第一定律。

家政管理的原则:谨名分,崇爱敬,修身齐家,祭祖敬祖、慎终追远,正伦理,笃恩爱。

家长享有家庭的主权,无论家庭大小,政令出于一人。家长负责家庭规划、人事安排、经济创收与经费使用,以及教育、社会往来、实施家法。家长无任期,可以至死不放权,也可以在一定年龄让儿子顶替,歙县梧凤园的汪氏到了50岁就将家政及商业企业交给了儿子。

家长的权利是绝对的,不容置疑。家长有权根据某个目标,指挥家庭成员的行动,甚至让某个人做出牺牲,下辈必须无私无我地顺从。家庭成员之间应该是亲爱和睦的。家庭之中不允许竞争,也无所谓平等与公平。由于共祖、共亲、共血缘,家长对于家庭是负责任的,这是家庭管理中的信念。家长是亲人、尊长,其权威不可非议。

家庭管理重在伦理,强化主人地位,家庭成员无条件地拥戴家长,要有良好的角色意识,做到父慈子孝、夫恩妇爱,长幼有序,互相关照。

父母兄弟姐妹应意识到自己的家庭角色与名分,严格分清长上与卑幼、男与女、主与仆的关系。每个角色的“名”与“分”是对等的,即权与责是对等的。每个人安分随时、恰如其分地表现自己,该说的话则说,不该说的话则不说;该做的事则做,不该做的事则不做;说话做事要求应时、应地、应人,即适时、适地、适人。

长辈爱子孙,子孙敬长辈。有爱才有敬,有敬方生爱。优秀的角色,产生浓烈的爱敬。浓烈的爱敬,显示出名分与达人。家庭讲究和睦,互相关爱。不要动不动就分析、斗争,把每件事进行评理论法。一心讲爱,事事如意,处处找碴,一无是处。处处时时想着可爱的家,而不是家外的爱。心向一处想,力向一处使。朱熹的管理理论有逻辑性,司马光的管理细则有可操作性,二者相辅相成。

家政管理要求人们遵守礼节,该做的做,不该做的不做;该说的说,不该说的不说,不可任性。人到了 15 岁以上举行冠礼、笄礼,在管理上这是激励、促进人奋发有为,给人一种生活的神圣感。婚礼、丧礼、祭礼等礼仪,使管理符合人性化,使人想到人生的情趣与意义。

家有政,治国齐家,家国同构。宗族以恩谊相结,亲其亲、长其长,天下太平。工业化以后,商品经济,社会化生活,家庭成员参与社会经济活动,人们处于竞争化、功利化、商品化的环境中,人情淡化,甚至消失。昔日的生活,日出而作,日落而息,男耕女织,男挑水女浇园,老婆儿子热炕头。朱熹的家政管理适应那个时代。现在全世界的家庭在摇晃中,家庭伦理淡化了,今天的我们重读朱熹的《家礼》,或许有所思,有所裨益。

参考文献:

1.(宋)朱熹著,1999 年王燕均、王光照点校:《家礼》,朱杰人主编《朱子全书》第 7 册,上海古籍出版社,安徽教育出版社,2010 年。

2.(明)范徕纂:《休宁范氏族谱》,明万历二十八年(公元 1600 年)刻本。

3. 胡中生:《清代徽州家政与乡族社会的善治》,《安徽大学学报》(哲社版)2013 年第 2 期。

4.(清)绩溪《南关惇叙堂宗谱》卷 8《惇叙堂家政》,光绪十五年刻本。

5.(清)《仙源杜氏宗谱》卷首《凡例》,光绪二十一年刻本。

6.(清)光绪绩溪《梁安高氏宗谱》卷 11《家政叙》,光绪三年木活字本。

第二节　孝　道

孝道是传统家政管理的第二定律。

孝,本意是善事父母,其中内含有尊敬、奉养、侍疾、承志、立身、谏诤、送葬、追念亲人等要素。

道,指规律、法则、天经地义的运行系统与行为模式。

孝道是人的素养、人性、道德伦理、文明态度。

中国传统中,孝是核心文化。宋朝以后,随着宗法文化的发展,孝道的理念上升为家政管理的铁律,子女必须奉行的准则,朝廷与宗祠互相协作,力推孝道、维护孝道。

一、孝的理念

孝,在西周,指尊祖敬宗,举行祭祀,传宗接代。《诗经》中有关"孝"的含义是顺从、恭敬。《诗经·小雅·小弁》:"维桑与梓,必恭敬止。靡瞻匪父,靡依匪母。"《诗经·大雅》:"永言孝思,孝思维则;永言孝思,昭哉嗣服。"诗意表达了对家乡父母的怀念、敬仰。

(一)　孔子说孝

1. 孔子说,爱,源自父母亲,延及外界,爱是人间和睦的基础。尊敬长上,就是爱,敬长则民顺。人们慈爱和睦,至亲至爱,尊敬长上,方会毅然执行长上的命令。孝亲顺命,广布天下,政通人和。(子曰:立爱自亲始,教民睦也。立敬自长始,教民顺也。《礼记·祭义》)孔子说,有爱敬之心,就会有孝顺之行,人人孝顺,天下太平。

2. 孔子对子游说,有人认为孝就是养父母。养狗养马,不敬,不为孝。孝的本质,在于对父母有一颗敬爱的心。(子游问孝,子曰:今之孝者,是谓能养。至于犬马,皆能有养。不敬,何以别乎?《论语·为政第二》)

3. 孔子回答樊迟的话说,父母在,待之以礼;死了,以礼安葬,以礼祭祀。(子曰:生,事之以礼;死,葬之以礼,祭之以礼。《论语·为政第二》)孝子不仅有孝心,行为还得符合礼节。

4. 孔子说,在家里顺从父母称作孝,在外面恭敬为人称作悌。(子曰:弟子入则孝,出则悌。《论语·学而第一》)

5. 有仁爱之心的人,最重要的是敬爱父母。(仁者,人也,亲亲为大。《礼记·中庸第19章》)

孔子说孝,阐明了孝的6级概念,即:孝——敬——礼——悌——仁——亲。孔子关于孝的6层概念互相关联。第一层,人应该尽孝;第二层,守孝道的人,对于父母应有敬爱之心;第三层,只是主观上怀有敬心,往往犯错,还必须按照礼节行事;第四层,行孝不仅仅在家庭内部,还应外延到社会,移孝为悌;第五层,仁是孝的本性,孝是仁的基点;第六层孝表现为亲切、真挚、无私,归属于父母。

(二) 孟子说孝

孟子继承了孔子的学说,进一步阐述孝道。他认为每个人都是父母所生,孝敬父母天经地义。社会应该善待老人,慈爱,仁义,亲亲,敬长,天下太平。如果不孝顺,就会懒惰,不勤奋;只管自己吃喝玩乐,不养父母;挣得金钱财物,与妻子在一起享福,把父母置之一边;爱好演艺音乐,不顾家庭生活;好勇斗狠,惹事端,不得安宁。(世俗所谓不孝者五:惰其四肢,不顾父母之养,一不孝也。《孟子·离娄下》)孟子要求子女时刻要把父母记在心中,不可任性。时刻想到:父母是否衣食饱暖、身体健康、安然快乐。

(三) 曾子说孝

曾子是儒家孝理论的集大成者,他继承和发展了孔子的孝道思想。

1.《大戴礼记·曾子大孝》)记载曾参教育的基点是让民众懂得孝道(民之本教曰孝)。曾子认为,孝是仁、义、忠、信、礼、行的根本。仁爱通过孝道体现,孝道有分寸地、合乎要求地、真实地演绎出仁爱。行孝才能产生礼治的效果。孝统摄社会准则,孝是善行的力源和根本。孝,贯穿于天地,衡于四海。曾子认为孝跨越时间、空间,是人类社会的终极伦理。

2. 曾参说,父母给予的身体,要好好地保护。人应该选择居处,忠君、做官尽职、为人守信、打仗勇敢,这些属于孝,否则为不孝。不孝,将祸及父母,一定要谨慎啊。(身也者,父母之遗体也。行父母之遗体,敢不敬乎?居处不庄,非孝也。事君不忠非孝也,涖官不敬非孝也,朋友不信非孝也,战陈无勇非孝也。五者不遂,祸及于亲,敢不敬乎?《礼记·祭义》)

曾子的学生子思,子思的学生孟子,他们提出了一整套儒家孝道哲学。他们认为孝的善德是天赋的,生而具备的。孝体现在五伦中:父子有亲,君臣有义,夫妇有别,长幼有序,朋友有信。

尧舜之道,孝悌而已。孝悌,为仁之本,君子务本,本立而道生。孝融天道、地道和人道为一体,延伸为博爱、德义、敬让、礼乐,明辨好恶,修身治家。孝子应该立身、存身、保全身体，立德、立言、立功，扬名于后世，以显父母。孝子应该求取功名，秉承父志，善继善述，维护家道兴旺，光宗耀祖。孝完善个人道德，规范人伦，促进家庭和睦，敬业报国，遵守礼仪，凝聚社会，由乱达治，发展文明。

西汉时期儒家，把孝纳入道德体系，成为贯通性、统领性的道德意识。北宋的张载著《西铭》，融忠孝为一体，把伦理学、政治学、心性论、本体论融入孝的体系。孝道以血缘为基础，以父权为凭借，维护家庭稳定，组建安全港湾。经过各方面的努力，使孝道成为人们的共识，家政管理的核心法则。人们遵守孝道的指导性文件是《孝经》。唐代把《孝经》定为经书，南宋把《孝经》列入《十三经》。五经《周易》《春秋》《诗经》《礼记》《尚书》，属于上层建筑的雅文化，《孝经》属于家政管理类的行为文化，是操作性很强的规范性文件。

管理者语丝：

孔子、孟子、曾参论述孝，从道德伦理上阐明孝的重要性。儒家提倡以德治政，而孝为德之源。孝德外延而有孝、敬、礼、悌、仁、亲，形成孝道脉络。

二、《孝经》

经书，表达圣人的旨意，至高无上。《孝经》被列为经书，要求人们好好学习。《孝经》，清代纪昀在《四库全书总目》中指出，是孔子七十弟子阐发孔子学术思想的言论，成书于秦汉。自西汉至魏晋南北朝，注解者近百家。现流行的版本，由唐玄宗李隆基作注，宋代邢昺作疏。全书共分 18 章，即 18 个主题。下面做简单的介绍。

（一）《孝经》（经过整理，供参考）

1. 孝，德之本源

孔子坐，曾参站立在侧。孔子问曾参：先王以德政治天下，百姓和睦，上下无怨。你知道吗？曾参回答：老师，学生愚昧，不知道。孔子说：孝，德之本源，教育的基础。人的身体包括毛发皮肤是父母给的，不得毁伤。立身行道，扬名于后世，光大父母，这是孝的终极目标。所以说，孝起于事亲，移于事君，归结于立身。人应该敬祖修德。

2. 天子尽孝

孔子说：爱父母的人，对人不敢行恶；敬父母的人，对人不敢怠慢。有爱敬心的人，心中始终想着父母。天子尽孝，播德政于四海百姓。一人有庆，兆民受益。

3. 诸侯尽孝

居上位不骄傲,则无风险;节制守度,满而不溢,高而不危,可得尊贵,可享富有。富贵在身,保社稷,和人民。尽职尽孝,战战兢兢,如临深渊,如履薄冰。

4. 卿大夫尽孝

按照先王的法、言、德、道行事。言行无私,出言无过,无怨无恶,敬守宗庙。废寝忘食,以事主人。

5. 士族尽孝

事父母以爱心,事君长移孝为忠,移敬为顺。忠顺事其上,禄位安泰,诚敬祭祀,兢兢业业。

6. 庶人尽孝

根据天时地利,谨身节用,以养父母。天子、庶人,行孝道,一以贯之。

7. 天、地、人与孝

孔子说:孝,天经,地义,民行。天经明,地义利,顺天,教化育民。引导大众博爱,行德义,倡谦让、礼乐,民众和睦不争;分清善恶,激浊扬清。树立表率,让民众看齐。

8. 孝治天下

孔子说:明王以孝治天下,不遗小民,万国欢心。治国,必鳏寡士民一视同仁。治家,善待妻妾。亲人安生,鬼神安宁,天下和平,灾害不生,祸乱不作。孝治天下,觉悟德行,万方顺应。

9. 德以孝为大

曾参问:圣德以孝为大吗?孔子答:天地间,人为贵。人行贵孝,尊重父亲。周公视父如天,郊祀后稷,宗祀文王。父母严教,儿女亲爱。圣人严教,人民敬肃。父子之道,君臣之义,在于厚重。不爱其亲,悖德;不敬其亲,悖礼。君子言思道,行思乐,尊德义,以法行事,容止可观,进退可度,民畏而爱,以身作则,德教广布,政令畅通。

10. 孝子事亲

孔子说:孝子事亲,居则敬,养则乐,病则忧,丧则哀,祭则严。事亲,居上不骄,为下不乱,在丑不争。居上骄则亡,为下乱则犯法,在丑争则武斗。行为不规范,虽每天给父母吃鱼吃肉,也是不孝。

11. 最大的罪是不孝

孔子说:刑罚很多,最大的罪是不孝。以君为上,以圣为法,以孝为亲。不这样做,天下会大乱。

12. 心存孝心、悌敬

孔子说:心存孝心,民众亲爱。心存悌敬,民众礼顺。移风易俗,在于音乐。安上治民,在于礼治。礼,即敬。敬父,子悦;敬兄,弟悦;敬君,臣悦;敬一人而千万人悦。敬者寡,悦者众,这一点很重要。

13. 家政教人行孝

孔子说:家政常规,教人行孝。孝,尊敬父亲。悌,尊敬兄长。臣,尊敬人君。尊敬君主,如同父母。至德,则顺民。

14. 孝、忠、悌,扬名后世

孔子说:事亲孝,事君忠,事兄悌,顺于长。居家(道)理,治于官。行成于内,名扬于后世。

15. 为孝,劝谏不义

曾参问:慈爱恭敬,安亲扬名,从父之令,算是孝吗? 孔子答:这是什么话啊!天子如果有7个坚持真理的臣子,虽无道,不失天下;诸侯如果有5个坚持真理的官员,虽无道,不失其国;大夫如果有3个坚持真理的官员,虽无道,不失其家;士如果有坚持真理的朋友,则没有危险;父如果有坚持真理的儿子,不会陷于不义。父亲如果不义,儿子应该劝谏;君主如果不义,臣应该劝谏;抗争不义是美德,只是听话,不等于孝!

16. 孝悌通神明

孔子说:明王事父孝,事天明理;事母孝,事地以时;长幼顺,上下治。天地察,神明彰。天子尊父,敬兄。敬宗亲亲,修身慎行,尊祖先敬鬼神。孝悌通神明,光于四海,东西南北,无思不服。

17. 事君

孔子说:君子事上,进思尽忠,退思补过,顺其美,改其恶,上下相亲。爱心无遐,时刻不忘。

18. 丧亲

孔子说:孝子丧亲,哀哭,无容,不文,不安,不乐,不甘,三日而食。守丧,不要伤身体,毁性情。守丧三年,棺椁衣衾,哀以送之;在祠堂里祭祀,以时思之。生前爱敬,死后哀戚,尽本备义,孝子事亲,有始有终。

(二) 历朝关于孝类的图书

除了《孝经》,历朝历代出版了很多有关“孝”这一主题的图书。

1. 传记

汉代刘向著《孝子传》,以后历代出版了11种《孝子传》,作者分别是王韶之、王歆、王仁俊、虞盘佑、师觉授、徐广、宋弼、肖广济、峁泮林、周景式、刘辑之。另外还有《孝子传补遗》《孝子传辑本》《古今孝友传》《孝弟录》《桑孝子旌门录》《诸史孝友传》。

2. 研究著作

研究《孝经》的著作有100多种,一般是给《孝经》作注、疏、解、问答、汇、通,便于人们充分理解《孝经》,以经书指导行动。

3. 文学类

文学类的书有《孝诗》《余姚两孝子万里寻亲记》等。

4. 宣传普及类

如宋代朱熹撰《二十四孝原编》,清代高月槎编《二十四孝别集》。

管理者语丝:

《孝经》以经书的权威,教导人们尽孝,告诫民众,孝起于事亲,移于事君。孝子心中时刻想着父母,不骄不傲,谨慎为人。孝子遵先王法度,言行无私。对君上,移孝为忠,移敬为顺。提倡博爱、德义、敬让、和睦,爱亲、敬亲,君臣、父子之道。亲人安生,鬼神安宁,天下和平。孝子使父母居敬,养乐,父病则忧,父丧则哀,祭祀则严。严惩不孝,敬爱君、父、长。孝子行成于内,扬名于后。君、父有过,孝子谏诤,顺其美,改其恶,善始善终。《孝经》述说各种人士行孝,各种环境下行孝。形成孝行规范逻辑体系,这个体系就是"孝道"。

人的生存贯穿着继承、守成、扬弃、发展的过程。不同的阶段表现不一,在未成年以前主要表现为学习、继承,成年到中年阶段存在着守成与扬弃发展的过程,晚年表现为传承与发展的冲突。工业革命以前,中国社会,特别是徽州,处于静态。山静、水静、村落静、生活状态静。800年历史的徽州,"月出惊山鸟,时鸣春涧中(王维诗)"。静态社会强调秩序稳定、继承与守成,不赞成扬弃,不倡导以竞争而获得发展。在理论上宣扬天理、天然。君权、父权、夫权属于天理,顺从属于天然。原生态的人群,原生态的村落,原生态的环境,这都是天然的。天然也是纯情。人情浓郁,资源丰富。管理的目标在于维护天理、天然。

在天理、天然中,每人、每物都有其属性。百姓归属于君王,儿子归属于父亲,妻子归属于丈夫。归属是永恒的、不可变易的。就像没有化学技术以前分子、原子、电子结构一样稳固。否则,就将其毁灭。

社会秩序、宗族秩序、家庭秩序要求稳定,稳定的核心要素是忠、孝、贞。

孝是人的一种天然的美德,符合天性。但是每一个人,因其身体健康状况的不同,人文环境因素的不同,以及不同时间地点诱发力的作用,美德往往不能表现饱和,甚至欠缺。

孝道,人们孝行为的规范,道德共识。有了共识与规范,人们可以在不同环境下,调控自己的语言行为,努力符合社会标准。

在教育不发达的时代,有的人没有知识,不能通情达理,往往出于盲动、冲动、妄动,悖逆孝道。于是定下铁律,下服从上。上有错,当劝谏,上不改,应顺从。孝是绝对的,直至以死尽孝。在优美的大自然环境中,人们追求美好的意境、情感与操守,忤逆事件发生的概率是很低的。孝道贯穿于家政管理中,为人们所认同。

三、官方推行孝道

孝是中华民族的传统美德,是政治道德、社会公德、职业道德、家庭美德、个人品德的基本元素。孝是亲情、友情、爱情的定海神针,否则亲情、友情、爱情就会失真、缺位,六亲不认,人的天性就会淡化。

(一)　中国历朝历代崇尚孝道

上古时期,舜是个大孝子,他的继母不喜欢他,害他,推井下石。舜逃出来,对他继母不但不恨,还十分孝敬。

把孝定为德行的规范条文。周代提出至(道)德、敏(行)德、孝德等 3 德;3 德配之 3 行,即:孝行(亲父母),友行(尊贤良),顺行(事师长)。《左传》提出“六顺”:君义、臣行、父慈、子孝、兄爱、弟敬,六顺内含孝的意蕴;孔子创建以仁为核心的道德伦理体系,以孝作为道德的根本。孟子在“人性善”的基础上,提出仁、义、礼、智(即:恻隐、羞恶、辞让、是非之心),孝、悌、忠、信。朱熹提出孝、悌、忠、信、礼、义、廉、耻,把“父子有亲,君臣有义,夫妇有别,长幼有序,朋友有信”作为“五教之目”。

(二)　从制度上推行孝道

历朝历代,在政治制度方面维护孝道。

1. 乡饮酒礼

《礼记》中把乡饮酒礼作为礼的一种规范,每年举行“乡饮酒礼”,敬老尊贤。60 岁以上的人入座,50 岁以下的人斟酒、端菜、送茶,敬老,崇孝。政府对 70 岁以上的老人免其 1 子的赋役,80 岁以上的老人免其 2 子的赋役,90 岁以上老人全家免去赋役,促进行孝。“乡饮酒礼”,政府维护孝道的一种礼治。

2. 千叟宴

清朝举办千叟宴,公元 1722 年正月初二,康熙皇帝在乾清宫宴请 1020 个 65 岁以上的老人。筵席上,老人和康熙帝一起进宴,皇子皇孙侍立一旁给老人斟酒。

康熙帝即兴赋《千叟宴诗》,康熙以后的皇帝沿用旧制,倡导人们尽孝。

3. 举孝廉入仕

汉文帝时,诏令天下郡守,推举孝廉之士,授以官爵。东汉时期,皇帝倡导养老敬老。隋唐科举制度中,设立孝廉科名。

4. 旌表孝德、孝行

《钦定大清会典事例》规定:“凡旌表节孝,在省府州县者,官银 30 两;满洲蒙古汉军,支户部库银 30 两;听其自行建(牌)坊。”现在歙县、婺源各有孝子牌坊 6 个。

5. 建祠祭祀

公元 1723 年,雍正皇帝诏令在学宫外建忠义孝悌祠、节孝祠,让学生祭祀孝子。

(三) 推崇《孝经》

把《孝经》列为科举教材,清朝顺治帝亲撰《御注孝经》,命令大臣编辑《孝经衍义》,康熙帝刊刻“满汉合璧”《孝经》,雍正帝敕纂《孝经集注》,颁布《圣谕广训》,宣扬孝道,推行孝治。

(四) 入刑法

隋唐后的刑律将不孝列为十大罪恶之一。明朝刑律规定,凡不顺从父母,致使父母生气的子女,皆为忤逆,可告于官,打板子或判刑。清代给予不孝者严厉处罚。《大清律例》规定:凡子孙殴打祖父母、父母,妻妾殴打丈夫的祖父母、父母者,皆斩首……骂祖父母、父母,妻妾骂丈夫的祖父母、父母者,判绞刑。如子孙贫穷,不能营生赡养父母,导致父母自溢者,杖击 100 下,流放到 3000 里外。奉养不足者,杖击 100 下。

(五) 纳入风俗治理

明清时期皇帝颁发圣旨治理社会风俗,把孝列在第一条。公元 1397 年明洪武皇帝颁布“圣训六条”:孝顺父母,恭敬长上;和睦乡里,教训子孙;各安生理,勿作非为。公元 1652 年清顺治皇帝颁布与明洪武“圣训六条”内容相同的“圣谕六条”,重申家政民风建设。公元 1670 年,康熙皇帝颁布“圣谕十六条”:敦孝悌以重人伦,笃宗族以昭雍睦。公元 1724 年雍正皇帝颁布“广训万言”,都把行孝、尽孝作为家政民风建设的第一要务。

(六) 孝子、孝行永垂青史

在正史、地方志、族谱中开设专栏,记载孝子孝行事迹。《清史稿 · 孝义传》总共记载清代全国孝义人物为227人;(道光)《徽州府志》卷12《人物志·孝友》记载孝友人物824人,其中:歙县226人,休宁102人,婺源313人,祁门40人,黟县61人,绩溪82人。其中有一条记载:孝子陈光,祁门闪上村人,诸生,割股疗母。其子陈尚迎,诸生,割股疗父。曾孙陈曾瑚割股疗母。陈光4代人,有3个人在父亲或者母亲生病时,把自己屁股上的肉割下作药,侍奉长上。

《清史稿·孝义传》卷旌表几种孝行:竭尽全力侍奉父亲、母亲,父母亲逝世后严格按照礼节守丧;不远万里寻找外出的父亲、母亲,使其生还或安葬;三至五世以上的和睦家庭,有人割股挖肝为父母亲治病;父母亡故以身殉丧(尽管朝廷不许伤生),各级衙门可以上报给予旌表。

管理者语丝:

官方推行孝道,以维护社会秩序与宗族秩序为目标。官方以行政措施,在教育、奖励、法律、舆论、风俗等方面弘扬孝道。官方甚至把孝道融入佛教、道教的教义中,把孝推向方方面面,植入人们的灵魂中。

四、民间推行孝道

受朱熹家政管理理论的影响,徽州人积极传承与维护孝道,组织合族祭祀活动,强化认祖敬宗意识,突出祭祀始祖与显祖。他们举行祠祭、墓祭、四时祭,把祭祖视为宗族最重要的活动,通过祭祀显现孝行。

(一) 出版图书,宣传孝道

徽州是文献之邦,历史上徽州的出版业很发达,他们出版了大量的孝类图书。

1. 出版图书,宣传孝道

汉代刘向著《孝子传》,以后历代编著了11种《孝子传》,关于《孝经》研究著作有100多种,给《孝经》作注、疏、解、问答、汇、通,深入探讨孝的理论。有人编辑《孝诗》,著《余姚两孝子万里寻亲记》,以文学形式传播孝道。

2. 二十四孝故事

宋代朱熹撰《二十四孝原编》,清代高月槎编《二十四孝别集》,以后《二十四孝》及《二十四孝图册》被大量印刷,广泛发行,几乎每家每户都有一本,人人知道书中的故事。

二十四孝故事,宣传无条件的行孝。比如说,"卧冰求鲤"的故事:孝子父母爱吃鲤鱼,孝子为父母每天捕鲤鱼,冬天冰封河面,无法捕鱼,孝子睡在冰上哭求鲤鱼,终于有一条鲤鱼跃出水面。"埋儿奉母"的故事:孝子家里粮食不足,父母吃不饱,为了不让父母挨饿,孝子决定活埋儿子,减少吃饭人口,满足父母温饱需求。卧冰求鲤的故事,是一个荒唐的说教,如果天下的人都去模仿,会害死许多人。埋儿奉母的故事,是一个残忍的说教,用现在的法律判断,属于杀人行为,以一种极为不道德的行为来粉饰另外一种道德,同样极为荒唐。但是,在那个一切都走极端的时代,行孝,就要把一切献给长上,毫不利己,直至做出非法无理的牺牲。徽州的族谱、地方志里记载了许多孝子为了父母治病而割股挖肝的故事,这是伤人害命的愚孝行为。

《二十四孝图》包括以下主题:

1. 孝感动天 2. 亲尝汤药 3. 啮指痛心 4. 百里负米 5. 芦衣顺母 6. 鹿乳奉亲 7. 戏彩娱亲 8. 卖身葬父 9. 刻木事亲 10. 行佣供母 11. 怀橘遗亲 12. 埋儿奉母 13. 扇枕温衾 14. 拾葚异器 15. 涌泉跃鲤 16. 闻雷泣墓 17. 乳姑不怠 18. 卧冰求鲤 19. 恣蚊饱血 20. 扼虎救父 21. 哭竹生笋 22. 尝粪忧心 23. 弃官寻母 24. 涤亲溺器

（二） 宣传孝感动天

1.《二十四孝》第一个故事的主题是"孝感动天",描述上古时代的帝王舜孝顺父母的故事。舜的继母不喜欢舜,虐待舜,要舜挖井,当舜在井下劳动时,她令舜的同父异母弟弟下石入井,舜从井下顺利地逃出来后,不但没有生气,而且孝敬如故。舜的孝行感动了天,大象帮他耕地,鸟儿帮他播种。

《二十四孝》中的"卧冰求鲤"故事,父母要吃鲤鱼,孝子卧冰恸哭,于是感动神灵,一条鱼跃出水面来。

《二十四孝》中的"埋儿奉母"故事,孝子郭巨家贫,饮食难饱,为不让父母挨饥饿,他挖坑埋儿,减少吃口,当土坑挖到一定程度时,发现一块黄金,买米有了经费,不用埋儿了。郭巨孝行感动了天,得到了积极的报应。

清代椿轩居士撰《孝感天》2 卷、《天感孝》2 卷,描述孝心、孝行感动神灵,以及天象神灵促进人的孝心与孝行。宣传天人感应,孝子心诚,就会感动神灵。

2. 树牌坊,旌表孝子

孝子的事迹由宗族上报到衙门,衙门认可后上报朝廷,皇帝批准后,在孝子故乡树牌坊。高大的石质牌坊,象征着道德的标杆与榜样,象征着万古不朽的荣誉。每个牌坊都有一个感动人的孝子故事,教育世人向他学习。歙县棠樾牌坊群 7 座牌坊,其中有两座孝子坊。牌坊群由西向东第一座"鲍灿孝行坊",建于公元 1534 年。该牌坊表彰知书达理的鲍灿,用嘴吸出母亲脚背上疮脓而使疮痊愈。第六座"鲍逢昌孝子坊",表彰鲍逢昌乞讨寻父、割股为药医治母病的孝行。其自西向东第二座牌坊“慈孝里坊”，表彰慈父孝子，内含孝行。具体事迹：宋元之交，乱军李世达劫杀筹饷，绑架了鲍宗岩及其儿子鲍寿，欲杀一人，以令鲍氏如数交足银两。如是父子争死，以保护对方，慈孝动天，狂风突起，呼啸如潮，乱贼惧而逃离。生死关头，父慈子孝。

3. 建世孝祠

盐商鲍志道为棠樾鲍氏宗族建“世孝祠”。孝是百善之首，男子是孝子，方可死后入谱，葬祖坟山。建世孝祠，敬述先德，激励后人。

4. 家规家法维护孝道

歙县东门许氏宗族《许氏家规》规定：不孝不悌者，众执于祠，切责之，将屡教不改者，鸣于公，正典刑。

5. 宗谱立传表扬孝子

绩溪华阳邵氏宗族《新增祠规》：苟有一行一节之美，如孝子顺孙，义夫节妇，或务学而荣宗，或分财而惠众，皆祖宗之肖者，乡党之望人，族人宜加敬礼，贫乏则周恤之，患难则扶持之，异日修谱则立传以表扬也。

6. 把孝道纳入家训、祠规

歙县《潭渡孝里黄氏家训》：子孙为学，须以孝悌礼义为本，毋偏习词章，此实守家第一要事，不可不慎。

《萧江全谱》附录卷五“祠规”：孝顺父母，奉养父母。关心父母的疾病劳苦，委婉劝谏父母的过失。不妄听妻言，不冒犯亲人。父母有偏爱，甘心承受，加意尽礼。孝顺子孙，家门昌大。尊敬本宗与外亲长上，尊敬官长、乡达，顺从奉命。让席、让路。和睦乡里，异姓同姓，田土相连，守望相依，谦和敬让，喜庆相贺，患难相救，彼此协和，不可构怨启衅。“祠规”教训子孙以孝弟忠信。

7. 塑造孝文化

在民居、祠堂的牌匾、楹联、书画中向子孙灌输二十四孝故事。小说、故事、民歌、民谣里含有丰富的孝文化。例如：

（1）　对联

孝悌传家根本　诗书经世文章

慈孝后先人伦乐地　诗书朝夕学问性天

（2）故事

民间广泛流传关于孝子的故事。如唐代歙县章祈村章顶二女从虎口中救母，并侍奉母亲终身不嫁，朝廷封赏其村为孝女村，专为其建家庙，宋代范仲淹亲笔题额，将事迹书于《唐书》。

(3)小说

《儒林外史》《红楼梦》《三国演义》等各种小说,文以载道,弘扬孝道。《信马由缰说铛金》,讲述劝孝、扬孝、显亲、娱亲的故事。

(4)木雕、砖雕、石雕中刻画二十四孝故事

(5)在戏剧中宣传孝道

戏剧《目连救母》,以一个神话故事,描述孝子历经千难万险从水深火热中救出母亲的故事。

(6)通过书院,私塾,府、县学,传播孝道理念

推崇礼教坚守程朱学说,县志记载明清两代,歙县割股、割臂、割肝疗亲者达162例,全徽州数以千计。传播孝道。使孝道融化在人的血液里,浇注在灵魂中,根深蒂固。

徽州歙县人凌仲子,担任宣城(当时称宁国府)府学教授,他孝敬母亲,母亲住在他的学署里,一旦不称心如意而生气,他就跪在母亲面前,等到母亲笑了,方才起身。

《歙事闲谈》卷二十八记载:徽州男子方立礼生母是妾,生母去世后,继母只关心自己生的两个儿子,经常杖打方立礼。有时把方立礼打昏过去,方立礼苏醒以后,依然没事一样地孝敬继母。方立礼父亲去世后,继母把他赶出家门,他站在门外,依旧早晚给继母问安。继母生病,他到处求医访药。他的妻子洪氏,受到婆婆杖打,毫无怨言,还不让丈夫知道。婆婆生病,方立礼的妻子着急得吃不下饭,四处求医,婆婆病情好转,心才安宁。

《歙事闲谈》卷二十九:歙县人张三爱母亲病危,家贫没钱买药,他在路上乞讨牛肉汤给母亲喝。行人对他说,你妈妈的病吃了肝就会好。张三爱对神祷告后,掏出锋利的匕首把肚子划开,割下一块肝,用白麻缠紧伤口。他母亲喝了肝汤,病愈。

徽商背乡离井做生意,书生千里迢迢考取功名,身在外,心系故乡。当了官,赚了钱,报效故里。他们在家乡建祠堂、修桥筑路、建书院。父母去世,千里奔丧。如果父母在外逝世,儿子不辞千里,扶棺归葬。无论为官、为商,他们维护家乡与宗族门第名声,由孝生爱、团结、仁义、奉献、帮扶,报效乡梓,奉上一片仁孝之心。

管理者语丝:

孝,家政管理的第二定律。封建社会,小农经济,交通与信息闭塞,人们活动范围小,神仙空间大,知识空间小。历史、天文、地理、物理、哲学混同。人处于原

生态,真纯,感性,冲动之中。但是人口少,社会压力小;大自然优美、宁静,宁静的自然能够洗刷心灵。人在天然、丰富的环境里,内在的能量强大。强大的内驱力与主观的蒙昧往往形成冲突。家庭成员几十年共居、共财、共荣、共生,父子、夫妻、妯娌、婆媳、兄弟之间总会产生一些不一致,甚至冲突。家政管理者认为,父母是创始人,父母必然关心子孙,丈夫必然关心配偶。子女孝敬父母,顺理成章。理,法,绕不开"孝",子女行孝,家庭和睦。孝,化解了许多无言的矛盾。孝,成为家政管理的定律。

孝是一种美德,人的天性。孝,定为下对上的顺从,毫不利己,一心事上。家政管理第一定律是家长制。家长关心子孙,管理家庭。子女孝顺,则家政管理高效。家长领导孝子贤孙奔向美好,奔向未来。任何组织要达到美好的状态,必须各方协调互动,孝道关心在上位的人,处于上位人自然关爱子孙的幸福与发展。

绝对化往往将事物引向反面。孝,应该不伤害人的健康、生命与善良的心。郭巨埋儿的故事,卧冰求鲤的故事,孝子割股挖肝的故事,是恐怖的,亵渎了人间的美德。孝道,应符合人性,不可压抑人生。孝应兼顾人的健康,正常发展,使人有作为。

孝的需求与生命力成反比,人在生命力旺盛的时候,感受不到孝的作用与意义。当人在生命力衰微的时候,迫切需要孝子在身边。如果一个生命力衰微的老人有两个儿子,一个儿子在千里之遥做皇帝,一个儿子在身边当农民,这时候,身边的儿子是老人最称心如意的。孝心、尽孝,不是锦上添花,而是在亲人衰微的时候,给予关心,孝是美德。

孝为德之源,孝道可以修身养性、融合家庭、敬业报国、凝聚社会。孝道需要遵循天性、亲情、礼节、人权、法律。人是家庭人,又是社会人。人是道德人,又是博弈人。人是儒者,又是法人。孝道维护家庭和睦、秩序,但不可忽略社会人、法人的地位,保证人的健康,使人有生存与发展能力。

参考文献:

1. (宋)朱熹:《四书集注》,岳麓书社,1985 年 3 月。

2. (宋、元)人注:《四书五经·礼记》,天津市古籍书店,1988 年 7 月。

3. (清)阮元校刻:《十三经注疏·孝经》(清嘉庆刊本),中华书局,2009 年。

4. 蒲霞:《徽州名儒对孝子诠释及其意义》,《安徽大学学报》(哲社版),2016 年 1 月。

5. 蒲霞:《徽州旧志与徽州孝文化》,安徽省管子研究会,2011 年年会。

6. 樊程:《清代徽州孝文化特征研究》,硕士论文,安徽大学,2013 年。

7. (民国)许承尧撰:《歙事闲谭》,黄山书社,2001 年。

8. 唐松波、耿葆贞注释:《孝经 · 二十四孝注释》,金盾出版社,2008 年 6 月。

第三节　妇　道

妇道,传统家政管理的第三定律。

妇人,指妻子,结了婚的女子。男人结了婚,成了家,男人主外,妇女主内,相对于男子,妇人就是家的象征。小农经济时代,妇人的职责:做饭、洗衣、缝补、织布、做衣、做鞋、侍奉公婆、生孩子、抚养孩子、教育孩子、帮助丈夫耕种、砍柴、种菜、喂猪、养鸡、打扫卫生、社会往来。如果是官员的妻子,还得监督丈夫执政廉洁,忠于职守。

同姓不婚,在家庭中,妇女与其他成员血统不同,但是亲情相连,与其他家庭成员一样,共财、共荣、共生。男子创业,妇女理财,妇女是家政的管理者,家庭的兴旺发达与妇女息息相关。传统家政管理者认为,妇女必须遵守妇道,履行妇女的责任。

一、妇道的概念

道,指规律、法则、天经地义的运行系统与行为模式。妇道是人的素养、人性、道德伦理、文明态度。妇道,具体表现为:贞节、孝敬、卑顺、勤俭、谨慎。一般从妇德、妇言、妇容、妇功四个方面进行考察。

早在《谷梁传 · 襄公三十年》中,就记载了伯姬以守贞而尽妇道。《史记 · 五帝本纪》记载,尧的两个女儿嫁给舜,不以帝女而骄,为人谦虚谨慎,能尽妇道。《后汉书 · 列女传 · 鲍宣妻》,称鲍宣妻行妇道,乡邦称赞她。唐韩愈在《楚国太夫人墓志铭》中称皇姑尽妇道,六亲赞扬。以后历朝正史都表扬遵守妇道的人。

关于妇道的语义,《孟子 · 滕文公下》解释为:“以顺为本者,妾妇之道也。”《礼记 · 丧服 · 子夏传》解释说,守妇道的女子,“未嫁从父,既嫁从夫,夫死从子”。《周礼 · 天官 · 九嫔》解释说:妇德、妇言、妇容、妇功,是女子第一要紧的品德。《礼记 · 郊特牲》:“信妇,德也。一与之齐,终身不改,故夫死不嫁。”

妇道规范妇女行为规范,妇女必须深入理解,落实在行动中。

（一） 三从

在封建社会，女子不是独立的法人，她在人生的3个时期依附于3个人。

1. 未嫁从父　古代“父为子纲”“夫为妻纲”，女子一生应听从、随从、服从、跟从主人，不能自专、自主。未出嫁的闺女，必须遵从父命，听家长的话，孝顺父母。

2. 嫁后从夫　女子出嫁后，是丈夫的妻子，辅佐丈夫管理家庭。在迎娶仪式上男领女，女从男，夫妇之义从此始。到了夫家，妻子的职责是相夫教子。“天命不可逃，夫命不可违”。敬重丈夫，夫唱妇随，举案齐眉，相敬如宾。

3. 夫死从子　丈夫死后，家庭的主人是儿子，如果儿子尚小，妇女有责任抚养儿子，辅佐儿子管理家政。

（二） 四德

妇女四德，德、言、容、功，即德行、言辞、容貌、专业能力，又称作四教、四行。四德原是宫廷内对于众多女子的规范，然后扩展到上层社会家庭对妇女角色的修养，以后传播到民间，广为施行。郑玄解释：妇德谓贞顺，妇言谓辞令，妇容谓婉娩，妇功谓丝麋。

1. 妇德：妇德包括贞、顺两个要素。“贞”是坚守节操，守身如玉，对丈夫忠诚不二；“顺”是顺从公婆、丈夫，谦恭有礼。

2. 妇言：一言可以兴邦，一言可以覆邦。三个女子一台戏，几个女子在一起，言情激荡，热闹非凡。治家要防止伶牙俐齿，恶言伤人，致使婆媳、兄弟、妯娌等家庭成员不团结。妇言不贵多，而贵恰当，如勉励丈夫、教训孩子，委婉劝谏，明志守礼。言语中有关心、体贴、温情、正气，妇言体现女子的个人道德。如果挑拨离间，多嘴多舌，构成妇女“七出”罪，就把她赶出家门。

3. 妇容：妇女应该仪态端正，神态慈祥，温顺柔和，服饰整洁，质朴无华，不刻意打扮。男子对于妻妇，应该戒美色，重品德；世上只有三件宝：丑女、瘦田、破棉袄。骄奢、嬉笑、愁眉苦脸都不是正态。妇女应以适当的仪态出现在不同场合，事亲恭敬，事夫柔顺，对下慈爱，居丧悲哀，避乱镇定，荣华质朴，富有厚道，处处显示出一幅有德性的容貌。

4. 妇功：指妇女的专业能力，如采桑养蚕、纺织、做饭、酿酒、腌菜、刺绣、做衣、做鞋；侍奉公婆、丈夫，生养孩子，教育孩子，招待宾客，准备祭祀用品和协助祭祀；皇后、贵妇人应知书达理，协助丈夫治政。各个阶层的妇女的妇功不同，上层家庭的妇女的妇功涉及治政，下层家庭妇女的妇功涉及谋生。上层妇女要求具有较多的文化与礼仪知识，下层妇女要求具有各项基本劳动本领。

家，指共祖（配偶与婆家不共祖，但是共亲）、共居、共财、共荣、共生（包括爱好、习惯、文化、生理特征等)、共亲的团体。妇女主持家政,负责理财、教育、经营、社会往来,妇女从事管理,称作主妇。妇女在言行上遵守三从四德,遵守妇道。妇道是发展的,“女四书”是妇道体系的主脉。

管理者语丝:

传统家政从孝道、妇道入手进行管理。孝道主要为男子的行为规范,妇道主要为女子的行为规范。妇道提出三从四德的行为规则,以正伦理,笃恩爱,保证家庭的和睦。

二、妇道体系的主脉“女四书”

中国古代把“四书五经”定为经典,“四书”指《大学》《中庸》《论语》《孟子》。“四书”由南宋朱熹汇集刊刻。《论语》记载孔子及其弟子的言行,阐述了人的伦理道德,为人处事的原则;《孟子》记载孟轲的语录,教人存心养性,收其放心,率性,循天理。《大学》摘自《礼记》,述说穷理正心,修己治人之道。《中庸》摘自《礼记》,述说人心、道心危微,取精守一,安危著微,不偏不激,以道心主身,听从天命。元朝将《四书集注》定为科举考试的教材,明清沿袭。熟读“四书”,为道德教育服务,也为科第功名服务。

古代女子不入官府学校读书,高门大户请女师在家中教育女子。古代针对女子不参与社会事务的特点,要求女子学习“女四书”,即《女诫》《内训》《女论语》《女范捷录》。

“女四书”相对于“四书”,属于女子性别的经典教材。“女四书”原是宫廷女子教育的教材,以后延用于贵族豪门,继而广布民间。

工业革命以后,女权运动,妇女解放。婚姻自由,性交无禁,随意结婚,随意离婚,家庭在动荡,艾滋病在蔓延,有人不敢结婚。现在人不讲妇道,几乎没有人知道妇道了。徽州商人外出经商,往往一年、数年、十几年不回家,他们的妻子在家抚养教育孩子、照顾公婆、耕地种菜、砍柴挑水、养蚕织布,勤勤恳恳,任劳任怨。她们遵循妇道,主持家务,注重做人,壮大门第。读“女四书”,可以略知妇道。作为传统文化,知道一点妇道也是可以的。

“女四书”文言文,繁体字,没有标点,典故多。我们在这里把“女四书”进行整理、压缩,便于轻松阅读。

(一) 《女诫》

东汉班昭著。班昭,字惠班,又名姬。东汉史学家、文学家班彪的女儿,班固的妹妹。其丈夫曹世叔，世叔早卒，她守节育子曹谷。她续写了《汉书》八表及《天文志》，撰《女诫》，年70余卒。朝廷任命她为后宫皇后、皇妃的老师。《女诫》内容包括卑弱、夫妇、敬慎、妇行、专心、曲从和叔妹七章。

《女诫·序》：

我不是聪明人，在父母的关怀教导下成长。我14岁嫁给曹氏。婚后，小心谨慎，生怕有辱父母教养之恩。我日夜操劳，生怕疏忽大意，辜负朝廷赐予我的恩禄。现在儿子曹谷能自立，不用担心。女孩到了出嫁的年龄，我病体多思，不知在世还有几日，写成《女诫》，令女孩抄写，希望她们深入理解、实践，勿负母心！

1. 卑弱

古代女子出生三日，让她躺在床下体会女子地位卑弱，旁置瓦砖，让她体会劳动事主与祭祀礼仪。位卑、劳动、祭祀，是女子应该深刻理解的礼法典教。女子知道卑弱，谦让恭敬，先人后己，不争名利，有错认错，忍辱负重，如履薄冰。早起晚睡，夜以继日。不论大小事，难事易事，亲手做好。正色端操，事奉夫主，清静自守，不嬉闹。准备酒食，祭祀祖宗。这三条做好了，不会遭到人家的非议。

2. 夫妇

夫妻，阴阳交合，通神明，达天地弘义，属人伦大节。《礼》贵男女，《诗》著《关雎》。夫贤以御妇，妇贤以事夫。御妇显威仪，事夫显义理。御妻妇，整威仪，事夫主，存礼义。八岁读书，十五至学，当记心里。

3. 敬顺

阴阳男女，阳刚为德，阴柔为用，男贵强，女弱美。修身若敬，避强若顺。敬顺是妇人大礼。敬则持久，顺则宽裕，谦恭卑下。夫妇之好，终身不离。不抗争，不过言，不争讼，和亲义，好恩合。

4. 妇行

女子四德：德，言，容，功。妇德，不可出风头显示才华；妇言，不可辩口利辞；妇容，端庄，不刻意打扮；妇功，具备管理与专业能力。妇女应该贞静守节，懂得礼义廉耻，动静有法，说话委婉，不道恶语，合于时宜，不嬉闹，衣着整齐，清洁卫生，善待宾客。存心努力。

5. 专一

按照礼法，男子可以再娶，妇女从一而终。丈夫为天，女子为地，地不离天。遵守神意，不受天罚；遵守礼义，不受丈夫处罚。丈夫爱妻，一生幸福，不爱则一生痛苦。女子对丈夫专心一意，耳不途听，目不斜视，容貌端正，不聚群，不串门。

6. 曲从

下定决心，处理好公婆关系。丈夫爱你，公婆说你不好，应当曲从。公婆讲得对与不对，你都听着，不要辩论是非。

7. 叔妹关系

丈夫的弟弟妹妹赞扬，公婆喜欢，相处和睦。人有过失，贵在改过，和则无谤言。二人同心，其利断金。嫂嫂小姑，笃好崇恩，徽美显章，宜谦和顺，不可自高骄盈。

班昭给女儿写的《女诫》，言语不多，情真意切。女子要离开娘家到婆家去过日子，良好的教育至关重要。班昭教育女儿，谨记自己地位卑下，要勤劳、敬神，增强在言、德、容、功四个方面的涵养。女子对丈夫应专心一意，孝敬公婆，与各个家庭成员和睦相处。班昭《女诫》的观点，即夫为妇纲，丈夫是主人，妻子顺从丈夫，处人行事以和为贵。《女诫》写于汉代，有时代的烙印。《女诫》明清时期被选为女四书，认为它是女子教育的优秀教材。家政管理，主要是人的管理，教导家庭成员如何做人，《女诫》是教导女子做人的教材。

（二）《内训》

（明）仁孝文皇后徐氏撰。徐氏是明大将徐达之女，明成祖朱棣的原配夫人。徐氏待人处事体贴谨慎，深受太祖及马皇后赞许，永乐元年被册封为皇后。永乐二年（1404 年），徐皇后选辑先人教典及太后马氏的言论，编撰《内训》成册，阐述妇道，教育众位宫女。她另著有《劝善书》。《内训》涉及德行、修身、慎言、谨行等 20 个主题，言简意赅。

《内训》简介（经过整理）

序　小时候，父母教育我诵《诗》《书》，学习女子事务。祖先积德，我有幸被选入宫中。马太后教育我们遵守礼法、仪范。入宫 30 余年来，我遵循太后旨意，开展宫女教育，修德自省，协助皇上治理内宫。我阅读历史传记，发现历代贤妇贞女，德性好，受过良好教育。按照传统，女子 10 岁，请女师讲课。读曹大家的《女戒》，以及《女宪》《女则》。女子教材一般引用《礼记》中“曲礼”“内则”的话，《诗经·国风》“周南”“召南”的小序及各种传记中关于女子的记载。我根据马太后的训言，在永乐二年（公元 1404 年）冬，把它整理为《内训》20 篇，作为宫女教材。

圣贤严于养德，修身。女子应慎言、谨行，善待外戚。本著浅陋，观者不必拘泥于言辞，应理解内涵，或有益于治内。永乐三年（1405 年）正月望日序。

1. 德性

女子的德行，在于贞静、幽娴、端庄、心诚、专一。孝敬仁明，慈和柔顺。德性源于禀性,成于努力学习,不应强调外在因素。

贞女,修性情,治心术,崇道德,配君子,成其教。女子应限言,节动,制心,制欲,养德,慎重修身。

养德应修性,成性宜积德。衡度修身,勤俭豁达,有母性风范。不宜骄盈嫉妒,任性放肆。灵魂纯洁,情操高尚。

2. 修身

目不视恶色,耳不听淫声,口不出傲言。不可目花、心昏、骄奢,居必肃,行必正。妇德贞顺,不图华丽。修身应养心。修身立德,而成家业。

3. 慎言

言为心声,言语得当,安如泰山;言语失当,如火燎原。妇人幽娴,言多必失,女子当自持,缄口内修,从容宁静,家道雍穆。女子贵德,言齐国安。合德必言,滥言失德。

4. 谨行

女子言行谨慎。骄横不羁,其行断崖。行为高尚,厚积薄发。品行端正,亲疏分明,长幼有序,贵贱有等。有作为,宜谨慎。修家政,和上下,睦姻戚,协调左右。好女子,修德守贞。

5. 勤励

女子勤励不息,农勤以求五谷丰登,士勤则学问大成,女勤则机杼梭鸣。后妃养蚕,积桑麻,酿酒浆、备菜肴,供祭祀。早起晚息,不辞劳苦,珍惜光阴,虽富贵不怠惰。

6. 节俭

淡素养性,节俭养德,奢靡失德。盛气抑志,激情乱理。欲壑难填!丝绸奇肴不如布帛五谷。色味令人昏聩,清淡去病延寿。敦廉俭,绝侈丽,海内殷富,礼义可兴。

7. 警戒

行为端正,富贵不骄盈,贫贱不失志,居安思危。即使小事,天知、心敏,认真对待。行之以诚,持之以恒,通神明,臻百福。意念与行为要慎,考虑周全,防患于未然。

8. 积善

吉凶灾祥,善恶报应。积善积德,上天赐福。天德明鉴,善积福禄。积善成德,神明自得。率先训,不损人利己,不欲火燎人。积德,丈夫享福禄,子孙有嘉祥。

9. 迁善

人孰无过,知过则改。小过不改,可成大恶;不辞小善,能成大善。妇女不可惰慢、嫉妒、邪僻。不以恶小不除,不以善小不为。

10. 崇圣训

有德内助垂范后世。贤内助,明圣资,秉贞德,博古今。共同创业,弘基风化。微言奥义,上下诚德,福庆之本。内佐君子,长保富贵,利安家室!

11. 崇尚女贤模范

诗书所载贤妃贞女,德懿备行,可为师表。女子亲书史,以史为镜,权衡轻重,度量长短,矫正言行。修恭俭,求贞顺,效诚庄,行孝敬,心向圣贤,高山仰止,景行行止。

12. 事父母

孝敬事亲,养亲易,敬亲难。孝是第一道德,通于神明,感于四海。衣食饱暖,起居健康,朝夕侍奉。大事小事,不违其亲。事亲,不以贵移孝,不以富改心。事亲如事天,让父母心安无忧。

13. 事君

事君,以忠诚为本,以礼义为关防。勤俭慈和,诵诗读书,不忘规谏,把爱君放在心上。居处有常,服食有节,言语有章,戒谗言,不涉外事,远离邪僻,不干政挠法。

14. 事公婆

孝敬公婆,致敬,致严,致爱,则顺。专诚毋怠,尊重公婆所爱、所敬,乐其心,顺其志。有事请示他们,公婆的吩咐立即执行。

15. 奉祭祀

遵守婚姻礼仪,承先祖、共祭祀。夫妇亲祭,奉神灵,奠基邦家,佐其事,以仁孝,以诚敬。宗庙飨,子孙顺。

16. 母仪

相夫教子,教以德义,养以廉逊,率以勤俭,本以慈爱,临以严恪,立身成德。慈爱而不姑息,严恪而不伤恩。教者应以身作则。

17. 睦亲

仁,爱也。亲疏内外分本末。亲为兄弟,远为宗族,同于一源。施仁必睦亲,一源无异情,敦叙九族,宜其家人。大义明,亲爱全,恩义备,内外和,家国和,天下和。

18. 慈幼

上抚下,慈而不懈,顺而益亲。妇顺慈仁,责之以孝。父母慈,不姑息,不溺爱,尽教训之道!

19. 待下

夫妇之道,世祀为大。推德待下,荐达贞淑,茂衍来裔,长流庆泽。宽惠贞静,至仁不专,不蔽众美,广君子之泽,上下安顺,和气蒸融。

20. 待外戚

不可纵容,骄恣,不要授予枢柄,不以贵富招祸,使之安然。隆恩不挠法,厚禄不干政;杜私谒之门,绝请求之路,盈满招辱,守正获福,慎之!

《内训》,明朝宫中管理女子的教材,宫女一般有文化,知诗书,通礼仪,知晓关于上层建筑的知识。徐皇后要求宫女限言、节动、制心、制欲、养德、修身。《内训》特别提到对于外戚的管理,这是皇家突出的问题。但是论述的20个主题,涉及祭祀、道德、公婆、父母、兄弟、桑田耕织。所以,《内训》教育的对象也适用于一般家庭。《内训》为宫廷文化,宫廷文化为上层文化,对于民间文化有导向性、前瞻性。民女学习宫女的行为规范,争取成为淑女,特别是经济富裕的徽商家庭,重视家风建设,往往需要高级别的女子教育。官商联姻,富家女子有必要学习《内训》,以适应她们将来有机会成为贵夫人时的需要。

（三）《女论语》

《女论语》,作者宋若华,其妹宋若昭作注,于是书名又称《宋若昭女论语》。宋若华,唐代贝州(今河北清河)人,擅诗文,志高远,一生未嫁。唐德宗贞元中期被封为学士。公元791年,宋若华总领秘阁图籍,著《女论语》10章。宋若昭,唐穆宗(821—824年)召她入宫,掌管六宫文学,封为"外尚书"。她领命教导皇子公主,被封为"梁国夫人"。流传的《女论语》共12章:立身、学作、学礼……四言韵文,非宋氏原著,没有《论语》同等的权重。

《女论语》内容简介:(经过整理)

1. 立身

立身清正,言行谨慎。行不回头,立不摇裙。
内外各处,男女异群。不窥外壁,不出外庭。
男非眷属,不与通名。女非淑娴,不与相近。

2. 学作

剥麻纺布,养蚕煮茧。晓夜相从,纺织匆匆。
制衣做鞋,刺绣着锦。酿酒晒酱,烹饪时蔬。
缝补浆洗,养鸡喂猪。只要勤劳,不会贫穷。

3. 学礼

安排饮食,招待宾客。备办茶汤,迎来送行。

衣裳整齐,缓步低声。造访他家,办事迅速。

亲朋叙旧,言语谨慎。礼仪之邦,书香家庭。

4. 早起

五更鸡唱,立即起床。梳洗完毕,即下厨房。

打扫卫生,整理厅堂。劈柴担水,浇灌菜园。

煮茶做饭,侍奉爹娘。女子勤劳,四邻夸奖。

5. 事父母

敬重爹娘,早起问安。烘火扇凉,进食进汤。

父母问责,听取思量。有错则改,态度明朗。

孝养父母,诚敬顺从。祭祀神祇,保佑安康。

6. 事公婆

家主公婆,供承敬事。敬递茶饭,亲熬汤药。

饭软菜香,问寒问暖。长辈安否,挂在心上。

晨省昏定,问安看望。上怒不怨,孝顺如常。

7. 事夫

前生缘分,今世婚姻。将夫比天,敬重如宾。

刚柔恩爱,夫怒忍声。知寒知暖,侍候殷勤。

甘苦贫富,与共一生。和乐琴瑟,贤德声闻。

8. 训男女

男女长成,礼仪女规。教育训诲,责在母亲。

延师学习,纲常伦理。琴棋书画,四书五经。

不可娇惯,不可纵行。尊卑有序,知书达礼。

9. 营家

勤俭持家,清洁卫生。井井有条,环境幽静。

稻谷满仓,鸡鸭成群。善于经营,留有余盈。

按照时节,周密计划。劳动致富,勤理家政。

10. 待客

客来客往,门户有光。菜肴丰富,美酒飘香。

钦敬叙旧,关照温凉。热心热意,殷勤礼让。

客走相送,十里长廊。常往常来,情谊悠长。

11. 和柔

乡里邻居,礼节周全。上房下户,长短休争。

家里诸人,男女老少。以和为贵,孝顺为尊。

己所不欲,勿施于人。言行有信,待人以诚。

12. 守节

九烈三贞,青史留名。贞节清顺,严守闺门。

不谈私语,不听淫音。殷实之家,耕读为本。

夫妻结发,义重千金。丈夫仙逝,贞烈鉴心。

《论语》,经书中权重最大的书。《女论语》本来10章,流行本12章,四言韵文,语言琐碎,权重不高。这里将原文中含有正能量的语言进行了改编。如要斟酌,请读原文。《女论语》文字不多,主要教导民间家庭女子,做德性、善良、贤惠、贞洁的人。徽州重视子女教育,《女论语》是女子常用的读本。

（四）《女范捷录》

《女范捷录》,明末刘氏著,王相订注。刘氏,王集敬之妻,王相的母亲。刘氏,江宁人,自幼善文,30岁夫卒,守节60年,享年90岁。书中列举了历朝众多女子的模范事迹,书名也可为《历朝女杰事迹选编》。《女范捷录》有统论、后德、母仪、孝行、贞烈、忠义、慈爱、秉礼、智慧、勤俭、才德11篇。

《女范捷录》简介:

1. 统论

天地间有日月、阴阳、男女、昼夜。三纲五常,君正臣忠,父慈子孝,夫妇和顺。尧令司徒教人伦:父子有亲,君臣有义,夫妇有别,长幼有序,朋友有信。男不言内,女不言外。男行由左,女行由右。师从圣贤,修德正家。

2. 后德

选编了10多个皇后、太后协助皇帝理政的故事,如尧女娥皇、女英嫁给舜,不以贵骄,孝顺温存。禹结婚四天就外出治水,八年不归。禹妃涂山氏教子,启贤能、承天下。汉明帝马皇后、和帝邓皇后,贤明恭俭,仁厚爱民。唐高祖窦皇后、太宗长孙皇后,协助丈夫,成就帝业。宋英宗宣仁高太后,佣孙哲宗,垂帘听政,任贤不二,去谗除弊,史称女中尧舜。创业夫君,必有贤明内助。

3. 母仪

选编了15个母亲教子的故事,每个故事都大义凛然。妇人娠子,重视胎教,行立端正,目不视恶色,耳不听淫声,口不食邪味,睡则听诵诗书礼乐。母亲教子

有方,如:

封鲊教廉　晋代监鱼吏陶侃寄鲊鱼给他的母亲吃,其母收到后,将鱼寄了回去,附信说:“你是管理渔产的官员,以权夺物,赠送亲人,不是廉吏,而且违法。”

门外教子　楚国将官“子发”(人名)回家看望母亲,母亲拒之门外,说:“你是将帅,自己吃鱼肉,士兵饭食不饱,你残暴无恩,丧师辱国,不是我儿子。”子发悔过自新,与众将士同甘苦,将士欣喜。

4. 孝行

孝为百行之源,孝为女德之首。“孝行”篇讲述了16个女子孝行的故事,这些女子在生死关头,把死留给自己,把生让给亲人,个个故事真实动人。如:

晋朝时,杨丰女杨香,14岁。其父耕田时遇虎,将要吃他。杨香踊身向前,按捺虎头,虎惊走而父得生。在紧急时,杨香只想到救父,没有想到自己的安危,孝心洞明。

唐朝郑义宗妻卢氏,夜盗入其家,长幼奔窜。婆婆在室,卢氏冒死保护婆婆,被贼棰击。贼去,人问卢氏为什么不跑。答曰:老亲在室,畏死不救,岂不是禽兽。

5. 贞烈

忠臣不事二君,烈女不事二夫。苦节谓贞,捐生谓烈。“贞烈”篇选编了23个动人的故事,表明女子对爱情忠贞不二。爱,不是消费,爱是人格,神圣的意志。如:

三国魏时,夏侯令之女,曹文叔之妻。曹文叔死,父母要她改嫁,她说:仁者不以盛衰改节,义者不以存亡易心。发誓守节,断鼻以全贞。

唐朝贾某向皇帝谏书直言,被贬谪万里之遥的岭南,临行时他对妻子董氏说:“此去生死未知。你年轻不宜独居,可自为计。”董氏于是以绵束发,令丈夫手书字条封上,发誓说:“夫不回,发不解。”20年后夫归,亲解其发。

6. 忠义

孝亲,忠君,人伦正义。忠义,巾帼不逊须眉。“忠义”篇22个故事,文后说,女烈铮铮,坤维表表,忠肝义胆,风百世而振纲常。如:

汉朝官员范滂尽忠而死。其母说:“儿尽忠而死,我为忠臣的母亲,没有遗憾!”苏轼问母亲:“我想做范滂式的人,您同意吗?”回答:“你为范滂,我就为范滂母亲。”

王建封,福建将军章氏的牙将,犯罪当死,章将军的母亲在将军醉酒时释放了王建封。王建封逃入南唐为大将,他攻建州,城将下。王建封派人以令箭插在章将军母亲门上，附一字条：主将将屠城，插此箭者免，以报帅母恩。章将军母亲送还其箭，也附一字条：吾不忍心合城尽死，我家独全，愿与城俱尽。王建封由是感动，城破后，一个不杀。

7. 慈爱

敬亲不敢慢于人，爱亲不敢恶于人，慈爱内含孝悌、和睦、抚恤。“慈爱”篇选编了 9 个故事，表现了女子遵守礼节，互相关心爱护的情怀。如：

晋代王祥，继母朱氏，冬月思鱼，祥卧冰以求鲤。母以非礼虐使王祥。继母亲子王览，同兄共服其劳。继母虐使王祥妻，王览妻也与她共辛苦。母悟，遂俱爱之。

8. 秉礼

礼义廉耻，国之四维。“秉礼”篇选编了 9 个女子讲信义的故事，如：

乐羊子在路上拾到金，拿回去送给妻子。妻说：“志士不饮非正途的泉水，贤人不吃低三下四地得来的食物。不义之财，你拿它做什么？”答曰：“此金无主。”妻曰：“到底是此金无主，还是你心无主见？”乐羊子羞愧地把金子放回了原地。

楚昭王夫人贞姜，与昭王一起出游，昭王把夫人留在石台上，约定，派人持符来接她。一会儿，江水暴至，昭王派人接夫人，忘持符，夫人不行。来人说：“大水至，夫人速行。”夫人说：“约定以符为信，无符不信非礼。无礼而生，不如守礼而死。”使者回去取符再来，水高夫人死。夫人守身，秉礼，至死不移。

9. 智慧

女子深谋远虑，应变对策，有的胜过男子。“智慧”篇选编了 20 个故事，都是女子有见识、有谋略的故事。如：

汉代昌邑王无道，大将军霍光欲废之而立宣帝，他到丞相杨敞家商议改立的事。杨敞老而软弱，听说废立大事，战栗而退。其妻劝说道：“废昏立明的大事，你畏缩不出，明日议成，杨家必灭族。”杨敞出来与霍光定策，立宣帝。宣帝封他为平通侯。

晏子为齐相，车经过车夫家门，车夫得意扬扬，车夫妻子感到惭愧。车夫问何故，妻子说：“晏子身长五尺，当宰相。他谦虚、谨慎。你七尺之躯，为车夫，还得意扬扬，你怎好做一个丈夫呢？”车夫认为妻子说得对，深刻自省，学道谦恭。晏子嘉其纳善，上奏景公，封为大夫，妻为命妇。

10. 勤俭

勤者女之职，俭者富之基。“勤俭”篇选编了 8 个故事，表现了女子遵循女教、勤劳节俭的美德。如：

汉代鲍宣的妻子桓少君,出嫁时有仆婢等众多嫁妆,鲍宣不高兴,说: 富骄的妻子嫁给贫贱的我,我不敢要。妻少君说: 我父亲与你修德守约,把我嫁给你,我唯命是从。桓少君于是把仆婢衣饰、荆钗布裙退回娘家,与丈夫赶着牛车到婆家。拜了公婆,就外出汲水烧饭,勤劳节俭过日子。桓少君的事迹扬芳于后代。

11. 才德

德以达才,才以成德。女子有德也有才,有才当有德。"才德"篇选编 12 个故事,作为女子德才兼备的典范。如:

汉文帝时,《尚书》残破,老儒伏生,年九十多,言词佶倔,手不能书。孙女 13 岁,懂祖父的话而能书。皇帝命伏生在前殿口说《尚书》,孙女在旁记录。书成,皇帝赐给金帛,《尚书》遂传于世。伏生孙女贤德如此。

《女范捷录》选编了历史上 140 多个优秀女子的故事,弘扬女德、母仪、孝行、贞烈、忠义、慈爱、秉礼、智慧、勤俭、才德。故事具有真实性,典型性,感召力强。

管理者语丝:

"女四书",古代女教的经典,理论上谆谆教导,佐以历史人物榜样。"女四书"经过历史的陶冶,在家政管理中发挥了重要作用。"女四书"流传很广,国内及日本、韩国,有多个版本。从明末至民国,"女四书"广为普及。"女四书"符合当时的经济基础与上层建筑,教导女子守身、理财、相夫教子、治家理政,但缺少人权意识。读"女四书",我们可以看到静态社会女子的模样。

三、官方推行妇道

明清之际,民间大建祠堂,大力修谱,社会普遍关心家政管理,明洪武圣训,清顺治、康熙、雍正皇帝的圣训,直接指导社会风俗与家政的管理。妇道是家政管理的三维支柱之一,政府从制度、礼仪、法律诸方面维护、推行妇道。

(一) 制度维护妇道

1. 遵守三纲五常

君为臣纲,父为子纲,夫为妇纲。存天理、灭人欲,饿死事小、失节事大,以死守"节"。"纲"即领导、上级。臣、妻、子对于他们的上级君、父、夫,绝对忠诚,绝对孝敬,绝对贞顺。

2. 男主外,女主内

自上而下,形成机制,主妇管理家政。老百姓由妻子理财,相夫教子,参与经济活动。男不言内,女不言外。

徽州文献中记载了很多女子相夫、理财、主持家政、维护家庭的事迹。《太函集》卷11“金母70寿序”记载，金母在家孝敬公婆，她筹集资金让丈夫到淮安经营盐业，不几年致富。她在家选聘老师培养两个儿子，两个儿子都成为太学生。

黟县汪球在外地任县令，妻子写信给他，告诉他家里一切都好，一切都有，不要贪污朝廷一分钱。勉励丈夫忠于皇上，努力工作。

《太函集》卷41记载，清代婺源人汪绂，其父常年不在家，母亲江氏教他学习“四书五经”，江氏一边做针线谋生，一边让儿子坐在身边读书，督促儿子学习，汪绂后来成为名儒。

3. 遵守三从四德

妇人在家制于父，既嫁制于夫，夫死从长子，妇人不专行。女子教以妇德、妇言、妇容、妇功。妇女“从一而终”。夫有再娶之义，妇无二适之文。饿死事小，失节事大。

4. 男尊女卑

丈夫有休妻权，《大清律例》卷十《户律・婚姻》“男女婚姻”条附列“七出”：妇女凡不顺父母、无子、淫、妒、有恶疾、多言、盗窃，犯其一者，丈夫可以休妻再娶。《大清律例统纂集成》对《大清律例・户律・婚姻》“出妻”作的注解：“妇人义当从夫，夫可以出妻，妻不得自绝于夫。”又：“夫为妻纲，弃夫从人，人道绝矣。”妇女应该忠于丈夫。丈夫可以休妻，妻不得自行与丈夫决裂，妻子忠于丈夫是人道的必然。在三种情况下，丈夫不得将妻子休弃，即：如果妇女没有娘家，丈夫不可休妻；公婆逝世，妻子与丈夫一起守丧三年，丈夫不可休妻；以前贫穷，结婚以后富裕，丈夫不可休妻。三条只要符合其中一条，丈夫休妻即为不符合道义。

世袭家庭，女子没有官爵的继承权。妇女在家中不拥有独立的财产权。

（二）　礼仪上维护妇道

妇道礼仪烦琐，如女子不出中门，女子谨言慎行，言不露齿，立不摇裙。子妇无私货，无私畜，无私器，不敢私假，不敢私与。

（三）　法律维护妇道

朝廷的法律维护三纲五常，三从四德，男尊女卑。《大清律例》规定妻妾不堪丈夫虐待而自杀，不追究丈夫罪。如果丈夫因妻而生气自杀，妻受斩刑。夫妻之间的殴打，妻打夫，犯法，杖一百，如果丈夫提出离婚，判离；妻打伤丈夫，根据情况，判罚比一般斗伤罪加三等；打残疾，绞；打死，斩。故杀，凌迟处死。夫打妻，无折伤，无罪；折伤，比一般斗伤减罪二等。

妻妾告夫及告夫之祖父母、父母者，杖一百，徒三年。

（四） 旌表烈女节妇

在正史、地方志中表彰节妇、节烈、贞女、贞烈、孝妇、孝女、贤淑、才媛。《明会典》：民间寡妇，30岁以前守节，50以后不改节者，旌表门阙，除免本家差役，赐祠祀，树坊表。如果妇人因丈夫、儿子受封，改嫁，夺去诰封。

道光《徽州府志·列女传》表彰的徽州一府六县各类女子人数：

节妇类：自宋代至清代计3912人。节烈类：自宋代至清代计379人。

贞女类：自宋代至清代计108人。贞烈类：自宋代至清代计53人。

孝妇类：自明至清代计104人。孝女类：自唐代至清代计55人。

贤淑类：自明代至清代计31人。才媛类：清代1人。

受表彰的女子，总计唐代2人，宋代8人，元代23人，明代841人，清代3769人，合计4643人。

编撰徽州府志的人，将历朝受表彰的女子重新归为8类，得出上述数字。以前府志、县志编撰归类方法不一，各类人员报请批准的人数与统计方法的差异很大，上述数字不一定准确，例如贤淑、才媛人数极少。因为古代对于女子考察的要素是"德"，"才"不在考察之列，也不主张表彰"才"，各级衙门不重视上报表彰贤淑、才媛类女子，也是原因之一。

（五） 规范女子教育

女子教育涉及内训、女则、女训、列女传、女记、女诫、女仪，教材有郑氏《女孝经》，宋氏姐妹《女论语》与李义山《教女十则》等。

宋代形成新型家族制度，宗族祠堂立有家法、族规、家训，重视女、妇、媳、母亲的规范教育。宋朝司马光著《家范》、袁采著《袁氏世范》涉及女子行为规范。

明清时期，注重女子的贞顺、节孝、贤惠教育。明代仁孝文皇后著《内训》、解缙等编《古今列女传》、宪宗王皇后撰《女鉴》、吕坤著《闺范》《闺戒》、徐士俊著《妇德四箴》等，属于女子读本。清代陈宏谋著《教女遗规》《女训约言》，蓝鼎元著《女学》、陆圻著《新妇谱》、唐彪著《妇女必读书》、廖免骄著《醒闺编》、冯树森著《四言闺鉴》、清世祖著《内则衍义》、尹会著《女鉴录》、李晚芳著《女学言行录》、章学诚著《妇学》等众多女书，表明人们很重视女子教育。《女儿经》通俗易懂，朗朗上口，便于记忆，在民众中流行较广。

女子教育，规范女子行为，整合人际关系，建立稳固家庭，稳定社会结构，安定社会秩序，一般人家都很重视。封建时期，政府对民女没有官方教育，名门望族自行延师教育女子。

四、民间推行妇道

明清之际，经济发展良好，人口增长较快。人们建设安定幸福的家庭，选择一个家庭主妇非常重要。合格主妇的条件是遵守妇道。明清之际，官方在制度、法律、礼仪方面推行妇道，民间在家规、家训、家法、礼节诸方面推行妇道。

（一） 宗祠推行妇道

宗祠是国法的维护者，国法是宗祠管理的支持者。朝廷推行妇道，宗祠积极奉行。宗族管理要求女子遵守妇道。

1. 家训家规家法

明朝河南曹端《家规辑略》规定：女子胡作非为，有淫狎行为，给其刀绳，关进牛驴房里，听其自死。镇江府赵氏宗族家规：干犯名教伦理，缚沉江中。徽州家规、家法比较文明，不置人于死地。

《祁门方氏族谱》族规共 32 条，其中涉及妇女的族规有 13 条，即：孝家长、友兄弟、别夫妇、防继庶、严择妾、训诸妇、肃闺门、重婚姻、事公婆、和姑媳、植贞节、尚勤俭、节婚嫁等。

黟县环山余氏宗族《余氏家规》辨内外第六规定：(1)闺门内外严谨防范。族中妇女，点灯后不许出门，不许外出观会、看戏、游山、谒庙，违者议罚。(2)男不言内，女不言外，违者议罚。(3)按照礼仪接待来客，在家，或在路上仓促遇到陌生人，按照旧规回避，违者重罚。(4)女子年及 13 岁以上，随母到外婆家，当日即回。其他亲戚，不许往来，违者罚其母。(5)妇人的亲戚有为僧人道士的，不许往来。

歙县泽富王氏宗族家规说：家和与否，系妇人之贤否。贤者，孝顺公婆，事丈夫恭敬，待妯娌温和，对子侄慈爱，御奴仆宽恕；不贤，妒忌狠毒，恃强欺弱，摇唇鼓舌，面是背非，争长竞短，任意所为，以坏家政。福善祸淫，天道昭昭，妇人可鉴此。家谱中论述了妇女治理家政的重要性，以及女子的行为规范，选择妻子应该注意的事项。

2. 家训、家规、家法与国法一体

家训、家规、家法具有法律作用，得到官方支持。明代编《朱氏祠志》记载，歙县族长朱明景和 21 都五图约长朱文漠呈文，请求知县“准申祠规、赐印、赐示、刻匾张挂，以儆效尤”。歙县知县于公元 1598 年 8 月批示：朱姓族人，务宜遵守家规，有违约不遵者，族长指名呈来，以不孝罪论。文后盖知县官印。

3. 表彰孝妇、孝女、节妇、节女、烈妇、烈女、贤淑、才女

徽州人崇尚礼教，聚族而居，男子外出经商，女子主持家政，崇尚端庄贞洁，侍

奉公婆，勤劳节俭，几个月不吃鱼肉，日夜纺织，积累资金。

（1） 建女祠祭祀节妇烈女

歙县棠樾敦本堂鲍氏，清朝嘉庆年间两淮盐法道员鲍启运筹划和兴建女性祠堂清懿堂，祭祀棠樾鲍氏家族明清时期节妇烈女 59 人，弘扬“品行清白，懿德美好”的情操。歙县呈坎村罗东舒祠中的“姑姑祠”，潭度黄氏宗祠女祠，祭祀本宗族女性祖宗，祭祀节妇烈女，宣传三纲五常，旌表遵守妇道的模范。

（2） 在族谱中立传

《黟县十都宏村汪氏文书》·人物志·女寿妇·乡饮宾记载：“汪同春，妻卢氏，善事公婆，相夫教子，寿九十六，恩赐绢两匹，米二石，如例。”又，“汪顺昌，从室韩氏。视前子有恩，年二十三守节，抚遗腹子成立。”

《新安名族志》记载：歙县十横街的刘昌，郡庠生，病卒，妻洪氏年方二十，妾名春香，年少貌美，洪氏父欲嫁之，春香不从自缢而死。

《歙县潭渡杂记·烈妇程氏传》记载，女子程再弟，从小读书。长大后嫁给黄九叔。程再弟丈夫在芜湖经商逝世，她接到讣告后痛哭不已。她写祭文，派侄子去安排治丧，自己绝食 17 日死去。程再弟对于丈夫忠诚不渝，号为烈妇。

（3） 树立牌坊

鼓励女子做节女、孝女、烈女、淑女。民国《歙县志·人物志·烈女传》记载：歙县宋代有烈女 5 人，元代 21 人，明代 710 人，清代 1098 人。清代皇帝只提倡女子尽节尽孝，不提倡做烈女。树立牌坊，民间要收集材料上报。如，歙县棠樾牌坊群中有“立节完孤”牌坊。材料：鲍文龄妻汪氏，25 岁时夫亡，立志守节，侍奉公婆，抚养孩子，儿子获得功名。皇帝阅读材料后，下诏建牌坊给予表彰。棠樾牌坊群中“节劲三冬”牌坊。材料：鲍文渊的妻子逝世了，于是在嘉定续娶了吴氏女子为妻。吴氏 29 岁时，鲍文渊不幸逝世。吴氏立志守节，抚养儿子成人。她 60 岁时，将省吃俭用积蓄钱拿出来维修鲍氏九世祖以后的祖坟，敬宗孝祖。族长上报官府，申请旌表，得到皇帝批准。

（二） 家庭实施妇道

人是有个性，有七情六欲的。人不是商品，可以按照某个标准进行加工生产。妇道是女子行为规范，但是实施这个规范需要条件具备，比如，家庭经济条件、社会生活条件等。古代生产力低下，女子要参加劳动，山上采茶，河里洗衣，田地里干活，怎么能按照“女四书”不出中门呢？衣食住行难得保障，怎么能文质彬彬呢？很多男子无钱娶妻，没有选择女子的能力。很多女子家里穷，没有读书，不知道“女四书”。她们中或许有人悍野、任性、狂放、淫荡，某些穷人家的男子知其不合妇道,也只好低头娶人。世道沧桑,穷富在变化中,矜持者与落魄者也在换位。无论大家闺秀与小家碧玉,追求真善美、操守很重要。在那个日月明亮、山水清秀的时代,大自然是恬静的,给人以善良与美好。多数妇女爱贞洁,有孝心,勤劳,勇敢,不读“女四书”,也具有女性的美德。但是长期生活在一起,夫妇、婆媳之间的矛盾总是有的,守妇道则可释解夫妇、婆媳矛盾。

1. 丈夫维护妇道

法律规定,女子不顺从公婆、无子、淫、妒、有恶疾、多言、盗窃,七条中违反一条,就得上报祠堂,经族长、宗子等人讨论休妻。法律规定,丈夫对于犯错误的妻子有教育、惩罚权,丈夫打妻子,称作执行家法,理所当然。多数家庭,夫妇是和睦的,有恩有爱的。不和睦、吵嘴打架的现象不多。即使没有读书,女子也知道妇道,自觉地遵守妇道。

2. 婆婆维护妇道

法律规定,媳妇要孝顺公婆。有的婆婆对媳妇没有爱心,多年的媳妇熬成婆,到了高位,非要显示一下自己的尊严,对于媳妇挑三拣四。婆婆是媳妇的监督者、检察官,动不动对儿子说媳妇的不是。媳妇知道,嫁鸡随鸡,嫁狗随狗,从一而终。家庭不是说理论法的地方,家庭就是和稀泥。“女四书”《女儿经》教导女子无条件地顺从,顺从者就是好媳妇。

管理者语丝:

妇道的核心内容是三从四德。三从规定了女子没有独立的人格,不是法人。出嫁前女子的法人是父亲,出嫁后的法人是丈夫,丈夫亡故后的法人是儿子。

四德:德、容、言、功,女德的核心是贞、顺。贞,即纯洁,从一而终。古代管理,强调人与人之间从属关系的绝对性。君臣、父子、夫妇三对从属关系,如同稳定的物质分子结构,是不许分解、化合、变易的。君臣、父子、夫妇,确定了他们之间的主从关系,臣、子、妇永远归属于君、父、夫,从属者要以死维护这种从属关系。

妇女崇爱贞洁,是一种高尚的情操,自然的天赋。不同的人,有不同的情欲。不同的人有不同的追求。有的人追求贞洁,有的人追求情欲的满足。人是社会的人,守贞洁,可以保证家庭稳定,事业有成。妇女不守贞洁,往往会引起诸种事端。

在家庭里,女子顺从丈夫,维护主人的地位,维护主人的权威。

女容,指妇女应注意仪表,着装大方朴素清洁,仪态文静庄重,慈祥温和。对长辈晚辈、喜庆祭祀等不同的场合,显示出相应的容颜,不出格,不落套。

女言,女子善言,爱言,往往在不知情的情况下任性发挥。这样会引起家庭成员间的不和。妇道要求女子不多言多语，管住自己的嘴，在适当的场合说适当的话，说有积极意义的话，调动他人的积极性，促进家庭和睦团结。

女功，指不同身份的妇女应有的本领。农民家的妇女，应该会纺织、做针线、做饭、种菜、洗衣、养鸡喂猪，协助丈夫种田种地；书香门第的妇女应该通读四书五经，作诗著文，会琴棋书画。官宦门第的妇女应该相夫教子，以适当的身份出席各种仪式，协助丈夫处理政务。皇后要协助丈夫掌握政权。

“女四书”，站在高于一般百姓的地位，规范女性，以大家闺范、名家闺范，昭示诸女。树立女性标准，使女子看到标杆、亮点，有追求，有动力。

妇道、孝道都不提倡张扬个性。张扬个性与顺从父子、夫妇关系不合，会在道德伦理上产生不共容的现象。

妇道、孝道为传统家政管理的定律，其实质是顺从，它适应当时的上层建筑与经济基础，维护主从关系，维护原生态的秩序。

参考文献：

1.（东汉）班昭等著，中华文化讲堂注释：“女四书”，团结出版社，2016 年 11 月。

2. 王传满：《明清徽州节烈妇女的孝道、母道和妇道述评》，《商丘师范学院学报》，2009 年 11 月 15 日。

3：周济谱：《严守“妇道”不“出墙”》，《理财》，2009 年 1 月 1 日。

4. 袁晓晶：《传统儒家女性教化的当代反思》，《国际儒学论丛》，2010 年 6 月 30 日。

5. 乐伶俐：《论女书中的礼教思想》，《广西社会科学》，2009 年 7 月 25 日。

6. 王晓崇：《徽州贞节牌坊与节烈女性》，《社会科学评论》，2007 年 9 月 25 日。

7. 卞蓉荣：《明清时期徽州贞节牌坊盛行原因之探析》，《华夏文化》，2015 年 6 月 25 日。

8. 王传满：《明清徽州节烈妇女的牌坊旌表》，《文山学院学报》，2010 年 6 月 15 日。

9.（明）程尚宽等纂：《新安名族志》，日本东阳文库藏明嘉靖三十年（公元 1551 年）刻本。

10. 戴炎辉点校：《大清律例汇辑便览》，台北，成文出版社，1980 年。

11.（明）佚名：歙县《泽富王氏宗谱》，明隆庆、万历间刻本。

12. 吴吉祜撰:歙县《丰南志》,稿本。
13. 绩溪《华阳邵氏宗谱》,清宣统二年木活字本。
14. 黟县《环山余氏宗谱》,民国六年木活字本。
15.《新安武口王氏统宗世谱》,清雍正四年刻本。

第四节 家风管理

家风,指家政管理的风格、效果与社会影响力,它是家庭文化、家庭管理的品牌。如“孟母三迁”“精忠报国”,有些姓氏的堂名即其家风品牌。

家风不是一蹴而就的,须长期建设,一贯施行,形成惯性力,成为家庭成员的自觉行动。譬如,严谨为人的家风,勤俭的家风,书香门第的家风,殷实厚道的家风。家庭成员在家风的影响下,其素养不教自成。

家风是家族群体管理模式,经过若干年的陶冶,形成了一定的家政管理特色。

古代的家风反映家族的管理风貌,以堂号为标识。例如“三槐堂王”“陇西李”“阙里孔”“百忍张”,徽州黟县南屏叶氏叙秩堂、敦本堂、奎光堂、永思堂、钟瑞堂、德辉堂、敦仁堂、尚素堂、继序堂、仪正堂、念祖堂等。古代与人交往,通报姓名的时候,一般要说出宗族祠堂的堂号,用以表达家风的社会影响力。著名的堂号表示家政管理有方,社会影响力大,其成员素质高。

一、家风要素

家风是家政管理的效果,家政管理各家有各家的理论与侧重点,人的性相近,习相远,但管理上少不了信仰、礼仪、家教、名分、爱敬、节操、品行、风格几个要素。

(一) 信仰

家风中有信仰,君为臣纲、父为子纲、夫为妇纲,仁、义、礼、智、信、忠、孝、节、悌等儒家伦理。譬如,岳飞母亲刺字“精忠报国”而使岳氏门第增光。家风从各个方面显示出来,如:

绩溪《华阳舒氏统宗谱》写有:为亲扬名,忠,岂仅捐躯殉国?忠当竭尽全力、恪恭厥职,公而忘私,鞠躬尽瘁,死而后已。

休宁茗洲吴氏规定:子孙发达登仕后,须体祖宗培植之意,效力朝廷,为良臣,为忠臣,身后配享先祖之祭。如果出现贪官、奸臣,谱上削除其名。(雍正《(休宁)茗洲吴氏家典》卷一《家规》,清雍正刻本)

婺源汪应蛟的父亲汪焕祖教育子孙,训以忠孝廉节大义。子登进士,为官,俸入不支,岁给谷十金为助养廉。(康熙《婺源县志》卷10《人物志·质行》,清康熙八年刻本)

(二) 礼仪

礼者,天理之节义,人事之仪则也。(《四书集注·论语·学而第一》)夫民,……而饱暖无教,则又近于禽兽。(《四书集注》·孟子·梁惠王章句·上)盖尊尊亲亲,礼之常也。(《四书集注》·孟子·梁惠王章句·下)子曰:非礼勿视,非礼勿听,非礼勿言,非礼勿动。(《论语·颜渊第十二》)古代各个家族都有自己的一套礼节,譬如吃饭不得有声,起立与长辈说话,不可抢话,按照礼仪不可多走一步路,多说一句话。

(三) 家教

家教包括家训、家规、家法。

西晋文学家潘岳《家风诗》。自矜门户、标树家风。多数宗族在祠堂里宣传祖训,整饬家风。如休宁县泰塘程氏,在祠堂高声读祖训:我程氏,敬父兄,慈子弟,和族里,睦亲旧,善交游,时祭祀,力树艺,勤生殖,攻文学,畏法令,守礼义;不悖天伦,不犯国法,不虐孤弱,不诉讼,不欺人,不好斗,不为奸贼,不作恶逆。有一于此者,生不齿于族,没不入于祠。众拱手答道:敬承长者之训。复戒之曰:慎思,勿忘先祖。众应答:诺。

绩溪《章氏家训》,作者章仔钧,共196个字,主要内容:耕读传家,勤俭持家,忍让安家,嫖赌败家,凶暴亡家,不存猜忌,不听离间,不生愤事,不专公利。知书达礼,修身立命,为宗族争光。

歙县城里现存的江氏功名牌坊、吴氏功名牌坊,刻记了他们宗族考中进士、举人的名字,表现了他们重视教育的家风。

鲍廷博、马曰琯、汪梧凤、江春等数代藏书,接纳天下文人,让文人在自己的园林里著书、吟诗、作画、演戏。他们爱好文化,为他人的发展做贡献。这是良好的家风。

家教是家风的代名词,如果某个人行为不端,人们习惯上指责他"失教",没有家教。每一个宗族的成员,设身处事,一言一行,要考虑到后果,是否影响家风。

(四) 名分

名,儒家思想中,君臣、父子、夫妻,华夷、内外、是非善恶等。分,相应的责任、义务。以名分判断人伦价值与大义。人人遵守这个价值观,社会自然稳定和谐。

法家与儒家都重视名分。君臣、父子、夫妻、孝道、妇道、冠礼、笄礼等,都涉及名分。

宗族以恩谊相结,厚性情、美风俗、光前裕后,亲其亲、长其长,每一个家庭成员都注重节操、碑传。忠孝,贞节,盖棺定论,这是名分。

康熙年间修黟县《横岗胡氏支谱·家规》写道:正名分,尊卑定位,亲疏定制,纲常伦纪永修,长上卑幼循其序,彬彬有礼。严内外,谨邪正,内言不出,外言不入。家国一致,大人综其成,小人分其治。驭之以礼,抚之以恩,示之以威,戒之以惰,用之以时,安之以业。我心既尽,彼心自服。

(五) 爱敬

聚族而居,建宗祠,敬奉始迁祖,子孙承继。序昭穆,义笃法严。别长幼,明伦理,保和气,促孝顺,亲亲不争,德业相劝,过失相规,患难相共,同宗共本,相互爱敬。

(六) 节操

竹子中空有节,虚心固节,节固递高,朝气蓬勃。好家风培育好人,如同翠竹,有德性,有精神,朝气蓬勃。有节,有骨,有操守。

有气节,讲原则,是非分明,激浊扬清,不含糊,不为利禄美誉所惑,坚持正义,堂堂正正。气,就是正气,讲原则、伦理、道德。节,凝聚点,生存点,爆发点。关键时刻,坚持正义,高风亮节。

有骨气,有信心,有勇气,有能力,通过不懈努力,达到预定目标。不怕山长水远,千难万险,风云多变,山崩地陷,刀光剑影,坚持原则,遵循道德伦理,做一个光明磊落的人。

有操守,说话办事符合规矩、法纪、道德、人情、理性、风俗。不是只当导师,谆谆教导别人,而是以身作则,以自己的模范行为,给他人做出表率。忠、孝、节、悌,仁、义、诚、信,一言一行,每一个节拍都符合主旋律。

在徽州地方志、族谱中设有人物传记、义行、忠臣、孝子、节妇等栏目,表扬当时的道德模范,有节操的人,认真做人的人。

汪华在天下大乱、兵匪横行、人民不得安宁时,以一州武官,攻下附近 6 州地区,杜绝兵祸匪乱,让社会秩序安宁,人民生活稳定。李渊灭隋建唐,形成中央政权,汪华主动归附唐朝,服从唐朝廷的管理,使徽州人生活在和平环境中。汪华有节操,他忠于中央政府,保卫一方安宁,造福于人民,受到人民的爱戴。

忠臣、孝子、节妇、烈女,表示了一定形式的节操。

（七） 品行

品，指级别、档次、层次。有品、达品，指具有一定数量与质量、比较优秀的人物。

有人在朝廷获得了官品，如一品官、二品官……七品官。官吏有忠臣、奸臣之分，清官、赃官之分，能吏、庸吏之分。官吏的人品不是依照其官位的大小论定的，而是依照其是否忠、清、能而论的。

平民，有贫富、强弱、仪表美丑、辈分高低、聪明愚蠢之分，人们往往不以这些论人品，而是依照孝、悌、贞洁、诚信、道义论人品。比如：穷则独善其身，达则兼济天下。先天下之忧而忧，后天下之乐而乐。穷不倒志，富不癫狂，一言九鼎，等等。

《礼记·儒行》，孔子讲述儒士的品行说：儒士衣冠整齐端庄，做事慎重，讲礼让，有威仪，进退有度。言诚信，行中正。行路不争险易之地，冬夏不争冷暖之处。天变而不避，任重而不辞。贱视金玉，以忠信为宝。立足于道义，义合而行，积德而成，无功不禄。货财乐好不乱其志。不受外界风云左右，不过言，不传话。可以真情相处，不可咄咄逼人，宁死不受辱，生活不奢靡。衣食住行，依托于忠、信、礼、仁、义，不屈服于暴政。艰难之时，不管时势如何，不怀疑，不指责。言行为后世楷模，心忧天下，博学笃行，通礼贵和，优游忠信，慕贤容众，宽裕瓦合。内举不避亲，外举不避怨，推进功事，举贤援能，不图报答。敬贤礼让，患难与共。心胸宽广，意志坚定，好学，善文，廉洁，不求闻达。合志同方，营道同术，温良、宽厚、逊让、善言能歌，面对社会各界人士，一以贯之。

孔子给鲁哀公介绍儒士的特点，描述了儒士应有的品行。徽州盛行儒家文化，家风建设向儒士品行看齐。徽州人朱熹、江永、戴震，郑侠如，江春、程梦星、程晋芳、马曰琯、鲍廷博、汪启淑、汪梧凤等，是儒者的人品，为天下所赞誉。

徽州潭渡黄氏家训，教育子弟做了官，不武断乡曲，鱼肉百姓。实心报国，赤心为民，公平处事，不得任性苛虐。廪禄有余，散给百姓，养成良好的品行。

（八） 风格

家风体现了家族的精神品格、风貌，体现了个体生命、个体文化、精神家园的特征，家风联系着社会。家风表现在方方面面，尊老爱幼、夫妻和睦、勤俭持家、邻里团结，和顺美满、遵纪守法、艰苦朴素，忠诚、责任、亲情、学习、公益，积善、修身、齐家，诚实守信、朴实无华、礼义廉耻，不逾矩、不违法，不以富欺贫，不以强凌弱，言语谦逊，以身作则，向上向善等。各个家庭，因其生活环境不同，历史沉积不同，管理模式不同，其家风也不同。宗法制管理，各种礼仪也表现了家风特色。

二、家风实践

家风理论指导实践，产生不同的亮点，如崇德、勤俭、和睦、友善、重文、择业、闺门严肃等，多数家政管理都把这些写入了家谱。

（一）　崇德

《汪氏族规》"崇德"，《鱼川耿氏族谱》"积德"，《上川明经胡氏宗谱》《姚氏家规》"积阴德"，族规训德，家风育德。有德的人襟怀旷达，品德清高。世事让三分天宽地阔，心田存一点子种孙耕。快乐每从辛苦得，便宜多自吃亏来。能受苦方为志士，肯吃亏不是痴人。注重道德修养，反对金钱至上、享乐主义、唯利是图、损人利己、腐化堕落、伤风败俗。

明代成化年间歙县郑村的郑鲸妻汪氏捐资修建"汪龄桥"，歙县岩寺汪世昂妻子胡氏捐资建造"得济桥"，婺源韩家坞余氏出资修建"敦义桥"。徽州古代妇女积阴德，出资建桥 27 座。

尚廉，绩溪县清同治年间修《华阳舒氏宗族庭训》：宁廉洁留清介之名，毋苟得贻贪污之耻。《鱼川耿氏族谱》中写道：凡存心举事务公直宽恕，切勿自占便宜。

（二）　勤俭

日常小事织造人格，思想感情、生活态度、塑造人格、家风。耕读、忠厚、清廉传家久、继世长。读可荣身，耕可富；勤能创业，俭能盈。《绩溪积庆堂葛氏家训·家规》：当家过日子，在于勤俭。勤可以开财源，俭可以节财流，子孙必须勤俭，弘扬家风。

明弘治年间，歙县岩镇的汪长公（字润之），从父经商，以俭朴起家，他珍惜一米一线，后来发财，资金如山，仍然过着淡朴的生活，衣饰无华。婺源李大祈：治家崇尚勤俭，富裕以后，生活简朴，恬淡，食不兼味，衣不重彩。《仁里程氏家训》：贵不倦勤，富不忘俭。《上川明经胡氏宗谱》：常存古朴之风，家风崇俭。

（三）　和睦

一家人团结、民主、和谐。不指责、不埋怨、不争斗，互相关心，互相爱护，尊敬老人，爱护小孩。与邻里和睦相处，对客人热情友善，处事公平，关爱仁义。《新安王氏家范十条》第二条"睦宗族"：家族本一家至亲，不甚疏远。故范文正公置义田、义宅以睦宗族，而张公艺犹以九世同居。（王廷寙，《新安王氏统宗世谱·家范十条》刻本，公元 1607 年）

绩溪涧洲许氏宗谱记载，明末清初，许时清在分家时说：分家时争取多得财产是不光彩的事。兄弟间应讲情分,不可争你我多少。一旦彼此互争,人情就淡薄了,兄弟间应该不计小利,相互谦让、团结互助。

明隆庆时期,程氏,典当商人,居心仁厚,敦睦亲族,任恤乡邻。(休宁程氏世谱·率东派·府君公,清抄本)

(四) 友善

明朝徽商程维宗,在路边造亭供行人休息,其临溪边高远庄不惜重资开渠二里,灌溉田地1300多亩,一方之人皆受其利。(休宁率东程氏重修家谱·卷三·宗一公传,刻本)

公元1744年歙县发生水灾,歙县商人鲍魁,捐粮食救济灾民,辟石铺路,邑东十余里成坦途。

绩溪慎思堂主人章道源,一生乐善好施,救灾赈灾、修桥补路,他创办了绩溪东山书院。他诫勉子孙为人处事谦虚谨慎,忌为富而骄狂。

(五) 重文

热爱学习、崇尚知识,知书达理,耕读传家、积德行善。《上川明经胡氏宗谱》:端蒙养。蒙以养正,言教贵豫,五岁入乡塾,坐立进退教以儒风。读孝经小学诸书,讲古人故事,端正志趣。少年性成,异日必为伟器。

清代黟县商人余光徽要求儿子为学当修养身心,读书明理,免俗气。黟县商人胡作霖教育儿子"读书非徒以取科名,当知作人为本"。黟县商人许源告诫儿子"名为读书人,必要宅心忠厚,无坠先传"。

教育一是博取功名,二是懂得做人的道理。教育子弟懂得纲常伦理、礼仪风俗知识。宗族筹集基金培养优秀人才,给读书的学生生活补贴,参加省级的乡试、全国会试与殿试的学生,给予路费,取得功名的给予奖励。

读书明理,改变人的气质。读书不读书,读什么书,反映了家风,徽州人深谙其理。

(六) 择业

正确的择业观,体现家族门风。职所当为必竭其力,思不出位无二尔心。谋事、创业、履职、做人,要务本求实,勤奋,一心一意,不可花里胡哨。

《绩溪县南关许氏惇叙堂宗谱十卷》家训:正业止有士农工商四条,至于地理医道,虽非邪术,恐学之不精,误人不少,切不可图其事之安逸,而轻学以害人。受人饮食财物,而反害人不如乞丐。择业从深处着想,业精于勤,医生等百行百业,技术必须到家,庸医如屠夫,时刻要有职业责任心。徽州有许多专业世家,如刻字、木刻、石刻、绘画、医疗、制墨、制造罗盘、教育等。职业优越,生活稳定,这是建设良好家风的基础,无业游民,或业无专攻,或无专业道德,难谈优良家风。

（七） 闺门当严肃

婺源县武口王氏宗族家范:男女正位,天地大义。天地风化始于闺门,不正男女,家风何以厚? 男子行左,女子从右,违者罚。

歙县潭渡黄氏家训:风化肇自闺门,各堂子孙以三从四德训妇,使之安详恭敬,孝顺俭约,谦和慈祥,勤女红,服饰不华靡,饮食不奢侈,不搬弄是非,不欺凌婢妾,不出村游玩、看戏观灯、朝山赏花。凡不遵守家教的妇女,处罚其本人及其丈夫。

1. 贞操清白

嘉庆歙县《桂溪项氏族谱》说:教化始于闺门,闺门严肃。新安聚族而居,巨室望族,子孙繁衍,人丁成千,名分相维,秩然不紊……尊行疏属,各以序次,应避者而避,遗风教人至深。

《桂林洪氏宗谱(歙册)》:壶修蓄德,完节生光,房长应将矢志柏操的节烈妇事迹报告宗祠,祀典旌表,进入祠堂享受祭祀。

徽州《余氏族谱》:闺门肃若朝廷。纵使家道贫寒,节操清白,妇不幸寡居,心坚铁石,白首沐霜,无亏门庭之庆。

歙县许村“冰寒玉洁坊”立于清嘉庆十九年(1814),东面书“冰寒玉洁”大字,旌表许可玑妻程氏节孝。许可玑妻程玉芳貌美如花,妙龄夫亡,多人求婚,程玉芳闭门谢绝。她刺绣养家糊口,侍奉公婆到终年。知府上报朝廷,恩赐建立牌坊。牌坊建设过程中,三楼的顶板合不了缝,众人怀疑程氏不贞。程氏闻言来到工地发誓:清苦寡居,虽曾思春,未有出格言行,玉芳贞洁,苍天明鉴! 言毕顶板合拢。

治家严谨的门第要求门风清正,一丝不乱。对于信守贞节观念的女子,上书衙门,经核实,呈送朝廷,朝廷恩准后,拨一定银两,由当地人选址树牌坊,记入地方志与族谱中,立为妇女的榜样。

2. 相夫教子

黟县碧山李氏宗谱,要求子孙选择对象:择幽娴静媛,为贤内助。婺源东北虹关,公元1870年镜心堂刊《闺门宝训》,劝导女人安分,管理家政,侍奉公婆,教育儿女。

徽商妻劝夫从贾,取得成效。休宁金赫一介儒生,其父从贾,金赫妻戴氏劝说丈夫业贾,金赫接受妻子建议,从父贾,致富。

明代徽州人程长源出外经商,其妻管理内外,麻布帛、稻黍粟、蔬葵瓜果丰收,酒浆满罐。

歙县大商人鲍志道说：小时候，母亲要他背诵课文给她听，只到母亲满意了，才睡觉。

妇女遵守三纲五常、三从四德，抚幼恤老、操持家务，足不出户，在家纺织、抚儿育女，治家过日子。她们是贤妻良母，相夫教子的典范。

3. 勤俭持家

徽州妇女侍奉公婆，种地、纺织。妻子在家，还要种菜、养猪、养鸡、砍柴、挑水、做饭，或种粮、种棉、纺线、织布。冬天庄稼收了，如果有空闲时间，女子刺绣、纳鞋底，缝衣做鞋。

徽州男人出门经商，往往缺少启动资金。妇女把妆奁卖了，换成银子给丈夫做经商资本。明代内阁大学士、礼部尚书许国父亲就是靠妻子的妆奁费起家经商的。

4. 淑女教育

闺阁淑女，遵守礼教，琴棋书画、烹饪刺绣，辅政，育人。如《雅安书屋诗集》题"鲍瑞香女史蓝珠梦游黄山图"与"鲍瑞香春雨校书图"诗，赞美鲍瑞香淑女情操。貌如山水范，韵带雅骚清。君恩无深浅，臣心一敬恭。何以报知己，淑慎持尔躬。徽州文献中记载了淑女江素英、鲍瑞香、张净英等人的事迹。

5. 择婚配

男女成家，认真选择对象。同姓不婚，良贱不婚，宗亲不婚。选择婚配，凭媒人说合，父母同意，宗族讨论决定，按照礼仪程序行事。选择婚配，一般考虑以下因素：

（1） 适龄婚姻

好家风，男女到了一定年龄就得结婚。《钦定大清通礼》规定男 16 岁、女 14 岁为适婚年龄。如果家中有大男、大女未婚，会受到社会的指责，追究其父母的责任。

（2） 遵守妇道

徽州人经商，流动性大，竞争激烈。需要选择执着的女子，坚守妇道，主持家政，稳定经营后方。男人在外开拓经营，年终回家，或三五年回家一次，如果经营效果不佳，十余年回家一次，妻子严守妇道，勤勤恳恳，任劳任怨，希望丈夫事业有成。

所以，民间流传有徽商妇思夫的民歌，如《送郎》歌：

> 枕头边，叫我郎哥睡会添。今日枕头两边热，明天热半边来凉半边。床第沿，叫我郎哥坐会添。今日床沿两人坐，明天坐半边来空半边。窗檐前，推开窗子看青天，但愿青天落大雨，留下郎哥再住一日添。墙角头，望见一排好石榴，摘个给予郎哥尝，愿我郎哥去了早回头。踏门槛，脚踏门槛手叉腰，送郎还望郎归早，数着年月度日心里焦。

如《宁愿嫁给种田郎》歌：

嫁呀，嫁给生意郎，三年两头守空房。图什么，高楼房，贪什么，大厅堂。晚上一人睡大床，夜长寂寞熬天亮。昔日若嫁给种田郎，日在田里忙耕作，夜伴郎君暖洋洋。

徽州女子，一般有文化，她们受过女教，可以看书写信，很有大家规范。她们一般不唱这类歌，不放荡。即使低吟消遣，也怕被人听到，有失身份，认为失教养，败坏门风。

（3） 同姓不婚

同姓不婚起于周朝礼制，唐朝将同姓不婚纳入法律，明、清沿袭唐律。

（4） 良贱不婚

古代等级森严，维护门第，重视门当户对，不允许族民与身份卑贱的人结婚。所谓卑贱人，指不三不四的家庭里出身的人，德行不好的人，非士农工商家庭出身的人。良贱通婚，败坏门风，将受到宗族惩罚或开出族籍，死后不能记入族谱。

（5） 宗亲不婚

离异妇女，或丈夫亡故，不得在原配宗亲中寻找配偶。离异男性，不得与本宗的失偶妻妾结婚，防止伦理秩序紊乱。

（6） 门当户对

婚姻合二姓之好，事宗庙，继后世。泾川万氏《家规》规定：婚嫁不拘贫富，必须门当户对，不贪财，不玷辱门户。凡议婚纳配，须经宗族商议，果系名门，方许缔姻。如不让宗族知道，门户不当，合族共斥，谱削不书。歙县潭渡黄氏《家训》：婚姻必须在温良醇厚家庭中选人，不可贪财慕色，妄偶滥配，违者不许进祠堂。门当户对，男女双方家庭在社会地位、财富占有、文化教育、风俗习惯等方面大致处于同一水平，不可有较大的落差。

管理者语丝：

鸟有窝，人有家。家是安身之所，也是归心之所。家由男人与女人两个性别的人组成。家可以是单层次的，如一对青年男女；也可以是多层次的，如祖父祖母、父母、青年夫妻、子女等，这是共居、共灶的家。家政管理中的“家”，指独立建制的家。这个家具有独立祭祀权、家教家规制定权、家法执行权、社会保障权（宗族提供的人身安全保护、教育、养老、抚孤、抚灾、济贫等福利)、家谱编修权、公有财产所有权、文化活动筹划权、荣辱共享权等,祠堂是他们的办公场所与公共活动场地。有建制的家,可以是总祠、支词、分祠、家祠,不论祠堂大小、层次上下、人数多少。

家庭是安身之所,安心、放心、归心之地。每个家庭成员身系信仰、礼教、名分、爱敬。家庭需要管理,一个多层次的大家庭需要有良好的家政管理。信仰、礼教、名分、爱敬是家政管理运行的动力,家长制、孝道、妇道形成家政管理的三维空间,家风是三维空间的表象。家政管理由动力、空间,然后形成表象。

中国注重家庭建设,因此一般人的注意力投放在家、宗族,而不是社会、制度,不注重社会政治、经济、文化、科技、教育、环境。独尊儒术,政治、儒教合二为一。中国的家政管理著作丰富,理论性很强,保证了家庭的稳定与繁荣。

家政管理的初始理论是上层社会的宗法制,南宋以后推进普及为民间宗法制。民间宗法制改变了宗子的专权,宗族中的贤达可以成为族长管理家政。宗族管理有宗子专权、宗子与族长分权、族长专权、族长领导下的宗族管理委员会等多种管理形式。族长一般为实际家政管理人,权力核心、中心人物。

家政管理名为家长制,实为族长、宗支、房长、家长权力轴心制。家长制管理,可以是以族长为核心的管理,可以是以宗支为核心的管理,也可以是以房长为核心的管理,或者是以族长—宗支—房长—家长联动的执政管理。

司马光建立了家长制,朱熹建立了家庭礼制,明清时期建设孝道、妇道与家风,孝道、妇道、家风统统属于礼制。家长制、孝道、妇道、家风建设模式,使得家政管理上升到理论的高度,得到社会的认可,广泛运行。这是宋元明清四朝专家对于家政管理做出的重大贡献。家长制确立了权力核心,礼制确立家庭内部非竞争性、非商业性、非功利性的行为法则,孝道确立了家庭中下级服务于上级的行为模式,妇道确立了妇女在家庭中的行为模式,家风建设确立了家政管理风格的模式。

这些家政管理理论适应当时的上层建筑与经济基础。那个时代,生产力低下,徽州人聚族而居,隐避在群山中,一切都是静态的。人文是静态的,生活模式是静态的,大自然是静态的。人们的生活沿着一定的程序发展,四时祭祀、拜堂结婚、生子、造房子、做棺材、入祖坟。人丁繁衍,人口密度造成空间的挤压,然后谋求新的空间,建设分支祠堂。祭礼、冠礼、笄礼、婚礼、丧礼、葬礼,生活如溪流,滚滚滔滔,川流不息。

信息不畅,交通不便,封闭的生活。物质真纯,人也真纯。自然与富有相结合,无知与激情相结合,矛盾与淡适相结合,礼仪与糊涂相结合,天意与人为相结合,孝道、妇道与血缘亲情相结合,感情不为知识占有,幸福不为人欲消费占有,人们灵动而含蓄。人们追求道德、人格、风尚,注重做人。人们强调属性,强调天然的我。

辛亥革命以后,秀才革命,文化革命,批评妇道,人们统计出徽州有多少贞节牌坊,多少贞女、烈女,没有计算徽州有多少孝子,地方志、家谱里记载了多少人割股挖肝、孝子埋儿、卧冰求鲤鱼的事。这些秀才们爱美人,不爱英雄,可叹。孝道与妇道同样以它绝对忠诚的铁律抹杀了人权。

封建家政管理,维护属性,父亲就是父亲,儿子就是儿子,丈夫就是丈夫,妻子就是妻子,男人就是男人,女人就是女人。概念清晰,属性纯真。各守其德,各司其职,各尽其责。穿衣戴帽、言语行动、姿态表情、接物待人,各以其角色表现自我。家政管理维护属性,维护家族的稳定。

家政管理,维护群居、共灶、共荣。

孝道、妇道、家风建设,需要有经济基础。明清之际,徽州在严格的宗法制下形成了商品经济,崇山峻岭之中建设了书香社会,这是有良好经济基础的。走进徽州,西递、宏村、唐模、李坑、江村,一座座村庄,水口,牌坊,祠堂,亭子,戏楼,廊桥等,显示出家政管理的卓越典范。

参考文献:

1.(清)沈葆桢、何绍基等纂修、重修:《安徽通志》,上海古籍出版社,1878 年。

2.(清)江登云:《橙阳散志》,江苏古籍出版社,上海书店,巴蜀书社,1990 年。

3. 江峰青纂修,民国重修:《婺源县志》,江苏古籍出版社,1996 年。

4.(清)马步蟾纂修:(道光)《徽州府志》,江苏古籍出版社,1998 年。

5.(清)何应松修,(清)方崇鼎纂:(道光)《休宁县志》,江苏古籍出版社,1998 年。

6.(清)周溶修、(清)汪韵珊纂:(同治)《祁门县志》,(道光)《祁门县志补》,江苏古籍出版社,1998 年。

7.(民国)石国柱、楼文钊、许承尧纂修:《歙县志》,江苏古籍出版社,1998 年。

8.(民国)吴克俊等纂:《黟县四志》,江苏古籍出版社,1998 年。

9.(清)鲍光纯:《重编歙邑棠樾鲍氏三族宗谱》,清乾隆二十五年。

10.(清)吴青羽撰:《茗州吴氏家典》,清雍正十三年刊本。

11.(清)《休宁戴氏族谱》,清嘉庆十年刻本。

12.(清)《金山洪氏宗谱》,清同治十二刻本。

13.《明经胡氏龙井派祠规》,民国十年木活字本。

14. 绩溪《华阳邵氏宗谱》,清宣统二年木活字本。

15. 胡中生:《清代徽州家政与乡族社会的善治》,《安徽大学学报》(哲社版),2013 年 2 月。

第五章

公共管理

明代中叶以后,徽州人口增多,商业兴起,贫富差距加大,社会矛盾突出。闲散人员增加,地痞无赖成立打行,聚众赌博,抢劫财物,胥吏包揽税粮,勒索手续费,牙行管理人员哄抬物价,官衙利用诉讼谋取私利。为了维护社会治安,朝廷在行政管理的基础上,加强了公共管理。

第一节　申明亭

明清两朝行政管理一脉相承,基层管理先实行里甲制,后改为保甲制。明朝推行里老人制度,清朝推行乡约制度,行政管理的演化,强化公共管理,提高公共管理水平。

一、明清两朝的基层建制

封建社会,行政建制分中央与地方两级。中央有吏、礼、户、兵、刑、工六部,以及内务府及其他办理具体事务的司。地方有省、府、州(在部分地区府下设州)、县等各级政府。县及县以上官员由朝廷任命,朝廷发给俸禄,在衙门里办公。明朝全国分为1171个县,每个县设知县1员,县丞1员,主簿1员,典史1员。县以下,明代实行里甲制,清代实行保甲制。里甲与保甲是政权的基层组织,其里长、保长由地方推举县衙任命,朝廷不发给俸禄,不属于政府官员。

(一)　里甲制

公元1381年,明朝加强基层组织建设,城内设坊,近城设厢,乡、都设里。公元1384年明朝廷制定了《府州县条例》,拟定了县官《到任须知》31条,《到任须知》要求县官负责辖境内的历史、政治、版籍、田粮、刑狱、司法、财赋等政务,提高行政效率。

公元1368年,朱元璋在江南编制土地黄册的基础上实行里甲制,公元1382年他在全国推行里甲制。该制规定以110户为1里,推任纳粮多的10户为里长,每年轮流由1户为执行里长,以丁粮多寡为序先后行使里长职务,每十年一个周期。其余100户分为10甲,每甲10户,甲首1人,管理1甲事务。鳏寡孤独没有赋役的,附在10甲后面为畸零户。僧道给度牒,有田的按照民间一样编册纳入里甲,无田的为畸零户。每十年主管部门重新编审黄册,以丁粮增减而改变其编排次序。黄册一式4份:1份交户部,其余3份交给布政司、府、县。上交户部的那册系黄纸书,故谓黄册。公元1395年,里制进行新的划分,改以100户为1里。公元1617年两淮盐政定期编审户口,商户也组织成里甲制。鱼鳞图册于公元1387年设立,记载田地地点、面积、水土状况、田主姓名,黄册标明每户人丁姓名、年龄。男子年满16岁开始承担赋役,到60岁免除赋役。

全国建立里甲组织,边境地区实行保甲制。明朝对于人口、土地、田赋、户籍等普查和统计详细。公元1391年,天下共有10,684,435户,人口56,774,561人。公元1393年天下田地总共8,577,623顷。黄册和鱼鳞图册将人口、土地和赋税三者关系准确地记录在簿。

公元1371年,朱元璋设立粮长制。按照粮食产量定区,每区设粮长4人。其中土地多者任粮长,负责上交该区的赋税,加强对田赋的控制。

明代的编户承担政府摊派的正役和杂役,正役包括朝廷征收的税粮、上供物品及司、府、州、县衙的公费。杂役、差役包括兴修水利、公共建筑、驿传、民工等。每年由1个里长带10个甲首摧征钱粮,承担公事。

里甲不是自然乡村的社会结构,1个里的建制可以包括几个小村落,大村子则不只1个里的建制。里的名称各地不一,有的地方称为"图",有的称为"都",有的地方称为"鄙""隅""屯"等。徽州一般称作"图""都"。

每里设里老人,以里老人、里长、甲首组团裁决里甲日常事务。里老人负责社会教化和管理。明代朝廷发布的《教民榜文》称:七八岁或十二三岁的人,欲心未动,良心未丧,里老人给他们宣讲《大诰》,先入为主,使青少年知道避凶趋吉,做贤人君子,善良百姓……如有懒惰不劳动者,里老人可以给予教育与处分。朱元璋下令制木铎,派里老人持木铎在乡里宣传:"孝顺父母,尊敬长上,和睦乡里,教训子孙,各安生里,毋作非为。"

里甲是地方公共事务管理组织,人们有认同感的合作社区。社区成员相互帮助,相互监督,未经批准不准擅自离去,老百姓外出到1里地以外的地方,须经里甲长批准。外来人员不能在本社区随意活动和居留。每甲配备保卫安全的器械,一旦有人报警，敲锣聚集壮士抓捕。乡村盗贼，责在里甲，若有抢劫盗贼逃军逃囚及生事恶人，里甲负责擒拿交给官衙，违者处罪；甲长经常带人逐户挨查，处治赌博、化缘僧尼、游道、娼妇、方术、打闹、白莲教等活动。严格管理人口，每天定更后，禁止夜行，如急病请医，经保甲长验明给予夜行牌，方准放行。户丁约束在邻里，邻里互知，务业，不许有逸夫，社会治安良好。同里邻保相助、患难相救、疾病相扶持。富户资助贫困者，富户倘若见乞丐不予资给，就把他家自足以外的粮食运走充官济贫。

随着时间推移，各甲、各里的人丁与经济发展不一，人口与土地分离现象严重，人口迁移频繁。商品经济发展，贫富分化加剧。里长、粮长、甲长职役权威降低，难以有效行使赋役征收和社会控制职能，社会控制能力转移到绅士、土豪等地方精英手中。明朝中期以后，许多地方成立保甲组织维持社会治安。公元1517—1520年，王守仁设立10家牌法，10家注册成1牌，每天轮流由一人持牌检查民户有无可疑人，向地方官报告，以维护治安。

（二） 保甲制

清朝全国行政分为省、府、县三级，基本上沿用明朝体制。公元1708年，康熙皇帝推行保甲法，每1保1000户，每10家1个牌长，每10牌立1甲长，10甲立一保长。每户发给一张印牌，上面写明本户人口、从业状况，户内有人外出或者有客来访应注明行踪，牌头、甲长等进行稽查，如有可疑的人立即上报保长、地方官处理。各户之间联名作保。保甲维护地方安全，弭盗安良，遇有娼妓、赌博、私宰牲畜、私铸铜铁、邪教、盗贼、斗殴、人命、逃犯、私盐、漏税等，隐匿不报，一家犯罪，连累九家。

保甲负责管区内税粮交纳、词讼争辩、盗贼缉捕，修建营房、桥梁、马路，了解灾情和发放赈济，催办差役所需器物、用工人员。

保长由前任保长推荐或公举，按期替换。保甲长经过推荐、保举、佥选、县衙门认可，颁发任命书。保甲长享有免除一定赋税的权利，以及支配村民的权力。保长保地方平安，完成官府下达的指令。

保长负责的烦琐事务多，获得的法定利益少，许多人不愿意担任保长，于是某些地方实行轮值承包责任制。徽州往往由宗族内各门房、支派轮流充任保长；明代休宁县古林黄氏挨门轮值保长，康熙年间绩溪胡氏推举管月（任期23天）人若干，轮流充当保长。宗族、村民给予保长津贴，在外经商不能充当保长的，可以出钱委托他人代理。

公元1885年，休宁县吴爱松立约承包值年保长，约定担任吴世堂善堂保长1

年，负责官差税粮，处理贼盗、命案、劝息民事纠纷等大小事务，保证公平公正办事，不私自勒索，该祠堂每月给他工俸钱一千文。为了有人任保长，地方出钱由有资质的人立约担任保长，负责公共管理。这样，保长由权威演化成为雇佣。

徽州，明朝在县、都、图、村的基础上编里甲，清朝在都、图、村的基础上编保甲。据江苏古籍出版社《民国歙县志》记载，公元 1391 年（洪武二十四年）歙县编户 208 个里，设 37 个都、8 个关隅，后来调整为 228 个里。清朝沿袭明制，依然设 8 个关隅，37 个都。每个都以数字编号为名称，如 1 都、2 都、3 都……关隅与都下辖单位是图，图下辖自然村。每个都下辖不同数量的图，如歙县第 1 都下辖 6 个图，第 2 都下辖 3 个图，每图管辖的村庄数量不等。明朝休宁县划为 4 个关隅、33 个都、160 个里。都、图、村是地理空间区划，稳定不变。里甲、保甲依据户口、田亩所有权的变化而随时改编。

二、申明亭管理法

朱元璋于公元 1372 年在全国城乡广泛建立了申明亭和旌善亭制度。申明亭为读法、明理、彰善瘅恶、裁决争讼、辅弼刑治的地方。申明亭、旌善亭并立，即某地有申明亭，则有旌善亭。申明亭记恶人恶事，以示惩劝。旌善亭表彰好人好事、孝子贤孙、节女贞妇，以示嘉奖。

徽州婺源李坑村中有一条河，民居沿河而建。上游跨河建石拱桥，桥边建申明亭。该申明亭是明代建筑，保存完好。古时村民在这里听里老人宣讲朝廷圣谕，听他处理人事纠纷。人们可以在申明亭里观看朝廷公告、衙门文件。村中有过错的人不许从申明亭中走过，只能从亭旁边小路低头绕过，以思悔改。

申明亭

明朝在基层组织广建申明亭与旌德亭。弘治年间程敏政编修的《休宁县志》，在图中标示县城内申明亭所在位置。根据县志记载，该县 33 个都，每个都建有一个申明亭。

公元 1394 年，明朝设立里老人制。在里甲内，凡年龄在 50 岁以上，每里推选 3—10 名有德行、有见识，为大众所敬服者，解决地方纠纷，督导人民勤务农桑。被推选的老人称里老人，他们掌教化，定期向里中编户宣读讲解《大诰》《大明律》《教民榜》，使全里的人知法畏法，不敢犯法。重点宣讲圣谕“孝顺父母，尊敬长上，和睦乡里，教训子弟，各安生理，毋作非为”。明朝，每月初一、十五，朝廷发布《宣谕》一道，教导百姓当月应做的事，达于天下，如六月百姓应缴夏税。《宣谕》提醒众人各守本分，纳粮当差。里老人除执掌教化，还裁决民事争讼。明太祖《教民榜》规定，民间婚姻、经济、斗殴等事，不许直接向衙门控告，应由当地里老人裁决。不经里老人裁决，径直到衙门告状的人，打六十大板，发回原地由里老人处理。如果里老人调解不能和息，再向官府起诉。申明亭是官方推行的民间调解制度。里老人行教化，理诉讼，宣讲谕旨。但是，他不是官差，没有工资。里老人在地方很有威信，官员百姓都尊他“方巾御史”。

村里的申明亭有官方文件公告栏，凡作奸犯科受处罚的公告，官府缉拿盗贼、通缉文告，朝廷榜文、劝谕桑农文告等，张贴在申明亭，申明亭是官方公布信息的平台，百姓获取信息的渠道。旌善亭张榜公布当地的孝子贤妇，惠达懿行。申明亭与旌善亭并立，一个惩恶，一个扬善。

明太祖常常召见里老人，给予有功的里老人出仕的机会。里老人也可以上京面圣，反映乡里的实况。

明朝后期，地方官员玩忽职守，亭宇不修，善恶不书，以刻薄的态度对待里老人；有的里老人不自尊重，以权谋取酒食贿赂，不能公道处理是非，妄张威福，亭宇与职掌难以存在。

申明亭是古代乡村自治模式。山高水远，政府管理能力有限，民众推举、政府登记认可的精英，承担本村的司法自治。在申明亭仲裁纠纷的里老人，形式上为民选，多数当选人为有文化、有钱、有地位的乡绅或族老，他们一般依据国家法、传统道德、风俗习惯或村规民约，甚至参考家规家法处理事务。

明朝把申明亭与旌善亭标在县治地图上，把它们与衙门、文庙一样作为一地的重要设施。《大明律》规定，拆毁或损毁申明亭，杖一百，流三千里。朝廷规制的申明亭，受法律保护。

申明亭柱子上一般刻有楹联,喻世、警世,劝谕人们化解诉讼,如:

上联:走得忙乱,步乱心慌,负屈含冤,要申曲直。不如坐坐,神收怒息,情容理让,请回宅上讲调和。

下联:争端两造,出入相见,一旦诉讼,子孙结怨。衙门八字,步步关节,费心费钱,不如里老说情理。

管理者语丝:

申明亭为衙门司法的下伸点,村民们彼此知根知底,不用拘传、查封,面对权威、道德与信赖,诉讼人诉说案情,真假、善恶,观众心亮肚明,里老人当众裁判,很多是非不照自明,纠纷自然化解。

申明亭裁决制度,诉讼人与判案人同在公众的监督下,程序少,中间环节少,乡亲之间知根知底,人格、缘由清清楚楚。对于纠纷的处理,公众可以直接参与,提出个人看法,供里老人参考。里老人是本地人、权威,洞悉本地人脉与事务,不必依靠文本判案,如果谨守名分,当为善政。申明亭制度使民众不用到官衙投诉,不用花钱费时,就地解决问题,给民众带来便利。

任何事物难免有负面作用,申明亭制度由里老人裁决,容易偏离法制,走向人治。法,遵循具体的法律条文,申诉、侦探、取证,判案、量刑有一定的程序,申明亭制度判案的自由度太大,容易被人事斗争搅浑,里老人也难脱人事矛盾的纠缠,最后申明亭制度被淘汰了。

参考文献:

1.(清)宋希肃修,吴孔嘉等纂:顺治《歙志》卷1《舆地·风俗》,清顺治四年(公元1647年)刻本。

2.(清)方崇鼎纂,何应松修:道光《休宁县志》,清道光三年(公元1823年)刻本。

3. 马林华:《明清时期徽州地区的民间法——以文书为例》,硕士论文,西南政法大学2015年。

4. 胡凯:《明代老人调解制度研究》,硕士论文,安徽大学,2014年。

5. 刘春梅:《论明代申明亭的起源、兴废与功用》,《成都师范学院学报》,2016年4月。

6. 张佳:《彰善瘅恶,树之风声——明代前期基层教化系统中的申明亭》,《中华文史论坛》,2010年12月。

第二节 乡约管理

明朝乡村的里甲制对于人员流动管理很严,近似于军事管理。运行一段时间以后,农村的赌博、斗殴、盗窃的现象复生,行政命令式的管理没有弹性,不能调动人们的主观能动性,乡村很多公共事务没有人管理。王阳明针对这种状况,试图以契约的形式,加强公共管理。他在江西南安和赣州立下《南赣乡约》,由地方官府倡导,乡绅或族长牵头,官方与宗族共同协作管理公共事务。

一、乡约的发展过程

早在公元1076年,吕大均在陕西蓝田立过《吕氏乡约》,要旨为:“德业相劝、过失相规、礼俗相交、患难相恤。”

德业相劝内涵:见善必行,闻过必改。治身,治家,事父兄,教子弟,御僮仆,事长上,睦亲故,择交游,守廉,施惠,救患难,规过失,为人谋,解斗争,决是非,兴利除害,居官举职,为众所推。读书治田、营家济物。

过失相规内涵:行为规约和惩罚,自我约束,关注地区、社群事务。

礼俗相交内涵:婚姻丧祭礼仪,人际交往和事务礼仪,不同身份角色行为和表达方式。对于社会公共事务理性关注,消除隔阂和培育温情。

患难相恤内涵:水火、盗贼、疾病、死丧、孤弱、诬枉、贫乏,涉及灾害、医疗、救助、慈善等7个方面。

南宋朱熹将《吕氏乡约》修改后编写成《损益蓝田吕氏乡约》。主要内容:德业相劝、过失相规、礼俗相交、患难相恤。事亲孝,事君忠。夫妇以礼,兄弟以恩,朋友以信。睦乡邻,敬官长,为姻亲。与人恭逊,持身清约,容止庄重,辞气安和。衣冠合度,饮食中节。

王阳明参照《吕氏乡约》,《损益蓝田吕氏乡约》,编写《南赣乡约》,其主要内容:协和人民,孝父母,敬兄长,教训子孙,和顺乡里。相助相恤,善相劝勉,恶相告诫。息讼罢争,讲信修睦,为善良民,成仁厚俗。切于事理,曲尽人情,不违国制,敦化厚本,厚本抑末,财用之舒,淳厚风兴,礼让日作。

公元1520年王阳明推行《南赣乡约》,公元1526年应天巡抚陈凤梧在礼部提出以乡约推行教化,把江西的经验推广到全国。当年徽州绩溪县、祁门县推行乡约,并把订立的乡约刻在石碑上,立于人们活动频繁的地方,让人们警醒。乡约制度同宗族管理相结合,劝善习礼,增强地方自治。

徽州歙县岩寺于公元1544年立“岩镇乡约”,维护纲纪,打击横行无忌的奸党强梁。岩镇青壮年组建18营,每营几十个人维护社会治安。公元1555年8月,岩镇订立“备倭乡约”,组织骁勇,打击从浙江淳安来的小股倭寇。岩镇每有公共事务,组织民众通过契约实施管理目标,显示出乡约在地方公共管理方面的良好作用。

徽州与江西接壤,王阳明的乡约率先推行到徽州。公元1565—1577年期间,徽州婺源的乡约由官办示范型转变为普及型。约正负责宣讲圣谕、教化风俗、调解民事纠纷,保甲负责治安、赋役、修缮城墙桥梁、防灾恤患、经办慈善活动、申请禁令等。公元1659年,清朝统治者在全国范围内推行乡约管理。

二、乡约组织

乡约组织以约会形式,在保甲、坊里的基础上组建。

(一)　约会组织规模

可以一村、一图、一族组建一约,小村、小族可以依附于大村、大族合为1约。每约推选一个年高德重的人为约正,两个约付,数个知书达礼的人为约赞,即每约有约正、约付、约赞为领导,约正是一地精神领袖。他们不是政府官员,没有薪酬。当过一年约正、保长,可以5年不服杂役。

(二)　约会职责

约会应该自由参与,但是乡约每人都得入会,组织上可以打破宗族、村落的局限性。乡约定期举行活动,按照礼仪,先达缙绅宣讲圣谕,会员听讲,十余书童歌咏,以各种形式深入宣传圣谕6条。御敌卫乡,劝善惩恶,兴礼恤患。立社学,请教师教育童蒙,建社仓救灾,保护山林。与保甲长一起承办州县官府的正差杂役和负责赈荒救灾、安置难民等事,在刑名司法方面负责调解民事纠纷,与州县官府相配合。

(三)　约会仪式

会堂上设圣谕牌位,庭中设香案。参约人按时到齐,每个人按照辈分年龄排序,面对正堂站立唱赞歌。鸣鼓五声,司讲出位高声宣读皇帝《圣谕》:孝顺父母,尊敬长上,和睦乡里,教训子孙,各安生理,勿作非为。宣读完毕,唱赞歌,鞠躬三叩头,钟鼓齐鸣。行礼后,约正训导长幼,治家治学,勤劳敬业、孝敬长辈,尽职尽责,不得赌博懒惰。族人若有公事、私事可以站出来,面北陈说,言毕复位。

（四） 约会会员交纳会费

公元1789年祁门侯潭乡12户成立约会，每户交银2两，绅士捐银38两7钱，共银62两7钱。每轮派2户殷实家庭管理银两及利息，每年10月15日结算，以备徭役赋税等公费。

（五） 约会奖惩措施

多次不赴约会的会员将被淘汰。会所有2个记事本，一个记善人善事，一个记恶人恶事。如果会员忤犯长辈，供奉父母不尽心，或有怨言，约正、约付给予教育，教育不改，则将其实情记录在恶簿上，不许入会，死后神主不许入宗祠。如会员有善行，孝行、节妇等，将其事例记入善簿，突出的人，向政府申报材料并颁奖。

（六） 推行效果

公元1549年，歙县知县颁布告示，要求普遍实行乡约。公元1565年徽州全府推行乡约管理办法。绩溪县于公元1616年组织乡约，择寺观祠舍为乡约会所，每月宣讲六次明太祖《圣谕六条》，劝善习礼，不许挟仇报复、假公济私。会员订立合同文约，严禁纸牌、骨牌、骰子、地钱、开宝等赌博活动。约会成员听宣讲圣谕六条，不驯不法的人在约会受众口指责，羞涩于面，感发于心，有的人主动向父母、族长服罪改过。公元1566年休宁县范氏制定《统宗祠规》，第一条就是“圣谕当遵”，要求族中父兄子弟，洗心向善，尽做好人，有过即改，不可护短。古林黄氏制定祠规，推圣谕遗意，事君事长，至德要道，父以教子，兄以昭弟，见善则迁，见过则改。维护社会秩序，符合官府与民众的愿望。乡约由官推民办，公共管理与宗族管理相结合，以契约的形式管理公共事务，在管理形式上有了自主性。

三、徽州积极倡导乡约

徽州是朱熹故里，朱熹曾在徽州讲学多年，徽州人承朱子之教，秉朱子之礼。王阳明也在徽州广泛讲学，有很多王氏心学门生。乡约率先在徽州运行。

（一） 官府倡导乡约

万历《休宁县志》卷二《建置志·乡约保甲》记载：（明朝）隆庆、万历年间，徽州府和休宁县倡建乡约，将乡约与保甲统一管理，宣讲圣谕六条，公布管理章程。各都组织的乡约数量不等，如1都4个，2都5个，4都7个，6都2个，14都17个，16都12个，18都20个，19都1个，23都15个。

公元1526年二月朔日，绩溪县知县周瑾立石碑于绩溪县瀛洲乡大坑口村尚书第门前，申明乡约，敦风化俗。

公元1526年4月12日祁门县知县立乡约石碑于祁门县彭龙乡彭龙村西沟渠上。

公元1565年，绩溪知县郁兰按照徽州府的指示颁发《乡约条例》，令城市坊里相近者为一约。公元1754年，绩溪知县奉太守何达善的指示，令坊乡村镇，慎举绅士、耆老为约正，勤宣化导（乾隆《绩溪县志》卷三·学校志·乡学附乡约）。在近200年的时间里，官府多次重申乡约管理机制。

清雍正年间歙县《潭渡黄氏族谱》中记载：每月朔望齐集春晖堂，辰巳二刻，每个甲长率本甲10人到达约会公所，肃静听讲，各人扪心自省，自己所做所为与《圣谕十六条》有无相违背之处，闻过即改。如果有人视乡约为虚套，藐官府审令，约正要负责，见有不遵圣谕现象，约正应秉公劝谕。（雍正《潭渡孝里黄氏族谱》卷四《家训》）

（二） 徽州民间倡立乡约

乡约由官督民办，敦促民风淳朴。徽州人往往为了公共事务的管理，民间自发成立乡约，以实现某个管理目标。如：

1.《明嘉靖四十一年十一月祁门县14都谢公器、李仲齐等立建乡约，完纳兴义革弊赋役议约合同》：公元1562年农历十一月，祁门县14都谢公器、李仲齐等10人立乡约。该乡约组织旨在敦笃风俗，纠正不端行为。革弊兴义，催征国税办理赋徭，从公分派。山庵僧徒，侍奉香火，不得贪利放债。甲首津贴，公议付给。申明亭、社坛、祭坛等处空闲官地，按照原额，租佃收入用于公益事业。勘结讼事，清理巡捕、踏勘灾异。外地人户杂居本村，偷盗柴木、烧炭开地，滥伐山林，税无所供，呈送县衙示禁，使人民得以安生。违反规定者，罚银10两公用。（原件藏南京大学历史系资料室）

2. 祁门县文堂陈氏乡约与族规合二为一，使乡约组织宗族化。公元1572年文堂陈氏制订并刊行《文堂乡约家法》。该文献由《文堂乡约家法序》（汪尚宁撰）、《圣谕屏之图》《会仪》《会诫》《文堂陈氏乡约》《圣谕演》（分为文和诗）、《文堂乡约序》（陈证撰）、《文堂乡约叙》（陈昭祥撰）、《文堂陈氏乡约序》（陈明良撰）诸篇组成。全书大约11000字，《圣谕演》约3600字，《文堂陈氏乡约》约3200字，这两部分是《文堂乡约家法》的主体部分。

汪尚宁撰《文堂乡约家法序》云：祁门西乡文堂，陈氏世居。编里20个，200多户，几千人口，首次实行乡约。仿照《吕氏乡约》和陕西上党《仇氏家范》制订《文堂乡约家法》，呈官批准。祁门知县廖梦衡以此示范全县，数月内快速推广。

陈氏文堂立约会，治教、善导民风，固国保家，名教节义，明德正刑。学宫及乡社,治讼弼教,使得风俗敦纯,合族通邑,日复振德,盗息讼简,子弟为善,教育昌明。

文堂乡约参约人员:约赞、纠仪、司讲、乡老年长者、年壮者、年少者、司讲、歌诗童生、司钟磬人、司琴鼓人。

乡约仪式　设圣谕牌位于堂上,设香案于庭中,约人如期毕至,升堂。端肃班立,赞者唱,齐宣圣谕。司讲出位,宣读圣谕:孝顺父母,尊敬长上,和睦乡里,教训子孙,各安生理,毋作非为。宣毕,退,就位。赞者唱,鞠躬,五拜,三叩头。少者出班,揖,平身,退,各班揖,就座。歌生班进,揖,平身。设讲案于庭中,鸣鼓,击木铎,司讲进讲,宣讲圣谕,皆坐。升歌,司鼓击钟三声,歌生班唱孝顺首章。歌毕,击鼓磬三声。乡人有公事、私事,出班陈说,毕,就位。

会诫:每会立约,会众升堂,拱手班坐,齐集拜圣谕,就座肃静听讲。乡约以劝善习礼为重,不许挟仇报复,假公济私,顽亵圣谕。个人有违纪犯错,当众从容陈说。听从约正、约副训导。

组织:同归于善,趋利避害。显恶难容者,不得与会。小过自新,可以参会。各个积极向上的人,都应参会。每会约正、约副率领会员,衣冠整齐,准时到达。经常不参会的人,开除会员资格。

约会公所置记善、记恶簿,经共同商榷,善者记入善册,恶者记入恶册,扬善惩恶。如果不服,经教育不改,呈送官府依法判处。

约会立纠仪 2 人,司察威仪、礼节、规矩。

文堂陈氏遵守朝廷法度与祖宗家训,节立义约。随着人丁繁衍,俗渐浇漓。是非混淆,人无劝惩,官长忧,良民苦,乡里痛惜。通族父老,开会立约,制定禁约,报告县衙批准,子孙凭依,各宜遵守,如有犯者,依条款处罚。

《文堂乡约家法》规定了以下行为细则:

每月举行乡约家会,将本宗 17 甲分为 12 组,每组负责 1 次约会组织工作。正月十五,以及以后各月的初一举行约会。会所在祠堂。早晨,鸣锣约聚,各人衣冠整齐于辰时到达会所。非病患、事故、远出,不得缺席。共同吃早餐。

每户户长为会宗,选年稍长、行为端正的人为约正,年壮贤能的人为约副,约正、约副要以身作则,表率乡曲。凡遇有事,约正、约副到祠堂处理,公心直道,不得徇私。

每次举行约会,长幼齐坐,晓令各人勤劳守业,不得博弈、宴游,胡作非为。如果犯错,互相劝诫,务期自新。教而不改,呈官法治。

遵守拜奠仪节,互相赞行。凡奸盗诈伪、败坏家法,公举逐出祠堂,不许混入拜祭,玷辱先灵。

按礼祭扫祖坟,如有崩坏,及时修理。

子孙忤犯父母、祖父母,缺奉养,怨言怒骂,约正、约副给予教训。教而不改,书于记恶簿,生不许入会,死后神主不许入宗祠。

子弟凡遇长上,必整肃衣冠,以礼接待,如果傲慢不逊、凌犯长上,约正、约副给予教训。不改,记入记过簿,终身不许入会。

亲丧,不得请和尚念经做法,辱亲于非礼。不得因寻风水宝地不及时安葬。治丧期间不得摆酒席。祭祀当诚敬,不得苟简亵渎。

男女有别,不学子弟结交群欢,是大不韪。如犯伦败俗,毋得容恕。

整理孝子节妇的事迹,报官请奖。

每年钱粮官事,定期交纳,不得拖延。

或有盗贼,捕捉拿获。如果犯者素行不端,送官惩治。如果一贯善良,偶尔犯错,令其立约悔过。民事纠纷,由约正、约副秉公和释,不得上讼公庭。如果不遵约正处理,则转呈官府究治。

宅墓、来龙、朝山、水口皆祖宗血脉,宜长养林木,以卫形胜。乱砍乱伐,公同罚治。

九日神会,赛棚斗戏,浪费钱帛,宜痛革陋习。

祖坟山场、祭祀田租,须严守旧约,不得因贫变卖,如违,以不孝罪论。本都山场松杉竹木,不许盗砍盗卖,如违,鸣众究治。

乡族中担当里长、族长的人,应该勤慎公正,不得违慢误事、挟势诓骗。

将各地佃户编立入甲,每月朔日,甲长赴约所,报告本甲安全状况。如有事不报,禀众重究。每月朔日,甲长不到,酌罚不恕。

公元1572年农历一月四日,立乡约人陈德信等25人。(隆庆《文堂乡约家法》,隆庆六年刻本,原件藏安徽省图书馆)

文堂陈氏乡约,该组织在里甲制基础改造而成。本宗17甲人丁选编为12个轮值管理小组,每月组织乡约活动,一年一个周期。择年稍长、行为检点者为约正,年壮贤能者为约副,一起议事。文后附有约正、约副、约赞、首人名单。约正约副共27人,陈进等8人是立约人,约赞中有编订本书的陈昭祥、陈履祥兄弟。乡约宣讲圣谕,办理地方行政事务。约中有事,赴祠议处。每次约会族人互相批评,有错三犯不改,呈官府惩治。乡约与里甲联合起来管理族人,申办孝子节妇旌奖,负责治安,处理民事冲突,捕获境内盗贼,奖善罚恶,保结受诬冤枉的族人,设立礼仪,处理不孝、不尊者。将散居山谷的佃户编甲,将败坏家法的人逐出祠外,不许入祠。要求族民辨别是非、劝惩善恶、管理子孙、维护秩序。这是国法、宗法与契约相结合的管理模式。

3. 婺源《沱川余氏乡约》 公元1620年余懋衡编著,卷一内含《约仪》《圣谕衍义》《勤俭忍畏四言》《劝戒三十一则》《保甲三则》。余懋衡立乡约,建设宗祠制度。其《余氏宗祠约》由序、祠规、斋戒式示、祭首轮充、祭品定供、祖茔、祠田、祠地、祭器、祠约、纪助11部分组成,余氏以乡约推动宗祠制度建设。

明代嘉靖以后徽州府地方官推行乡约,将乡约与宗族结合起来,在宗族内设立约长,宣讲圣谕,制订族规,把宗族纳入乡约系统。

族约、祠约、乡约一体化,加强对族人的教化。官府与宗族互相依托、互相支持,官府与宗族互动,管理公共事务。

管理者语丝:

乡约渊源于周礼读法之典,以后乡约成为乡村的一种公共管理制度。北宋蓝田吕氏首推乡约,订立《吕氏乡约》。蓝田吕氏兄弟德行道艺为乡人敬仰,所以约而能行。南宋朱熹修订《吕氏乡约》为《损益蓝田吕氏乡约》,王守仁于公元1520年推行《南赣乡约》。明朝后期及清初官方倡导乡约管理,宣传圣谕六条、康熙帝《圣谕十六条》,敦孝弟重人伦,笃宗族昭雍睦,和乡党息争讼,重农桑足衣食,尚节俭惜财用,隆学校端士习,黜异端崇正学,讲法律儆愚顽,明礼让厚风俗,务本业定民志,训子弟禁非为,息诬告全良善,诫窝逃免株连,完钱粮省催科,联保甲弭盗贼,解仇忿重身命。清中期以后,乡约趋于形式化。

徽州乡约的兴盛与宋明理学、宗法制的发展相联系,兴盛的程朱理学使人们着眼于风俗、伦理、秩序,以德为本,附以刑罚。乡约以契约的形式进行公共管理,将传统的一顺倒的硬性管理注入了活力。

乡约蕴含缔约人的意愿,含有协商、民主、自由、平等意识。政府对乡约参与度低,约正、约付由推选产生。乡约是平等议事机构,约众按期聚会,举行约会,增进友睦、加强认同,推行礼乐教化,促进社会和谐。

乡约具有教化、自治、行政管理职能。清初至清末,朝廷多次督促各省推行乡约。清中叶以后,乡约组织兼具保甲纠察职能,乡约与保甲、团练合流,有军事化色彩。徽州的宗族性乡约具有综合管理职能,士绅和地方精英在乡约中扮演重要角色。

官督民办或民办官认的乡约,得到官方支持。乡约的强制力低于国法,生效范围小,其控制约束力由约定者认可,管理具有弹性。乡约支持文教科举、应付差徭、缴纳赋税等国家行政事务。乡约有指引、教育、规范、惩罚、维持社会秩序的管理功能。

乡约通过宗约、士约、社约、会约组织，劝善惩恶、御敌防匪、教化乡里。普通百姓、地方精英、基层官吏、强梁豪门积极参与，促进乡村自治优化。

乡约基于地缘和血缘，兼顾一村数姓及散户的管理。乡约管理，符合风俗习惯和传统心理，维护纲常伦理，维护良法善俗，提高乡民参与管理的积极性。

乡约强调个人社会责任，从家庭和社群出发，以乡为单位，由民众公约，可以自由参加，有成文法则，具有自治性、组织性、公共性、理性的特征。这样有益于人格修养和道德垂范。乡约以礼、德为核心，培育每个人的公共道德意识，激发人的责任感，鼓励自我约束，整合人心与社会秩序，富民安邦，使板结的宗法制新添了管理的活力。

徽州《文堂陈氏乡约》具有管理改革的前导性、典型性。

参考文献：

1. 常建华：《明代徽州的宗族乡约化》，《中国史研究》，2003 年第 3 期。

2. 常建华：《乡约的推行与明朝对基层社会的治理》，《明清论丛》第四辑，紫禁城出版社，2003 年。

3.（明）陈昭祥编订：隆庆（祁门）《文堂乡约家法》，明隆庆刻本，原件藏安徽省图书馆。

4.（清歙县）《岩镇志草・贞集・艺文志・下》，《岩镇乡约序》。

5. 卞利：《明清时期徽州的乡约简论》，《安徽大学学报》，2002 年第 6 期。

第三节　文会、书屋及其他会社

明清之际，文会、书屋是徽州民间组织之一。文会、书屋以读书、讲学为宗旨，由本地精英自发组织。由于文会、书屋的精英知书达理，所以村中有关公共事务请他们参与处理。

一、文会

文会，又称文社（不包括诗社）。南北朝时顾越，见世道不平，无心仕进，归隐后与沈炯、张仲、孔负等组织文会。元泰定年间（1324—1327 年）歙县沙溪村组建北园文会,开展文化活动。明朝以前,全国文会数量屈指可数。明朝中期以后,徽州几乎每个村庄都有文会。如公元 1583 年歙县组织聚星文社、嘉靖年间呈坎村组织涤川文会,公元 1621 年重组聚星文社和仁里社,公元 1625 年组织瑞金文会,公元 1639 年组织祁门石溪村敦仁会,公元 1744 年组织蟾扶文会,清代乾隆年间组织雄村竹山文会。

徽州文会可以分为官办、族办和众办三种类型。官员兴办文会数量不多;族办文会多为族中绅士富户捐资筹办、统一管理。如萃升文会、阜山文会、云谷文会、兴贤会馆、川上草堂、双溪书屋和云门书屋等;民众筹办的文会称众办文会,众办文会培养人才,为本地谋发展。

明中后期,文人自发组织文会,参与人多为退休官员、举人、秀才、博学德重之人。南山文会规定,凡本籍新人入会,用彩旗鼓吹前导至南山亭,祝史执香作乐迎于道左,显示了文会的神圣性。文会虽为民间组织,入会者的身份较高,入会仪式隆重。徽州绝大多数文会会员是当地有名望的人,他们言行规矩,砥砺名节,辨别是非,大公至正,移风易俗,热心教化。文会会所环境优雅,会员在会课制艺之余,宴集会饮,歌咏情怀。

文会规定会期,即活动日期。各文会的会期不同,江村的聚星文社每年聚会 6 次,绩溪的云谷文会每月会课 1 次,毓英文会每月会课 2 次。一般情况下,文会会员每年农历三月二十日在文庙集会。

各个文会的目标不一,如嘉靖年间歙县岩镇南山文会属于文学爱好者的集会,万历年间岩镇友善文会属于经学研究组织。多数文会集一乡、一族之士授课,增强科举考试竞争力。江道振在《聚星会馆告成序》中记载,文会命题作文,点校评论,推进科举。文会会员知书达理,不谋利,有信誉、有威望,他们开展文化教育活动,也为本地民事纠纷仲裁服务。

文会活动地点:明弘治以后文会设馆,聚会有固定的场所。有的文会设在书院、书屋中。

明清徽州文会制定有会例、会规,作为文会运行的法则。如歙县雄村的《文会条约》(原文经过整理):

*以公田收租,作为文会振兴文教的费用,以及会员每年 2 次聚集的费用。

*移风易俗,乡邻有事集议,务期公正处理。

*推殷实至诚者任司账,总理财务出入。

*按照年龄依次每人管理会务 1 年,慎勿掸劳。

*妥善管理文会房屋与银两,不得冒领,不准典当房屋。

＊文会器物不得借用，徇情擅取者，重罚；知而不言，从重议处。

＊书院为文会集议公所，永不租借给他人住馆。

＊文会公所空闲时，宴会嘉宾、庆祝、吊丧，可以租用，每天收银1两。

＊文社行宫、书院、园亭、石栏、场地，不准晒物，违者撤毁，断不姑徇。

＊基地上下，不许纵放生畜、晒粮、栽花木。违者，牲畜赏给拿获人，晒粮与花木毁去，仍议重罚，不服者，呈官处治。

＊各处屋窗稍有漏损，即行修理，不可忽略，责在司管。

＊文会工作人员每月给伙食费银1两，须勤谨尽责。

文会需要活动经费，会员按照章程交纳会费，文会接受商人、官员捐献资金。有的文会将一定量的会费购买土地作为会产，发租生息，用于文会讲学，资助村落、宗族子弟读书赶考，印发学习资料等。会员交纳会费，会费统一管理。徽州商人踊跃出资兴办文会，如王拱斗修缮圣阁，为本族子弟讲学会文。潘元旷创起元文会，振兴后学，人文蔚起。詹振湖倡兴毓英文会，朔望会课。俞仁捐田几十亩给本村的炳瀚、志成2个文社。

文会参与当地公共事务，如有民事纠纷，先在本宗族祠堂申诉调解，如果不服，则诉于文会。本村跨族的纠纷，也以在文会处理为宜。文会可以由几个宗族的乡绅组成，祁门莲花村聚奎文会由四人组成（项姓、余姓），会田9.6亩。文会组织与会员可以涵盖几个宗族，这样文会就超越了宗族，成为公众信赖的公共管理组织。民事纠纷，先经宗族祠堂处理，再到文会，文会处理也不服，可以上告到县衙门。如果未经文会，直接到衙门告状，衙门将告状人杖击后，发回原地处理。

二、书屋

书屋，亦称书舍、书室、书堂、别墅。明清徽州书屋，可以是私人藏书读书的地方，可以是教学的塾学、义学，也可以是宗族、村里文人士子的会所。文会、书屋都有经济支持，我们现在可以看到嵌于婺源县汪口村养源书屋墙壁的碑石，系1884年农历三月二十三日婺源县衙发布的永禁霸收霸吞和私相典卖养源书屋膏火田碑，膏火田，即田中的收租供作养源书屋的教育费用。

明清时期，徽州有名的书屋很多，如：休宁县流塘詹氏的竹南书舍、城北汪氏的松萝书屋、安乐乡的万川书舍。歙县岩溪书舍、竭田会源书屋。绩溪县东园书屋、怀竹书屋、光霁书屋、石泉书屋、云阶书屋等。黟县云门书屋、西园书屋、松山书屋、南溪别墅、环溪书屋等。婺源县锦屏书屋、耕心书屋、环带书屋、云溪书屋、明经书屋、天香书舍等37所。

书屋是给学生讲学授课之所,内藏有图书,为众人读书的地方。讲课的先生饱读四书五经,通情达理,严守礼教,为圣人门徒。民间每有纠纷,愿意听达人说理,明辨是非,弄清过错,遵从智者的指教。书屋为众人心仪之所,它也为公共管理服务。

管理者语丝:

文会、书屋是乡村自发的组织,参与者有文化,一般是举人、秀才,或隐退官员,他们精通四书五经,为礼教的传播人。徽州深受程朱理学的影响,商业与文教发达,文会与徽商、理学共存。

徽州经济基础雄厚,读书人多,部分名士成为乡贤。他们组织文会、书屋,讲授经书,编辑科举考试资料,指导学生学习,开展文化活动。文会、书屋有活动场所,有活动经费。文会有组织章程,规定会员的权利与义务。这相当于西欧工业革命初期自发组织的图书馆、图书室,人们在图书馆里发表演说,讨论问题。中国的文人以天下为己任,修身、齐家、平天下,即献身公共事务,管理社会事务。那时民间没有读书,没有受到正规教育的人是多数,许多公共事务没人处理,乡贤积极主动地为众人服务。文会、书屋不是官方授权的建置,也不受宗族组织的管辖。文会是学术性的组织,会员是儒家弟子,有人格魅力,给人以信誉,他们执导乡风民俗,评判是非。文会没有官场的利益链,没有宗族的亲尊等级链,这样往往接近于公正、公平。文会为公共管理服务,为民间司法的场所,民主管理、民主司法,移风易俗、厉行教化,大公至正。

三、其他会社

社,神社,一般为祭祀之所。古人以乡为社,春祈秋报。明清时期,民间信仰和志趣相近者组成团体,也称为社。明朝中期以后,朝廷允许民间组织会社,于是民众组织会社蔚然成风,一时间,会社多如满天星。

(一) 各种类型的会社

明清徽州民间组织的会社类型多样,如文会、祭祀性会社、经济性会社(养山会,金融性会社)、慈善和公益性会社、宗教性会社、不缠足会、物产会、自治研究所、地痞无赖的会社(打行、红挎会、棒槌会、斧头会和太保会)、行业性社会团体等。祭祀性会社,如世宗会祭祀忠壮公程灵洗,祭祀会祭祀孝子,天春会祭祀祖先,文昌阁玉成会祭祀文昌帝,大士会祭祀观音,张王会祭祀唐东平浪王,地藏会祭祀地藏王,还有祭祀关公的正义会、英义会、崇义会、崇正会、复关会等,先觉会宣讲王阳明心学,娱乐性会社组织如迎神会社、城隍会、上元日灯会、太子会等,参会不分界域。

会社的参与者有共同信仰、志趣,自由组织会社。清代祁门善和村有会社 26 个,如世忠会、忏灯会、天春会、玉成会、关帝会、英义会、崇义会、正义会、叙义会、友善会和复关会等。歙县岩镇南山文会,每岁三月 20 日祭文昌帝,旨在本地文风昌盛。

人们结社祭祀关帝弘扬道义,祭祀土地、城隍神祈求五谷丰登,紫阳学社辅助治理社会,文庙灯会祭祀孔子,物产分会弘扬实业,统计分会调查物品,不缠足会改良闺范,水筹会拯救火灾,青苗会保护农林,桥会、路会方便行人。

徽州民间组织了一些经济会社,如善和村于公元 1825 年组织的利济会,公元 1814 年祁门王履和堂组织的养山会。经济类会社中有金融性会社,会员入会要求交纳股份资金,入会会费形成经营资本生息,获取利润。如公元 1854 年农历六月初一,黟县三都八图胡禹功组织七贤会,该会规约:立会者胡禹功、胡寿民等诸位组成一会,名曰“七贤”。首会得钱者不出银,其他 6 人各出银 30 两 3 钱 3 分 3 厘,共成 200 两整,交给首会得钱者。以后每年于六月初一日依次得会费,首会得钱者多拿出 10 两银子,分给其他 6 人,至第七会为止。会员为表姊、舅公等人。这种会社相当于集资,依次得利。

（二）　会社组织原则

明清徽州会社经公议、众议,立约进行管理。人们自由参与感兴趣的会社。会社可以跨越宗族、村落,管理公共事务。如莲花行政村有 5 个公会,其普福寺公会由朱、吴、黄、余、汪、黄、项等 9 姓组成,会田 20 余亩。普福寺公会协调各姓事务、互济互助、处理各姓之间的矛盾,加强公共管理,提高办事效率。

1. 会社议约

会社一般立有管理条约,写明发起宗旨、活动准则、会众义务和权利、违约处罚等内容。公元 1814 年祁门薯溪王履和堂养山会约,其目的和宗旨是保护薯溪王氏宗族山林,制止宗族成员擅自租山给棚民开垦,制订规则 19 条,将养山会管理的地域、合族山场统一管理。养山会明确会社资金来源、会员权利和义务、租佃经营、成材管理、砍柴烧炭和防火防盗等规则。族民将山林入祠登簿,共同承佃,统一对外招租,如违,定行查究。

有的会社把议约写在会序中。公元 1587 年徽州程氏余庆堂东隐房组织清明会,会序中写明建会宗旨和目的,资金筹措、祭祀标挂、会银管理的规则及违规处罚措施。

徽州会社议约举例(原文经过整理):

(1) 公元1614年三月休宁县族长程宏等立清明会议约,清明标祀,尊祖敬宗,三支同派,祭墓永宜共举,诸尊长举议,乐意入资,以供祭祀。入会银本生息轮管。各循次序,祭有定品,丰俭适宜,天启元年休宁程氏立(《清明挂柏簿》)。这是清明祭祀性会社,管理三个祠堂宗族祭祀事务。

(2) 公元1739年五月祁门县石溪康氏组建敦仁会,其序中写明:圣贤爱其亲及其疏,敬其尊及其卑,推恩周爱,俗尚淳雅,人相亲睦。今天古道沦落,重货利,轻仁义,不尽亲谊,无视手足亲族。今邀约同志,结会社,聚庆展亲,劝善惩恶,敦仁让、崇信义,会名敦仁。会员康淑凤等10人。(《清乾隆四年仲夏月望日祁门县石溪村康氏敦仁会序》,原件藏安徽大学徽学研究中心特藏室)

(3) 公元1822年2月祁门县六都程茂銮复利济会序。利济会建于公元1698年,中间会社停止活动,公元1769年复兴。参会者输入田租,发棺、掩骸、施茶、修路。族中好义君子,复整旧规,将会内现存田租,每年阄定二人管理,四月初十,齐集会友,清算交给下届管理人。好义君子乐善同仁,推利共济,厚望深幸。(《徽州会社综录》·复兴利济会·序)

清明会旨在祭祀,敦仁会旨在风俗,利济会旨在慈善。三个会社不是官府组织、支持、倡立的,是自发组织的。这些自发组织的会社即志愿者团体,他们看到社会公共管理有什么不足,就自发集社开展活动,他们拥政、补政、助政,是公共管理的生力军。

2. 会规

会社订立会规,会规规定会员遵守规则,保证会社正常运行。

会规举例:

(1) 公元1674年婺源县崇礼会会规:今立墓祭合同,付银买田立祭,如夹带非族、冒占族籍者,查出即驱逐究治;宗族各派付银1两8钱,买田2秤。田税各派均摊,自纳田租。祭祖日期定于农历二月二十二日,各派齐至墓所,午刻行祭。不至者,以灭祖废祀究治。(道光《新安婺源程氏全礼公保祖书》卷下,原件藏安徽师范大学历史系资料室)

(2) 公元1830年绩溪县太子神会会规合议:西隅胡、唐二姓人,立太子神会,自乾隆年间起,至今40余载。近年以来,人心不一,各怀异见,每年会费租息,徇私无忌。二姓人重新合议,每年租息账目,值首管理,毋得徇私。会员不得恃强欺弱,推恶利己。如有违拗,斥出会社。会员不得私自强借,不许徇情。本会分为12股,一年一换,轮流管理。分18组办祭,值年者管理。祭物12股分享。每年收租,值年者收管。佃户若有不交租谷者,公议处理。每年晒谷上仓,12 股齐到。不到者,罚米六升。后又定 12 股分 2 班,6 股管理 1 年,不到者,公罚。庆寿由值年者办祭,准备荤、素、汤、饭、果子。办不齐,罚青香一把,对神焚化。(《道光十年正月太子神会流水账簿》,原件藏南京大学历史系)

以上 2 份是祭祀性会社的会规文件。崇礼会组织墓祭,太子神会组织社祭。祖宗祭祀本是宗族祠堂组织的,随着人丁繁衍,宗支与祠堂增多,有些支派生于各地,难于统一行动。另外有的宗族支派昌盛,身为名人,不在四世祖祭祀之列。在这种情况下,人们自发组织会社,超越常规,祭祀认同的祖先。太子神是人们认同的祭祀偶像,不属于某个姓氏、宗祠。祭祀性会社表明了人们崇拜的自由度。

3. 会社管理

会社可以推举贤达实行轮值管理,也可以抓阄确定管理人。例如清代祁门善和村的大士会 23 位会员,每年抓阄定 3 人负责管理,周而复始。明代呈坎村深川文会会规对司年、管会实行推举派定制,司年 4 人,公费由记账、收银等 4 人监管,如徇私舞弊,查出,罚银 5 两。

清代乾隆年间,雄村竹山文会,会首经选举产生,司年按照会员年龄大小轮值。明清徽州一人可以参加多个会社。在运行过程中,可以根据时势修订会规。祝圣会的会规从明朝到清朝进行过 18 次调整和修改。

会社对违规会员给予处罚,如休宁 13 都 3 图祝圣会在公元 1760 年正月,撤换负责人,原负责人吴升吉结欠会费价银 17 两 6 钱 6 分 3 厘,经讨论,按照本金加利息共 23 两零 1 厘,予以处罚,停止其轮值管理的资格。

管理者语丝:

明清之际社会团体大发展,会社众多,宗旨不一。文会开展读书学习、学术探讨,参与乡村法律救助。祭祀性会社,选择祭祀偶像进行祭祀,如汪华、关公、观音等。公益慈善性会社、集资性会社、护林会社、娱乐性会社、行业性会社,都是社会公共管理的具有活力的组织。有些事务,政府管不着,家族无法管,没有入法,也不在礼教之列,由群众自发性会社担当责任。会社活动目的明确,自由参与,组织拟定章程,经费自筹。明清徽州的会社,参与祭祀、社会治安、文化教育、经济活动、大众娱乐等公共管理。政府与宗族禁止组织黑社会性质的会社,会社是志愿者团体,拥政、补政、助政。会社一定程度上表现了志愿参与公共管理的积极性。

参考文献：

1. 陈联：《徽州文会与徽州社会》，《文史知识》，2001 年 11 月。

2. 张小坡：《清代文会运作及其科举功能》，《安徽师范大学学报》（人社版），2017 年 9 月。

3. 刘道胜：《明清徽州乡村文会与地方社会——以〈鼎元文会同志录为中心〉》，《中国史研究》，2017 年 11 月。

4. 施兴和、李琳琦：《明清徽州的书屋、文会及其教育功能》，《华东师范大学学报》（教育科学版），2000 年 11 月。

5. 杨礼玉：《明清时期徽州文会研究》，硕士论文，安徽师范大学，2011 年 5 月。

6. 詹明珍：《清代江西宗族文会研究》，硕士论文，南昌大学，2016 年 5 月。

7. 葛庆华：《徽州文会初探》，《江淮论坛》，1997 年 8 月。

8.《清道光十年至同治十二年绩溪仁里太子神会簿》，原件藏南京大学历史系资料室。

9. 嘉庆［祁门］《环溪王履和堂养山会簿》，原件藏安徽省图书馆。

10. ［休宁］《崇祯十年至道光三十年祝圣会簿》，原件藏南京大学历史系资料室。

第四节　告示　公约

乡间经常发生赌博、滥伐山林、滥捕水产等现象，涉事者往往不是一个村，一个宗族，属于公共管理范畴，难于控制，需要民间与府衙共同行动进行管理。一旦民间反映强烈，官方则发布告示，晓谕民众，禁赌、封山、禁渔。告示的载体可以是纸、木板、石板。关于某些公共事务，牵涉部分人的利益，往往采用订立约书的形式进行管理。约书具有管理功能，官府认可其法律效力。

一、禁碑

官方发布的告示，一般写在纸上予以公布。如 1806 年农历四月二十三日徽州府严禁拐卖妇女的告示，明崇祯年间歙县知县颁行严禁船埠索骗告示，清末徽州知府刘汝骥严禁烟馆的告示，以及禁演淫戏、劝禁缠足的告示。但是禁赌、保护山林不是一时之计，需要常管不懈，往往刻在石碑上，立于交通要口，通晓众人，醒目警心,达到公共管理的目的。

（一） 禁赌

明末以后徽州府赌风日炽,男妇老幼皆有爱好者。赌博的工具包括纸牌、掷骰子、下象棋、推牌九、押宝等,品种很多。每逢演戏等大型活动,赌徒搭赌棚,集聚在一起,吵吵嚷嚷。四周间杂占卦卜字、看相祈梦等活动。不务正业的青少年痴迷其中,难以自拔,败身、败家、败产,导致扰乱社会治安。

乡约、会社和保甲严惩赌博,究拿赌徒。如明末崇祯年间,歙县乡约受命与保甲密行查访,将黄甫、黄光表、汪瞎黑等赌徒枷责究惩。

官府竖立禁赌碑,告示人们不要赌博。公元1892年祁门县历溪舜溪桥边立一禁赌石碑,公元1902年在祁门彭龙文溪桥边立禁赌石碑,上面刻有文字“奉宪示严禁赌博”。石碑一般立在人们出没频繁的地方。

自公元1691—1825年,清朝多次颁布禁赌令,凡造卖纸牌、骰子等赌具,为首者发边远充军。为首贩卖者,杖击一百,流放两千里。协从者,杖一百,判刑三年。如藏匿赌具,不销毁,照贩卖赌具治罪。徽州各衙门颁发禁赌令,如《清嘉庆十八年仲夏月祁门叶源永禁砍伐林木和赌博等事碑》《清嘉庆十三年十月十五日许村禁止赌博碑》,婺源《清嘉庆十年八月初禁、同治四年六月加禁婺源冲田奉例永禁赌博碑》等。

宗族族规家法配合官府,教育族众戒赌。黟县南屏叶氏祖训禁止赌博,不论士庶老弱,凡赌博人,抓进宗祠打30大板。祠堂奖励抓赌者20两银子。希望子孙恪守无违,各自自重。(嘉庆《南屏叶氏族谱》卷1)

赌博场的参赌人员,往往来自各村,不止一个姓氏,于是几个姓氏联合禁赌,实施公共管理。

公元1892年祁门曹、方、汪、胡4姓订立戒赌文约禁赌,立约人曹求盛、方起林、汪天赐、胡加财等。道光年间开始禁赌,风化依旧,世俗未改,弟子贪赌,人数不少,经过商议,依法制定规条:如果有人聚赌参赌,违背祖训,一经发现,罚钱四千、酒二席。如果恃强不遵,罚钱八百文,交给官方处理。知者不报,按照参赌罚款;知而即报,赏钱四百文。

公元1819年农历八月八日祁门文堂禁赌碑写明:赌博,人心离,习俗坏,朝廷劝诫,立法制裁。陈士隆、陈士深二位以身作则,循循训诫,严整有法。今立禁赌规约,愿诸君劝勉。(石碑嵌于祁门县闪里镇下文堂村陈氏“一本祠”前照壁上)

公元1869年农历六月十六日祁门县严禁赌博告示:祁门县19都很多子弟不务正业,被引诱到耗财之地,难以脱身,甚至伦常败坏,不分尊卑豪赌。输了则筹谋百计,横逆多端。子弟放荡,起于赌博。民众不得开场聚赌。胆敢不遵,决不姑宽。(王钰欣,周绍泉主编,《徽州千年契约文书》(清民国编)卷三,第48页,同治八年祁门县告示,花山文艺出版社,1991年)

为了配合禁赌,人们创作了劝世言、戒赌歌,黟县流传有"莫好赌"歌:

劝世人,莫好赌;好赌之人必吃苦。莫看平日人忠厚,陷入赌场如恶虎;毁了多少好前程,拆了多少好夫妇。赢了还想赢,输了不服输。贼盗多由赌博生,犯法受刑自找苦。

(二) 护林

徽州山多田少,林木是民间重要的经济资源。困难户、外来户常入山滥伐,给维护山林带来麻烦。为了护林,人们刻碑示警。徽州现有护林碑27块,见于歙县、休宁、婺源、祁门、黟县、绩溪6县。

人口繁衍,山上的树、柴使用量越来越大。为了挣钱,有人烧山开地,采薪烧炭,开挖煤炭,烧石灰窑。特别是外地移民,徽州称之为棚民,他们对山林破坏更大。徽州各地为保护山林,订立文约,封山护林。乡村宗族、会社、乡约成员开会集议,写成报告,报请知县或知府签字钤印批复,形成告示,或张贴,或勒石竖碑,严禁滥砍乱伐森林,保护村庄水口,祖坟荫木,避免水土流失,维持道路畅通。

公元1785年12月婺源汪口村立《严禁盗伐汪口向山林碑》。祁门县渚口乡滩下村立约惩罚滥伐山林者。罚滥伐树木者,用香烛纸箔将被砍的树木、树墩烧化,绕山一周燃放鞭炮,请道士上山做道场忏悔。请族长、家长、管山人员和道士吃饭。如果砍伐了风水林,罚砍伐者杀猪宰羊"祭山"。滥伐树木的代价十分高昂。

公元1762年农历五月初十日婺源漳村山场禁示碑,立约罚毁林者出钱唱戏,不法之徒擅敢砍伐,经业主与约正、保长据实禀告,严拿重究。(此碑嵌于婺源县思口镇思溪村古庙前墙上)

(三) 禁渔

随着人口增多,捕猎能力的增强,水中的鱼供不应求。加强管理,保护鱼类,适当捕鱼,在所必然。人们立下规约,不许用细网捕鱼,不允许药鱼,不许用火药在水中炸鱼。

公元1780年农历十二月十一日休宁岩前区儒村奉府令禁渔,原碑立于休宁县儒村水口。公元1731年农历九月三十日祁门县严禁强捕版潭河河鱼的告示,地方保甲、居民,遇不法鸭船入境强捕河鱼,即拿赴县,凭法究处。

歙县呈坎村罗氏在环秀桥头墙上立"禁渔"石碑,凡违禁者,罚焚香烛纸箔将鱼烧化,沿环秀桥至长春桥河岸放鞭炮,表示悔过;或请道士沿河诵经忏悔,用面粉、猪肉各13斤,3板豆腐宴请族长、家长、检举人和道士吃饭。

祁门县环砂村程氏1731年于河畔立"放生碑",禁止在禁渔区捕捞鱼虾。

保护水产,加强公共管理,保护自然生态,意义重大,于是立碑示警。

(四)　保护水源清洁

为了村中或村边河水的清洁,婺源县游山董氏族规规定,禁止在河中某个地段洗衣、洗菜、洗刷器具。每年农历八月十三日为"清洗河道日",全村男性青壮年一齐出动,清除河中的污泥、树叶,维修河岸。

休宁县为保护登封桥立《峻示碑》,严禁在桥上推车、晒谷打谷、污秽桥面,严禁在桥石上磨刀、打鱼。

水源清洁,维护周边环境,属于公共管理,不能忽视。

(五)　禁强讨行窃

嵌于祁门县历口镇武陵村建邑堂外墙壁中的石碑,系公元1835年农历十月二十四日祁门历口武陵严禁外来乞丐强讨行窃的告示:祁门县西乡18都武陵里,外来乞丐,三五成群,登门强讨。见屋内仅有幼童、妇女,即行窃,为地方之害。勒石严禁,乞丐不得成群强讨,滋事生端。如违,捉捆送县,严行惩治。

类似的禁碑还有《清道光十五年润六月初二日祁门西乡22都奉宪永禁恶丐碑》、休宁《清道光二十二年岩前塘头奉宪永禁游民碑》、道光六年祁门黄古田《奉先永禁棚民贪利播种碑》等。

乞丐、游民、移民往往危害社会治安,需要加强公共管理。

(六)　维护茶叶买卖公平

徽州地区盛产茶叶,有的商人不能公平交易,趋利害义,有必要加强公共管理,保证市场繁荣。

立于祁门县渚口乡渚口村东大路,公元1823年农历四月祁门渚口申禁茶叶交易兴利除害的石碑,旨在公行申禁,保物力、免争端、束人心、维风俗。毛峰青茶,出入采卖者,鲜廉不顾,昂价相抬,弱肉强食,有凶闹、掘毁、垄断买卖的现象。经过众议签约:产茶时,立夏前7日开始摘茶,内外一致,如果有人强横不遵,鸣官处理。

嵌于婺源县清华镇洪村光裕堂外围墙上的石碑,系公元1824年农历五月一日婺源县洪村光裕堂公议茶规碑:经合村公议,钉公秤2把。凡买松萝茶,买方自选,入祠校秤,货价高低,公品公买,前后如一。不许私情背卖。违者,罚银5两演戏1台。如有强横不遵者,加倍罚款。茶商看好茶色,开秤称茶,兑银,发茶。

立碑警示是公共管理的一种方法。徽州现存碑刻411块,最早立于公元1078年。石碑刻字,立于交通要口、码头、祠堂墙壁等处,警示人们不要赌博、保护山林、保护水口、不要滥捕鱼虾、保护水源、不要勒索卡要等,公共事务,公共管理,要求人人关心,民间与官府共同执法。

二、公约、合约

徽州是宗法制管理,但是民众有良好的契约意识,大事小事签订契约,兄弟亲戚朋友之间也签订契约。徽州遗存的契约文书很多。人们通过契约处理私人事务及公共事务。

契约包括公约、协议与合同。人们在平等的地位上自愿缔结契约,表示在某一件事务上的意思一致,它是信誉、信赖与信用的见证。契约写明标的、立约人、证人(中人)、签约时间、违约的责任。公约、协议与合同应用于公共管理的各个方面,如和息纠纷、风俗教化、经济活动等。

(一) 风俗教化管理

公元1717年农历三月十六日《通村众等立公议》,记载了村中的仆人詹国旺3月15日在汪玉章商店偷去布被,查明后,詹国旺自知理亏,愿意改过受罚,希望全村人原谅他并给予监督。民众公议,詹国旺为生活所迫,偶尔犯错,平时守情义、重大局,不予诉讼,经詹国旺深自检讨,给于詹国旺改过自新的机会。仆人犯罪,依法将重处,这里酌情而治,不是一棍子把人打死,符合人性。

《清康熙四十三年六月初九日陈有章立浼字》记载,公元1704年在汉口云庄,徽州人陈有章妄用谢隆盛商号银子77两7钱,被查出。陈有章自知理亏,托亲友恳请,立下文约,其银至来年本利送还。陈有章私用店家银子,违反店规,拟被解雇,当时行规,犯规解雇的员工,任何商店不得使用。陈有章托亲友说情,立下约书,内部化解矛盾,以求获得一条生路。让他悔过,亲友担保,立下誓约,保证不再犯错。这是一种给出路的人事管理方法。

(二) 宗族管理

嘉庆《桂溪项氏族谱》 项氏余岸义庄管理,关心贫困户,具体解决他们的问题。他们利用义庄、义田、社仓,恤族济贫,管理规条如下:

*每人每季支干谷4斛,定期三、六、九、十二月初五日交票领谷,随付下一季票。不预支,不积存。

*男子年过65岁、女子过60岁,贫寒不能自给者,给养终身。

*男人系笃疾残废、不能自食其力者，照给。

*妇人36岁以内丧夫、无子守志者，给养终身。凡有1个孩子的，小孩与母亲都给。男孩年至21岁，与其母亲停止供养，痴迷笃疾，照发。

*幼男3岁以上、8岁以下，每季支干谷2斛；9—14岁，则全给，14岁后停给。15、16、17、18岁给谷保证他娶妻，不准用于其他方面。

*给病故人，支谷8斛用于殡葬，撇票。

*孤儿父母俱亡、被五服内亲属收养，也给令谷。

*妇人守志，族子承祧，照规给养，必告之祖庙，明确族房，立有凭约。

余岸义庄管理规条属于宗族公益管理，给予贫困户的经济救助，属于宗族内的公共管理。桂溪项氏公共经济实力很强，给予生活困难的人经济补助，制定的管理规则十分详细周到。徽州很多宗族内部实施有效的公共管理，促进宗族的繁荣壮大。

宗祠管理和修缮类议约合同。公元1822年歙县江社福等立修缮宗祠议约合同。解决宗族祠堂建设、维修、管理、经费、选择工匠、维修标准、工匠待遇等问题。歙县江氏采用合同制进行管理。合同制可以选择管理人才、技术人才，规范经费应用，而宗法制在选才用人、用费方面有很多弊端。公元1551年祁门桃源洪氏祖产规约，《共管祠堂规例合同文约》，将祠堂的宗法制管理改为合同管理，在管理上有了创新。

徽州的祖墓、坟茔也立合同予以保护。公元1892年9月陈嘉会祠、敦典祠、继源祠立合约保护祖坟山。

徽州人以合约管理公共经济。公元1543年农历一月十五日祁门谢村谢知龙等订立《善则规约》。该契约要求族内每个男子每年出纹银2分或谷6斤，妇人出纹银1分，子女许配、起嫁、妆奁、生男孩、轿客登门、子孙乡试会试等各按规定交银(数量省略)，子孙每年将经营所得利息按每10两出银5分、100两出5钱的比例交给祠堂；宗祠将收来的钱经营获利，用于祠堂维护、祭祀费等。

公元1770年农历一月二十二日《祁门14都谢宗鲁等立议经管善则堂合同文约》，共同议定，将祠内资产作六份交6人管理。设置账目，注簿誊清，将公共资产及收入公存入账，用于纳税、修整祠宇，购买器用。

万历《窦山公家议》卷五《山场议》以合同来管理5房人共有的山林。

（三）　分家合同

兄弟分家，原来的独立经济体分解为几个，以合同为凭。

例如：公元1768年5月浮梁长宁都一图郑士轼、郑士徹兄弟的分家阄书合

同。(浮梁邻近祁门,现属江西)

这份合同,兄弟二人分家,房屋、土地拈阄确定归属,另外安排父母的口粮,长孙的待遇,弟弟结婚费用。家庭内各方的经济配置,管理中的大局,立约运行。

(四) 和息议约

族众、邻居久居必有事端,往往经劝解签立和约,这也是公共管理的问题。

公元1773年5月26日,祁门县21都,同族人陈加熊与陈加春二家因妇女言语口角引起斗争,双方都要往县衙控告对方。陈起济、陈国鼎念及族谊,不忍坐视他们两家兴讼,把双方拉回家,从公调解,正风化,分尊卑,尊礼义。加熊、加春二家心服,保证以后不斯打,不借口起争端。以后如果不听族老劝解,鸣官究治,罚米10石入公赈济社会。特立和息文约。

兄弟之间,住居一地,朝夕相见,有了矛盾,调解和息为上策,不可上火升级。德高望重者往往出面做这种公共管理工作。

公元1597年潘村《借地建祠准予通行文约碑》云,嘉会堂陈冕等人立约刻于祠堂墙壁上,陈氏因重造祖祠,占用了祠东边人家房屋门前出入路地面五尺,以后得允许被占地屋内子孙从祠中出入。陈族众人不得捏词阻挡。立约为照。

公共事务需要管理,需要有人管理,妥善管理。徽州人经过劝解,立约存照,得以和息。

(五) 兴办宗族教育文化事业的公约

宗族教育,一般写入家规、家法,祁门县石溪则订立了塾学合同。家规、家法在管理上任意性较大,属于粗放性管理。合同的责、权、利分明,管理上开放、透明、具体。

公元1862年农历三月十八日,祁门县石溪康永清祠的族民订立了束心塾学合同议约。该合同说,康永清祠下街二祠的人,世世代代没有一个博儒,族民没有地方上学,没有学人。今议立一塾学,将祠堂田租收入,拨出20秤稻谷,设立学校,发展教育。鼓励同志,束心立文,登记注册,培养人才。设经、蒙二个学馆,入蒙学馆学习,按照条规给予补贴。条规现予以公布,各宜遵守,如违,鸣官究治。

学习四书的学生,每人每年补贴钱800文,兼学经书的学生另加400文;在蒙学馆学习的学生,每人补贴钱100文,第二年200文,每年加100文。能够读四书及经书的学生,照上例贴给。学生参加县考,每人贴钱500文,每场考试另加100文;学生参加府考,每人贴钱800文,复试终场,加倍补贴;学生参加院考,每人贴钱1000文,入泮,赏给花红银2400文。入泮者,补贴灯油费,即谷15秤。如不好好读书,不给。参加乡试,贴钱8000文。入经馆,立意习业,每名贴钱6000文。

这份合同,对于教育的支持力度很大,管理有细则,学生学习与考试的费用由宗族支出,特别是贫困户的孩子有了获得教育的经济保障。孩子读书,家庭负责,由于贫富不均,经济困难的孩子不能读书。宗族把教育当做公共事务,有效地促进了教育的发展。

徽州地区,《清乾隆五十七年歙县紫阳书院规条》《嘉庆十六年公议碧阳书院规条》《清光绪十年婺源汪口永禁霸收霸吞和私相典卖养源书屋膏火田碑》、清代歙县雄村《文会条约碑》等,都是关于发展教育的管理性文件。

(六)　保护环境合约

徽州的村庄一般建在小山环抱的山谷中。山谷中间有一条河,村庄沿着河道两岸排列。山口即村落的水口,水口有桥、亭、社屋、大树林。树木荫翳,流水哗啦,花草茂盛,风景优美。徽州人往往采取订立合约的形式保护水口公共环境。

公元1623年农历一月六日黟县屏山朱廷宝等立合同保护村庄水口环境,保护村口松木,不允许在水口牧牛放羊,窃取松毛树片草薪。

公元1783年农历六月祁门县凌务本、康协和堂两个姓氏为保护水口、严禁锄种,不许入洲窃取树木,种庄稼。两个姓氏订立合约,保护水口优美的公共环境。

(七)　保长轮充合同

清朝实行保甲制。保长管理一保事务。保长不是政府官员,没有工资,管理的事务繁杂,大家都不愿当保长。那么,公共事务谁管理呢,于是人们立约,大家轮流充当。

公元1660年,歙县25都1图石门陈氏、程氏、朱氏轮流充任保长的合同。歙县25都1图石门乡规定三姓抓阄,中阄的姓氏负责保长事务4个月,其他2个姓氏辅佐。每个男丁每月出银2钱交作办公费,以及府县差快有关费用,一一入账,保长津贴,一同收发共管,凡大事用费,公议决定。若违规,罚米5石。

管理者语丝:

赌博、滥伐山林、水源保护、生态保护、不法流动人员,不是一村一个家族的事,这就成了公共管理事务。政府往往发布告,立石碑,禁止不法活动,维护社会治安与自然环境。

一些事情,宗族往往管理不力,人们取契约形式,达成协议,写成合约文件,管理效果更佳。

文约是一种信条,约书确定每个人的权利与义务,宗族、会社、官府共同监管。村规、族规、会规和乡约、宗族公约、合同、文约,各种规范,在自愿的形式下互相协作实现某种管理目标,补正国法家规之不足。

宗族与官府是公共管理的保障,宗族与官府联合执法,保证民事活动的安全。徽州很多族规家法呈送给政府登记钤印,宗族司法权与政府司法权连锁运行。族长或家长调整家族内部民事纠纷,如果无效,则由文会解决。文会处理不服,再到县衙申诉。《大清律例》规定:子孙违反教令,族长有权将其处死,事后到衙门备案。这说明,宗族按照家法族规处罚作奸犯科为害乡里的人,官府给予认可。

石碑告示永久性社会问题。合约、合同关系时间、人数有一定限度的文书,合约、合同是自由、自愿、平等基础上的意思表达,它与宗法制不是一个道上跑的车。合约、合同蕴藏着人人平等的性质,符合商品化社会的原则。徽州人爱使用合约、合同,兄弟之间,村落之间,社会之间,大事小事,都立一个合约文书,甚至兄弟之间借1两银子1个月内还,也要立一个借款文书。徽州的合约文书自宋代到清代,年代越是拉近越多,说明了宗法制下的人权在演变。徽州宗法制下的商品经济,产生了商品社会的法律意识。尽管封建社会的人身依附、等级特权、专制王权存在,它们与契约自由原则不相容,但是徽州商品经济发达,契约已被广泛应用于调整人际关系、社会秩序与经济生活,用契约进行公共管理。

参考文献:

1. 清道光四年五月初一日《婺源县洪村光裕堂公议茶规碑》,嵌于婺源县清华镇洪村光裕堂外围墙。

2. 清道光十一年仲春月《祁门县桃源村严禁乞丐人境碑》,原碑嵌于安徽省祁门县闪里镇桃源村廊桥墙壁。

3. 清康熙五十三年四月初六日《祁门县严禁盗砍汪家坦等处山场树木告示》,原件藏安徽省祁门县博物馆。

4. 清乾隆四十六年三月初五日《黟县正堂告示》,原件藏于南京大学历史系资料室。

5. 清道光六年三月初八日《祁门文堂村合约演戏严禁碑》,原碑嵌于安徽省祁门县闪里镇文堂村大仓原祠堂前照壁。

6. 卞利:《明清时期徽州森林保护碑刻初探》,《中国历史》,2003年2月。

7. 明嘉靖十八年元月初七日《祁门县三四都詹天法等立长养树木合同》,原件藏于南京大学历史系资料室。

8. 李海霞:《清代徽商合伙合同探析——以歙县粮商程振之等五人合伙合同为例展开》,硕士论文,西南政法大学2008年。

第五节 乡例

乡例,徽州人按照习惯或民间运行规则处理事物的定例,即约定俗成的做法,非成文的民间法。乡例表现为由调整个别行为关系发展到一般化遵从的习惯法。如大买、小买、田皮、田骨,典当与借贷起息标准,主仆身份与权利等。乡例不一定是善法良俗,但是它一直为人们沿袭套用,成为乡间公共管理的一种工具。它在当时认可的框架内,可以调节乡村经济和社会秩序关系,具有自我管理、自我约束的功能。徽州的乡例有很多种,例如:

一、金融类乡例

公元1623年农历二月九日,徽州吴时标借银逾期,照“乡例”签订加息文约。(王钰欣、周绍泉主编《徽州千年契约文书》(宋元明编)卷四第80页天启三年吴时标借银字据)该借款文约中写明,吴时标向族兄借款,只借3两银子,而且2月借5月还,如果吴时标不能按时还款,则要按照乡例,增加利息。文约中没有说明按照乡例增加利息的数量,为什么不写增加利息的数量呢?可能徽州的乡例,超时越长,加息越高,需要等待事实的发展。这个文约,使我们看出徽州人的商品意识。

王钰欣、周绍泉主编《徽州千年契约文书》(清·民国编)卷一第85页,康熙18年吴天鹏借票记载,公元1679年农历十二月徽州吴天鹏因迁居,急用无措,借到叔祖斐翁本银5两,按照典当行业规定计算利息,来春奉还。古代典当行从事借贷服务,收取利息,这是乡例。叔祖、叔孙之间借5两银子,年底借款,明年春天还,立下字据,保证到时本息付清。五服以内的宗亲,严格履行契约程序。

徽州严格的宗法制下飘溢着浓郁的商品气息。这种带有商品经营意识的借款一般是在同姓同宗的宗亲之间,如果不是沾亲带故,则很难借款。借款双方需要有信誉,在信誉的基础上立约。金融商品意识下的借款,在今天看来是金融公共服务,在徽州乡例中则是一种人情。

二、土地买卖乡例

徽州地狭人稠,贫农佃田耕种不易。佃田人耕种地主的土地,需要交纳佃银,地主收了佃银,佃户得耕其田,每年向地主交纳一定比例的稻谷。地主欲更换佃户,必须偿还原佃户的佃银。如果佃田已耕种,地主另招新佃户,地主需赔偿佃户的损失。明朝初期,徽州出现山、地、田,在租佃中划分为“骨”“皮”,进行交易。公元1416年的山地赤契中,出现了“山骨”二字。“骨”“皮”,即土地“大买”与“小买”的现象。清朝嘉庆、道光年间,大买、小买成为土地交易中的惯例,即乡例。

大买,既购买土地的所有权,也购买土地的使用权,交易成功,需要交纳契税,使白契转化为红契。小买只购买土地耕种权,不购买土地所有权,双方交易,不需要经过行政部门登记钤印,不交契税。按照大明律和大清律条款,凡典卖田宅不交契税者,要受到严厉的处罚。绩溪田地买卖增加一个等级,分为起佃、大买、小买三种。起佃将大买、小买、草粪三种权利合一。大买只有所有权而无佃权,小买有佃种权。小买人转佃土地给他人耕种,只耕种庄稼为草粪权。有草粪权,才有耕种权。

大卖,又称绝卖、永卖、杜卖、杜断,一次将土地所有权与使用权全部卖断。小卖只卖土地使用权,不出售土地所有权。语言表达上为土地的“骨”与“皮”。

（一） 典首的乡例

民国《黟县志卷二·风俗·黟俗小纪》记载,徽州的土地,往往一块土地两个主人。正式土地买卖,契约需要到官府登记钤印。典首即佃首,典首契不需要登记钤印,称作小买。购买土地的租种权而不买土地所有权,每年只种一季谷,不种麦,这是乡例,不一定合于道理。

（二） 田皮

所谓田皮,就是土地耕种权。承佃人付银给地主,可以获得田地永久耕种权,承佃人可以将土地再次出佃给其他人耕种。购买田地的使用权,不买其土地使用权,可以偷逃契税。

在小农经济时代,土地是经济主要来源。土地所有权、土地使用权、土地交易等管理,直接关系民间生活。历朝制定了土地法规进行管理,民间以潜规则应对土地管理。徽州的“大买”“小买”“田骨”“田皮”,就是土地公共管理的潜规则。

三、佃仆乡例

古代徽州,凡经济困难,上无片瓦,下无立锥之地的人,被迫居住主人屋,耕种主人田,葬坟于主人山上,便沦为佃仆、失去人身自由,子孙继而为仆人,永无翻身之日。《朱子家训》要求主人对待奴婢恩威有度。光绪休宁茗洲《葆和堂冠昏丧祭及扫墓差遣各仆条规》规定:严格主仆名分,家主待仆人宽厚,取与得当,无故不骂、不责,不耗他们钱一文,不饮他们酒一杯。雍正七年休宁县县令朱氏颁发文件:种主田、葬主山、住主屋三事,属其一种,就得侍奉主人,存心护主,附家主之旁,安居乐业。如果不安分,放诞奸谋,图己利,不顾家主,养邪徒,蓄不肖,势必究治。小心安分,谨遵主训。

因为贫困,种别人的田、住别人的屋、把祖坟葬在别人山上,就成为仆人。仆人维护主人的利益,听从主人的使唤,如果不安分,主人与衙门将以法处治。下面是处治仆人的乡例:

仆人言语冒犯主人 公元 1565 年祁门县 14 都,月山下居住的汪田、汪富因儿子汪兴、汪新得言语不逊,冒犯主人,将按例治理。他们是仆人,自知理亏,托凭里长立下文约。自今以后,子子孙孙遵照文书,听从使唤,逢年拜节,不敢违文背义。如违,听主人告理论罪。

徽州的佃仆关系世代继承,不得改变。仆人不听主人使唤就是犯罪。如果主人将仆人告到衙门,将从重处罚。这份约书,仆人汪某不听主人使唤,而且言语不逊,触犯主人。仆人为避官府重罚,立下约书。维护主仆关系为徽州的乡例,这是公共领域的一项不公平的潜规则,而且世代沿袭,直到辛亥革命还没有改变。

意图侵葬 公元 1626 年祁门县佃仆陈仕魁等,没有事先报告主人,将其祖父的棺材置放主人祖坟边两年不敢下葬,这属于侵犯主权,于是仆人陈氏立下约书,愿听从主人安排,择日安葬。这是徽州维护主仆关系潜规则的又一不公平事例。

倡乱劫掠 公元 1645 年农历九月二十五日徽州佃仆王三一等因聚众结寨倡乱等事立甘罚戒约。佃仆王三一等四人被胡清等三人引诱,聚众结寨倡乱劫掠放火,劫人行囊,乱砍家主坟山荫木。胡清等三人自立罚约,求主人汪家宽恕,倡首三犯送官重处。这是仆人造反了,后又反悔,求主人宽恕。

盗砍主人毛竹 公元 1679 年祁门县枧坞村佃仆余春生等因盗砍发卖主人毛竹立下认罪文约。仆人余春生、余云生,黑夜盗砍主人毛竹 20 余根出卖。家主访出,本人知罪,愿偿银 1 两 6 钱,悔改前非。立下认罪约书。仆人生活困难,私自砍伐主人毛竹出卖,被主人查出,仆人余氏赔款认罪,立下文约。这样仆人免受官方重罚,主人也落得主仆关系依旧,有效地维护了主仆双方的利益。这也是公共管理的一个事例。

擅自搬住他处 公元 1680 年徽州佃仆陈五九因擅自搬往他处居住立甘罚文约。仆人陈五九,妻女,在主人家居住服役。误听旺弟言语,私自搬往七都租屋居住。主人访获,欲行送官,治以背主逃变之罪。情知理亏,甘立罚约。秋收后,回家居住服役。立此约存照。按照主仆关系,仆人应服从主人安排居住,否则主人无法管理。私自迁居,以背逃主人论罪。仆人陈五九犯了此罪,被主人发现。陈五九立约迁回,愿听从主人使唤。

《徽州千年契约文书》等文献记载了徽州仆人的事例。仆人言语冒犯主人、意图侵葬、倡乱劫掠、盗砍主人毛竹、擅自搬住他处,违反主仆名分,按照乡例应该受罚。官府维护主仆名分,法律规定,仆人犯罪,处罚罪加一等,按照乡例主人有处罚仆人的权利。

管理者语丝:

公共管理,有法律、章程、规矩、条约、习惯、风俗为支撑。徽州的乡例,是习惯、风俗,潜在的规矩、条约,不成文的法律,徽州社会普遍遵行。

借钱每月每两银子一般3分利息,超过约定的还款日期要加息。土地买卖将所有权与使用权分开,可以大买与小买。住别人的屋、种别人的田,葬祖坟于别人的山场,付不起钱,就成为仆人,失去人身自由,受主人使唤。这在徽州被称为乡例。徽州的乡例不仅仅是这些,在相亲、婚姻等方面也有乡例。

乡例作为法律的补充,受当时的法律、礼教的影响,也受当时的风俗、人情、经济条件的制约。

乡例有一部分是合理的,有一部分是不合理的。有合法的,也有不合法的。徽州的细民,就是仆人、奴隶。一旦沦为仆人,世代为奴。仆人没有资格参加科举考试,即使主人允许其外出独立经商发了财,奴仆的身份不变。仆人花钱捐了官府的头衔,在原来主人面前,依然是仆人。清代雍正皇帝曾经三次发布圣旨,消灭奴仆制,包括徽州的细民制。但是徽州的主仆阶级制没有改变,仆人犯法,加罪一等处罚,主人有处罚仆人的权利。徽州的奴仆制一直保持到公元1949年。

乡例是公共管理的一种形式,这种管理是民间认可的,一旦犯规,不用评判,自然沿用。不服,交由宗族、文会、官府论处。

宗族、文会、官府互相支持,维护地方风平浪静。官府保证家法、家规得以实施,家法、家规维护朝纲,相辅相成。公元1598年农历八月十八日,歙县钤印批准本县21都5图乡约约正和族长朱明景呈报的朱氏《祠规》,“告示”云,防止族民不务生理、横暴乡曲、不孝不悌、忤尊长、违禁赌博、酗饮、嫖荡、斗打、争讼,祠立家规,闻者必戒。县衙恩准,批示、钤印,刻匾张挂,以儆效尤,示仰朱姓通族人知悉。敢有不遵者,约正、族长呈来究处,决不轻恕。

公元1903年农历十一月,绩溪余川汪志均《余川越国汪氏族谱》卷18“祠规·序”云:天下之本在国,国之本在家。戒规、律例,因地制宜,斟酌损益,拟祠规24条,著为家法。

乡例,在当时的社会,是因地制宜的律例,政纲、宗法两相监管,为人们广为自觉遵守,即亦为公共管理法则。合理、不合理,一律遵行,无人评判,无法改变。

参考文献:

1. 叶显恩:《明清徽州农村社会与佃仆制》,安徽人民出版社,1983 年。

2. 卞利明:《清徽州经济活动中的乡例举隅》,安徽大学学报(哲社版),2007 年第 1 期。

3.《明清徽州社会经济资料丛编》,北京,中国社会科学出版社,1988 年。

4. 王钰欣、周绍泉编:《徽州千年契约文书》(宋元明编)卷 8,石家庄,花山文艺出版社,1981 年。

5. 章有义:《明清徽州土地关系研究》,北京,中国社会科学出版社,1984 年。

6.(民国)赵尔巽撰:《清史稿》,北京,中华书局,1977 年。

7.(清)《婺源县志》,康熙八年刊本。

8.(清)《徽州府志》,康熙三十八年万青阁刊本。

9.(清)《绩溪县志》,乾隆二十一年刊本。

10.(清)《徽州府志》,清道光七年刊本。

11.(清)《休宁县志》,清道光三年刊本。

12.(清)《黟县志》,嘉庆十五年刊本。

13.(清)《婺源县志》,光绪九年刊本。

第六节　社会公益事业

徽州现存的古道、古桥、古亭、古戏台、河坝、渡口、书院、寺观,大多是人们捐款修建的。徽州人热爱慈善事业,给后人留下了丰富的文化遗产。

一、思想渊源

徽州人大兴慈善事业,有其深厚的思想渊源。

(一)　儒家的仁义思想

徽州世家大族,受程朱理学熏陶,崇经尚义,仁者爱人,已欲立而立人,已欲达而达人,仗义疏财,扶弱济困,以义为利,因义用财,富者济贫。

（二） 积德意识

儒家有人生三不朽说：立德、立功、立言，儒家把德性、德行作为做人的第一要素。徽州人也受到佛教因果报应思想的影响，很多人有因果报应意识，他们做好事积阴德。

（三） 经商谋义的传统

中国古代的陶朱公（范蠡）等商界鼻祖，经商赚钱，不是为了自己发财致富，而是为社会积累资金。范蠡三次经商，积累的资金，都拿出来为社会服务，经商谋义，服务于公众。远古时代的范蠡成为商业界的榜样，商人自觉地意识到，经商发财，集聚了财富，应该妥善地服务于社会。徽州商人将一定比例的财富主动地应用于慈善事业。

二、慈善组织

徽州商人盈利以后，往往组织会社开展慈善活动，明清之际徽州有许多会社是开展慈善活动的，也有很多民间个人开展慈善活动。

（一） 会社性质的慈善单位

明清之际民间广泛结社，开展祭祀慈善等活动。例如祁门县六都善和村民众共结成 33 个会社，其中有 2 个属于慈善性会社：

其一是纪事会，纪事会于公元 1726 年由程绪等 6 人组成，该会社的主旨是集资修桥铺路，每年正月聚会，讨论附近路、桥事宜。

其二是利济会，利济会成立于公元 1698 年，会员 13 人，该会社主旨是集资给困难户发送棺材安葬，掩埋荒尸。维修损坏的道路，在路亭中免费给行人供应茶水。

（二） 社会影响较大的民间慈善单位

明清时期扬州的一些慈善单位是徽商捐款组织的，社会影响较大的慈善机构（不是官衙的正式办事机构）有：

1. 普济堂

公元 1700 年组建的扬州普济堂，每年徽商捐献 180 两银子。公元 1724 年组建的瓜州普济堂，从 1731 年开始由徽商每年捐款 1200 两银子，收养无人照料的老人，以及衣食不能自给的贫民。

2. 育婴堂

清初扬州组建了育婴堂，收养弃婴。公元 1755 年后，徽州盐商每年捐款 1000

多两银子作为育婴堂的经费。

3. 药局

徽州盐商捐款设立,每年 5—8 月向民间免费提供各种传染病的丸药。

4. 其他

徽州商人捐款用于救生船、义渡、救火设备、沟井疏浚、义仓、义冢、会馆等。

徽州商人投资的慈善组织为社会公共事务服务,解决了一些无人管理的事务。如果你到徽州旅游,你会发现有些桥梁、亭子是妇女捐款建设的,亭铺里免费提供茶水服务。

(三) 个人慈善活动

徽州有些慈善活动是个人捐款为公众服务的。例如:

1. 兴学重教

徽州古代有义塾、义馆,不收学生学费,学校给学生提供生活费。歙县呈坎商人罗元孙设义塾,并且购屋、买义田为义塾服务。休宁商人吴继良建明善书院、设义塾。歙县商人吴景松创崇文义塾,资助族中子弟读书。黟县商人李彬彦设义塾供族中贫寒子弟读书。

公元 1715 年歙县绅商项宪、孙道晖捐资重修徽州府学。公元 1807 年歙县盐商鲍漱芳等重修徽州府学,用银 14000 余两。公元 1669 年商人李公艺捐千金建婺源县学,以后绅商多次捐建县学中的明伦堂、崇圣祠。寄居外地的徽商捐款建设当地的书院,如景德镇新安书院、饶州紫阳书院、杭州崇文书院、扬州安定书院、汉口紫阳书院。

2. 筑桥

明代绩溪商人曹显应父子捐款铺设练江万年桥,七都文济桥、延福桥,八都羊须坑石桥。公元 1738 年歙县商人汪士嘉捐资建岑山、杨村两座石桥。

3. 修路、水道

祁门大洪岭石刻,记载黟县、祁门、歙县和休宁商人捐资修路,351 家商号和个人捐款,他们共捐钱 5306 千文、纹银 213 两 2 钱和元银 123 两 4 分。清歙县商人江演在新岭捐资开路 20 公里。祁门商人汪琼捐银 4000 两凿道引水灌溉水田。歙商鲍漱芳捐银 65000 两疏通芒稻河。

4. 救灾济荒

公元 1805 年,洪泽湖发生水灾,歙县商人鲍漱芳集议公捐米 6 万石,麦 4 万石,烧饭供灾民食用。公元 1738 年两淮旱灾,汪应庚捐银 47310 两救灾。公元 1751 年徽州发生旱荒,粮价暴涨,歙商程扬宗于次年捐出六万两白银买谷平抑粮价。婺源人齐兆传经商于浮梁,公元1814年发大水,他置义仓济民。公元1751年大旱,徽州知府何达善劝邑绅捐助资金籴米济民,淮扬歙商捐输六万两银子,买谷积贮了60多个义仓。

5. 汪景晃的慈善事业

汪景晃(公元1666—1761年),字明若,号旭轩。22岁那年,他放弃追求功名,从事商业,到浙江省兰溪做布匹生意。不多年,他便成为大富翁。50岁那年,汪景晃把企业管理的事交给儿子,自己则专门做公共福利事业。徽州广泛传播着汪景晃的义行。汪景晃的慈善活动主要体现在以下几个方面:给单身老人提供资金买粮食;在山道上茶亭置茶水招待行路人;给衣不蔽体的人买布做衣服;资助病人医疗费;设义学让适龄儿童接受教育;给穷人提供安葬的棺材费。汪景晃从50岁开始从事慈善事业,到他90岁仙逝,开展慈善事业共达40年。汪景晃慈善乐施,为徽州的公益事业做出了很大的贡献。

管理者语丝:

追求、集聚财富是一种智慧与乐趣。儒家倡导,聚之以义,用之以义。行义,合理,正当,造福于人,造福于社会。社会中存在弱势群体及贫困危难的人,给予这些人提供帮助,使他们安然,使他们的生活环境符合道德伦理。慈善事业,是人在追求发展的过程中,修建道德伦理的大道与桥梁,从而维护人类的尊严。徽州商人,受儒家思想的熏陶,集聚财富,建设园林、书院,为社会公益事业投入大量资金。他们的园林里常年住有学者、艺人,他们设义墅、义学、义渡、义仓、义田、义屋,修路建桥,施茶、施药、施粥。投入慈善资金有的一次达几百万两银子。他们参与官府倡导的慈善活动,或成立会社开展慈善活动,或因突发事件单独开展慈善活动。多元化的慈善活动,提高了社会公共管理的效率。徽州商人有积极主动开展慈善活动的意识,富了,不忘积德,达则兼济天下。徽州的宗法制、书香社会的建设,以及徽商所在地的繁荣,都得益于徽商的慈善活动。

徽州的公共管理,涉及禁赌、禁渔、保护水口环境,保护山林,保护宗祠,维护祖坟,维护经济利益,发展教育。其中维护主仆关系是不道德的。禁赌、禁渔、保护山林则是数百年来公共管理的主题。徽州的公共管理发挥了契约的功能,跳出常规组织的局限性,调动个人主观能动性,启发个人积极参与,解决一些正规组织不能解决的问题,值得我们探讨。

参考文献：

1. 刘伯山主编:《徽州文书》,桂林,广西师范大学出版社,2005 年。

2. 中国社会科学院历史研究所编:《明清徽州社会经济资料丛编》,北京,中国社会科学出版社,1990 年。

3.（民国）《歙县志》,民国二十六年铅印本。

4.（民国）《祁门县志》,民国三十三年铅印本。

5.（清）赵吉士:《寄园寄所寄》,康熙三十五年刊本。

6.（清）《歙县潭渡孝里黄氏族谱》,清雍正九年刻本。

7.（清）《重修古歙东门许氏宗谱》,清乾隆二年刻本。

8.（清）《新安歙西溪南吴氏统宗志》,清乾隆十二年木活字本。

9.（清）《昌溪太湖吴氏宗谱》,清乾隆三十年刻本。

10.（清）《棠樾鲍氏宣忠堂支谱》,清嘉庆十年刻本。

11.（清）《桂溪项氏族谱》,清嘉庆十六年木活字本。

12. 费成康:《中国的家法族规》,上海,上海社科院,2003 年。

13. 刘道胜:《明清徽州宗族文书研究》,合肥,安徽人民出版社,2008 年。

14. 陈瑞:《明清徽州宗族的内部救济》,《中国农史》,2007 年第 1 期。

15. 黄治安、卢鹏:《休宁古林黄氏重修族谱》卷首下《祠规》。

16.《潭渡孝里黄氏族谱》卷四《家训・敦睦堂家规引》,清雍正九年校刻本。

17. 绩溪县《南关许余氏惇叙堂宗谱》,清光绪十五年刻本,上海图书馆谱牒研究中心。

18.《祁门武溪陈氏宗谱》,清同治十二年刊本,安徽大学徽学研究中心资料室。

19.《新安歙西沙溪汪氏族谱》,清道光五年刻本,南京图书馆古籍部。

20.《绩溪上川明经胡氏宗谱》,清乾隆二十二年刻本,上海图书馆谱牒研究中心。

21. 王振忠:《明清时期徽商在江浙地区的慈善活动,徽商与淮扬社会变迁》,三联书店,1996 年。

第六章

徽州商业管理

徽州山多田少,人口日益增多,为了生活,徽州人在明朝中期开始走出去,走出崇山峻岭,走出祠堂坟庙,走出小农经济,参加科举到朝廷里做官,走向五湖四海去经商。中举与经商都是艰辛的路,徽州人像沙漠里的骆驼不辞劳苦,徽州商人发展成为全国著名的商帮。徽州人在严格的宗法制下发展了商品经济,在崇山峻岭中建设了书香社会。

第一节　徽商简论

徽商,徽州府(歙县、休宁、绩溪、婺源、祁门、黟县)的商人或商人集团的总称,又称“新安商人”“徽州商帮”。他们从事贸易或金融服务。徽州商帮于公元1500年左右形成,公元1840年以后开始衰落。商帮的组织机构是会馆、行会、公所。徽商主要经营盐业、典当、木材、茶叶。徽商也经营棉布、粮食、绸缎、漆、墨、砚、颜料、药材、纸、陶器、烟草、香料、海产、餐饮服务业。他们活跃在长江中下游、京杭大运河、赣江水系。徽商经营的城市主要是:北京、扬州、苏州、南京、杭州、汉口、仪征、广州、临清、湖州、淮安、芜湖、镇江、松江、济宁、南昌等地。

广义的徽商,包括与徽州接壤的安徽旌德县与泾县的商人,以及宁国县、宣城县的商人。因为宣州当时被称为宁国府,所以历史上有徽宁会馆,这就是大徽商商帮。

徽商学习历史人物的经验,如陶朱公、计然、白圭、猗顿、子贡等,以儒家伦理道德指导经商。他们与政府官员、学士名流交友联谊,联姻攀亲,行贿巴结,捐款,获得政府官衔,跻身仕林,互相支撑。他们利用行会、宗族、乡谊形成网络,拓展、保护经营利益,形成竞争强势。徽商广泛开展社会公益事业,提高社会声望。徽商是儒商,具有特色的商人。

一、谋利有道承担社会责任

经商糊口、谋生，似乎很简单，但是为了赢利，往往花样百出，甚至不择手段。合法的，不合法的，合理的，不合理的，一应俱全。世人认为，商人只认钱，不认人，只讲交易，不讲情面。徽州是严格宗法制下的商品经济，徽商有自己的经营意识，谋利有道，愿意承担社会责任。

（一） 经商意识

历代封建统治者重视上层建筑，轻薄经济基础。他们把社会职业分为四大类：士、农、工、商，认为士族与农民是国家维持稳定的基础，工业与商业对于国家的长治久安关系不大。工业与商业促进消费，促进人员的流动，促进社会竞争，不能保护既得利益者的世袭权利，不利于宗法制管理。商人谋利不谋义，行为卑鄙，属于下等行业。徽州商人生存在严格的宗法制下，突破旧观念，搞商品经济，这在当时是不得已而为之，生活逼迫而不得不走的一条路。

徽州地处黄山、天目山、九华山三条山脉之中，据道光《徽州府志》卷一《舆地志》记载，徽州南北长 220 里，东西长 390 里。地处皖南的崇山峻岭之中，四境皆高山，64% 的地域平均海拔 1332 米，山多地少，本地产的粮食不够三个月消费。人口日益增加，自公元 606—742 年徽州人口增长了近 5 倍，自公元 742—1078 年，徽州的人口又增长了约两倍，怎么办？客观条件决定徽州人不能死守务农。孔子学术的继承人朱熹，他的外祖父是大商人，人称“祝半城”，朱熹自己也经营过商业。程朱理学认为农民与商人都有利于国家的发展，同是人们谋生的好行业，经商也光荣。这在道德伦理上给予了商人一线春光。

从明代中叶开始，徽州人大量外出经商。

清嘉庆年间，徽州 6 县总面积为 13870 平方公里，除府及县城外，共有街市 53 个，每 1000 平方公里有 3 条街市，当时徽州商业不太发达，仍然是小农经济社会。此时的徽商很有名气，清朝同治二年休宁胡姓商人除在本地有田和山产外，在汉口、芜湖等地有店屋多所，资本纹银为 2267 两。茶商吴荣寿在屯溪开设 18 家茶号，一年销售茶多时达二万担，年雇长工 300 余人，临时工 700 余人。

徽州人理念上确认经商是正业。绩溪磡头村《涧洲许氏祖训》第 7 条“务正业”写道：“我祖宗忠烈报国、勤俭持家，最忌漂流游荡。后世子孙须务正业者，士、农、工、商是也。”绩溪《坦川越国汪氏族谱》写道：“士农工商，业虽不同，皆是本职。勤则职业修，不勤则职业坠。”徽州很多族谱家训中，教育族民要好好读书，求取功名。如果不能获得功名，可以到外地去经商。经商在徽州是正道，徽州宗谱把经营商业致富的人列入贤达作传。

留名家史是徽商的精神动力,徽州家谱中有大量徽商的传记、行状,如《竦塘黄氏宗谱》卷5:“凤山黄公行状”,《祁门倪氏族谱》卷续:“贞一堂季亭公行状”,《鲍氏著存堂宗谱》卷2:“鲍尚志行状”,《新安歙北许氏东支世谱》卷8:“柏源许公行状”。徽州人重商,徽州的汪道昆《太函集》有商人传记70篇,记载了商人寿序、墓志、行状与精神品格。

宋代家训《袁氏世范》也教导弟子如果不能习儒,则从事农圃商贾,认为商贾中人亦有天资忠厚者。王阳明在去世前三年,为商人方麟节写的墓表里说,方麟节弃举人而经商,举人不见得高于商贾,商贾不是卑下的。王阳明提出四民异业同道,无高贵卑贱之分,尊经守道做生意,也可以成为圣贤。王阳明给商人正了名分。何心隐在《答作主》中说:人的等级可以依次排列为圣贤—士—商贾—农工,清代甚至有人说士不如商。

徽民寄命于商,使得徽州望族与商贾合流。

(二) 义利的意识

君子寓于义,小人寓于利。按照传统思维,谋义是人的高尚行为,谋利是人的低俗行为。一个人如果出生在贵族家庭,完全可以不问钱与利;如果出身于民间,首先就是考虑谋利求生存。有人认为商人是在鹭鸶腿上削肉,蚊子身上吸血,唯利是图,商人极为低俗。

徽州商人怎么摆正义与利的关系?清朝道光年间黟县商人舒遵刚说:圣人教导我们,生财之道,应该以义为利,不要以利为利。金钱与泉水一样,有源就有流。如果狡诈,弄虚作假,那样就会堵塞自己生财的源流。商人应该听从圣人(孔子)的教导,以义为利,见义勇为。如果我们经商因义生利,财源就会滚滚而来,这是经商的正道。

徽州商人遵照儒家道德规范,摆正义与利的关系。明末徽州盐商黄鉴,不投机取巧,不占小便宜,不图眼前利,得到人们好评。清代歙县商人吴炳对子孙说:我们祖宗七代衣食温饱,经商从来不违背良心道德,我的子孙一定要做到存好心,行好事,说好话,亲好人。

徽商因义用财,他们赈灾济贫、兴修水利、修筑道路、捐资助饷、兴建书院祠堂、设置祠田义田。徽商的义举有利于国家,造福于地方,惠于宗族乡里。明朝歙人许尚质说,人要善于支配财富,不要被财富所支配。财富应用于礼与义,因义用财不可吝啬。儒家义利观提高了徽商的信誉,有利于徽州商帮的团结,有利于徽州商帮的发展。

婺源商人朱文炽贩新茶到珠江，路途遥远，茶到珠江，朱文炽在茶叶上标上"陈茶"，店中伙计要把"陈茶"两字去掉，朱文炽不同意。朱文炽实事求是经商，损失了一笔利润，却赢得了良好的社会形象。明朝休宁人汪平山在安庆、青阳、桐城间经营粮食，正德年间粮荒，汪氏将积蓄的稻米借给穷人，不收利息。歙商吴南坡经商讲求诚信，老人小孩都一样。顾客见商品上有吴南坡店号标记，不用担心质量好坏，不用担心缺斤少两，拿着就付款。

徽商待人以诚，道光间黟县胡荣命50余年经商，童叟不欺，社会形象很好。他退休以后，有人要以重金买下他的店号品牌，胡荣命拒绝了。他说，如果真正是一个诚实的人，何须假借我的商号。

休宁商人刘淮在嘉兴、湖州经营粮食，灾荒时，有人劝他把囤积的粮食乘机高价卖出赚钱。刘淮说，时逢灾荒，让老百姓度过危难才是，他将囤积的粮食减价出售。

婺源商人李大悬在云间、白下、皖城、姑苏开设商店，他对后辈说，商人经营根据时势运作，道义是基础。

（三）　消费意识

勤与俭是中国传统美德，对于勤俭要求很严。例如，春节一般要做十几、二十道菜，多数是看菜，只看不吃。来的客人知道勤俭持家的原则，不吃看菜，只吃青菜萝卜。徽州菜"臭鲑鱼""毛豆腐"，是徽州人舍不得吃，时间久了，变了味，艺术处理以后，形成的名菜。徽州人平常过日子，来了客人，烧一点荤菜，只给客人、老人、劳动力吃，妇女、小孩不得吃。

徽商富裕以后，改变了原来的消费理念，在物质消费与文化消费上发生了质的变化。这样改变了徽州人普遍营养不良的状况，也推动了徽菜的发展，使徽州烹饪技术名扬海内外。扬州徽商的文化消费，推动了京剧的产生与发展，扬州八怪画派的形成，以及私人园林的建设。

（四）　财富积聚意识

徽州商人好贤礼士，不惜重金与文士交往，乐于公益事业，他们捐款修建桥梁、道路，置义田、义屋、义塾，瞻济贫困。这个前提是必须有大量的财富积累。

徽州人一生爱积累财富，积累财富好做事，例如买田地，建楼房，买风水好的墓地……移居外地的商人，积极报效宗祠、故里。有些商人每到年底、腊月，乘着小船，或翻山越岭，把赚到的银钱背回家里。人生追求的小目标、大目标那么多，没有财富的积累，能做成什么呢。徽州美丽的村庄，诗意盎然的桥、亭、楼、馆、祠，是匠人的工艺与商人财富积累的见证。

商人为自己积聚财富，也是为社会积聚财富。

（五） 宗族意识

朱熹在《家礼》中提出建祠堂、明世系、祭祀祖先，强化宗族凝聚力。徽商尊崇朱熹，重视儒学科举。徽商发财以后投资建宗祠、祭先祖，联系族众修宗谱。祠堂是祭祀场所，也是族民集会、议事的地方。徽商在外地经商也建设祠堂，族长是宗族首领，又是商人组织头目，强化商帮的凝聚力。

徽商重视亲情、血缘与地缘关系。商店以家庭、家族成员为核心，父带子，兄带弟，亲帮亲，邻帮邻。宗族与亲朋构成人际圈，互相礼尚往来，结伙经营。徽州宗祠设置“月折”制度，富商按照一定的规范缴纳资金给予祠堂。财力不足的本族商人，经过申请可以每个月得到祠堂的补助，让他们渡过难关，重整旗鼓。商人捐献资金给予祠堂，为宗族各种公益事业服务。

商人用族规家训管束企业中的同宗伙计，徽商吴荣聘用本族贫困子弟，每月两次组织学习颜氏家训，凡触犯族规家训者给予惩治。商人采用传统习俗约束和规范员工，遵守族规家法，维护门风，使得企业管理非常有效。休宁盐商汪福拥有盐船千只，率子弟贸易往来，秩序井然。

（六） 乡帮意识

在交通闭塞的时代，人们空间观念强，时间观念薄，乡情浓郁。故乡的山水，故乡的语音，故乡的风俗，故乡的文化，故乡的物产，故乡的人，觉得十分亲切。在外经商的人，举目无亲，见到故乡的人，往往感情涌动。老乡见老乡，两眼泪汪汪。他们相互诉说经商的酸甜苦辣，相互理解，相互支持。

徽州商人，少小出门学徒，外出经商常常是父带子，兄带弟，叔带侄，舅舅带外甥。徽商在外经营得好，本宗族中的人随之而来，乡党随之而来。本地人亲连亲，朋连朋，即使当时不认识，也很容易互相摸清根底，所以徽商愿意使用本宗族的人，或本地人。亲情血缘关系形成徽商集聚财力、物力、人力的强大优势。清朝咸丰年间方念裕父亲在兰溪经营祝裕隆布店，雇用的员工全是徽州人，都讲徽州话，祝裕隆布店200年来没有一个员工贪污渎职，对老板忠心耿耿。徽商在宗族子弟中选拔经理和伙计，宗族家长对子弟具有控制力。徽商在各地建立会馆，统一处理协调徽州商人内部与外部事务，形成地区性合力，联合参与社会竞争，提高了徽商整体经营能力。

（七） 文化意识

徽商对朱熹极为崇拜。全国各地徽商会馆设“文公祠”供奉“徽国文公”朱熹,奉朱熹为财神、行业神。他们读朱子书、遵朱子教,行朱子家礼。

徽商员工文化修养高,商业技能熟练,毛笔字写得好,算盘打得好,这是徽商的基本功。他们一般具有中国历史、文化知识,有良好的气质。文化知识有益于开展公共关系活动,特别是与社会名流的交往。商人认真学习行业知识,他们阅读有关商业书籍,多数商人无论在船上,或步行在山间商道,身上总是揣着一册书,时刻不忘读书学习。

休宁商人汪志德,15 岁弃儒经商,琴棋书画不离左右,他熟读经史,知道古今治乱得失。徽商胡标瑶在江西经商,舟车往返,载书自随。他能诗会画,通音律,善于吹笛。徽商许竹斋著有旅游诗集《壮游》、逸兴诗集《归兴》,扬州盐商程梦星著《今有堂集》,程名世著《坐雨安居集》,马秋玉著有《沙河逸老诗集》,休宁盐商汪廷讷著有《环翠堂乐府》和《狮吼记》剧本。徽商儒雅风流,抬高了自己的社会地位,增强了商业信誉。明代休宁商人汪贵,读小学、四书,习经传,子史百家。明代歙县商人王廷宾商游吴、越、齐、鲁,性颖敏,好吟咏,士人多乐与交。他母亲说,吾家世承商贾,吾子能以诗起家,从士游,幸矣。明末清初的徽商汪汝谦,太学生,迁家钱塘,居缸儿巷,延纳名流,文采照映,制画舫于西湖,延揽文士,董其昌、陈继儒、王思任、茅暎、李渔、钱谦益等雅集于他的画舫和园林。

具有文化的徽州商人通过诗会、文社与官员常来常往,他们以捐款、联姻、科举等结交官员,获得经商特许权,规避关税,得到政治保护。徽商重视科举及第,重视投资教育,广纳人才,徽商即儒商。

(八) 社会责任意识

张载提出以宗法制管摄天下人心,程颐提出加强家族管制,朱熹制订家礼,这些促进了徽州民间宗法制的管理。徽州人聚族而居,崇尚孝道,遵守家训、家规、家法,注重家教、家风。徽商经商不忘本,他们投资宗祠,维修祠堂,修撰谱牒,扩大族产,赈济贫困,关心家族的盛衰隆替,维护良好的门风。他们修建园林,建设藏书楼,扶持学界名流,博取功名,力图光宗耀祖,显亲扬名。

徽州民间宗法制管理,体现了责任意识、管理意识。穷则独善其身,达则兼济天下。

徽商古训写道:斯商,不以见利为利,以诚为利;斯业,不以富贵为贵,以和为贵;斯买,不以压价为价,以衡为价;斯卖,不以赚赢为赢,以信为赢;斯货,不以奇货为货,以需为货;斯财,不以敛财为财,以均为财;斯诺,不以应答为答,以真为答;斯贷,不以牟取为贷,以义为贷;斯典,不以信念为念,以正为念。

徽州商人,不把追逐利润作为根本利益,而以诚信为根本利益。对待事业与家业,坚持以和为贵,和气生财。商品买卖,不在于压价,而在于买卖公平。出售商品,不以赚钱为上,坚守诚信厚德。囤积不为谋求暴利,而是为了满足市场需求。金融不在于聚财发财,而在于共赢共利。承诺的事,不敷衍,真心诚意地做好。贷款旨在提供帮助,解决实际问题,动机正确。典当业,应持救济、救急的思想。这些都显示出徽商的社会责任心。

二、社会效益与企业效益

经商赚钱谋生,追求经营效益,强调企业效率。但是经营效益与社会效益往往发生矛盾,如何摆平聚财、散财,企业效率与社会效益的关系呢。

社会效益 根据徽商积累财富的多少,把他们划分为 3 个等级,大富商、富商、一般商人,学者马勇虎统计出,徽州大富商中明朝 50% 是盐商,5% 是典当商;清朝 76% 是盐商,木商、茶商、典当商、丝商各占 4%。徽州盐商巨富集中在明朝后期、清朝康熙与乾隆时期。统计数据来自文献记载,只是大致情况,很多商人没有出现在文献中,揭示不了。

清朝商人资本总量比明朝大四倍多。徽商在明朝是探索发展期,清朝是成型壮大期,资金、人才、市场、信息、管理等方面,已经得到很大发展,经商蔚然成风。

徽州商人用于购地、建房的资金占赢利资金的比例,明朝为 17.5%,清朝则为 2.1%。明朝徽州民间宗法制刚刚形成并且大发展,需要资金投入。徽州人口压力大,一部分人外出经商,乡情浓郁,心系宗祠祖墓,光宗耀祖。清朝徽州人十分之七在外经商,一些成功者,全家或整个宗祠迁移到经济发达地区,徽商投资故乡的比例减少。但是清朝徽商经济总量大,现在徽州历史遗存多数是清朝时期建设的。

徽商报效朝廷的资金占赢利资金的比例,明朝为 7.3%,清朝为 14.5%。明朝徽商对朝廷与社会的大额捐款一般是盐商、典当商,清朝则是盐商、茶商、木商三种商人。明朝朝廷盘剥商人的项目不多,清朝的养廉银、规费、军费、迎驾费、修黄河的费用,以及各地平叛叛乱费,都是商人支付的,徽商的付出很多。

与朝廷、官员往来较多的徽商比例,明朝为 5.8%,清朝为 8.6%。中层富商占商人中的 20%,即五分之一,他们一般经营盐、茶、木、典当业。

这些数字反映了徽商经营的社会效益。扬州的园林、徽州古民居、祠堂、桥梁、牌坊、京剧、文献、徽州朴学、扬州画派、江苏浙江一些市镇建设等,都反映出徽商经营的社会效益。没有资金积累,就不可能有所作为,经济是基础,有了经济支撑,教育、文化、建设、艺术都得到发展。

企业经营效益　徽商经营的社会效益基于企业经营的效率。徽商怎样使企业经营取得较好的效益呢?

敬业　《萧江全谱》附录卷五“祠规”写道:应该慎择严师、给子弟正规教育,造就人才,光显门户。不能读书的,当谨守礼法,农工商贾勤劳为生。不可骄惰、饮酒、赌博、扛抬、浪荡、淫佚,败坏门风。欲要安生,当有一技之长。作为士,当勤励明经;作为农民,要安心耕种田地;作为工匠,应安于制造产品;作为商贾应安于经营买卖;安于一业,衣食足,门户可支。干名犯义、舞文弄法,逆天理、拂人心的事不可做。

存德　歙县姜氏宗族《谱序》说:士农工商,各归本业,士宜忠,农宜勤,工宜俭,商宜道,存德胜于金银,家业基于善良。

勤　婺源王氏宗族《家范十条》中“勤生业”指出,天下事勤而兴,子弟当奋志向上,自强不息,鸡鸣而起,孜孜为善,艺精事成。

徽州的家规、家风要求人们勤勉敬业。

按照儒家的道德规范营商　徽商买卖公平,注重质量,讲求信誉。嘉靖年间歙县商人许文才,在淮河泗水经商,明价销售,诚实不欺,顾客信任,喜欢到他的店铺购物。徽商吴南坡以信致富,反对以诈生财,声誉鹊起,顾客盈门。财自道生、利缘义取。清代休宁商人吴鹏翔在汉口做胡椒生意,当他发现买进的800斛胡椒有毒,就焚毁了胡椒,不贻害顾客。胡开文企业胡余德花巨资收回质量不佳的墨锭,以保证企业信誉。

徽商信守商书的教导,有良好的道德人品,童叟无欺、诚信为本,守承诺,不刻剥。做生意,先做人,心好、人好,生意自然兴隆,福寿绵延。徽商重视商品质量,以质取胜,去伪除诈,以义生利、去利取义,薄利多销,不贪大,不求多,不求暴利,求新,求精。

主要行业经营利润率　根据学者马勇虎研究,明清时期,徽商典当业资本利润率大致在9%—10%之间,两淮盐商年利润率在10.9%—13.92%之间,盐商流动资金年度利润率在20%以上。明代万历程氏染店年利润率约19%—20%,公元1775年—1782年广丰布号年利润率为21.8%。嘉庆年间海外贸易的年利润率40%以上,但明清两朝禁海,违法,风险大。销售布匹利润率各地不一。盐业垄断经营,利润多。典当业风险小、利润丰厚。

徽州每个典当铺年利润一般超过银千两,年利润率在9%—10%之间。《万历收支银两册》记载徽商吴文奎在湖北兴国州、蕲州和广济县武穴镇开设6座典铺,22年间总利润为银38830两,资本年平均利润率为12%。《万历十六年(1588年)

程有敬分家书》记载,徽商程有敬典当资本利润率约为13%。康熙年间《应盘存收支总账》记载,休宁县商人程嘉树典当业年均利润为银6940两,其所有典当资本平均利润率为8.8%。《乾隆四十二年张恒裕典总账》记载,祁门石坑张氏和茗洲吴氏合开张恒裕典当业资本利润率为10.8%。《道光二十六岁次丙午盘查二十五年总》及《道光二十二年隆泰、恒裕、敦和、泰丰、长隆、长兴、恒隆七典盘总》记载,汪左淇典业平均利润率为8.1%。公元1830年徽商(又是知府)胡元熙经营商业平均年利润银11449两,年均利润率为6.10%。

企业经营效益 根据学者马勇虎研究,徽州婺源东乡人汪氏,在江西乐平县经营布匹,店号"志成"。公开招聘伙计,公元1853年工资俸金占各项经营性开支的48.7%,公元1854年占55%,公元1855年占55.6%。店员除工资俸金外,还有"小伙钱""公伙钱"。公元1854年汪氏另外一个店面"和记号",付出的店租、门差、伙食、俸金、该钱(借欠款)、盘费等人力成本费占经营费用的73%,公元1855年占67%。那么,和记商号公元1854年的经营效率为27%,1855年为33%。

重视公共关系 徽商积极公关,创造良好的外部环境,提高企业的美誉度和个人的信誉度,塑造个人的形象。他们经常参与朝廷的庆典活动,举办诗社文会,把商业与政务、文化交织在一起,把企业融入上层建筑中。

徽商关心公益事业,他们捐款在故乡广置族田、义田,救济社会上的穷人。徽商捐款修城、筑路、架桥、赈灾,修建学校、书院,建设园林、藏书楼,为社会谋福利。

徽商创造名牌,获得名牌效应。他们注重商品包装与店堂装饰,用题字、牌匾和名人效应招徕顾客。徽商以吉祥如意字号招牌,杂货店通常用"裕盛""祥春""益源""兴隆""同益""恒源",药店用"寿泰""益寿堂""同仁福"。徽商请名人题字,如"胡开文墨庄""徽歙曹素功墨庄",扩大声誉。徽商把制墨名家曹素功特制集锦墨送给康熙皇帝,康熙皇帝赐给"紫玉光"三字,使得店肆增辉,产品畅销海内外。

新店开张,徽商在财神爷神龛前设置香案,供上祭品,店主率员工跪拜。商店大门口招牌上披彩红,燃放爆竹、奏乐。第一位上门的顾客,发给一个红纸包,赠给礼品(布店赠三尺红布,百货店赠送一件日用品)。开张这天(或3—7天内)所有的商品一律八至九折售出,或加一二成发货,积极宣传扩大影响。

药店胡庆余堂雇人穿着"胡庆余堂"字号马甲,在杭州水陆码头、街巷,施药治病,做广告宣传。徽商善于择人、用人、育人,待人推心置腹,体恤周到,这也树立了企业形象。

徽商广结良缘,营造商业关系网。他们通过会馆、公所、宗谊等渠道沟通行情,建立网络,以众帮众,确保商品畅通,通融资金,权衡时宜,筹划谋略,审时度势,搞活经营。徽商会馆扶植本帮势力,如果受到地方势力或异帮商人欺侮,会馆代表众商与官府交涉,排除经商过程中的不合理干扰。

徽商维护公平商权,坚持诚信,以和为贵,适应顾客消费需要,提供满意的服务,具有经营竞争力。

三、守法守约

法,徽州传统上有国法、家法、村规民约、经济合同等经济文书。

徽州商人依靠法规和合同维护权益、协调关系。买卖土地、山场,借贷资金,合资经营,立字为据。正式的经济文书,当事人签字,证人签字,经官府盖上政府的大印。徽州现存大量的契约文书,反映了徽州人对于法律的信赖。

明清两朝法律规定了典当业收取利息的标准。《大明律》规定:凡私放钱债及典当财物,每月利息不超过 3%。违者,鞭打 40 下,以余利计赃。重者依照坐赃罪,杖击 100 下。《大清律》沿袭《大明律》条款。徽商典当业遵守法律。月息不过三分,甚至低于月息三分。

徽商合伙或合资经营,根据入股或投资者的意愿,达成合约或合同,依法经营。光绪十九年正月歙县粮商程振之等 5 人合伙出资开设粮行,签下合同,同心同德,源远流长。破产或倒闭,按照法律规定,宣布债权和债务,予以清理和结算。

徽商留下了大量的《分家阄书》《分界合同》和《租议文约》等合同文书。徽州商人守法经营、不搞商业欺诈,遵守商业规则、讲求商业信誉、注重商业承诺。

徽商遇到民事纠纷,无法调解,到官府申诉,依法裁决。徽商王竹在江宁经营典当业,公元 1633 年员工谢某监守自盗,将店内价值 300 多两银子的货物卷带逃走,王竹向江宁县衙报告,县衙出通缉令捉拿逃犯。清代芜湖权关邓主事于正税之外,巧立名目盘剥商人。徽商吴宗圣到北京控告邓主事的非法行为,朝廷将邓主事革职查办。

三、建设稳固的大后方

扬州、苏州、杭州、汉口、上海,是徽商经营的基地,从五大基地辐射到二线城市,由二线城市辐射到乡镇。徽州人还开展了海洋贸易。徽州胡胜、胡旺、许栋、许杜武、汪直等人,在海洋贸易方面大胆开拓,与多个国家展开经营。徽州则是老家,根据地,大后方。

无论哪一种层次的商人,都不忘老家、故里徽州。他们致富后,不遗余力修祠堂、续宗谱,培养子弟,扶持乡邦。富商与官吏关心家乡,投资故里建设园林、学校、修路建桥,为家乡的发展做出了巨大的贡献。

徽州商人慎重选择配偶,管理家庭。商人常年在外经商,远离家庭,稳固的大后方是他们商业成功的保证。徽州商人通过联姻,促进了地区内资本、经营、人事的融合。徽商以宗法制为基础,建设稳固的大后方,这是徽州商帮成功的后盾。

四、坚忍不拔,锐意进取

徽商坚韧不拔、百折不挠,吃苦耐劳,逆境求存、负重前行,人称徽骆驼、绩溪牛。徽商锐意进取、趋时求变,终身学习、不断创新。他们贾而好儒,协作团结,依靠团体力量,形成强大商帮。

多数徽商第一代一贫如洗,他们勤俭,吃苦耐劳。如婺源人李某开始贩木材时,即使是竹头木屑也十分珍重,致富后他粗衣淡食,住房简陋。清末许奉恩笔记小说《里乘》有"一文钱"的故事,故事说:甲乙两位徽商到苏州贸易,没了钱,住在古庙里。晚上两个人叹息。徽商甲摸出仅存的一文钱扔掉,徽商乙捡回,不一会儿,他抱来竹片、草茎、破纸、鸡鸭毛,用一文钱买来的面粉调浆,在竹片上蒙纸、粘鸡鸭毛,做了200多个禽鸟玩具。第2天他们拿到玄妙观闹市销售,获得5000多文钱。之后两个徽商制作玩具销售,积资数万。他们在苏州开设了一个布店,牌号为"一文钱",生意兴隆,是苏州的名牌商号。

徽州人从小背井离乡,外出创业,肩负父兄、家族的重负,一年或者好多年不能回家。生意失利后,不泄气,重整旗鼓,直到生意成功才回家。歙县商人许荆南在荆州贸易,生意亏本感到无脸回家;儿子许尚质继承父业,前后在四川经营20年,集资百万。他艰苦奋斗,开拓进取、矢志不渝、百折不回。

五、徽商衰落的原因

徽州商帮在清末衰落了。徽商的主体是盐商,道光十二年(1832年),清政府改纲盐为票盐经营法,徽州盐商垄断局面被打破,从此一蹶不振。徽商财源主脉坍塌,徽州商帮总体的辉煌不复存在。徽商兼地主、官僚、学者,依附于封建政体,他们的利益与官方的支持密切相关,失去皇家、官吏的支持,他们寸步难行。太平天国战争以后,外国商品打入,沉重地打击了封建官僚商业的垄断权,比如金融、茶叶、蚕丝的垄断经营权。徽商不愿及时使用新技术,光绪二十三年,清两江总督下令用机器制造外销茶,徽商坚持作坊制茶,茶叶品相不佳,失去竞争力,出口量逐年递减。蚕丝也是这样。

商品经济需要有一系列的商业法律,清朝政府没有成套的法律保护商品经济自由公平的运行。徽商有浓郁的官本位思想,发迹后,大兴土木、广建豪宅,买田、置地、修祠、建房、娶妻、纳妾、续谱,商业资本萎缩。徽商把读书做官、光宗耀祖放在第一位,把官场视为商场,把人生视为仕途市场营销的过程。

官员就是商人,历朝不同程度地禁止官员经商,但是皇室、功勋、官僚士大夫都经营商业,官越大,生意越大。官商经济,无法监督。官员利用职权,垄断专卖,贱买贵卖,欺压百姓,走私获利,假公济私,掏空国库。经商不如做官,树倒猢狲散,徽商依附于清朝政府,一同走向没落,演了一场红楼梦。

管理者语丝:

在世界史上,公元 1600 年以后,人类商业活动越来越频繁,越来越重要。在西欧,商业的发展伴随着政治的变革。中国在明清之际,封建政权实力强大,商业没有形成政治力量,没有提出人权、商品经济的政策、法规要求。徽商在严格的宗法制下发展商品经济,在官本位体制下运行商品经济,没有商品经济制度的商品经济,资本不按照资本主义运动,而是依照官方的许可运动。

徽商经商基本上是跟进制。一人在某地经营成功,于是他的兄弟、堂兄弟、舅舅、姑父、妻弟、妹夫等,鱼贯而入。婺源商人程栋在汉口经商成功,其族人逐渐进入汉口,形成对汉口商业的垄断。徽商企业家族化,宗族化、亲属化,利益共沾,风险公担,内耗较少,活力不强。

官吏在某个地方有一手遮天的权力,历朝虽然禁止或限制官员经商,但是大官做大生意,小官做小生意,各地重要的市口都是官员的商店,最赚钱的行业由官员把持着,清朝曹正墉的女婿(知府)汪元熙每月经商利润达一万多两银子。

徽商在商品经济发达的城市扬州、杭州、苏州、汉口、上海等地经商,创造了奇迹。曹素功墨,汪裕泰茶号,杭州的老丹凤、万福、六宜等菜馆,汉口的叶开泰药店,是当时著名品牌。徽商使得杭嘉湖、苏松常一带的乡镇繁华,这些乡镇也造就了徽商的卓越。

徽商的利润,用于故乡宗法制建设,捐款于朝廷军费、政务、救灾。徽商立足于宗法制,服务于官僚政治。他们中也有人投资于新的产业,如朱云沾在福建开采铁矿,阮弼在芜湖开设染坊,江长公制造酒曲,汪直从事外贸。但是明清两朝实行海禁,不允许开矿,不允许海上贸易,不允许形成竞奔之风。明清的商人处在四民之末,他们没有自由、平等意识,只有效忠的权利。所以徽商,从总体上看,属于封建商人,不是资本主义的商人。徽商的运行模式属于官本位机制,不是真正的公平竞争机制。

参考文献:

1. 李少玉:《无徽不成镇,徽商高超的经营艺术》,《黑龙江对外经贸》,2009 年 11 期。

2. 张海鹏,王廷元主编:《徽商研究》,安徽人民出版社,1995 年。

3. 王世华:《富甲一方的徽商》,杭州,浙江人民出版社,1997 年。

4. 周晓光,李琳琦:《徽商与经营文化》,上海世界图书出版公司,1998 年。

5. 黄文茂:《宗族制度与徽商商帮治理的互动探究》,《湖北经济学院学报》(人社版),2013 年 2 期。

6. 陈剑峰,陈国灿:《明清时期浙北杭嘉湖市镇的徽商》,《安徽师范大学学报》(人社版),2003 年 3 月。

7. 范金民:《明清江南商业的发展》,南京大学出版社,1998 年。

第二节　徽商发展策略

徽商的发展战略,选中龙头商品,经营盐业。适当开展典当、木材、蚕丝、茶叶、钱庄、餐饮等经营;徽商选中扬州、杭州、苏州、汉口、上海作为重点经营城市,向周边辐射发展。

一、徽州商帮

明成化、弘治时期(公元 1500 年左右),徽州人口日益增多,人均土地越来越少,生存压力越来越大。一些人觉得依赖少量的土地,已经不能维持生存,他们改行经营商业。他们一开始在本地经商,称为坐商。本地市场发展前景有限,于是他们到外地经商,称为客商。当他们定居外地经商,特别是有了经营根据地以后,就是寄籍商人。公元 1560 年歙县人在北京建立会馆,为到北京参加科举考试的徽州考生服务,兼及徽商。徽州商业自此有了一个集结地,互通信息,互相关照,各地徽商会馆陆续建成,徽商有了群体组织,以商帮形式谋求群体的发展,人们把这个商业群体称作徽州商帮。

二、五大经营基地

徽商在经营过程中，以交通与贸易市场为条件发展成五大经商根据地。

杭州 徽州地处新安江流域，钱塘江是新安江的汇流地，在水运交通为主的时代，徽商可以顺着新安江到达贸易城市杭州，因此杭州是徽州人经商的首选城市。徽商商业书籍，黄汴的《新刻水陆路程便览》、商浚的《水陆路程》、程春宇的《士商类要》、憺漪子的《新刻士商要览天下水陆行程图》与《水程捷要歌》都记载了徽州渔梁坝或街口到达杭州的水路行程。

杭州地处东南沿海，盛产海盐，徽州人举家迁移或客居杭州经营盐业。歙县人鲍廷博，其祖父到杭州打铁，后经营盐业致富，乾隆皇帝修四库全书，他家献书600多种，在浙江卓有名望。

绩溪人胡雪岩在杭州开钱庄与药店，兼营蚕丝、典当业等。他参与军政补给有功，清朝廷赐给他二品顶戴。

宏村汪元台迁居杭州经营盐业，康熙时期，投资经营典当业，成为杭州四大富户之一。汪元台的儿子汪宗缙、汪宗绅经营盐业，孙子汪时英与兄在钱塘县学完成学业后，承袭家业经营食盐。汪时英的儿子汪镇、汪浚、汪标、汪焕经营典当业，汪元台家族第六代孙汪汝瑮与汪璐承袭典当业。汪宗缙诰封奉直大夫，汪宗缙长子汪肇衍为进士，翰林院庶吉士，汪肇衍兄弟汪肇璋任广东盐提举。汪汝瑮官至大理寺寺丞，他的振绮堂藏有善本600余种，进呈四库馆图书100多种。

杭州、嘉兴、湖州富产桑丝，粮食不足，徽商从湖南、湖北贩运粮食到杭州出售。徽商在杭州经营木材、棉、布、丝、绸、小吃、张小泉剪刀等产品。杭州是徽州交通最便利的商业城市，徽州商人集结之所。

扬州 扬州处于长江与大运河的交汇处，两条水路交通主脉在这里相交，成为南北商品和文化交流的中心。扬州地处当时中国最富饶的地带，文化最兴盛的地带。当时扬州周边产盐，扬州是食盐批发、转运地。徽州商人在扬州经营盐业，获得暴利，成为富商。清朝前期扬州负责盐业经营的总商多数是徽州人，歙县人江春在扬州做了40年的总商。歙县人巴树蕃、巴源绶、巴慰祖、马曰琯、程晋芳、鲍志道、鲍漱芳、许仁等在扬州业盐成为巨富门第。

徽商拥有财富，又具有文化修养与雅兴，在扬州建园林、学校、寺观、藏书楼，与天下文人墨客集会，举办诗社。富有的徽商在扬州投资社会公益事业，如修桥、铺路、建码头、赈灾、育婴、种牛痘、收字纸、救火等。徽商提供朝廷军事费用，捐款修复黄河河道，付巨款在扬州为皇帝南巡接驾等，徽商的社会影响力很大。

徽州盐商繁荣了扬州的城市文化，如扬州弹词、琵琶、画派、诗歌、文学、戏剧、园林、建筑、经学等。徽商在私人园林招揽天下著名的学者、画家、艺人，为他们提供一切费用，让他们安然无忧地发挥聪明才智。扬州是徽州商人经营最为成功的一个城市。扬州成就了徽商，徽商创造了扬州文化。康熙、乾隆、嘉庆时期，徽州盐商在扬州的经营达到了最佳状态，这个时期也是中国封建文化繁荣时期。

苏州 上有天堂，下有苏杭。苏州、杭州是我国经济发达地区。苏州是丝棉织品加工中心，著名的米市。苏州文化发达，工艺品制作秀美，如玉、犀、银、锡、玛瑙、铜、紫檀、象牙、乌木制品。苏州的扇子、服装都是品牌。徽州富商推动了苏州文玩产品的消费。新安很多人出于名门贵族，文采横溢。苏州名士沈周、谢表、祝允明、吴龙、文徵明、陈键、唐寅、杨循吉、朱存理等，与徽州人汪道昆、汪道贯、方弘静、许国、鲍应鳌、汪徽、汪大成、汪元功、罗文瑞、江来岷等交游。祝允明到歙县西山汪家住馆二年。徽人汪芝在苏州刻书法帖子，吴其贞在苏州经营玛瑙、象牙及金银等艺术品。徽商好古玩，收藏古书、古画、商彝周鼎。他们的活动繁荣了苏州的文化市场。

徽商在苏州以经营典当、丝绸、盐、木、粮食、餐饮业为主。徽州郑氏、汪氏家族移居苏州盛泽地区，经营丝绸。徽商经营的商号汪益美布店很有名，该布用于军人服装、边境贸易、出口。汪益美布号几百年长盛不衰。

徽州周氏经营漆，吴氏经营茶，潘氏经营酱园，它们是苏州有名的企业。潘万成、潘所宜、瑞泰信等商号的酱菜、潘所宜商号的豆腐干，为苏州珍品。

徽州商人致富以后，发展教育，博取功名。苏州的徽商后裔潘世恩，清朝乾隆年间官至体仁阁大学士、太傅。潘世恩的孙子、工部尚书潘祖荫，在同治、光绪年间与翁同龢齐名。

徽州商人住苏州，与地方乡绅交往，贾儒结合，以婚姻圈形成联盟，树立信义，稳固商业地位。

汉口 徽商来到汉口经营盐业、粮食、丝绸、棉布。

汉口据长江要地，为云、贵、川、湘、桂、陕、赣等九省通衢，货物集散地。清代，汉口为全国四大名镇（广东佛山镇，江西景德镇，河南朱仙镇，湖北汉口镇）之一。从公元1573开始，汉口有了泊船码头。汉口从襄河边到后城马路中山大道为繁华地段。徽商实力雄厚，很快占据了汉口商业要地。嘉庆年间汉口有商户数千家，盐行、典商数十处。汉口为淮盐口岸转运中枢，明代汉口盐船码头在陈公套，清乾隆年间在武胜门外。道光初年湖北、湖南两省每年销售淮盐770多万斤，淮盐每斤成本17文，运到汉口售价50多文，徽商利用淮盐产销地区差价，牟取厚利。康熙初年徽商在汉口建立新安会馆,雍正年间借助同乡官府势力在汉口建新安街。徽商的经营使得汉口汉正街热闹非凡。

自康熙年间以后,汉口经商的徽州人越来越多,他们经营盐业、粮食、木材、茶叶、典当、布匹、药材等,如黟县盐商汪廷榜,休宁粮商吴鹏翔,歙县木商王士汲,徽州药商叶文机。清代中期叶开泰在汉口的药店,是中国四大药店之一。徽州盐商在汉口建盐务公所"天都庵"。公元1695年徽商建新安书院(即徽州会馆),公元1735年开辟新安码头,建魁星阁、紫阳坊,北接新安街,形成了新安社区。自鲍家巷、接驾嘴、新安码头、新安书院、三元殿、准提庵、解脱庵一带,都属于徽州商人的地盘。商人社区经常举行诗词唱吟,巴祖慰组织诗社"巴氏吟宴"与"虫罩藻阁",吴鹤关组织诗社"西郭草堂",热闹非常。

徽州商人于公元1694年在汉口建紫阳书院,汉口紫阳书院是徽州人祭祀朱熹、联络乡情、讲学、处理商业与慈善事务的场所,兼有商人会馆与行业的组织功能。其建筑群中有楼阁、尊道堂、藏书阁、愿学轩、半亩池、御书楼、主敬堂、报功祠、文昌阁等。以后徽商修建了启秀书屋、藏书楼和六水讲堂,徽州文化在这里发酵。

公元1859年11月19日,汉口后塘角2000余盐船毁于大火,盐商受到致命打击,汉口徽商的钱庄、典当行业也就此萧条了。

上海 南宋咸淳年间上海设镇,置市舶司。上海是海上贸易的重要港口。上海建造沙船、卫船、南船、宁船、鸭尾船。上海造的沙船,运输能力在1500—3000石之间,每船造价7000多两银子,造船木材操于徽商之手。

康熙二十四年开放海禁,徽商每年把关东豆麦1000多万石运到上海,用沙船把布茶等南货运到北方。徽商还将大豆、豆饼、豆油、猪、咸鱼、棉布、纸张等从上海远到日本贸易。

上海地区的盐商全是徽州人。顺治年间上海地区朝奉多是徽州籍。徽商汪通保在上海开设的当铺规模大、分店多。

上海,徽商实力最强的是茶商。松萝茶在顺治初年,每斤银1两,相当于1石米的价。五口通商后,上海成为茶叶输出主要港口,光绪年间徽茶内销少,外销多。祁门胡元龙日顺茶厂制作的红茶,受欧美消费者欢迎,经由上海外销。清末民国初期,绩溪人在上海开设的茶号有33家,汪裕泰茶庄有6个发行所,被誉为"茶叶大王"。徽商在上海,对外国销售湖州、杭州、苏州、嘉兴产的丝绸。休宁人张颂贤是经营丝绸的商人。绩溪人胡雪岩在上海对外经营丝绸、茶叶。徽商在上海经营杂货、皮草、土布、木材、油漆、墨、饮食。方德宣利用同乡关系,在上海加工再生纸,誉为“纸边大王”。黟县人在上海经营土布的商号有“余源茂”“周益大”“祥大”“林大成”等。绩溪人在上海的徽州饭馆商号有“醉白园”“大辅楼”“大和园”“中华第一楼”等,经营火红。徽菜品牌一品锅、凤回窠、沙地鲫鱼、银芽山鸡、火腿炖冬笋、松鼠熘黄鱼等四海闻名。

清朝后期,西方经济文化进入中国,特别是火车、汽车、轮船新的交通工具的运行,使得扬州衰落,上海迅速崛起,成为全国的商业、贸易和金融中心。徽商抓住上海发展的机遇,来到上海,大展身手,如汪联洪在上海开设公估局,专门鉴定银币成色,程德成在上海购置西区地产,西藏路以西地段每亩价格原来为 100 两银子,1925 年上涨至 1.05 万两,他们得以暴发。公元 1896 年前后,汪宽也的祥泰布庄,年营业额达到 150—160 万两银子,光绪三十二年程宏弼在上海的中西大药房,年营业额达 20 万元银子,并且任全国医界联合会会长。

三、二线经营城市

徽商活动范围,伸展到沈阳、蒙古、哈尔滨、宁波、贵州、佛山、东莞、福州、南京、芜湖、九江、湖州、开封、北京、沈阳、成都、西安、兰州、淮安、昆明等地,这些是徽商经营的二线城市。

以芜湖为例。明成化七年,朝廷在芜湖设置“工关”,万历时置“户关”,征收过往商船的船税与货税。康熙年间,芜湖成为全国的重要税收关口。乾隆时,每年征银 31 万多两,清末芜湖建的会馆有 18 处,徽州会馆最多。芜湖至徽州的道路,一条自芜湖—宣城—崇山关—绩溪—歙县,一条自芜湖—南陵—旌德—绩溪—歙县。在芜湖乘船沿水阳江而上,经宣城、宁国,可达绩溪的胡乐镇。

芜湖是沿长江的重要港口,徽州的盐商、茶商、布商、绸缎商、陶瓷商频繁往来于芜湖。休宁人汪一龙,于万历时迁居芜湖,创正田药店,驰名全国,他经营的业务延伸到海外。明嘉靖时,休宁人汪尚权,在芜湖开冶铁作坊,工匠百人。万历年间,阮弼在芜湖开染房,规模很大。徽州的文人学士侨居芜湖为数颇多,如胡邦旦、方兆曾、渐江、韩铸、朱舟、孙逸、黄兰谷等。徽州的名医、鸿儒,诗人画家,对芜湖文化的发展做出了贡献。

徽商在二线城市经营,可以拓展一线城市的商业,一些无力在一线城市竞争的徽商来到新天地获得了经营空间。

四、三线乡镇

明清时期江南市镇经济发达,清乾隆时,绩溪商人王泰邦在周庄创设商业。

春季出售茶叶,冬季出售海货。清嘉庆、道光时盛泽镇建徽宁会馆,董事会中,徽商有48名。徽商投资市镇建设,扩大了集镇规模。

以太湖平原为中心的江南丝、棉纺织业的发达,使得该地都市化较早。徽州人在松江府枫泾镇、朱泾镇经营棉布业、染坊,在嘉兴府崇德县石门镇经营油坊,在苏州府盛泽镇经营丝织品,在平望镇经营稻米,在湖州府归安县双林镇经营皂坊、胶坊,在濮院镇经营纺织。嘉兴府桐乡县炉头镇,典当司柜一般都是徽州人。徽商在松江府朱家角镇经营银、铜、铁、锡工艺品,在嘉兴府濮院镇经营丝绸、烟叶。徽商在湖州府南浔镇经营丝、树木、稻米。徽州人在周庄镇、震泽镇、平望镇、双林镇、南浔镇、塘栖镇、濮院镇和当湖镇等经营典当铺。休宁人汪匡汉在平望镇开典当铺,徽州黄蓝圃兄弟六人在当湖镇开当铺,濮院镇典当铺里的司柜多是徽州人。光绪时盛泽镇共有米业字号44家,徽商汪姓开设的字号就达11家。明末徽商专门收购嘉定县丁娘子织的“钱门塘布”行销各地。

明清时期的苏州、松江、常州、镇江、江宁、杭州、嘉兴、湖州八府及太仓直隶州,市镇发达,人口稠密、商店林立、经济繁华。清代松江府的吴家桥、陆家浜镇,农业与手工业发达。江南运河沿线的市镇,如丹徒、谏壁,横林、望亭、严望等,商业发展较快。湖州南浔是湖丝产地,吴江的屯村制铁业发达,宜兴的张渚冶铁业发达,吴江同里造船业发达,徽商在江南市镇因地制宜经营商业,推动了江浙一带商品经济的发展。

南岭木材,湖广的粮食,两淮的食盐,长江三角洲的棉花,上海的布,苏杭的丝绸海味、日用杂货,徽州商人的贸易活动,促进了物资的交流。徽州商人在长江疏浚航道,设置航标,休宁人吴玲在长江江西段碰矶造石台,台上建庙立旗,疏通黄金水道,便于商业航运。无徽不成镇,徽商推动了乡镇经济的繁荣。

五、外贸

徽州人汪直等把贸易做到了英国、日本、泰国、印度尼西亚、荷兰、葡萄牙等国。公元1816年1月19日中国商船飘浮到琉球岛,船主是休宁汪小园。清朝中期,徽州茶商在广州组织丝绵、丝绸、瓷器、棉布、铁器、茶叶和药材等销售日本、东南亚各国,带回象牙、犀牛角、银币等。汪直在日本平户经营15年,平户是中国海商云集的地方。

《甓余杂集》卷4记载,公元1548年农历十月十日朱执呈进奏章说,当年农历四月六日,官军攻克海寇占领的双屿岛,擒获海寇胡胜(即汪直)。胡胜是徽州歙县19都4图人,61岁。被擒获的海寇中,华人8名,日本人1名,葡萄牙人8名,暹罗人3名。华人中的胡旺,是胡胜的族侄,其余6名是苏、浙、闽、广等处人。汪直造三桅大船,将丝绵、绸缎、瓷器等商品,带着军器,运往葡萄牙等国,他还得到了西方国家君主的封号。他们的快马哨船常在浙江、福建沿海与官军冲突。

《远游记》记载,当时的双屿岛有葡萄牙等外国人3000名。他们建有房舍千余所,两所修道院和祈祷室。岛上有城防司令、大法官、法官、市政议员、度量衡及市场物价监察官、书记官、巡夜官、收税官等人员。胡胜向他们销售中国产品丝绵、绸缎、瓷器。商品贩运路线长,地区差价大,贸易利润高。葡萄牙海盗要胡胜等为他们服务,限制汪直与他们争利。明朝实行海禁政策,不允许他们做海外贸易。

六、徽商经营的行业层次

徽商以盐业、典当业、木业、茶业为主,兼营墨、书、丝、陶瓷、布、钱庄等。徽商注重发展地方特色产业,如制墨、砚台、罗盘的生产,以及书坊刻书、售书,餐饮业等。墨、砚是当时文化必用品,徽墨、歙砚是著名的品牌。罗盘是航海与建筑领域的仪器,休宁万安生产的罗盘享誉海内外。徽州的书坊刻书质量高,如鲍廷博在杭州的知不足斋,胡正言在南京的十竹斋,马曰琯在扬州的小玲珑山馆。绩溪的餐饮业遍布沿江各大城市,其烹饪技术具有地方特色,形成徽菜品牌,成为全国八大菜系之一。

(一) 重点经营四大行业

徽州商人经商,凡是可以做生意赚钱的地方与物品,他们都经营。他们审时度势,认为盐业专营,有大利可图;典当业平稳无风险;茶、木是徽州的特产,具有资源的优势。于是他们重点经营盐、典当、茶、木四个行业。

1. 盐商

在小农经济时代,可以作为商品交流的物产不多。盐是生活必需物质,不能自给自足;铁是劳动必须物质,不能自给自足。盐铁历代属于政府专营。政府专营,可以保证民间供给,又可以保证政府有稳定的税收。

明代北方边疆驻守将士吃粮、运输困难。明朝采取谁把粮食运到边疆,按照粮食数量多少配给相应的食盐销售权。为了获得销售食盐的权利,商人出钱组织人在边疆垦荒种粮,或出钱请人把粮食运输到边疆。政府继而改用纳银售盐的政策,即根据商人出资的多少,给予相应的售盐权利。山西、陕西商人距离北方边疆近,山西与陕西人是这一政策的主要受惠人。公元1617年,明朝改盐政为纲运盐法,把零散销售分别自运的盐商组织起来,结纲行运。盐院共编出10纲,圣、德、超、千、古，皇、风、扇、九、围，每纲一个字号。徽商利用朝廷改制的机会，纳银编入纲内，获得的盐引，永永百年，据为窝本。盐的包销制，形成销售食盐的世袭垄断权。每一纲由若干商户组成，有独立的商号，自负盈亏，指定销售区域销售。明代设两淮、两浙、河间长芦、山东、福建、河东食盐转运司，以及广东、河北、四川等提举司。徽商主要转运两淮、两浙的盐，扬州的徽商转运两淮的食盐，他们控制了169万引盐的销售权，每一引盐250斤。扬州盐商利润在30%左右，他们一年可以获得利润2000万两银子。徽州大盐商依靠食盐销售专利权致富。歙县籍盐商致富的人很多，如黄氏、汪氏、江氏、吴氏等。他们形成实力雄厚的乡帮集团，控制了淮盐的产、供、销诸多环节。从嘉靖到乾隆年间，在扬州业盐的大客商有80人，徽商占了3/4，歙县江、黄、程、汪、徐、郑、许、曹、宋、鲍、叶诸姓先后任两淮总商，其中汪应庚、汪廷璋、江春、鲍志道等显赫一时。

徽州盐商家里拥有白银几十万两、百万两，甚至千万两。盐商有了钱以后，广泛捐助社会公益事业，赈灾，兴修水利，赞助军费，迎接皇帝南巡，修建书院，以及与宫廷官员礼尚往来，投资达几千万两银子。

徽州商人中，歙县人经营盐业规模大、人数多。

2. 典当行

典当，又称当铺。典当业商人以收取债务人的质押物作为保障债权的手段。经营典当业须经官府批准，保证客户典当的安全。客户需要典业贷款，典业要求申请贷款人交抵押物，当铺一般以抵押物价值的50%贷款给客户，贷出的银子按月收取利息。清初江苏吴江县当铺贷出10两银子以上，每月收取1.5%的利息，1两银子以上者，每月2%的利息。例如张老五儿子经营企业，急需2万元人民币周转金，无法集资。他家有一件祖传貂皮大衣，价值4万元人民币，他送到当铺，当铺给予他2万元人民币贷款，每月2%的利息，1年利息费2400元。约定当期1年，1年后，张老五拿22400元到当铺索回貂皮大衣。如果张老五到期拿不出22400元，那件貂皮大衣归当铺所有。典业与顾客互惠互利，相互依存，不牟取暴利。

明末南京当铺福建商人的典息为3%—4%，徽州商人的典息只有1%—2%，徽商薄利生财，赢得了市场。明清之际徽商在河南的典铺达213家，徽商汪箕拥有典铺数十处。江南地区的典业几乎被徽商垄断。扬州典当业全是徽州人经营。明朝后期徽州典商在南京约500家店门，清乾隆时徽商在北京有600多家当铺。常熟县康熙二十年有典户37家，三个最大的典当业主是徽州人吴奇、汪彦、程隆。明末徽人汪通保，在上海经营典业，规模极大。休宁人孙从理，在吴兴经营典业，典铺上百所。

商人、官僚、地主投资典当业,把公款与公益活动费放在典当行收取利息。典当业风险小,获利稳,徽商把典当一直开到乡村小镇,当铺的通用行话为徽语。徽州经营典当业,休宁县人的规模大,数量多,最具有特色。

3. 木行

徽州山区盛产木材,木材主要由新安江运出,到杭州销售。长江江边城市南京、江宁、泰州等木材集散地也是徽商活动之地。徽商在木材产区买山场,组织劳力采伐木材运出销售。采办皇宫或为官府木材最赚钱,公元1634年朝廷修造皇陵,祁门木商廖廷训采购木材,称作"御商",采买优质木料。公元1596年重修乾清、坤宁二宫,徽商王天俊承办木材16万根,他夹带私木3200余根逃税销售。徽州商人还经营湖南、广西、四川产的木材,由长江水运发卖各地。木材一般冬天砍伐,利用春汛,扎成木排,沿内河到长江,再转运各地。徽州木商往往驱使佃仆运输木材,成本低下。经营木材是一件非常辛苦的事,木排从水的上游漂到下游,需要很多天,历经急流险滩,日晒雨淋,人们常常可以听到水上悠扬的歌声,这是佃仆劳苦精神中发出的芬芳。各城市有木业公所,管理木材堆放、销售、纳税等问题,木商借助木业公所维护商人的利益。那个年代建筑没有钢材、水泥、化学材料,全是原生材料,人口稠密的平原地区,对木材需求量大,木商赢利多。

4. 茶行

徽州山区出产茶叶。唐代的饼茶,宋代的散茶与片茶,明代的蒸青与炒青,清代的安茶、红茶、绿茶等,这是用不同加工方法制作的名茶。徽州不同产地的名茶有:松萝茶、祁红、黄山毛峰、太平猴魁与绿牡丹。陆羽在《茶经》记载了歙州的茶。《宋史》说歙州等地产茶仙芝、玉津、先春、绿芽等26种,李心传《建炎以来朝野杂记》记载,徽州产茶胜金、嫩桑、仙芝、来泉、先春、运合、华英、片茶、散茶等。

徽州人种茶、制茶、卖茶、饮茶,创造了茶文化。徽州茶艺有很多环节,如准备茶具、焚香、洗手、煮茶、赏茶、洗茶、冲泡、献茶、闻香、饮茶等。著名画家丁云鹏、汪士慎作关于采茶的画,徽州有采茶歌、茶舞、茶戏等。黄山茶农每年二月初二拜天地祭祀茶神,给茶圣陆羽冲水浇身,请他保佑生意兴隆。

据化验,松萝茶含有丰富的多酚、氨基酸、果胶、儿茶素。松萝茶可以调节人体生理功能,降血压、降血糖、降血脂;抗癌症、抗辐射、抗疲劳;增智、增美、增寿,保健,通便、医疮口,对羊儿疯、水胀气鼓、绣球疯、痢疾、眼疾、高血压、肾脏病、冠心病、红白痢疾有疗效。

中国茶叶公元1610年销售到荷兰,公元1637年,英国东印度公司来广州购买茶叶,继而瑞典、荷兰、丹麦、法国、西班牙、葡萄牙、德国、匈牙利等国每年来中国购买茶叶。

徽州茶商为了确保商品的质量,从毛茶的收购、加工,到最后的成品包装,制作工艺复杂。从毛茶到成品茶,要经过焙、筛、扇、拣、包装等工序。徽州产的珠茶、熙春、雨前绿茶畅销海外。徽州茶商根据消费者的口味,不断改进生产工艺。光绪二年,祁门胡元龙创建胡日顺茶厂,改制红茶,受到欧美消费者欢迎。

（二）　全面拓展,无徽不成镇

明清之际,以水路交通为主。徽州人外出经商一般沿着两条水路运行。一条由水阳江或青弋江至芜湖,顺着长江到南京、扬州、镇江、苏州、上海。第二条由新安江到杭州,以运河连通沿河各大城市。新安江是徽州地区的主要水运航道。

徽州有若干条陆路交通古道,例如:1. 从绩溪县伏岭镇,东到浙江临安市马啸乡的徽杭古道,全长 25 千米。2. 徽饶古道,青石板铺砌,由休宁到婺源瑶里,可通达江西饶州,全程 100 余千米。3. 休婺古道,从婺源县官坑到休宁县皇腾村,全程 12.5 千米。4. 徽州府至浙江省开化县的古道,由歙县城西,经岩寺到屯溪、越马金岭,到浙江开化县城。5. 徽泾古道,由徽州府至泾县。从歙县县城经牌头、雄路、绩溪县城、翠岭、浩寨、旌德县城、三溪铺、榔桥至泾县城,全程 94 千米。6. 由徽州府城至江西浮梁县的古道。全程 200 千米。7. 由徽州府城至安庆府城的古道,每 1.5 千米有 1 个石亭供过往人歇息、喝茶。全程 210 千米。8. 由徽州府城至青阳县徽青古道等。

水道运行小船,经过一湾又一湾。山道则背托肩扛,经过一山又一山。徽商在这样的交通条件下,形成了强大的商帮。

徽商,把商业推向经济发达的地区,如南京、芜湖、安庆、武汉、扬州、苏州、杭州、临清、汉口、镇江、无锡。全国到处有徽商的足迹,“无徽不成镇”。徽商促进了城镇的发展,推动了商品经济的发展。清朝乾隆时期江南有市镇 500 多个,杭州 104 个,松江 107 个,苏州 90 个,处处有徽商的店号。

徽商把盐业、典业、木材、茶叶、生漆、桐油、笔墨纸砚、粮食、丝绸、布匹、瓷器,人参、貂皮、珠玑、古玩、图书,餐饮业、杂货店,一直推进到乡下小镇。

徽商精于筹划,摸清市场主动经营。自公元 1670—1832 年,苏州徽商开的布店有程姓 31 家、吴姓 28 家、金姓 25 家、汪姓 18 家、朱姓 15 家、张姓 11 家、吕姓 9 家。公元 1699 年休宁人陈士策在苏州上津桥开设万孚布店,后发展成万孚、京祥、惇裕、万森、广孚 5 个商号。

人人穿衣,所以布销售量大。松江品牌布飞花、尤墩、眉织,上海品牌丁娘子布,嘉定县产浆纱布、刷线布、药斑布和紫花布,金山县朱泾的纺车锭子,吕巷的纺车,因徽商经营而闻名。徽州布商在苏松等地经营棉布,收布、委托加工、回收布匹,批销、产销结合,谋取利润。徽商在这些市镇经营,促进了当地的生产与消费。

从明朝中期到清朝中期,杭州、嘉兴、湖州地区的市镇由110个增加到210个。王江泾、南浔、双休、乌镇、菱湖、新城规模达万户。有的镇以产品闻名天下,如南浔、菱湖、新市、濮院的丝织,嘉兴魏塘、王店、枫泾的棉织,炉镇的冶铸,瓶窑镇与千家镇的窑业,石门镇的榨油业,斜塘镇的漆器,陈庄镇的竹器,半山与曹王庙市的玩具,善琏镇的制笔,屠甸镇的烟叶,鲍郎市的制盐。哪里有商业,哪里就有徽商的商号。徽州人在乌青镇经营茶叶,在嘉善县经营盐业,在濮院镇经营典当业,在安吉各镇经营砖瓦窑。祁门人张元涣在杭嘉湖贩运丝绸,歙县人胡梧贩运湖丝,汪直、许谷贩运丝绵到日本、暹罗、南洋。乾隆年间婺源人江氏在杭州建徽商木业公所,江来喜购地3690亩停放木排、木材。徽商典当行提供贷款经营粮食贸易。徽商活跃,他们开拓市场,募资捐款,同乡联谊,协调经营,开展慈善活动。他们在商品经济发达地区盈利,也推动了该地区的繁荣与发展。

徽商鼎盛时期,经商人数、活动范围、经营行业、商业资本,居全国商人集团首位。徽商推动了城镇的发展,推动了商品经济的繁荣。

七、经营方式多样

徽商善于经营,他们深入分析市场行情,采取适当的方式经营。如特色经营、合伙经营、联号经营、分号经营、股份制经营、品牌经营等。

特色经营 徽州的特色产品歙砚、徽墨,是明清之际文化工具品牌。徽商在上海开文房四宝商店。徽州山区的茶叶,是特色产品,程泰仁咸丰年间在上海经营茶行。公元1895年徽州外销的绿茶和红茶约1320万斤,上海老北门的汪裕泰茶栈下设6个发行所,经营30多个品种。徽菜是特色产品,属于中国八大菜系之一,徽州的餐饮业在沿江各大城市闻名。

徽商以盐商为龙头,明清时期两淮的盐行销南直隶九府二州,跨江苏、安徽、江西、湖北、湖南和河南诸省;两浙盐明代行销南直隶苏州、松江、常州、镇江、徽州五府,徽州盐商以扬州和杭州为据点,销售活动覆盖整个长江流域。

徽州人沿着新安江到钱塘江、杭州经商,杭州有“徽州塘”“徽州弄”“小江村”等徽商经营区,形成区域商业特色。杭州候潮门外,徽商堆放木材的场地达3600亩,开设的木行有100余家。徽商木行经营规模很大。

公元1820年以后,徽州商人经营茶叶、布匹、丝绸具有特色,在苏州,徽州布商见于碑刻者,公元1670年有棉布字号21家,公元1693年发展到76家。康熙时汪氏在苏州的益美布店一年售布达百万匹,200年长盛不衰。徽州的典当铺遍布江浙,明后期南京典铺约500家,多为徽州人经营。光绪时吴江县盛泽镇有米店44家,其中徽商汪姓开设的米店11家,占四分之一。

明末丛书畅销,徽州书商抓住时机经营,吴勉学刻印《古今医统正脉全书》,吴管刻印《古今逸史》等丛书。徽州书商把握市场信息,刻印图画书籍,占据市场,如汪廷纳刻印《人镜阳秋》,胡正言刻印《十竹斋画谱》和《十竹斋笺谱》,书中插图精美。徽商善于分析市场,经营特色产品,获得巨额利润。

根据现有资源经营 经营企业一般需要人力资源、金融资源、技术资源、物产资源、信息资源等。5种资源中,拥有人力、资本尤其重要。徽商善于获取信息占有市场,分析供求状况,利用宗族人力资源,善于以各种方式筹集资金,经营企业。

垄断经营 利用特权与资本优势,垄断经营,如扬州盐商的食盐专卖权。明成化末弘治初推行“开中折色法”,商人纳银换取盐引,徽州商人借机涌入两淮盐业。公元1617年开始实行“纲运制”,将分散运盐组合成商纲,徽州商人以“乡谊”“宗亲”组团涌入两淮。康、乾时期,清政府“恤商裕课”,禁止私盐,徽州商人借机大发展,获得成功。明清时期扬州的著名盐商80名,徽州人占其中60名。浙江的著名盐商35名,徽州人占其中28名。扬州的徽商江春、马曰琯、郑氏、黄氏、鲍志道、程晋芳成为垄断盐商,世袭食盐专卖权。清代鲍志道11岁到鄱阳学习会计,20岁那年他赴扬州辅佐吴太守经营盐业,占商籍于淮南,被推举为两淮总商。鲍志道在吴太守大旗下,获得了盐业经营大权,掌握了市场,取得了一定程度的垄断经营权,自立商号经营,成为富商。鲍志道逢迎、依附官员,获取商业经营特权,实行商业垄断。

生产、销售联营 糕饼店、酱行、药店等企业,一般临街一进房子为销售门面,后一进房子为生产作坊。如公元1910年黟县刘镇远在屯溪老街创办的“同益”糕饼店,前店后坊,经营徽式糕点,畅销沪、苏、浙、杭一带。

创造或利用品牌经营 徽商通过竞争形成了一些商号品牌,如公元1863年屯溪老街“同德仁”药店,创办人休宁程德宗、邵运仁,柜台上立匾“橘井流香”成为药店品牌。屯溪老街“程德馨”酱园,行业招牌“梅葛遗制”,货架上配梅、兰、竹、菊字画,白瓷缸盛放酱菜,店堂雅致美观,成为酱行品牌。休宁县城“胡开文墨庄”,牌匾系曾国藩题写。上海的“徽歙曹素功墨庄”有康熙皇帝赐“紫玉光”三字,这是徽墨品牌。

“胡永泰”商号,公元1835年绩溪人胡廷然在休宁开的手工切面店,前后有

110年历史。杭州大井巷“胡庆余堂国药号”,徽商胡雪岩创建于公元1874年。“颐香斋”“王琳斋”为清末绩溪汪振淦在杭州涌金门创立的糕饼商号。“益美”是清康熙年间苏州汪氏布业店铺商号。徽商的一些商业品牌闻名全国。

多种经营 徽州商人往往从事多种经营。清末胡雪岩经营钱庄、蚕丝、地产、药业,开展多种经营。公元1888年胡传承在上海开“裕兴泰”茶叶店、“公义”油栈,汉口开有“两仪”酒栈。清乾隆年间,徽州商人黄端士兄弟在经营“兆隆”“兆豫”典业基础上,又在异地经营油业。道光年间徽商汪左淇兄弟在平湖、清浦、汤溪典业基础上,又出资经营盐业。呈坎村正伦堂罗享润三兄弟,在家乡开设永字号食油坊,在杭州开设恒隆油行,产品远销上海、日本、东南亚各地,他们还在南通种植棉花谋利。

承包经营 徽州商人在明清时期就开始了承包经营。资本所有者将企业承包给他人经营,收取定额利息,承包经营者自负盈亏。如休宁人汪嘉会、汪全五二人合资在巢县柘皋镇开设汪高茂商号,经营杂货、棉布生意。公元1718年,二人把商店承包给吴隆九,商号估值为纹银500两,吴隆九按16%的年利率向二汪交纳利银(每年80两)。商号经营权归吴隆九,商号一切经营活动由吴隆九负责,吴隆九只向老板每年付80两银子,赚得多余的钱归自己,如果亏损由吴隆九担当。资本所有者不承担风险。商号资产所有权及其经营权两权分离。

代理经营 徽商往往将商店交给值得信赖的人代理经营,道光咸丰年间,徽人程浩给寿春县方氏当会计,经营典业。程浩工作丝毫不苟,老板信任他。方氏自己经营经常亏损,程浩代理经营店务以后,盈利倍增。老板器重程浩,让他代理经营。

联号经营 徽州商人往往进行联号经营,许多商店,同属一个业主,同样的商号,如“益美”布店,分布各地经营。徽商胡天注公元1782年接替王启茂的墨室,在休宁、屯镇设胡开文墨店,休城老墨店在宣城、芜湖、安庆、汉口、苏州、扬州、上海、杭州、长沙开设分店。有的联号即联合经营,如徽州商人谢胪一于公元1695—1705年间,汪元长和谢胪一两人,一个在苏州,一个在汉口,他俩立议合同,将苏州的绸布等发来汉口,将汉口的粮食发往苏州,资金合股,企业联营,降低行商的风险,提高坐贾的利润。

分号经营 一个业主,在各处开设的商店有各自的商号,如歙县商人阮弼在芜湖开设浆染局,在吴、越、荆、梁、燕、豫、齐、鲁等地设分号。歙县茶商茶庄往往以一处为基地(总庄),在周边城镇设立分庄(店)。歙县许氏在江浙有当铺40多个,雇佣的掌柜伙计几千人,设分号经营。明末,徽商黄洵在松江开“万元”字号布店，其长子黄自富，接续开店，万元商号下，子号有贞丁、利丁、利才、定长、定丁、永栋、细栋、衣著等8个。

合伙制经营　徽商往往两人或多人合伙经营，按资本的多少分享利润。财从伴生，事在人为，共同商议，合本求利，各出本银，同心营生，所得利钱，每年量分。饮血为盟，神人共鉴。公元1910年创建的屯溪“余福泰”商号，由胡实甫与余伯陶合资经营，经理是胡达夫，经营钱庄业务，职工有50余人。公元1611年祁门县奇峰郑氏五户合伙经营杉木，也是一例。

股份制经营　企业资本股份制，设置每一股资本数量，股东投资股数可多可少，经营利润按照股份分成，亏损也按股份承担。光绪年间徽商程振之、程耀庭、陈傅之、吴紫封、程润宏五人合股经营粮食，每股英洋200元，共有5股，银1000元资本，每年各股按照8厘分得官利，即固定配置的利息。多余的利息3年后按股分配，称作红利。如果经营亏损，则按照5股分摊。

徽商利用差价，长途贩运。利用资本，囤积居奇。注重质量，薄利多销，认真包装，善于公关，选贤任能，生意越做越火红。

八、经营资本筹集

住在山里的徽州人，放弃农业，经营商业，需要经营资本，他们往往采取合股集资，委托经营，使用官僚资本、婚姻资本、继承资本、劳动资本，以及援助资本。

合股集资、合作资本　徽商开始经营，积累资本，十分困难。婺源县李魁，将一间卧室以10两碎银出售，作为经商的盘缠和资本，他到金陵经商，若干年后成为富商。

明万历年间祁门郑元佑等兄弟叔侄五人合伙贩卖木材，盈亏按股均分。合伙经营，业务可以共同管理，部分人管理业务，也可以聘请人代理经营。公元1846年徽州汪左淇等兄弟四人，将父传浙江平湖德新、清浦协和、汤溪怡和、汤溪敬义四个典铺，经拈阄各得其一。第二年将四个典铺合股经营，四房所出股份相同，经营利润、亏损共同分摊。

万历年间徽商程本修、吴元吉等人经营的染店，其账簿记载了盘存、股本、资本存量、资本投入、盈亏、支用等情况，表明股东在资本投入、抽出、再投入、退股、顶股等方面比较自由。

《太函集》卷91《明处士休宁程长公墓表》记载，程锁与本宗祠豪爽的10个人，每人出300两银子，到吴兴合伙经商。光绪《婺源县志》卷33记载，王悠炽与他的堂叔、堂弟各出500两银子，合伙经商。《万历程氏染店查算账簿》《万历收支银两册》《天启渭南朱世荣分家簿》，表明合作资本及股份制，利于筹集资本，调整利润分配，激励经营资金投入。

委托资本 徽州人在自己不能外出经商的情况下，把资金交给可以信赖的、具有经商才能的至亲、族党、密友经商，也有的徽州人代理外国人经商成为买办。如公元1759年，徽商汪圣仪父子预支英商贷款10380两银子为英国商人经营茶叶。《清高祖实录》卷270记载：吉庆奏称，商人程致中，收存官员白钟山银子二万两，程致中女婿汪绍农在清江开当铺，收存白钟山银子四万两。商人程迁益收存白钟山银子二万两等。白钟山身任朝廷总河，交给三个盐商共8万两银子，委托他们经营，受到皇帝批评。

官僚资本 徽商依靠皇帝至高无上的权利，以及皇商的权利经营。胡雪岩私营钱庄垄断了江苏、浙江的财政金融，获得巨大利润。《清稗类抄》第15册"婚姻类"记载，休宁商人在北京开布店，有一个吴姓员工，晚上在饭店里遇到一个女扮男装的少年，她是从被查抄的和珅家里逃出来的，带了很多金银珠宝，愿与吴朝奉结婚成家，吴朝奉就这样得到了一笔经商的官僚资本。清朝官员李鸿章在合肥开了很多当铺。

婚姻资本 《丰南志》卷5"存节公状"记载：明朝吴烈夫的爸爸豪爽、高雅，爱吟诗，不过问家庭生计，他以妻子的首饰做资本外出经商，发了大财，积累了大量的金银，买了几十亩土地。

援助资本 《太函集》卷43"先大母状"记载，汪道昆的爸爸在岳父的援助下在杭州经商致富。

继承资本 歙县《竦塘黄氏宗谱》卷5"黄公崇德传"记载：明朝嘉靖年间黄崇德父亲是郡博士弟子，家庭殷实。黄崇德学习陶朱公、计然，从家里带了一笔钱到淮南经营盐业，不几年，大富，胜于万户侯。于是他大兴土木，建设园林楼亭。

劳动资本 很多徽商依靠辛苦劳动，勤俭节约，积累少量资本起家，利用机会创业，成为富商大贾。光绪绩溪《西关章氏族谱》卷24"续增家传"记载，清末章洪魁家贫，他苦志经商，在武义县白手创业，终于致富。

歙人汪玄仪世代为农，开始从商时仅以三个月的粮食作为资本，经营盐业致富。

借贷资本 徽州人亲帮亲，邻帮邻，有人以资助与接济的态度贷款给亲朋经商。光绪《婺源县志》卷三十四记载，理田人李士葆，家里很穷，他从小到芜湖打工，到了中年，他不愿继续打工，于是向亲友借贷资金经商，由穷至富。他致富后捐银修城墙、桥梁、亭子，摆义渡。

徽州商人有浓厚的地域性和宗族性，出外经商时，聚族而居，在关键时机，商人互相调剂资本，积极支持对外展开商业竞争。

九、经营技能学习

徽州商人在各大商帮中脱颖而出，这与他们爱学习，有过硬的商业技能有一定关系。

囤积 徽商在商品低廉的时候利用资本囤积物资，到社会需求量大、价格高时卖出，从中牟利。

薄利多销 徽商在竞争中薄利多销，定价低，销路快，单件商品少赚钱，销量大，造福于客户，商家落得好名声。

产供销一条龙经营 明清时期松江的标布产量多，流行最广。徽商收购棉布，自己漂布、染布，掌握技术上的优势，进行产供销一条龙经营。

重视商业情报 徽商善于收集商业情报，分析商业情报，善观时变，出奇制胜。徽商利用伙计充当耳目，在商品运销口岸设办事机构，互通行情，利用会馆、公所了解市场行情，通过宗亲、乡谊，联络各处的人氏，了解市场供需情况。明代歙县商人阮弼利用商业情报，在芜湖独家经营缣帛，获利数倍。

歙县黄墩程氏分迁乐平、贵溪、宣城、休宁、婺源、绩溪等地，黄氏有 40 多派系，绩溪登源汪村汪氏后裔分迁到苏、鲁、浙、闽、蜀、楚、粤、赣等省，他们经商，利用宗亲之谊，互通情报，有效地经营企业。

注重商业业务技能 徽商员工从小当学徒，受到商业环境的熏陶，他们经过训练，精通行业知识。如辨别银两成色的技术，银子成色分为 31 查，如冰凌查（官银）、胶泥查（十成）、粹白查（九九成）、灵白查（九八成）、粉红查（九三成）、粗红查（九二成）、老红查（九成）……银子成色又分为 30 口，如正白口（十成）、雪花口（九九成）、镜面口（九八成）、淡白口（九四成）、粉白口（九三成）、淡黄口（九成）……学徒要学习断银歌、辨查口歌诀，分辨元宝、鼎银、煤倾、水丝、干丝、瓜纹、真纹等 60 多个品种，其中。足纹银含银 100%，铅丝含银 97%，领丝含银 95%，重硝含银 91%。山东人习惯用元宝，广东习惯用大锭、小锭，四川、贵州习惯用一炷香式圆锭，苏州、杭州、绍兴等处习惯用圆丝，亦称铅丝，徽州习惯用板锭，河南习惯用瓜纹等。

封建社会银子是通用货币，各地铸造的银币形状不同，含银量也不同，商人必须具有识别不同纯度银子的能力，具有丰富的金融知识。

注重商品质量与服务质量 徽州商业员工知道众多物品的产地、规格、价目与真伪鉴别知识。如缎以南京为佳,苏州、广州次之。绫绸以濮院为上,盛泽次之。员工需记住每一品种的尺寸、幅面、价钱、做工、质量等。经营典当,绸缎布匹、裙袄裤褂、金银首饰、古玩彝器、书法名画、日用百货等,都要知道其产地、规格、特征、时价、成色、质量。

营业员需要有熟练的商品包装技能,如用草纸包装茶叶,用荷叶包装酱菜,用印有红标签的纸盒包装糕饼,天然、经济、保质。

适销对路 针对不同地区、时节、顾客推销商品。

管理者语丝:

徽州人生在群山之中,人口繁衍,生存压力大,外出经商,求得生机。他们没有退路,经商成功了,带了很多银子回家,家乡人敬你;经商失败了,回到家里,人们就没有什么话与你说。所以经商如同打仗,需要运筹帷幄,决胜千里之外。徽州商人准确地分析了当时的社会形态、上层建筑,经济与商业运行的模式,他们把经商、读书学习、科举仕途一体化运作(见附文儒商),占据全国最富裕的、交通发达的、市场繁荣的几个中心城市,向下辐射扩张,以致无徽不成镇。徽州商人布点的镇,一般是商品经济较发达地区的乡镇。徽商把北方的货物运到南方,把南方的货物运到北方,互补有无。他们把物质精品运往各地,给人们提供生活必需品,丰富了人们的生活。他们研究商品特色,研究市场需求,把握商机,及时出手。徽州商人精明能干,他们的才华是在实践中练就的。徽州商帮是在竞争中磨炼出来的。

参考文献:

1. 卞利:《明代中后期至清前期徽州社会变迁中大众心态研究》,《安徽大学学报》(哲社版),2000 年第 6 期。

2. 陈文慧:《明清晋徽商业务制度安排之比较》,硕士论文,山西大学,2008 年。

3. 汪海兰:《宗族制度与徽商典当业中的委托代理关系》,硕士论文,浙江财经学院,2012 年。

4. 汪庆元:《汪氏典业阄书研究,清代徽商典当业的一个实例》,《安徽史学》,2003 年 5 月。

5. 马勇虎:《徽州商号“伙计”的生活实态——咸丰年间徽商志成号经营账簿研究》,《黄山学院学报》,2011 年 4 期。

6. 王廷元:《徽商从业人员的组合方式》,《江海学刊》,2002 年 1 期。

7. 汪崇筼:《清代徽商合墨及盘、账单》,《中国社会经济史研究》,2006 年 4 期。

8. 刘秋根:《中国古代合伙制初探》,人民出版社,2007 年。

9. 刘伯山:《清代徽商在经营方式上的变化——从清康熙中期旅汉口谢氏徽商文书说开来》,《中国社会经济史研究》,2015 年 4 期。

10. 马勇虎,李琳琦:《晚清徽商合伙经营实态研究——以徽商商业文书为中心的考察》,《安徽师范大学学报》(人社版),2012 年 4 第 2 期。

11. 王裕明:《明代商业经营中的官利制》,《中国经济史研究》,2010 年 3 期。

12. 陈剑峰,陈国灿:《明清时期浙北杭嘉湖市镇的徽商》,《安徽师范大学学报》(人社版),2003 年第 2 期。

第三节　徽商企业管理

明清封建统治沉淀、凝固化,不允许全面发展商品经济,不允许竞争环境的存在,不允许在民众中倡导消费,不允许资源开发,不允许科学技术的广泛拓展。没有经济法、企业法与金融法律。中国在全球总潮流惯性力的作用下,萌发了局部的商品经济,徽商是中国局部商品经济的推动者,经过数代人的努力,他们积累了很多管理经验,有效地提高了商业经营的水平。徽商管理的理论与经验有时代特色,也有商帮特色。

一、 人事管理

徽州商业三百年的辉煌期,与商业的人事管理密切相关。徽商注重选人用人。选人,调动了人的积极性,徽商在选人用人方面取得了一系列的经验。

(一)学徒制

前世不修,生在徽州,十二三岁,往外一丢。徽州的男孩从小面临两种选择,一是读书学习,参加科举考试。二是外出学习经商。十岁出头,思想观念、言行习惯未定,易于塑造。无望参加科举的孩子,抓紧时机,经亲友介绍,到商店拜师学徒。学徒必须找到保证人,缴纳保证金,经商店主管面试合格,方接纳为学徒。学徒进店拜财神、拜先生(师傅)与师娘,然后与商店里的伙计和师兄弟见面,请求他们关照。

保证人交纳的保证金装入红布袋悬挂在店堂的屋梁上,学徒期满,保证金退还。如果中途违反店规,犯有重大过错被开除,保证金予以没收。

学徒期三年,三年之内不许离店回家(父母丧事例外)。每天早晚,学徒上香祈祷财神和门神。逢农历初六、十六、二十六煮一块猪肉向财神爷拜祭,此为"烧六日"。

学徒每天起早贪黑,打扫店堂,整理货架,做店中杂活,细心侍候师傅、师娘。师傅同顾客洽谈生意,徒弟为顾客上茶递烟,站立一旁学习,领悟商道。不准在店堂聊天、无事走动、看书。对顾客和气礼貌,不与人吵架。不准挪用商店的商品、资金、财产。

晚上学习文化知识,练习珠算、写毛笔字、记账。

学徒期间,店家供饭食,给少量零用钱,剃头洗澡。若有作风不正,行为不端,贪吃贪玩,不听使唤,老板可以打骂,或将其遣还故里。如果学徒被开除回家,家乡人称作"茴香豆""茴香萝卜"("茴香"与"回乡"谐音),再无出头之日。被开除的员工,行业内不得聘用。

遵规守矩,三年出师,在本店当伙计,或在亲友推荐下另投别店,进入商人行列。

经商是正道,徽州的流行歌词劝学徒好好学习:生意人,听我劝,第一主意不要变。一心做个好店官,莫被世俗迷了眼。争工食,要出店,这山望见那山高,一事无成怎么办。生意歇,不妥帖,归家难见爹娘面。倒不如,听我劝,从此收心不要变。放出工夫擂柜台,店官果然好能耐,超升管事掌钱财。吾纵无心求富贵,富贵自然逼人来。

这首歌词劝学徒自小要有敬业精神,不要这山望着那山高。

徽商鲍尚志幼年丧父,12 岁被送到浙江兰溪一家商店去当学徒。每天天不亮,师兄猛击数掌,把他从睡梦中打醒。师兄办事出了差错,老板错怪于鲍尚志,鲍尚志从不辩解,代受责罚。他说年幼,替师兄挨打,保住师兄面子,换得师兄对我的关心,使我长进更快。店里生意繁忙,白天无暇学习文化,鲍尚志捡了一只破瓦罐,夜深人静时,借助罐子缺口处露出的灯光读书,练习写字。店里每月初一、十五供应学徒的荤菜,鲍尚志封贮罐内,带回家乡,孝敬父母。三年学徒,磨炼了意志,增长了才干,后来他成了大盐商。

(二) 重用族民、亲属、本地人

徽商用的员工,多数是本宗族的人。休宁县人汪福光在长江淮河贩运食盐,船只千余艘,他调度指挥自如。他的伙计是本宗族人,沾亲带故,互相依托而来的,心诚,知根知底。歙县人吴荣让在浙江桐庐经商,任用本宗族的人,他们都言听计从,如同自己的臂膀。

徽商雇佣同族、佃仆为员工,培养他们的经营能力、记账技术,强化商帮内部的凝聚力。有的族民受业主委托成为经营业务的代理人,独立经营。如江承封为本族人代理盐务,经营亏本,愿意赔偿,老板信其无私,予以原谅。有的族民、亲属承担管理和监督角色的副手,在商人和掌计中起协调联络作用。有的族民担任销售采购业务的掌计。店伙、雇工是族民乡党或者佃仆,业主知根知底,员工也尽忠、诚信。

(三) 管理阶层:朝奉

徽商的业主是生产资料所有者,往往不过问经营管理,特别是大盐商更是这样。比如清朝前期的程晋芳,世代经营盐业,他只知吟诗赏花,不知经济管理。朝奉是他的管理人。

朝奉的含义 朝奉,本是古代官职。宋朝有个官职"朝奉大夫",正五品,"朝奉郎"为正七品。徽州人把富翁称为"朝奉"。一般敬称男子为朝奉,也有人把自己爷爷称为朝奉,"老朝"。明清时期,徽州富商和当铺掌柜被称作朝奉。商界朝奉与绍兴师爷一样,有专业技能,是企业的管理决策人。

古书中记载的徽州朝奉 中国古代小说中多处提及"朝奉"。《初刻拍案惊奇》卷15"卫朝奉狠心盘资产,陈秀才巧计赚原房",描写金陵三山街开当铺的徽州人卫朝奉。《水浒传》第四十七回"扑天雕双修生死书,宋公明一打祝家庄",有一段文字描写祝家庄的家长,祝朝奉,庄子里的当家人,管理者。《儒林外史》第五十二章"比武艺公子伤身,毁万堂英雄付债",描写朝奉毛二爷,在西街开了个当铺,店里雇用了几个朝奉。明代天然痴叟撰《石头点》,描写唐僖宗时徽州汪朝奉,在扬州开盐店。《初刻拍案惊奇》卷十"韩秀才乘乱聘娇妻,吴太守怜才主姻簿",记载了在天台县开当铺的徽商金朝奉。《二刻拍案惊奇》第37卷"叠居奇程客得助,三救厄海神显灵",说辽阳开大铺子的徽商请程宰做会计,当该铺的第二号朝奉。清朝人程麟著《此中人语》卷3"张先生"文中说,经营典当业多为徽州人,其掌柜称作朝奉。

徽州朝奉是管理阶层 以上事例说明明清之际,朝奉是一个管理阶层。他们为店老板服务,有业务知识,有管理能力,不占有生产资料。徽州朝奉管理阶层来源有三个:一是社会独立的个人,有丰富的经商经验,有企业管理知识,但不拥有资本与生产资料,不能自行立业,只能将自己的知识与才干为他人服务。公元1759年,兰溪祝裕隆布店老板祝丹山委托徽商经营管理布店,祝裕隆布店七代大朝奉都是徽商。徽商郑友锋于公元1841年在兰溪开设三阳布店，公元1862年去世。他去世后郑敬安、鲍鼎臣、方泽春相继为布店大朝奉，在朝奉的管理下，经营资本从银子千余两发展到十几万两。

二是某企业业主（企业主也被称作朝奉），或生产资料与资本所有人的亲戚，如侄子、妻弟、叔子等。

三是企业主的佃户、奴仆，或同一个祠堂的人，他们参与管理。如《明史·阿寄传》记载，阿寄将主人妻子（即主母）的首饰变卖成12两白银，入山贩漆，经过20年，为其主人经营管理，获得巨额利润。阿寄是主人的生产资料的管理者，自主经营，但赚的钱归于生产资料的所有者。

公元1850年，休宁县商人汪厚庄在上海开设祥泰布号，汪厚庄聘请族侄汪宽也为朝奉，负责祥泰布号经营。祥泰布号成立时，资本银500元左右，店房七进，沙船一艘，一个染坊，职工120人左右，连临时工总共170多人。公元1896年营业额达150万—160万两银子，全年销400万匹布。汪宽也租用市场品牌"德大"商号经营，卖100包"德大"牌布，搭卖20包祥泰牌的布，上海布业公所登记、注册"牌谱"，保护知名品牌。汪宽也（1866—1924年），悉心经营，为人正直，使祥泰布号成为上海土布最大的商号。

具有专业知识的人　徽州朝奉刻苦好学，具有业务知识、良好的业务素养和道德素养。当铺里的朝奉，能看懂瓷器、宝石、珍珠、名画、善本图书、书法、古玩，熟记各个朝代著名书画家的籍贯、特长和作品，各级文官、武官官服绣的图像。有能力鉴别真伪，是行家里手。

徽州朝奉是徽商的管理阶层，他们在各地管理企业，让不同地域特色的文化交融在一起，朝奉为企业主积累财富，开展公共关系，代表企业出席园林中举办的诗会，沟通社会各界的关系，推动商品经济的发展。

（四）　签订合同

徽商经营企业，使用的员工，一般是宗亲。员工经人介绍，来到店里当学徒，一般不公开招聘，但要签订合同。合同中写明工作、待遇、责任，以及中介人，或担保人。学徒要交一定量的担保金。员工虽然是宗亲，仍然实行契约制度。这样亲缘关系转化为契约关系，家族人转化为社会人，便于管理。

（五）　公开招聘有专长的人

胡雪岩在杭州开药店，需要招聘一个精通医药知识的人。他在上海《申报》刊登广告，招聘经理。第一个应聘的人，相貌堂堂，算盘打得好，承诺他如果当经理，两年内可以为企业盈利10万两银子，胡雪岩谢绝了。第二位应聘人，精明干练，他主张以稳求胜,以小到大,逐步发展,胡雪岩说不可。江苏松江县余天成药号经理余修初,他主张办大药业,使生产与销售一条龙运行,不计小利,先亏本三年,创下品牌,再图发展,胡雪岩认为余修初是他需要的人才,聘为经理。胡雪岩聘请有一技之长,有才干和忠于职守的人,为本企业服务。他以高薪聘请杭州"叶种德堂"切药高手石某,负责余庆堂药材加工,石某为他忠心耿耿工作 50 多年。

(六)　工资管理

徽州商业经理为企业管理商店,经理聘用职员,各司其职,用人不疑,不凭关系,不随意辞退职员。商店一年给员工发放 14 个月工资,员工每年休假 2 个月。员工探亲、事假,按天扣除工资,闰月加 1 个月工资。有些企业每逢年节给职工发奖金,职工工资如果存入企业账户加给利息,也可以入股分红。

(七)　福利待遇

店里供应伙食,五天吃一次荤菜,节日店主设宴会招待员工,每人半斤酒。店主发给员工洗衣、理发的月规钱,医药费在店里报销。员工来了客人,给予客人一宿两餐的待遇。店主设功劳股份,奖励有贡献的人。

(八)　退休待遇

徽商胡雪岩重视人才,为防止职工跳槽,他设立了阳俸和阴俸制度。凡有贡献的职工,年老体衰退休,原薪照发,称作阳薪。有贡献的职工逝世后,按工龄长短发给他的家属抚恤金,10 年工龄的职工发 5 年抚恤金,每年按原薪的 50% 发放。工龄越长,阴俸越丰厚。因违犯店规被辞退的人员,没有阳俸与阴俸。这样稳定了职工队伍。

(九)　激励措施

徽商用薪金、奖金及职位提升激励员工。代理人(或副手、掌计)除了按年领取薪金外,经营得好的商店代理人,可以得到老板发给的奖金。

伙计得到商店主人的赏识,可以被提拔为副手或掌计,分管某处商铺。营运若干年后,店伙个人积蓄多了起来,他可以独立经商。店主积极帮助员工组织家庭,让他们安心工作。

徽商选拔人才　一般根据职位、组织、时间、方式、结果,考察备选人员,考察他们的道德修养、业务技能、外在形象、应变能力、角色意识,整体最优,录取任用。经理备选人,侧重考察财务管理与理财能力,一般在本宗族内选拔。其他职员,一般考察是否勤劳、吃苦、谦和、忍耐、变通、俭朴、知书达理。徽商用人考察眼力、口才与心智,好眼力者识人识物,好口才明辨是非,好心智知成败。有个故事说乾隆年间20岁的鲍志道应聘盐商吴尊德的经理,中午吴尊德给每个应试者吃一碗馄饨。考试时吴尊德问道:你吃了几只馄饨?有哪几种馅的馄饨?应试者为难,鲍志道心细,留心一事一物,答题准确,被录用。

个人信誉制度 商店里每个员工必须遵守店规与儒家道德伦理,如果违反店规与道德伦理,被店主开除,其他企业一律不予录用。

二、制定管理制度

徽商企业管理,明文公示管理制度,要求员工自觉遵守行规店规。光绪年间绩溪汪德隆在江苏溧阳开酱园,40多个员工。他制定了23条管理制度,规定作息时间、服务态度、产品保养等,责任到人,各司其职。徽商管理大致有如下规条:

*外出经商不能带家眷,不许在当地纳妾、嫖妓、赌博。

*在企业就职的店员、掌柜,必须专心为企业服务,不许在外另开自己的商店。

*因事请假,往返费用及其他费用自己承担。

*不许私自将商号中的钱财放贷、借给亲友及他人。

*不许投机取巧,买空卖空,不许私下交易。

*不可自抬身价,目中无人。

*领导对下属有意见,当面说出,让他改正。

*股东遵守资金投入与分红标准,以及其他责任。

*员工与股东不得借用商店的资金。

*股东不得随意进店指手画脚。

*所有员工要谨慎、勤奋、和气。

各家店规不一定相同。杭州大井巷徽商胡雪岩“胡庆余堂国药号”,创建于公元1874年,该店“以仁立业,存心济世”,为药品员工职业道德的基石,店堂悬挂“戒欺”匾,上门写着:“心系贸易均着不得欺字,药业关系性命,尤为万不可欺。余存心济世,誓不以劣品弋取厚利,惟愿诸君心余之心,采办务实,修制务精,不至欺予以欺世人,是则造福冥冥,谓诸君之善为余谋也,可谓诸君之善自为谋世人。”“戒欺”为胡庆余堂的堂规。

三、组织层次

徽商企业有大有小,大企业有连锁商店、子母商店、各个地区分店。小商店多数是家族企业。徽州商业企业组织结构,一般分代理人、副手、掌计、雇工、学徒等五个层次。代理人、副手或掌计是高层管理人员，一般由本宗族子弟或亲属担任。大企业的生产资料所有者一般不直接管理企业的具体事务。

徽州典当铺决策人是朝奉、掌计、掌事，负责账务、文书、出纳、保管的职务称作管钱、管包、管饰、管账，柜员称作柜台、写票、中班，他们负责收当、赎当、写票、清票。学生（学徒）协助柜员做杂活。徽商孙从理在吴兴经营典当业，数年内设立了近百个分铺，他慎重选择掌计，让掌计独立管理每个典当铺。掌计各负各的责任，企业主综理全局，每一个典当铺掌计得到企业主授权后，负责本店的具体经营活动。

徽商的员工中，有的是庄仆，即佃仆、佣奴、家人、家丁、厮役，徽州称他们为“细民”。徽商让他们搬运货物、加工商品、挑运货物、伐木、撑艚等。有的企业主往往委任久经考验的庄仆为代理，或任用他们为店员，支店店长，为主人经营土地，收粮、收款，参与社会活动。有的企业主在庄仆积累了管理经营知识后，放手让庄仆独立经营商店。

四、企业文化

徽商长期经营，有些企业规模越来越大，良性发展的企业一般形成了自己的企业文化。徽商是儒商，特别注重企业文化建设。

（一）　信誉珍重原则

商人有共同认可的行为规范，如行规、店规。如果某个雇员有意识触犯行规、店规，店主会开除该雇员出店。该店员出店后，行业内任何商店不再聘用其人。每个商店都防范雇员触犯行规、店规，禁用他，可以有效地警示他人，杜绝玩忽职守，维护行业规矩，维护职业道德。

（二）　商业文化信念

徽商用人，一般从少年学徒开始，让他们学习企业文化、管理业务知识。重在培养他们为人、做人的意识。每个人在家里都很自尊、矜持，习惯于别人为他服务，不愿为他人服务。当学徒要扫地、洗碗、端茶、递烟、打扫卫生，转换思想，为他人服务。有了服务意识，方可为顾客服务。

徽州家法中体现了商业文化信念。宣统年间绩溪《仙石周氏宗谱》《周氏宗谱家法》，要求族民：树立“四民平等”的职业观念，培养重义轻利的职业伦理，锤炼勤俭治生的职业精神。子弟要努力学习商业知识和技能，包括生产管理知识与手工业技能。励志经商，克勤克俭，克己自律。重视商业道德，讲究诚信，忠于商家。教育子弟能说能写能算，培养商海能手。指导子弟阅读商业图书，例如，《贸易须知》(晋商无名氏编)、《新集通证古今算学宝鉴》(晋商王文素)、《天下水陆路程》(徽商黄汴)、《客商一览醒迷》(闽商李晋德),应用文读本王镛《湖海必须》,以及到蒙古经商的蒙文知识。经商需要文化,员工应该努力学习文化。

(三) 敬业精神

敬业精神是在一定环境下长年养成的,它与商人信仰共融。敬业执着,拼搏进取。背井离乡,远离父母妻儿,从无怨悔。休宁渭南的朱世荣,经商屡屡失利,他11岁出门学做生意,23岁时,娶妻成婚。他靠变卖妻子丁氏陪嫁的衣服首饰得15两银子,往巢县开设典当铺营生。45岁时,他在芜湖合伙做铜坊生意,后来在芜湖合伙开设炼珠铺,继而开设铜锡货专卖店,获得了成功。经商需要敬业精神。

(四) 信仰朱熹

徽商遵循朱熹的《家礼》,重视家族文化。徽商发财后捐资编纂家谱,利用编纂家谱,收集情报、形成人际网络,扩大商业经营。他们一起在祠堂祭祖,重温家训、家规、家法,增强凝聚力,增强经营管理效力。家人、族人,知根知底,可以互相协作,规避商业风险。徽商在会馆、店堂供奉朱熹塑像,定时祭祀朱熹,统一思想平台。

(五) 会馆,行业协会性组织

会馆为某个城市徽州人的组织,他们共同祭祀,互通信息,互相扶持,协力发展。徽商注重政治、经济、社会、技术和自然环境的综合作用,以会馆加强徽商的团结与管理。徽商往往以会馆组织捐输、报效、艺术、文化活动,开展公共关系,提升社会形象和社会地位。徽商在各地兴建徽州会馆。

康熙年间,徽商决定拓宽汉口通往新安会馆的道路,开辟码头,开辟市场。当地土著居民强烈抵制,汉口徽商依托会馆组织,诉讼长达六年,破资巨万,公元1733年徽商赢得了诉讼,置买店房,扩充路径,建设了新安街、新安码头。

(六) 结合宗祠开展内部治理

宗祠为徽州宗族社会的精神支撑,共同祭祀,可以凝聚人心。族规家法,可以整齐风俗,以族谱宣扬商业理念。族谱为徽商立传,记载徽商的行状。歙县潜川汪琇经商发财,他捐献给汪氏宗祠公益金数量巨大,汪氏建专祠祭祀他,人们称之为商贤祠。商贤祠的出现,确立了贤达商人的社会地位。

企业里的宗法制、家长制是徽商管理的风格,如乾隆年间总商汪廷璋家五世同居共灶,歙县程氏家族结伙经营。

徽商利用血缘、亲缘关系,互相信任,比契约更有效。利用族人,风险小,组织绩效高。徽商在经商所在地建宗祠、陈组豆、荐时鲜,祭祖先,强化族人的诚信与合作。宗族成员间隐性契约关系与族规家法内部治理,可以有效防止员工贪污、受贿,促进员工自觉遵守各种规范。

五、市场管理组织:牙行

明清时期牙行管理市场。牙行由牙人组成,牙人又被称作牙侩、牙郎、牙子、牙保、经纪等,他们是交易过程中的中介人。牙人在政府获取合法管理人的资格。明代牙行种类多,如:为明王朝及藩王、市舶司对外贸易、市镇检查税收的官牙,为城镇集市服务的私牙。市场交易,鱼、盐、豆、谷买卖,雇用车船骡马、牛马交易等,一律经过牙行。牙行为人寄存货物,安排客商吃住休息,代人雇请车船。明代牙行向官府报告往来客商情况,为官府收税。牙行登记往来商客籍贯、姓名、路引、货物,促成交易,每笔交易按交易额的2%征收商税。嘉靖初年杭州有牙行50个。

经政府认可的牙行,维护公平交易,不允许勾结商贩操纵物价。牙行由政府颁发营业执照"牙帖",牙帖每年审查一次,有效期为一年。不公正的牙行受人非议,则被吊销牙帖。公正的牙商管理市场,权衡货物质量,预付货款,公平办事,排难解纷,令人信服。牙行建立客纲、客纪制度。

康熙年间,苏州布商字号有76家。徽商以棉换布,有的商人获得牙人的身份,于是高估布价,低估棉价,不数年致富。

徽商培养子弟猎取功名,以官府保护牙行经营,如牙商汪圣仪就是婺源县的生员。很多牙行老板有贡生、附贡生、太学生、候选同知、儒林郎等头衔,他们介入牙行,干预商业经营。绩溪人章健德兄弟为国子监生,他的兄长在宣城经商,同时开牙行,成为大富商。商人利用管理市场的牙行致富,这是违背以人为本、以德为先原则的。多数牙行在政府监控下,积极管理市场,为商业与客户服务,保证交易公平。

管理者语丝:

明清徽州商人经营的企业有大有小。扬州的盐业企业很大,运盐的船只1000余条,加上盐业批发、采购、存储、运输、零售、管理、会计、金融,几千人,一条龙管理。企业采取分层分级管理,各级主管负责本部门的组织领导工作,下级效忠于上级。

企业员工一般是宗亲与血缘亲。亲人,知根底,了解脾气性情,可以减少相互间的揣摩、猜测、误会、内耗。但是任人唯亲,往往会产生惰性,暗箱操作,守旧,遗弃贤达,鞭打公平正义,不能令行禁止,管理有难度。徽商把企业管理与宗法管理相结合,企业员工按照族规家法,实行家长制管理,恩威并重。

徽商员工的岗前培训是员工童年当学徒。在年幼的心灵中塑造企业文化,培养他们的商业意识,经营意识、服务意识,特别是培养他们对于企业的忠诚意识。在忠诚的信念下,目标明确,积极努力,自我管理,刻苦学习。

徽商企业管理与宗法制相结合,把祭祀、信仰、家法家规,尊尊,亲亲,纳入企业管理中。管理中体现了儒家文化,仁义、道德、诚信、忠孝、礼教、义利等观念融化在管理的实践中。反对只见钱,不见人。企业是社会人,尊重人,服务于人。

企业以契约的方法把亲情的人转化为社会人,只有社会的人才是可管理的人。

徽州人有很强的契约意识,无论经济的、管理的、礼仪的事都喜欢用契约,以界定各自的责任义务。契约的关系显然不是尊尊、亲亲的关系,而是法规条约下的平等关系,即法人关系,徽商企业管理把二者都用上了,用得很好。

徽商管理,岗位级别层次分明,每一级规定具体的责权利,上级领导下级,下级绝对服从上级,效忠于上级。人事关系稳固化,没有超越,人心安稳,企业内部没有竞争心态。

稳固的人事,稳定的人心,人生活于情理中,没有学术、观点、思想、动机、目标的分野,生死相依。企业管理重视考查员工的忠诚度,考查单位时间的劳动数量与质量为次,对企业的忠诚度高于工作效率。

徽商是儒商,讲诚信。企业员工对于企业主人要忠诚、可信,做到语言忠诚、行为忠诚,具体做到对岗位忠诚、团体忠诚、同事忠诚,对企业经济忠诚、文化忠诚。对外,则对企业信誉忠诚、顾客忠诚。

儒商要求员工具有正确的义利观,基于义而谋利,不可舍义求利,不可为利而忘义。义为利之本源,义正而利厚。获利思义,积极回报社会。商业活动中,充分体现儒家的仁义道德。

徽商管理,重视人的素质、本质、人格、人品,不提倡模式化、程序化的竞争。徽商不仅关心员工对于企业的贡献,还把员工的衣食住行、婚姻、家庭、保健、养老等纳入管理。

徽商以其亲情缘源为纽带结成商帮,依赖家族关系运作。各级人员的管理、资本组合、人员的选拔和培养、合作交易等,实行宗族化的治理,徽商业务活动和经济关系受到族规或乡俗的约束,简化了管理程序与监督机制。

徽商会馆在管理中发挥了重要的作用。

参考文献：

1. 李则刚：《徽商述略》，《江淮论坛》，1982 年 1 月。

2. 叶显恩：《试论徽州商人资本的形成与发展》，《中国史研究》，1980 年 3 月。

3.《嘉庆两淮盐法志》，嘉庆六年刊本。

4.《江淮论坛》编辑部：《徽商研究论文集》，1985 年 10 月。

5. 宋彩霞：《古徽商经营管理中的标准化》，市场践行标准化第 11 届中国标准化论坛，2014 年 9 月。

6. 卢婷：《徽商用人理念研究》，《怀化学院学报》，2016 年 8 月。

7. 陈文慧：《明清晋徽商业务制度安排之比较》，硕士论文，山西大学，2008 年 6 月。

8. 钟艳：《徽商行为管理思想探析》，《辽宁科技学院学报》，2017 年 10 月。

9. 康海燕：《明清时期徽商经营管理之道》，《兰台世界》，2012 年 7 月。

10. 范金民：《明清时代的徽商与江南棉布业》，《安徽史学》，2016 年 3 月。

11. 金荣洲：《论明清徽商在经营中的诚信意识》，硕士论文，郑州大学，2005 年 5 月。

12. [清]夏銮等纂，马步蟾修：《徽州府志》，清道光七年刊本。

第四节　徽商会馆、公所

徽州商人在各地经商，每一地建一会馆，处理徽州人的公共事务。

一、徽州会馆

徽州会馆，又名新安会馆、新安公所。它是旅居异地的徽州人的组织活动地点。徽州人在此联络乡谊，互通商业行情，安排在外因病故而亡者的后事，传递乡人信函和官府文告，办学教育同乡子弟，聚会议事、祭祀神祇、救济同乡，开展对内仲裁、对外协调等服务。会馆经费由会馆所在地徽商、徽州官吏提供。公元 1563 年北京建立歙县会馆。该会馆《众捐录》中记载明清 250 个捐款人，其中许国、汪道昆、曹振镛各捐 200 两银，程祖洛捐 100 两银，盐商鲍漱芳捐 2100 两银。歙县会馆有管理条例《会馆公议条规》15 条。其内容大致为：

1. 会馆由徽商杨忠、鲍恩提议，潭渡黄昆华等人捐款建设。

2. 会馆为来京办事及应试人服务,客商不得于会馆居住,停顿货物。

3. 不是乡试、会试之年,外任陛见官员,可以住在会馆。住馆人须捐款 30 两银子以上。

4. 京官眷属,不得于会馆居住,首次到任京官,允许居住,科举考试前退房(不影响为赴京赶考的考生服务)。

5. 如果应试人多,每间住两人,或一人,以到京先后为定,不得多占房间。

6. 不分外籍与本籍,只要原籍是徽州六县人都可以。

7. 会馆选任在京有店业的殷实人管理账簿,每年两人,账目公开。

8. 每年以一、二在京官吏处理徽州有关事务,出差告假,交留京者接办。

9. 捐输银两,登记清楚,每年结算,有私支未清者,鸣众公罚。

10. 给予中甲科者(状元、榜眼、探花)立匾费,三品以上官员捐银 100 两,翰林科道人员捐银 30 两。

11. 所收银两,不得放债生利,买田地放租。

12. 非乡试、会试年,来京汇报工作、接受陛见的官员可以居住。出公差、无事闲游者,不给住宿。住宿人中,三品以上京官,捐银 30—60 两,翰林科道人员 10 两。

13. 住者须敬业乐群,不得歌舞吵闹,不得饮酒,违者议究。

14. 本籍公车齐集,每人赠元卷银二两。

15. 筹集银 3000 两,帮贴京官处理徽州事务。

有人把这视作徽商会馆的缘起,其实,公元 1563 年在北京建的歙县会馆,主要是为会试、殿试服务的,不是专为商人服务的。但是这个会馆建设的费用主要来自徽商,徽商资助徽州学子进士及第,希望未来的同乡官吏成为他们经商的后盾。以此说明徽州商帮的形成,有一定的道理。清代北京有 387 个会馆,92% 为同乡旅京人服务,6% 为同乡商人会馆,2% 为行业性会馆。下面我们看看为商人服务的徽商会馆。

二、徽商会馆、公所

商人在外地经商,往往土著与客商发生矛盾,受到当地人的挤压,徽州同乡商人结为有组织的群体,形成有效的管理系统,维护生存环境与商业秩序,使流动人员有所依托。

(一) 上海徽商会馆

徽商在上海主要经营茶、木材、棉布、典当、笔墨、漆等,人数众多,他们建立了公共活动空间——会馆。

1. 徽宁会馆

乾隆十九年（公元1754年）上海徽宁会馆思恭堂（今制造局路300号）建立，此为徽州与宣城商人在上海的商人群体组织。徽州与宣城（清朝称宁国府）接壤，文化相近，两地联合建馆，增大商帮的力量。徽宁会馆奉祀朱熹，塑朱熹像奉于朱子堂，堂内悬楹联：由沪渎以溯皖江，卓然后进师表；景濂溪而宗洛水，瑰哉大宋哲人。

2. 同业公所

徽商会馆是各个行业的组织，同业公所是一个行业的组织。如咸丰、同治年间，胡正鸿等婺源籍茶商在上海建星江茶业公所（敦梓堂），以及各县或地区性的同业公所，如徽宁梓业公所、漆商公所等。公所是行业组织，行会组织制定行业道德及行业规范。

3. 同乡会

同乡会是徽州的各种商人、士绅、知识分子、企业家与劳工的组织。如歙县、休宁、祁门、婺源四县商人创建有旅沪同乡会。同乡会有严格的规章制度与监督机制。公元1902年，上海成立了上海商业会议公所。公元1904年元月，清朝商部颁布了《商会简明章程》，上海成立了总商会。商会、同乡会都是民间组织。那个年代，地域文化、地方情结浓郁，有共同的语言，移居外地的人们利用这种关系形成组织，开展活动。

（二）　杭州的徽商会馆

新安江水路交通可达杭州，杭州是徽州商人的集结地，杭州建有多处徽商会馆。杭州惟善堂，在杭嘉湖各县分设义所。惟善堂下辖的塘栖怀仁堂，在地匪操纵勒索徽州商埠时，由惟善堂司事出面上诉，请求保护。会馆网络互通声气，处理徽商公务。惟善堂网络成员包括武林宝善堂、钱塘江边木业公所、西子湖畔崇文书院、杭州城北安徽会馆、杭州城内徽商登岸所、杭州南关徽商同业公所等。

专门用于地名的“杭”，“木”字旁，音“hang”，即指木材漂流的集结、销售地，徽州的木商在杭州人数多，生意兴隆。

（三）　南京的徽商会馆

清代南京上新河为徽州木商集居区，徽州木商在上新河建徽商会馆。徽州木商于每年四月初的天都会举办灯展，以壮观的场面开展公共关系活动。南京马府街有新安会馆，太平街栏杆桥有徽州会馆，钞库街有新歙会馆，江宁有徽州惟善堂会馆。南京是长江重要的码头，也是经济繁华的城市，在南京经商的徽州人很多，需要有群体性组织。

（四） 苏州的徽商会馆

苏州商品经济繁荣，也是徽商最活跃的地区。公元1770年，徽州涝油、蜜枣、皮纸三帮在苏州建徽郡会馆。乾隆年间歙县布商在苏州建新安会馆。公元1867年安徽商人在苏州建安徽会馆，公元1809年徽州与宁国府商人在苏州吴江县盛泽镇建徽宁会馆，徽宁会馆有房产、田产、装卸货物的驳岸，规模宏大。苏州先后有积功堂、积德堂、诚善局等为徽州人服务。

（五） 湖州的徽商会馆

徽商在湖州经营丝、棉的商号很多，乾隆以前，徽商在湖州归安县双林镇建新安义园。公元1824年徽商金瑞等在湖州德清县建新安会馆。公元1831年新安商人在湖州南浔镇建新安会馆。同治年间徽州商人在湖州长兴县四安镇建新安公所。清代徽州商人在湖州乌青镇建新安会馆及新安公所。清代徽州商人在湖州归安县菱湖镇建新安会馆。徽商在湖州把会馆一直延伸到乡镇。

（六） 嘉兴的徽商会馆

杭嘉湖属于经济发达地区，这里徽商活跃。清代徽州商人在嘉兴府嘉兴县建新安会馆。清代婺源人詹荫梧出资在嘉兴府平湖县建徽商会馆。清代徽州商人在嘉兴府秀水县濮院镇建徽州会馆。嘉兴的存仁堂、广仁堂也是徽州会馆。徽商会馆密集，说明这里徽州商人众多。

（七） 扬州的徽商会馆

扬州，是徽州商人最得意的经商地点，是徽商的根据地。

1. 文昌厅

旌德盐商于公元1711年在扬州建会馆，正厅上悬匾额“文昌厅”。旌德商人力量强，善于把握商机，江藩与汪竹铭为著名的商人。徽宁商人一体，旌德会馆，也是徽商会馆。

2. 四岸公所

建于明朝，清末民国初年改建，为湘、鄂、赣、皖四省盐务通商口岸联合办公之所，四省盐商核定、平衡盐价，商讨食盐产、供、销、运事宜决策之地。四岸公所是地域商品经济发展的重要见证。

（八） 汉口的徽商会馆

汉口徽商集中做生意的街道是新安街，紧邻的是新安码头。徽商在这条街道上建立了新安会馆，后来改为新安书院，是武汉徽州商人议事维权之所，接待来武汉没站稳脚跟的徽州人。

新安公所始建于公元1668年,公元1695年由徽州士商投资扩建为新安书院,书院中的祠堂为徽商子弟求学场所。公元1717年扩建西厅,1721年修建学堂。新安书院建有御书楼、文昌阁、玉皇殿、准提庵、新安巷,藏书阁中有康熙御编《朱熹全书》,石上刻康熙帝喜好的朱熹诗。公元1735年修建新安码头、紫阳坊。公元1775年修建新安街道,建了几十座房子,租给人住,租金作为新安书院祭祀费用。

(九) 鄱阳徽商会馆

江西鄱阳商业繁荣,商贾云集,徽商经水路可达鄱阳湖。光绪年间,鄱阳出现了徽(州)、抚(州)、南(昌)、饶(州)四个商帮,有商店1930余家。婺源人曹崧捐费创建徽州会馆,接纳食盐、棉布、舟筏、稻米和典当等行业的徽商为会员。

明清徽商会馆遍布全国,澳门、广州等大城市,姜湖、黄康等小镇,均有徽商会馆。

三、商业会馆的组织

徐世宁编《歙县会馆录》,记载明代嘉靖到清代道光约280年间,会馆管理的义庄、义冢,会馆沿革、规章,碑记,历届乡试、会试中榜人名单,捐款商号的名称。从中我们可以了解徽州商业会馆的组织状况。

徽州同乡会拟定了明确的会员权益与义务。同乡会的执行委员会与监察委员会分立,互相制衡。同乡会收会费及捐款,作为必要支出,每年余额,作为基金,储存生息,非经大会通过,不得动用。上海的徽州同乡人士共谋发展,保护在上海的徽州人利益。徽宁旅沪同乡会在上海举办新安学校、徽宁学校。校务由董事会办理。同乡会建立图书馆,购买各种书籍,以供会员随时借阅。

嘉庆年间上海的徽州木商创设思恭堂,婺源商人胡炳南任董事,从婺源木帮选出8人、茶帮选出4人任司事。明清时期官府往往横取竹木、巡船抢掠竹木,随意赊取竹木。筏牌在黄浦江口,有人冒充官府巡船营兵,手持利刃抢劫。经过徽商会馆向有关政府部门交涉,官方发布文件,禁止不法行为,保护了商人的利益。

新安惟善堂由杭州徽商捐款建设,该组织制定了章程18条、规则27条,设有司总若干和司事数十人,董事或司事由众人集议推荐,实行轮值制度。堂中司事恪守章程,不得徇情谋私。办事人听取众人意见,择善而从。新安惟善堂管理账簿、查验报来的材料、单据、联票检点。堂中置办办公桌存放银洋、账簿、契据。办公桌与钥匙分人管理。捐款与支用银两,刊刻分送各个管理人员,十年总录一次,刊附征信录。自公元1838—1860年,新安惟善堂严格执行章程。善堂章程规定,捐银1000两以上者,报县衙请奖,得到批示"成式可循、谊笃桑梓、敦善无倦、从善如登"。官方对于会馆公共管理予以支持。

公所征信录载章程21条，规定公所董事选任及其职责、日常开支及其活动要求。董事人品端方，选举产生，三年一换，三年期满，董事交明账据，如人品端方，账目清晰，众商力求可续任。每年六月算账，众木商在朱子神像前焚香礼拜后核查账目。徽商赢利每100两银子抽一钱五分交惟善堂，做管理费。他们以公所为核心，以群体的力量维护徽籍木商利益，借官立威，晓谕禁事，与地方刁恶斗争，向官府争取合法权益。

四、徽商会馆的职能

徽商会馆团结乡亲，扶助他们经商，化解矛盾，处理社会事务，主要职责如下：

祭祀神灵 神庙是徽商会馆建筑的重要部分，商人们定期祭祀，祈求神灵护佑，逢凶化吉，经营和顺。徽商供奉朱熹，地区神灵汪华，木行供奉木匠祖师鲁班。农历九月十五日祭祀朱熹，办香烛、跪拜，行礼。通过祭祀活动，凝聚团体向心力，获得身份认同感。

联谊乡情 徽宁思恭堂每年端午、中秋、元旦举办联谊宴会。松江崇义堂每年5月13日举办联谊宴会，同乡相聚，互相问候，互相了解，增强人际往来，扩展人际关系网络，促进商业经营。

代表徽商协调处理有关事务 徽商与土著居民发生利益冲突，会馆出面在官场、商场和社会各界活动，化解矛盾，或使冲突向有利于自己的方向转变。会馆进行经济道德教育，规范市场秩序，维护正当竞争，儒贾结合，追求商业理性。

徽商抱团与外帮斗，如从嘉庆年间开始的汉口徽帮与湖南宝庆帮的码头争夺战，持续将近100年。上海三星楼徽菜馆，有人餐后用假币付账，柜台拒收，流氓大打出手，徽菜馆报警，流氓纠集百人带凶器将徽菜馆捣毁，抢去账台钱币。徽宁旅沪同乡会召开联席会，徽商认为坏人纠众行凶，扰乱治安，警察不能弹压，有亏职守，函请检警两厅将当事警察撤职。

资助安葬 在外地经营，客死他乡的徽商，按照风俗，应运棺回到故乡安葬，其子孙无经费，或一时无人料理，于是由会馆资助安葬。

提供教育、医疗各类社会保障 湖北汉口、京山、天门等处徽人会馆，建设了“新安书院”，很多市镇的徽人会馆建设了紫阳书院，供徽商子弟上学读书。

惩戒犯规人 徽商会馆是徽州宗族势力联合的产物，徽商利用宗族关系结伙外出经商，根据祠约族规，凡不孝不悌、忤逆尊长、悖于宗亲、违犯族规的，舆论谴责，族众公罚，族谱除名，革出祠堂，处以酷刑。徽商会馆依据会规，对违规者给予经济处罚，清除出会馆，清末《典业须知录》一书中讲到有关行规。商人在外经商，应该具有良好的素质,具有公信力,如果有人胡作非为,造成不好的社会影响,也给予处罚,逐出会馆。

同乡会 共谋社会救济、社会保险和社会福利。

同乡成员包括政界、商界、学界名人,有广泛的社会联系,有雄厚的经济实力与社会责任感。城市与乡村相呼应,大徽州与小徽州良性互动。他们扩整街道、预防火灾,办义学、建藏书楼,制定讲学规范。

专业公会 徽州同业商人发布规则、行情,公议、交流信息的场所。

扬州明末的钱业公会,设常务委员会,主席、秘书各一人,总务、仲裁、文书、救济四股,下设市场委员会,处理银圆及各种货币、汇兑行市、公议金融行市。

场盐会馆经办食盐销售、运输、收款事项。盐业公所团结同业办好盐业,给产、运、销核定价格,负责供销、调运,办理盐税和盐价。

布业会馆,会长每三四年改选一次,解决行业间纠纷,研究市场行情,统一价格,年终救济贫民及外地灾民。通报经商信息,促进买卖。如恒源、增记、大福、福源祥、和成、宏大等商号布业,与上海、无锡、常州产地联系进货,将布匹销售到安徽天长、桐城等地。

涂料会馆,服务漆器工艺。典当业公会,调解事务纠纷,同业发生临时资金困难,为会员向银行及钱庄贷款,负责担保,解决利息与工人待遇问题。油业公会,传达上级商会指示,讨论食油价格,安排摊派款项。纸业公会,传达官商事项,讨论摊派捐款,筹集经费。茶业公所,各个商号,经营安徽的魁针、珠兰、猴魁、天尖、地尖,浙江狮峰、龙井、梅坞、五云山、虎跑茶,公所协商茶价,保证茶叶质量。清代婺源茶商罗向森捐建了广州婺源会馆。

婺源木业会馆杭州徽商木业公所,乾隆年间婺源江来喜父子购地3690余亩创建。常州大兴会馆嘉庆十九年由婺源木商创建,婺源屠家开创了常州屠源丰木行。溧阳戴埠为婺源木商集聚区,戴埠在溧阳、宜兴、武进交汇处,木业水路转运中心,婺源木商以俞氏为多。

会馆适应社会潮流趋势,经济实力雄厚,组织形式民主,社会功能强大,信息网络畅通。

联乡谊,诚义举,患难与共,传递信息 徽商的书信、汇票、包裹等物品由会馆或私营的运输行指派信客传送。信客有行旅经验,通晓水旱路程,懂得承接财物的轻重贵贱、包裹缚扎等知识。信客为旅外徽商及其家人亲友服务。汇票加密,安徽省博物馆藏清乾隆、嘉庆时期徽商吴若千汇票,姓名下有“恒元图书”的骑缝印。每张汇票有不同的印章,印属于商业秘密,起防伪作用,外人无从知道。

管理者语丝：

徽商是明清之际著名的商帮，规范的组织必然有章程、纪律、管理模式。徽商会馆、公所不是严格的商业组织，不负责制定徽州商业发展战略，在资本、人事、商店布局上没有统一规划。它起初是慈善性质的机构，帮助徽州人安排住宿、殡葬，联系人缘。以后作用有了拓展，遇到乡亲在异地被人所欺负，则群起而讨公道。

交通信息闭塞的时代，徽州人异地谋生，由于文化风俗差异，利益志趣相争，社会保障与救助不力，公民与人权法律的缺失，离乡背井会产生失落感，乡亲成为知音。慈善性质的会馆成了乡亲的会聚地。于是，徽商会馆展开了宗教信仰、地方神祭祀、团拜、娱乐联谊活动，还有文化教育活动、商业事务处理活动等。会馆、公所的初衷是开展对故乡人的公益救助，给在外经商亡故后无力或无人处理丧事者给予资助、安葬。徽州客商艰苦拼搏，成功的徽商关心他们。

专业性的会馆、公所具有行会的性质，它颁布行业规则（如江河中木排、船只行驶规则）、行情、定价、对于事务裁决定议等，实施了行业管理功能。但是各地的会馆、公所各行其是，没有统一的规制。

明清之际，中国官方强化村落建设，繁荣村落文化，城镇化比率低于唐朝、宋朝，清朝的城镇人口只占全国人口的7%，宋朝则占22%。官方强力压制商品经济，商人没有社会地位，徽商成为实力雄厚的帮派，但是对政治没有干预的可能。明清之际的商帮，是各地自发联谊的颗粒状的地域性行业团体，不是行业帮派组织实体。从汉口的徽商会馆，我们看到，会馆对于商帮的发展起了重要的作用。

参考文献：

1. 陈联：《商人会馆新论——以徽州商人会馆为例》，《徽学》，2001 年 6 月。

2. 梁仁志、李琳琦：《徽商研究再出发——从徽商会馆公所类征信录谈起》，《安徽师范大学学报》（人文社会科学版），2017 年 5 月。

3. 李晓琴，石涛：《晋商与徽商会馆制度安排比较研究》，《长治学院学报》，2008 年 12 月。

4. 方利山：《徽商会馆祀朱子释义》，《朱子学刊》，2010 年 6 月。

5. 李琳琦：《徽商与清代汉口紫阳书院———清代商人书院的个案研究》，《清史研究》，2002 年第 2 期。

6. 陈挚：《明清徽州会馆研究》，硕士论文，华中师范大学，2014 年 4 月。

7. 汪廷栋等：《重建新安会馆征信录》，光绪三十二年刻本。

8.（明）徐世宁、杨熷续录，（清）徐光文、徐上镛重录《重续歙县会馆录》，道光十四年（1834）刊本。

9.（清）董桂敷编:《汉口紫阳书院志略》，嘉庆十一年（1806）刻本。

10.（清）《（武汉）新安笃谊堂》，光绪十三年（1887）续刊，不分卷。

11.（清）杭州塘栖《新安怀仁堂征信录》，光绪年间（1875—1908）刊本。

12.（清）《徽商公所征信录》，宣统元年（1909）刊本，不分卷。

第五节 徽商账簿

账簿是财务会计的业务记录，现存的徽州文献中，有大量的商业账簿。这些账簿展现了当时徽商经营管理的状况，也展示了当时的物产、资金流动状况，以及当时的会计记账法则。据有关资料显示，明朝时期有的商号开始用双轨制记账，商号用统一的货币价值计算。

一、财务会计

俗话说:吃不穷，穿不穷，算计不到一世穷。徽商的企业，其管理人员中有管理财务、善于做账的人。徽州商人的财务管理人，或者说会计，那时被称作账房先生，或被称为朝奉。

企业有财务管理制度，财务管理制度由企业主与财务主管共同制定。财务管理条例，可由财务主管拟定，报请企业主批准。其中部分条例是约定俗成的，部分条例具有本企业的经营特点，部分条例是在实际运行中增补的。大笔商品、资金的进出，财务主管需要向企业主汇报经其同意批准，惯例性的事务财务主管可按例处理。企业账有各个种类，如现金流动账、商品采购账、商品销售账、职工工资福利待遇账、社会往来账、年终盘点账等。做哪些账，按照什么款式做账，账本如何保管与检索？何时向企业主汇报，哪些问题需要向企业主汇报？哪些账簿是公开透明的，企业员工都可以查阅的？哪些账簿只为企业管理人服务，不让其他人阅览？什么人做什么账？这些涉及企业管理的事务，即财务管理制度。一般的商业企业，财务主管就是账房先生，财务主管与会计合二为一。

账房先生管理资金与商品的流动，参与管理，有权向企业主提出参谋意见。账房先生需要有文化，会算账，会运用算盘，毛笔字写得好。账房先生要懂得金融知识，积极为企业精打细算，在关键时刻运筹帷幄，为企业管理者出谋划策，忠诚可靠。徽商的账房先生，不仅仅是财务主管、会计，还是企业主的秘书，会写各种应用文，如契约文书、工作报告、工作总结，对外交往的邀请函、感谢信、祝寿文章等。账房先生参与管理，如为企业制定经营策略、理财、推动物流、安排利益分配等。账房先生也不时地参加企业的公共关系活动。

徽商留下了大量的账簿，有些是一个商号的系统性账簿，有的是某个家族不同的企业留下的完整的账簿。这是当今我们研究那个时代经济活动的宝贵资料。

二、账簿类型

徽州遗存的徽商账簿很多，有各个行业各种用途的账簿。行业不同，记账特点也不同，如盐业、典当、木业、茶叶的账簿各有不同的记账要素。大企业与小企业的账簿繁简程度不同。藏于黄山学院徽州文化资料中心《志成号商业账簿》，它是公元1850—1862年徽州婺源东乡汪氏布匹销售企业系统化的账簿。

（一）《志成号商业账簿》

藏于黄山学院徽州文化资料中心《志成号商业账簿》，76册。志成号为总号，下辖“志成·志记”“志成·和记”两个分号。《志成号商业账簿》分为：

1. 银钱总录类账簿20册

记载志成号及各个分号自公元1851—1861年的银钱收支和商号的每日营业额、厘金征收、银钱（包括洋钱、制钱）兑换的记录。其中有《志成咸丰元年正月吉立银钱总录》志成志记12册、《志成和记咸丰元年正月吉立银钱总录》8册。

2. 支钱（领取、付给）类账簿5册

记载支钱人姓名、日期、支钱额数、所购物品，工资数、差额等。账簿分别为《志成咸丰元年正月吉立各支》《志成咸丰二年壬子正月吉立各支》《志成咸丰三年癸丑正月吉立各支》《志成号咸丰四年甲寅正月吉立各支》和《志成号咸丰五年乙卯正月吉立各支》等，具体记载了咸丰元年至五年志成号“伙计”支钱的数据。

五册支付账簿记载具体支钱人姓名，支钱日期、支钱额数、所购物品，所收俸金、工资的额数，收支结算差额。

3. 杂用类账簿4册

记载伙食、门差、杂用等类支出，志成号咸丰三年至咸丰六年伙食、门差、杂用费，记载每一年该职工伙食费支出数额，显示了当时商店企业员工的生活状况。

4. 誊清类账簿9册

《志成号咸丰九年己未正月吉立本城誊清》6册和《志成和记咸丰九年己未正月立城乡誊清》3册，记载了客户姓名、地址、支取货物数量及金额、欠余资金等数据。

5. 暂记类账簿 26 册

其中《志成号咸丰七年丁巳岁次吉月立三号暂记》17 册,《志成和记咸丰六年丙辰腊月立贰号暂记七年丁巳正三四五月附》9 册。它记录交易原始资料,如交易时间、交易经手人、厘金征收等数据。

6. 盘货类账簿 3 册

分别为《志成号咸丰二年壬子正月吉立盘存各货总录》《志成号咸丰五年乙卯正月吉立盘存各货录》和《志成号咸丰九年己未岁次新正月立叁号盘存货簿》。记录志成号各年度销售后,按类分目各种布匹的存货数量和金额。这是掌握当年进货数量、货物销售量、资金周转率的可靠数据。

7. 货源类账簿 6 册

如《咸丰元年正月立各路色布码》《志成号咸丰九年己未正月立各路货源》《志成号咸丰拾年庚申正月立大道生财》,此为志成号企业进货的记录。该账簿记录了商号、进货日期、进货数量、支付钱额数量、结算数额等数据。

8. 旧该类账簿 3 册

《志成号咸丰元年辛亥正月吉立旧该》《志成号咸丰二年壬子正月吉立旧该》和《志成号咸丰十年庚申正月吉立旧该》。旧该,指对历年债务的清算、核算。记录志成号客户拖欠的钱款债务,记账格式为客户地址、姓名、欠款数额。

这 76 册账簿形成志成号商业企业的账目体系,包括借债、还债、商品采购、临时账、杂用费、员工支出费用、每天资金进出流水账。每本账簿封面记有商号名称、时间和账簿类型。

志成号商业经营时间为公元 1850—1862 年,经营地点为江西乐平县。志成号的店主人为徽州婺源县东乡汪氏。汪氏以零售布匹为主要业务,兼做银钱兑换业务。他有员工 10—13 人,正式员工月工资不到 3 两银子。该商号每天销售布匹 2000—4000 两银子,销售净利润率为 3.98%。他们要交几种税,如新安书院厘金、厘金局(绥靖局)厘金、牙厘局厘金,公元 1855—1861 年厘金税率大体在 0.5%—0.6% 左右。志成号账簿记载了历年上交的各种地方性规费,端午、中秋、过年三节向县衙的总头、甲头、保长送"节礼""年规"费等数据。(参见马勇虎:咸丰年间志成号商业账簿研究)

(二) 盘货账簿

中国人民大学复印资料中心《经济史》2008 年第 4 期载文"咸丰年间经商账簿",报道了黟县南屏村商人经商的 3 个账簿:盘货账簿、当铺经营账簿、生活消费账簿。下面简单介绍这 3 个账簿,重点介绍盘货账簿。

1. 纸型装帧

黟县南屏村盘货账簿，共 110 页，封面 2 页，页面有少量虫蛀沟洞，丝线装订。封面为白棉纸，账页为精制草纸，纸型 26 ×29 厘米。账簿基本完好，只是前 20 页左角略有残缺。记账字体为行书，字迹清秀，书法娴熟，显示出书写者的扎实文化功底。账簿的纸张、装订、纸型，说明徽商的账簿十分规范。该账簿在封面上盖有一枚图章，印文为 3 个篆体字，第 1 个字“黄”，第 2、3 个字较难认，似是“春芸”。

2. 账簿记账格式

账面分上下两栏，无栏线。上栏书写货物名称与数量，下栏书写该笔货的价值，即银两数——两、钱、分。这是咸丰五年至十一年的账簿。每年的开头都有红色纸签，如：“咸丰八年新正初四日盘货大发”。“大发”即“账”，过年之际，忌用“账”，而改用吉利语“大发”。其每个红签日期一律为正月初四。说明当时的徽商经商很有规矩，过年三天假，年一过，即开始工作。先盘货，后营业。

3. 账簿内容

账簿反映了当时丰富的物产，如：

燕窝：上玛燕、中玛燕、建燕、燕片、上燕丝、中燕丝、官燕。

参：建辽参、九番参、刺参、面刺参、中刺参、小刺参、烂刺参、大开光、中开光、小开光、白开参、马开参。

鱼：大沙裙、二沙裙、玉春翅、皮刀翅、堆翅、月翅、鱼唇、鱼皮、鱼蛋。

经营的品种：燕窝、木耳、参、鱼、鹿筋、米、海菜、胡椒、笋、糖、荔枝、枣、板栗、柿饼、茶、天冬、花生、芝麻、面条、酱、胭脂、绸绫等。

账簿中经营的物产品种十分丰富，例如上述提到的燕窝、人参、鱼翅中，有的品种现在不一定还有。该商店里经营鹿筋、鱼唇，可见那时森林中野鹿很多，河里水产丰富。想想，一碗野生鱼的鱼唇需要多少鱼，多少钱？

4. 资金流量

该账簿记载了 8 年的分年盘货账：该企业咸丰四年存货价值为元银 7319 两，咸丰五年存货价值元银 7241 两，咸丰六年存货价值元银数没合计，咸丰七年存货价值元银 9250 两，咸丰八年存货价值元银 10673 两，咸丰九年存货价值元银多少两没合计，咸丰十年存货价值元银 10525 两，咸丰十一年存货价值元银 8305 两。

该徽商经营山货与海货，年终盘货价值元银万两，如果其货币一年周转 12 次，则赢利多少万两银子？徽商中，著名的是盐商、典铺、木行、茶商，经营山货、海货的商人也一年赚得几万两银子。徽商黄氏在咸丰年间，太平天国战争年代，经营效果如此之好，是不多见的。

徽商每年正月将盘点结果，以盘单形式抄写出来。盘单一般分为存项、该项、年度资本利润三项。存项包括盘点时该字号所存全部商品及货币。该项指客户存于字号的货币，包括购买商品的客户预付款。存项包括商品盘存货币值、采购预付款、内外人士欠企业的款、每年添置的设备、现存货币数额。

黟县南屏村盘货账簿是当时规范的商业账簿，具有研究价值。

（三）　当铺账簿

经营当铺没有风险，当铺是徽州商人四大经营行业之一，特别是休宁人当铺多，经营得好。徽州当铺账簿遗存量不多，这里介绍的是作者旅游之际发现的徽州文献。

1. 纸型装帧

黟县南屏村当铺账簿共 30 页，宣纸。布封面，底封不存，后面缺页，纸面无虫蛀沟洞，丝线装订。前 8 页正中下方烂口。包背装，中间有衬纸。账簿宽 17 厘米，长 25 厘米。每页竖 7 行，横 4 行，蓝线划出行格。

“要想富，开当铺”。开当铺，赢利丰厚，非资本雄厚，无法经营。往往一件典当品价值百万，获利多。开当铺稳定赚钱，没有风险。开当铺需要有清晰明确的账簿。

2. 记账格式

该账簿记账格式，每页 7 行，蓝色行线，每页 4 栏。

第一栏记载日期，毛笔书写。用字特殊，如 9 月 2 日，写法类似“九〇二乙”，而且通栏都按照这种规范书写。典当业通常以徽语作为行业隐语。如数码一、二、三、四、五、六、七、八、九、十，当铺员工读做么、按、搜、臊、歪、料、俏、笨、缴、勺。徽商盘单和账单使用柴码符号，其数字、计量单位、货币单位符号，非业内人士看不懂。

数码												
0	1	2	3	4	5		6	7	8	9	10	100
[illegible]	[illegible]	[illegible]	[illegible]	[illegible]	[illegible]	[illegible]	[illegible]	[illegible]	[illegible]	[illegible]	[illegible]	[illegible]

记号				银两				洋钱			
千	百	十	重复前一数码	两	钱	分	厘	元	角	分	厘
[illegible]	[illegible]	[illegible]	[illegible]	[illegible]	[illegible]	[illegible]	[illegible]	[illegible]	[illegible]	[illegible]	[illegible]

图 1　徽商账簿中的柴码

（上图引自陈文慧，赵云海：《明清晋徽商信息管理方式之比较》，《晋中学院

学报》,2013. 2)

第二栏为典当物处理情况,处理结果以带有圆圈的红印字表示,即:“入楼”“收饰(原字)”,有的仅一个红印字“即”,有的一栏中同时钤有“入楼”“收饰”四字。

第三栏记事,该栏字迹潦草,无法辨识。记载典当物名称与特征。记事文字占本栏三分之二。栏下钤长方形红印,印为红边框、白底、红字,印文为:“叁月取”“肆月取”“捌月取”“玖月取”等。此为典当物人取货日期,所有月份一律大写。该栏有一印文,它不表示典当物取出月份,印中有表示珠光宝气的图案,图案左上端有“辛盘”字样,下端有“庚盘”字样。该印记表示典当物主人无款取回,当铺收存,该印上书“入”字。每页账簿一般只有一款钤有“辛盘”“庚盘”的印图。这说明物品典当人一般要设法把物品取回。不能取回,逾期则物权归当铺。从账面上看,失去物权的典当品占总数的七分之一以下。重要典当品物权的变迁是当时富户沉浮的标志,值得当今学者研究。

第四栏记载当铺收入钱多少,毛笔书写,字迹潦草,然可识别,如“八元”“三元五角”,即物品的典当价。有些人一旦急需用钱,无处借贷,则以低于市场的价格将物品典当给当铺,由是可见商品经济的严肃性与开当铺者的高额收益率。

账簿以柴玛表达数字,为了保密,故意不让他人知晓。账簿格式规范,第 2 栏全用红印表示“入楼”与“收饰”,第 3 栏典当物描述文字下用红印表示取出月份,第 4 栏交付银两下以半角红印表示银两交付状况。

清朝货币实行银两、制钱双本位制。银两分为宝银、宝纹、元宝、元宝银等。制钱是清朝货币体系中的辅币,银圆是银币。19 世纪早期用西班牙银元,19 世纪后期用墨西哥银圆。徽商账簿中记有西班牙本洋、墨西哥鹰洋(亦洋),还有小制钱、红钱(紫大钱)、草号钱、花钱、府票等私钱。徽商账簿中,货币的折扣、折算用扣钱、扣曹表示。一五八扣钱,即是洋钱 1 元兑换制钱 1580 文。

(四) 徽州商人生活用费账簿

《扬州画舫录》记载很多徽商醉生梦死,挥金如土。徽商是儒商,儒家伦理教导人们生活应当节俭,多数徽商是节俭的,下面介绍的商人生活账簿也说明了这一点。

1. 纸型装帧

南屏村商人生活用费账簿,19 厘米宽,11. 5 厘米高,50 页,每页 12 行,元熟纸,天头宽 2 厘米,地脚宽 1 厘米,大红边栏,正中一道红线将页面分作 2 栏。丝线装,红口,单鱼尾,红口下端有“黎照堂”字样。每一页的右上角钤有财神图像红印,商人的信仰,见之一端。封面近装订线钤红字“金培清”,旁有“癸丑年三月吉立”字样。封面正中毛笔写“金承启堂”,边口上方有“总登”二字。封面颠倒不规则地钤有大红字“金继衔”,装订线区写有“不蛀字纸”四字(账本确实没有一点虫蛀痕迹,该纸不知采用了什么技术),底面边口处钤“金涤农缄寄”。显然,该份账簿是徽商金家的消费账簿。

2. 账簿格式

天头书写日期,账面上栏写支出钱数,如“支出四十文”,下栏写用途,如“笋”。一律用毛笔行书分日记载,一事一记。

3. 账簿内容

该账自癸丑年(1853)三月初十日起,到该年十二月二十六日,全面反映了徽商金氏的生活消费状况。他家费用如:购买笔、包、白菜、饼、巴芦、蚕豆、草纸、草鞋、葱、豆角酥、担担人、舂米、雕字、雕印等。

时代不同,物产各异,从账簿中“听曲”“人乳”“轿金”等项开支,我们可以知道该户主人生活非同一般小户人家。

这份商人生活消费账簿是咸丰年间的,那是太平天国战争时期,是经济状况极差的时期,经济繁荣的长江中下游地区,人人自危,逃难谋生,农业生产与经商秩序遭到破坏,税收增高,个人财产不保。该账簿中记载了商人的消费品:鱼、肉、鸡、人乳(可能是喂孩子)、鲜菜、水果、烟、酒,比一般农民家庭显然不一样。但是。他们仍然属于生活节约型,他们把每一项细小的开支,全记在账簿中。由此可见,徽商生活严谨、俭朴,记账以防止非必要的开支。徽商是儒商,崇尚生活俭朴,勤俭持家。

三、账簿规范

徽州商人经过几百年的经营,形成了成熟的商业行规。《客商规略》要求经商的人应该随手记账。徽商账簿的栏目,记账填写的数据,记账的程式、文字的书写、银两数码的表述及钤印,都十分规范。

俗话说:“前世不修,生在徽州,十三四岁,往外一丢。”徽州人少年时代就得外出当学徒,学习文化,学习工作范式与企业管理。徽州账簿,表明了徽商的良好文化素质;表明了当时会计账簿的典型性;其格式规范、书法娴熟,表明记账人是久经训练的会计。账簿是徽商勤俭创业的见证,也是徽商管理有序的见证,属于珍贵的私人企业经营档案。

徽商账簿是企业管理的工具,也是个人生活管理的工具。徽商账簿促进了徽商走向成功之路。

管理者语丝:

账簿是商业企业管理的工具,企业主可以根据账簿了解企业的资金、资产、商品、人事状况,分析企业经营,进而调整企业组织,调整企业人事、资金配置,改进管理措施。有些企业主不直接管理企业,他们往往以浏览账簿的形式,了解企业管理状况,发现问题,处理问题。

徽商多是单式记账法,对经济业务做单方登记,不反映其来龙去脉的记账方法。账簿由收、支、结存三项基本内容组成。账户中登记资金的支付状况、银行存款的收付业务和各种往来账项,对于固定资产折旧、材料物资的耗用不予登记。

账簿反映了徽州商人经济收入与开支状况,表现了当时管理、物产与资金的状况,财务管理与会计业务水平,也反映了当时人们的生活水平。

现存徽州明清时期的账簿种类很多,有商业账簿、会社账簿、宗族管理账簿、红白喜事账簿、组织娱乐活动账簿、家庭生活账簿、工程建设账簿、祭祀活动账簿、修族谱账簿等。徽州的账簿用纸精良,款式规范,书写工整,保存良好,保存期长。

参考文献:

1. 马勇虎:《珍贵的徽商经营账簿——咸丰年间徽商志成号账簿文书介绍》,《黄山学院学报》,2010 年 02 期。

2. 王文学:《中国社会经济史研究中有关账簿研究的综述》,《衡水学院学报》,2017 年 02 期。

3. 张建朋,刘秋根:徽商账簿《嘉庆溆浦裕余研究》,《财会月刊》,2013 年 06 期。

4. 董乾坤:《民国以来账簿研究三种倾向》,《中国社会经济史研究》,2016 年 09 期。

5. 康健:《明代徽州木商经营实态——〈万历郑氏合同分年账簿研究〉》,第 16 届明史国际学术研讨会,2015 年 08 期。

6. 王玉坤:《晚清祁门胡廷卿家用收支账簿研究》,硕士论文,安徽师范大学,2016 年。

7. 陈文慧,赵云海:《明清晋徽商信息管理方式之比较》,《晋中学院学报》,2013 年 2 期。

8.《明清徽州社会经济资料丛编》,北京,中国社会科学出版社,1988 年。

第六节　明清时期徽商经商学习的专业图书

明清时期随着商业的兴起与繁荣，产生了一些商业类图书，指导商人的业务，规范商人的商业经营行为。

一、四种类型的明清商书

古代凡是涉及技术与经验之类的图书，人们一般很难得到，商业专业书籍大多是传抄本，刻印的不多，即使刻印了，印数也很少。下面介绍四种徽商视为至宝的读物：

（一）　商业用水陆交通图书

古代交通一般是水路，官方驿道，或商道。水陆交通图书，系商人经商过程中记载而描述出来的。如：黄汴《一统路程图记》八卷，公元 1570 年刊印。陶承庆《商程一览》二卷，（《华夷风物商程一览》）万历年间刊刻。壮游子（又名商浚）《水陆路程》八卷，公元 1617 年刻印。赖盛远《示我周行》三卷，附续集，乾隆年间版本，崔亭子《路程要览》二卷，《士商类要》六卷，卷一《天下水陆路程》，以及《江湖绘图路程》等。

商用水路交通图书，一般介绍南京、北京、徽州到各地的交通线路、所经（码头）站名、里程，沿途风俗物产等。《士商类要》卷 1“天下水陆路程”共例举交通线路 100 条。其中第 1—8 条是以徽州为出发点至北京、福建、浙江等地的路线，第 17、25、28、32、39、45、50 条是以徽州为终点的 7 条路线。这些水路交通图，不是按照现代科学技术采用经纬度与比例尺绘制的，而是根据经验，在一定的方向位置上标注各条线路、站点码头。这些图书为商人提供了交通运输方面与商业地理方面的概况，里程与方位不精不准，但是在逻辑上线路可靠。

（二）　商业规范类图书

商业规范类图书，教导商人如何做人，如何遵守商业道德，如何遵守行业规范。

1. 程春宇《士商类要》6 卷

公元 1626 年刻印，书中有一统路程图记、客商规略、买卖机关、为客十要、醒迷论等章节，介绍了经商需要遵守的道德伦理，如“经商三相”与“经商三言”。

2. 李晋德《新刻客商一览醒迷天下水陆路程》（简称《客商一览醒迷》）公元

1643 年刻印,介绍商业行为规范与道德修养。

(三) 经营者素质与经营经验类图书

这类图书介绍商业专业人员的日常应用性的基础知识,如同工作手册。

1. 周文焕、周文炜:《新刻天下四民便览万宝全书》三十五卷,万历年间版本。

2. 憺漪子:《士商要览》三卷,崇祯年间刻印。

3. 余象斗:《新刻天下四民便览三台万用正宗》,公元 1599 年刊刻,卷二十一《商旅门》,介绍行商经验,商品知识、经营方法,经商业务素质。

4. 吴中孚:《商贾便览》八卷,公元 1792 刻印,包括江湖丛谈、工商切要、算法摘要等内容。

5. 王秉元:《生意世事初阶》,乾隆年间抄本;王秉元:《贸易须知》,光绪年间刊本。

6. 明末《新刻徽郡补释士民便读通考》。

7. 启蒙读物《日平常》。

(四) 专业技术类商业书

这类图书介绍商业专业技能知识,专业商人必须学习,学习不好,影响经营业务。如典当行业的《典业须知》《习业要规》《典务必要》《当行杂记》和各类《当谱》《至宝精求》《玉器皮货谱》《银洋珠宝谱》,这些书涉及专业秘密,一般不予刊印,流行的多为手抄本。冯琢珩《辨银谱》为康熙年间刻印。杨树棠《杂货便览》为清末抄本。

二、商书要典

明清之际,随着商业的兴起,商人队伍的扩大,商书增多,出现了一些实用价值比较高的商书。

(一) 《士商类要》

徽人程春宇辑《士商类要》,公元 1626 年刻印。书中含《客商规略》《杂粮统论》《船脚总论》《为客十要》《买卖机关》《贸易赋》《经营说》《醒迷论》等分卷,相当于当时的经商大全。

书中说,商贾与社会往来,处理大量的人事利害关系。应克己无私,对同伙宽容信任,不能因势凌人,因财压人,因能侮人,因仇害人。应以正确的态度处理事务,待人忠厚信实,处势益谦,处财益宽,处能益贤,处仇益德,自省宽仁。商人应戒色戒赌,洁身自好,不要夜里饮酒。商人不能偷税漏税,弄虚作假。

商人在经济上要量入制出，收支平衡。结交朋友要至诚忠厚、信实正大。心存警觉，防身有术。不要显露财帛，应保护人身物财的安全。外出旅行必须结伴而行，伙伴应良善、忠厚、诚信、笃实、谦恭、有远大志向，善于筹划。

该书的《杂粮统论》卷介绍怎样识别优质的芝麻、菜籽、米、大小麦、绿豆、黄豆、黑豆等粮食。介绍全国主要粮食市场，豆类市场在瓜州，稻米市场在芜湖，芝麻菜籽在高邮，小麦杂粮在枫桥。

该书的《客商规略》卷，介绍商人出发前的准备工作，保密知识、管理金银、选好随行人员、带上路引、行商要有目的、注意饮食住行及与人交往等。书中特别提到商人的气质。书中说做生意要价格公正，老少无欺，可以讨价还价，贱买贵卖、囤积居奇。该书对于商人行为规范细致，如：坐如钟，立如松，表情自然。顾客问价，坦然回答，货物明码标价。待客人谦恭，谈交易时，留有余地。控制资本，勤记账。不露财，不贪财。不识货物优劣，不要购入，知道是好货，莫失良机。同行是竞争对象，各自维护自己的利益。不要轻易给人担保，防止受累。坦诚对待管理市场的人，酌量交易。

该书《贸易赋》卷告诉商人，做生意，要勤俭，说话谨慎，根据天气农时，考察产品的质量。经商需要有良好的人缘与市场。商人要性情舒坦，不可脾气粗暴。商人要识量深宏，气健神清，切忌心慵意懒。商人要多积资财，多交益友。商人经营物产，发财在于谋略。眼力、口才、心智是人身至宝，贸易的本钱。劳筋骨，苦神智，避风月，离是非，量识长，福禄生。方寸地中唯种德，九重天上自生春。

该书《经营说》卷告诫商人，为人要开明无私，经营中不要因小失大。货物买卖，畅销、滞销期价格不一。货物经营随着市场需求而变化，物以稀为贵。合意的同行人不能胡乱猜疑。商人要善于把握机遇，开展经营。

该书《为客十要》卷介绍经商基本原则：办路引、纳税、守法。行船早安泊，一路要尊老爱幼。睡觉时，关好旅社门窗。不贪杯，不入歌楼，少年老成。待人和气，不骄奢。收支随手入账，讨账脚勤。向善背恶，不欺软怕硬。不妄作，有事同人商量，随行就市。乡间入席，注意礼让，观场说话。远离博弈赌戏，遇妓乐不打哄。

该书《处世格要》卷，要求商人治家勤俭，人品高洁，居心淡泊，行制谨严。乐劳苦、营本业、守礼仪、善为人。

该书《行路图及行路歌》卷有行路图若干张，记叙从某地到某地的水路运行图，沿途地名，两个地点间的距离。每一地名边配诗一首，说明该地的风景物产。

该书《士商类要》第 4 卷有“人伦三教”“起居格言”“省心法言”“养心穷理”

"居官莅政"等内容,论述修身齐家、和睦宗族、孝顺父母、兄爱弟恭、知恩图报、勤勉读书等道理。《士商类要》积累了丰富的经商知识,对于当时的商人,特别是没有出过门、长期居住在深山老林的徽州人,外出经商具有良好的指导作用。

(二) 《新刻天下四民便览三台万用正宗》

古代的"便览""万用",相当于现在的"手册""生活类百科全书",清代把这类书称作"万宝全书",内容涉及天文、地理、气象、旅游、交通、养生、医药卫生、交际应酬、琴棋书画、体育、文化。商书以商业经营为主,涉及经营思想、职业道德、经营方法、商业知识。明清时期的商书,包罗万象,涉及商业道德与商业规范、商业交易技巧、货币真伪、市场行情与关税、防盗与防骗知识,待人接物、气象占验、商家禁忌、医药卫生、文化娱乐等。

余象斗编纂《新刻天下四民便览三台万用正宗》,公元 1599 年刊刻,内容涉及天文地理、四时节令、拜师从儒、礼仪、音乐、琴棋书画、赌博、体育、医学知识、星相占卜、风水营宅、农桑、数学、宗教等知识。该书第 21 卷《商旅门》,介绍经商经验、经商者素质、商品知识等。书的内容涉及客商规鉴论、船户、脚夫、银色、秤棰、天平、斛斗、谷米、大小麦、黄黑豆、杂粮、芝麻、菜籽、豆饼肥料、棉花、棉夏布、纱罗缎匹、竹木板枋、鞋履、酒曲、茶、盐、果品、商税、客途、占候、世情、保摄、顾客奸弊等 30 个专题。

明清时期,商人注重物产的季节、产地、价格、品质、年成丰歉信息。该书详细地介绍了这些方面的知识。该书《商旅门》"客商规鉴论",介绍了商业经营规范,论述了客商的心理素质、经商原则与要求,结伴搭伙、投宿问店,行商专业知识及心理素质。

商书以中国传统伦理道德规范"利"与"义"的关系,要求商人重信义、取财有道。强调艰苦创业,节俭为本,洁身自好,买卖公平,光明正大,诚实守信。

《新刻天下四民便览三台万用正宗》第 21 卷商旅门,是长期经商的人经验之谈,在商品经济萌芽时期十分难得。

(三) 《生意世事初阶》与《贸易须知》

《生意世事初阶》,作者王秉元,该书介绍商店培养学徒、开店经营的知识。教导学徒学习店铺知识、迎对顾客、为人处世等 72 条内容。强调经营人员的道德人品、处事能力,要求学徒手脚勤快,吃苦肯干,不贪小便宜,不谋不义之财。

书中指出,做生意首先在于做人,学徒要尊敬长者、礼貌待客、眼观六路、耳听八方。学徒要学官话(普通话)、学写应用文、学算盘、称戥子、辨别银子等级。学徒期满上柜台,与顾客洽谈生意,讨价还价,给顾客看货,收款等,工作应细致入微。

《生意世事初阶》教导店铺学徒,守规矩,受拘束,有礼貌,尊敬师傅和店内伙计,不可嘴快多言好辩。应该懂礼貌,虚心好学,师傅骂、打也要受着。别人失落银钱,拾取放在桌上,不可怀藏。女子来买东西,切勿笑言戏谑,趣语流连。不可嫖赌,勿沾烟酒。学做杂事,手勤脚快,学习知识,听人言谈,须时时在意。学官话,了解货源。

店员应以饱满的精神状态恭候顾客,挺身站立,神态礼貌端庄,眼观上下,察人诚伪,辨其贤愚。听他出口,探其来意。

商人应懂得心理学知识,如给顾客看货:顾客进店看商品,先将差的给顾客看。若嫌不好,再把较差的给他看。顾客满意,就卖给他。若不中意,须对顾客说,您要买高档次的商品,价格不菲。顾客愿买,自然会高价买去。如果起初把高档次的商品推荐给顾客,顾客不会接受。费点周折,掌握顾客心理,让顾客心甘情愿地购买高档产品。

该书中说,"人无笑脸休开店",生意人待人如春天,惠风和畅,花鸟怡人。从顾客进店起,直到生意做成,店员必须谦恭逊让,和颜悦色,让顾客去了还想来,让商店具有吸引力。

当顾客交完购货银钱钞后,不要马上放入银柜中,防止顾客退货,因银、钱成色发生纠纷。熟人购物,也要验银两钱币,多退少补。不可因为熟悉,碍于情面,不加清点。

后来出版的《贸易须知》的前半部类似《生意世事初阶》,后面增加了 70 条新内容。该书增加了对于"伙计"的要求,与东家(企业主)的关系,东家如何对待伙计,外出打货注意事项,开店注意事项等内容。该书介绍了东家、大伙计、小伙计、学徒之间的人事结构,如何对付赊账人,如何追账、讨账等内容。

徽州婺源人江有科、江文缵、江明恒祖孙几代人经营茶业,江有科将公元 1827 年贩茶入粤的经历写成《徽州至广东路程》札记 1 册,书中记载沿途城镇村庄 550 多处,路程、关卡、安全、沿途报关纳税和各地需索等内容。该书介绍了同西洋商人交易的语言、度量衡。如何打发途中查仓、税房人员、麻风花子、铁棍花子,如何与各级官吏交友联谊、联姻攀附、行贿巴结。江明恒《买茶节略》、江耀华《洋庄茶总誉清册》,记载了该茶庄的收入与开支情况。这些书内容丰富,教语谆谆,至今对于商人仍有价值。

管理者语丝:

在交通、信息闭塞的时代,人们不知道天下是方的,还是圆的,缺少地理、气象知识。路径、地点、物产、风俗、市场、人情、禁忌、安全,诸多信息不易获得。古代商书记述了一些较为稳定的经商必备知识,内容涉及做人、德性、店规、行规、商道、物产、市场、专业技能、专业知识等。

古代有益于谋生的知识与技能一般保密,不对外传。商书对于商人很实用,但是很难获得。商书一般不雕版印刷,多数是在亲近的人中手写、传抄,难免出错。商业中有一些瞬息变化的竞争信息,就很难写在书中。

徽商爱读书,也爱动笔,爱收藏图书。他们在经商的过程中读了许多商书,也写下了许多商书。特别是一些世代经商的人家,每一代人都想把自己经商的经验作为遗产传给后人,让后人减少探索的时间与风险,直接借助长辈标示的路标,大步前进。所以有些商书在家族中传承,外人不知道。徽商善于学习,善于积累知识,撰写成书,传授给后人。徽商的素质与优秀商书的指导息息相关。

徽商经营管理,借鉴前人经验,不断地提高自己的水平。徽商管理关注亲情、平稳、守成,没有过多关注公平、效率与创新。他们希望通过商人的身份过渡为政界红人。

时代是向前发展的,很多书时过境迁就没用了。明清的商书,现在我们读起来还津津有味,虽然古朴,但是纯真,值得学习。

徽州商人在人事管理、组织模式、资金筹集与运用、发展策略、经营方式、财务管理、壮大商帮、知识积累传承方面,有管理特色,形成了卓越的商帮文化,即其儒商文化。

参考文献:

1.(民国)吴日法撰:《徽商便览》,新安惟高堂刊本。

2. 安徽省博物馆:《明清徽州社会经济资料丛编》,中国社会科学出版社,1988 年。

3. 张海英:《明清时期“商书现象”之分析》,《明清论丛》,2017 年 12 月。

4. 陈学文:《明清时期商业书及商人书之研究》,台北,洪业文化事业有限公司,1997 年。

5. 杨正泰:《客商一览醒迷》,山西人民出版社,1992 年。

6. 张海英:《从商书看清代“坐贾”知识传授——以〈生意世事初阶〉〈贸易须知〉〈生意经络〉的刊印变化为个案》,《中国历史文献研究所第 26 届年会论文集》,2005 年 10 月。

附　文

徽商儒商

徽州商人是儒商，他们热爱文化、教育、艺术，积极推动文化、教育、艺术的发展。

商人在人们的印象中是狡猾、唯利是图的人，而且无奸不商。

明清小说中的商人几乎没有好人。《红楼梦》中薛宝钗是金陵十二钗之首，她美貌、贤惠、能诗会画，而她的哥哥商人薛蟠却粗俗低卑。

《警世通言》第 32 卷“杜十娘怒沉百宝箱”，描写徽州新安人孙富，他家几代人在扬州经营盐业，积聚了上百万两银子。孙富生性风流，喜欢追逐红裙，千金买笑。他船泊瓜州，见书生李甲带着美妓杜十娘，于是设计从李甲手中买得杜十娘。杜十娘大怒，把随身带的价值百万的珠宝投入江中，随后跃入江中。杜十娘痛恨爱情商品化，以死反对孙富以钱夺情的卑鄙行为。

《儒林外史》第 28 回，说扬州有个盐商，富有几十万两银子，在徽州老家请了一个人为他服务了半年，竟然一毛不拔，就打发人家走了，吝啬至极。《二刻拍案惊奇》“韩侍郎婢作夫人，顾提控椽居郎署”一文说，徽州人有个癖性，一生只有乌纱帽、红绣鞋两件事舍得花费银子，其余诸事吝啬。

《初刻拍案惊奇》卷 15“卫朝奉狠心盘贵产，陈秀才巧计赚原房”，描写徽州商人卫朝奉廉价购房，高价卖房，牟取暴利。道出了商人为了谋利，不择手段，奸诈、贪婪、好色，满身金银气，一副市侩像。

封建社会士农工商四种正当行业，“商”列末等。人们瞧不起商人。人们认为商人鹭鸶腿上劈精肉，蚊子身上吸血，商人都是债精（债主）、牛精（吹牛放炮）、屁精（拍马屁）、谎精（骗人）、妖精（美女），不可信任。

徽州是东南阙里，儒家伦理深入人心。徽州人外出经商，是生活所迫。他们经商，不忘本土，经商不忘儒教，经商不忘家训、家教、家规，经商也要光宗耀祖。

徽商致富以后，捐款修建宗族的祠堂，为宗族置义田，济贫扶困，建书院、学堂，修桥亭，建园林。徽州商人以金银等货币为积累对象，以货币作为人间利益的调整工具，以资本作为发展的动力，演绎出徽州文化。

徽州从宋朝宣和三年(公元1121年)到民国元年(公元1911年),在近800年的历史长河中,凝聚成徽州文化。其精神内核可以归纳为八个字:守本、顺时、开拓、创新。

徽州文化体现了个人、群体、时代、地域的特征。徽州商人接触了广阔天地,广泛吸纳各种知识与理念,在政治、科学、经济、文化、风俗、价值取向、思维方式、道德观念、行为规范和审美观等方面,重构价值观念。徽州文化是灿烂的。

徽州人在严格的宗法制下兴起了商品经济,在崇山峻岭中建设了书香社会,这是奇迹,徽州人创造了这样的奇迹。

徽商出自山里,山路崎岖,水道弯弯。他们背井离乡,到外地经商。在地方势力强大的封建时期,他们的创业是艰难的。他们勇敢地冲出山区,走出小农经济的制约,走向商品经济,这是需要具有风险意识的。他们在外,严格遵纪守法,遵守三纲五常,遵守宗法制管理,信守家规门风,讲究道德,以诚待人,以信接物。他们行商,坚持官本位,坚守儒家文化,积极学习文化知识,诗书自随。徽商以儒为体,以贾为用,贾而好儒,亦贾亦儒。下面介绍三则儒商的故事。

第一节　雅调重联断续吟(马曰琯)

天生仁厚的马曰琯　马曰琯(公元1688—1755年),字嶰谷,又字秋玉,号嶰谷。其弟马曰璐(公元1695——1799年),字佩兮,又字半搓,号南斋。马氏兄弟是安徽祁门人。二马的祖父马承运,从祁门迁居扬州,经营盐业,马家是当时江南"四大富商"之一,热心于公益事业。

二马的父亲马谦,太学生。马曰琯受家庭熏陶,爱好读书。公元1736年马曰琯被推举参加博学鸿词考试,他坚辞不赴。马曰琯兄弟不落俗套,志向高雅,亲贤乐善。四方名士过扬州,常住在马氏兄弟园林里。马氏兄弟以济人利物为本怀,以诚心待人为实务。天下士林,无不感恩戴德。

为弘扬道义而刻书　马曰琯爱书、聚书、刻书,为天下文士服务。

马曰琯家中设刻坊,他不惜重金刊刻优秀书籍。马氏兄弟刻书纸墨优良,刻印的《说文解字》《玉篇》《广韵》《字鉴》《经义考》《小玲珑山馆丛刻》、影宋本《宋本韩柳先生年谱》,都是名版书。

马氏兄弟为王士祯刊刻《感旧集》,为蒋衡装帧《十三经》,获得世人的广泛赞扬。

马曰琯、马曰璐兄弟与全祖望等人结邗江诗社,吟咏唱和。马氏把这些唱和之作,结集成《邗江雅集》十二卷,刊刻出版。

马曰琯资助刻印了许多贫寒士子撰写的著作。如姚世钰去世后留下的《莲花庄集》,朱彝尊的《经义考》。

马曰琯、马曰璐兄弟出资刻印了王士禛《渔洋感旧集》,卢氏《雅雨堂丛书》,宋代王应麟的代表作《困学纪闻》,清朝学者厉鹗的《宋诗纪事》。

二马是盐商,虽是商人不言商。他们刻书不谋利,以友情为重,以传承佳作为目的。马氏萃荟儒林文苑,在60年时间里刻书达五六百卷。"二马"刊刻图书,以功德传世,提高了图书的文化价值,满足了读者的需要。他出版图书不谋利,也不附庸风雅。他尊奉儒家经典,以清儒佳作为选题,出版了许多上乘作品。

小玲珑山馆 雍正年间,马曰琯在扬州建造小玲珑山馆。马曰琯选择各类名工巧匠,建筑宜雨轩、透风漏月轩、壶天自春楼(抱山楼)、住秋阁、丛书楼、鹤亭、清漪亭。园中有竹、桐、松、柏、藤、玉兰、芍药、牡丹、草、焦、枫、柳、桂,洞壑、谷涧、壁缝,藤萝,山上有鹤亭、曲池、湖石堆岸,池中有亭,山后为风音洞、蜡梅。主人延揽各方大师与文人,设计建造了小玲珑山馆。园中的叠石,出自石涛的艺心。他用太湖石、黄石、峰石、宣城石,翠竹、池水、阳光、石梁、丹枫、洞天,反映出四季的风光。

"小玲珑山馆图"中画一太湖石竖立,远处有二楼,修竹千竿。园内有两个长廊,一个楼阁,一个庙宇,一个亭子。园内各种花草,姹紫嫣红。这是马氏请著名画家张庚绘的小玲珑山馆图。

厉鹗深感马氏园林的优美,他为马氏园林题诗"街南书屋"十二首。

付曾的诗写道:"心死便为大自在,魂归仍返小玲珑。"文人们深深地沉浸在小玲珑山馆,他们在这里结社吟诗,其乐融融。

邗江吟社 马曰琯虽是盐商,也是文章魁首。马氏兄弟与众位学者诗文交往,他们结"邗江吟社",高山流水会知音。

扬州雅集全国闻名,著名的诗人团体是冶春诗社。诗社以王渔洋为核心,吴绮、宗元鼎、刘梁嵩等人参与,文学史上称"广陵词派"。

马曰琯组织的邗江诗社全国闻名。《邗江雅集》十二卷,收集公元1743—1748年的诗作。《邗江雅集》收入了692首诗。诗人们在五年多的时间里聚会赋诗唱和96次。雅集诗人中,有18人参加了10次以上的诗会,他们是马曰琯、马曰璐、汪玉枢、张四科、洪振珂等。有的人出席诗会20次以上,如浙江人陈章出席雅集达89次,马氏兄弟84次,程梦星67次,厉鹗52次,胡期恒45次,全祖望、姚世钰各20次。

邗江雅集中的诗人,不论籍贯、年岁,一律称同志。邗江诗人人人平等,寄兴咏吟,兴高而集,兴尽而止。厉鹗《九日行庵文宴图记》记述:公元1743年9月9日,大雨过后,风日清美,遂约同人,聚集于此。庵中挂仇英画的陶渊明像,采黄花,酌白酒祭祀。以“人世难逢开口笑,菊花须插满头归”分韵赋诗,觞咏一天。

邗江诗社活动的主要场所是扬州的小玲珑山馆、南庄、行庵、畲经堂及街南书屋等地。

公元1749年,马氏兄弟因事牵连遭危难,仓皇北上,以及胡期恒有难时,他们在诗中写道“往事惊心叫断鸿”“听到夜分惟掩泣”,表现出文人们关心世态炎凉的群体心态。

公元1732年冬诗人们在南斋做诗会,马曰琯与厉鹗各填词一阙,第二天书写在宣纸上,装裱好后,高翔以篆体字在封面上题“甜香新唱”。

高翔与马曰琯同年庚,公元1742年,在小玲珑山馆举行诗会,高翔应邀到场,这场诗会上高翔吟诗120首,全场惊叹。

“小玲珑山馆”的文学活动,有时以联句唱和。马氏等联句活动的主题有:马氏食鲥鱼联句,禹尚基五瑞图联句,看山楼雪月联句,五日席间咏嘉靖雕漆盘联句,寒夜石壁庵联句,壬申山馆上元联句,乙亥上元联句。其具体内容举例一则:

“小玲珑山馆”外一首《甲戌上元联句》

高馆张灯酒复清(汪玉枢)　年光流转倍多情(马曰琯)
玉山雅会人如旧(张士进)　金谷遗音句早成(马曰璐)
无月也斟三五夜(陈　章)　当杯不计短长更(闵　华)
若为吹得浮云散(陆钟辉)　拟借春城管笛声(张四科)

——《沙河逸老小稿》卷6

这个联句八人参加,一人一句,上下衔接。联句要求合乎诗歌韵律,内容风格基本一致,词意贯串,情景交融。

有时文人们分韵唱和。如《以王子安“日落山水静为君起松声”分韵》,同集者10人,全祖望得“日”韵,方士庶得“落”韵,陈章得“山”字,马曰璐得“水”字,马曰琯得“静”字,陆钟辉得“为”字,厉鹗得“君”字,闵华得“起”字,王藻得“松”字,方士杰得“声”字。各人以诗句“日落山水静,为君起松声”中的一字作诗,调动群体吟诗的协作精神。

养士养心,文人们在小玲珑山馆吟诗作画,在温馨的氛围里相濡以沫,沟通心灵,互倾衷怀。诗会中设案、笔、砚、笺纸、诗韵、茶壶、果茶食。诗成发刻,遍送城中。

邗江吟社的诗歌显示了才子们的“性灵”与“肌理”,使人像蜜一样沉浸在诗人群体中。诗人来自各个阶层,他们中有平民陈章、姚世钰、陆锡畴、楼锜、闵华、方世举、朱稻孙;卸任官员全祖望、杭世骏、胡期恒、程梦星、符曾、陆钟辉、张四科、张世进;商人马曰琯兄弟、王藻、方士庹、方士杰;画家郑燮、金农、汪士慎、高风翰、高翔、边寿民、陈撰;在任官员卢见曾。他们聚集在徽州商人私人园林里,饮茶、吟诗、赏花、赏画、赏雪、著书论说,形成文化群体,各个不同层面的诗人推动了民间文化走向高潮。

藏书、献书 小玲珑山馆园林里有藏书楼小玲珑山馆、街南书屋。马氏藏书百橱,达 10 余万卷。马氏兄弟收藏了很多珍本、善本书。

马氏爱书,他买书、抄书,有时委托他人代为抄书。全祖望在京师内府看到《永乐大典》,马氏兄弟立即问他抄写这套书需要多少人?费用多少?马曰琯爱好图书,千方百计搜集图书。马氏兄弟小玲珑山馆藏书富甲大江南北,馆内藏有图书、碑版、书法、名画、金石、鼎彝、古玉、玩器。

马氏藏书极富,藏画也极多,他常常举行书画展览。每逢端午节,他的堂斋轩室的各个门上,都挂一幅明朝以前的钟馗像,而且没有一幅画像雷同。由此可见小玲珑山馆收藏古书古画品种的丰富。

马氏的藏书钤有“南斋秘笈”“半查”“臣璐私印”等藏书印。马曰璐编有《丛书楼书目》。

公元 1773 年四库馆征书,马裕呈送了 776 种图书。《四库全书总目》著录的马氏藏书 373 种 5529 卷,其中经部 57 种 670 卷,史部 123 种 1658 卷,子部 43 种 731 卷,集部 150 种 2470 卷。乾隆皇帝赏给马裕《古今图书集成》一部,题诗所进《鹖冠子》书,赐《平定伊犁得胜图》《平定金川得胜图》32 幅。

著名学者惠栋、全祖望、厉鹗、陈章、陈撰、金农、姚世钰、高翔和汪士慎等常在马氏园林,考证书籍版本、订正讹误,匡正学术问题。

袁枚《扬州游马氏玲珑山馆感吊秋玉主人》的诗句说马氏兄弟:“横陈图史常千架,供养文人过一生。”

编撰《宋诗纪事》 清人编撰的大型宋诗总集《宋诗纪事》,与雍乾间江南丰富的私家藏书紧密相连。《宋诗纪事》征引书目多达 1030 余种,范围涉及史、子、集等领域,参与编撰此书的人有厉鹗等 76 人。《宋诗纪事》100 卷,共 180 万字。其中 1 至 10 卷为马曰琯与厉鹗同辑,10 至 20 卷为马曰璐与厉鹗同辑。

《宋诗纪事》编刊蕴含着马氏的心血。厉鹗住马氏小玲珑山馆,阅读了很多宋版书,马氏小玲珑山馆收藏的旧书善本、古器名画,为厉鹗编撰《宋诗纪事》《辽史拾遗》提供了良好的条件。

马曰琯大力投资公益建设 公元1734年马曰琯独资建梅花书院，书院有门舍、祠堂、议门、上堂、讲堂、饭堂、园亭等。梅花书院由姚鼐、茅元铭、胡长龄等为书院山长。

马曰琯身为盐商，他投入巨资建设私人园林。以私人园林为基地，收藏图书，刻印图书，组织邗江吟社，让文人画家住馆，给予他们研究与创作的良好条件。马氏兄弟积极为学者服务。

商人资助文人学者，文人学者丰富商人的生活，这是一个很好的儒商互生现象，商人资助了文化活动，文化活动增强了商业的拓展力，促进了社会文明的发展。

二马爱画 “扬州二马”喜爱收藏书画作品。马曰琯《沙河逸老小稿》中有许多题画诗。如《题方环山临董思翁摹赵吴兴鹊华秋色图》《题方南堂归山图》《秋日题郑板桥墨竹画幅》等。

马曰璐《南斋集》中也有许多题画诗，如《题竹屋高丈蕉窗读易图》《题姚薏田莲花庄图》《题高南阜醉禅图》等。

二马收藏书画，阮元有记载，他说：《鹊华秋色图》是赵松雪为周公瑾画的。周公瑾本是济南人，后来迁入浙江，他要求赵松雪作图以寄乡思；同时张伯雨亦为周公瑾作图、配诗。马曰琯家里藏有赵松雪《鹊华秋色图》。

公元1743年“扬州八怪”中的汪士慎、高翔合作，为马氏兄弟画了10幅梅花图，挂于竹床边，称作“梅花账”。

马曰琯《秋日题郑板桥墨竹幅》诗：“如君落落似星辰，相见时当清露寒。赠我修篁何限意，两竿秋节一窗清。”

公元1744年，马曰璐五十寿辰，华喦为其画像于扇头，配诗：“方水怀良玉，幽折韫清辉。蓄宝稀扬世，犹复世弥知……”

二马经常赠物给画家，公元1743年初春，马氏在小玲珑山馆设宴招待友人，马曰琯拿出明朝马四娘画眉螺黛、太子坊纸、宋元古砚，赠送给友人。金农得一块巨砚，他说胜于得一良友。

供养文人过一生 马氏的园林，名流往来如车水马龙，著名学者全祖望、厉鹗、金农、郑板桥、陈章等都是小玲珑山馆的常客。

徽商喜好书画，爱慕风雅，“扬州八怪”中的华喦、汪士慎、金农、高翔、郑板桥等，经常在马氏兄弟的小玲珑山馆住馆、聚饮、赋诗、观画、赏花。

马曰琯的园林里养了很多才子。马曰琯诗《秋日见汪士慎》：“交深卅载意绸缪，移住城隅小屋幽，风里寒蛩怜静夜，灯前白苎耐新秋，嗜茶定有茶经读，能画羞来画值酬,清骨向人殊落落,懒将岩电闪双眸。”马曰琯涓洁高风,与才子们交谊情深。

陈章、姚世钰、全祖望与张增,都曾经住在马曰琯园林里。马氏以兄弟般的情谊,朋友般的义气,与他们相处在一起。

马曰琯邀请郑板桥到小玲珑山馆,谈诗论文,当马曰琯得知郑板桥家境贫寒,债台高筑,来焦山躲债,随即赠给郑板桥纹银200两,让他走出经济困境。

长洲(今属苏州)楼锜年长未婚,马曰琯为他们择偶成家;天门唐太史客游扬州时逝世,马曰琯为他安葬;全祖望身染恶疾,马曰琯招聘良医给他治病。姚世钰客死扬州,马氏兄弟不仅操办了他的丧事,还刊刻了他的遗著《莲花庄集》。石交谢世,马曰琯每年出资抚恤他的妻子儿女。

马曰琯是学者的无私服务者,他提供学术资源、生活保障、安全保障、医疗保障、婚姻保障、家庭保障、人文环境、自然环境。学者需要宽松的环境,需要马曰琯!

阮元在《马半槎园林行乐肖像图》题诗:“玲珑山馆凝香尘,剩有丹青尚写真;万卷图书三径客,而今不复有斯人。”

马氏兄弟为学者排忧解难,提供种种方便。人才在扬州二马优厚的条件支撑下,百花绽放。

马曰琯博学不穷,笃行不倦,幽居不淫,上通不困,美忠信,以和为贵,慕贤容众,瓦合诸方,宽裕待人,合于儒行。

管理者语丝:

马曰琯是中国的文秀,文人的领袖。他慈祥仁厚,宽大和平,清妙丰宇。他的私人园林,是众多鸟儿(文人)的栖息地。商人多财,往往精神空虚;文人多才,往往囊中羞涩。马曰琯以他的园林,招揽天下诗人墨客,让他们住馆,提供给他们生活费、医疗费、家庭生活补贴费,提供图书与学术自由的空间。马曰琯把商人与学者结合起来,把资金与才华结合起来,弥补商人的精神空虚,也免除了才子的囊中羞涩,给予学者创作的动力与活力。

马曰琯,儒商。他爱文化,学文化,爱学者,资助学者,无条件全方位为学者服务。马曰琯的园林里有山、水、观荷亭、赏月台、藏书楼等。人文的温暖,景色的秀美,激发了文人的诗情画意,马曰琯的小玲珑山馆留下了许多传世佳作。

富裕的徽商有为天下文化繁荣打造培养基地的美好情怀,儒商的情怀,为世人所敬仰。

第二节 签歌如沸酒如泉(江春)

江春(公元1721—1789年),字颖长,号鹤亭。江春行盐旗号“广达”,人们称呼他“江广达”。江春,徽州府歙县江村人,祖父江演、父亲江承瑜在扬州经营盐业。江春练达多能,熟悉盐法,得到两淮盐运使赏识及众多商人的信赖,公元1749年被推举为总商。江春捐输报效朝廷前后达1100多万两白银,朝廷赐予他内务府“奉宸苑卿”,加级诰封光禄大夫正一品衔,并赏戴孔雀翎。江春因捕捉宫中逃离的太监有功,被乾隆皇帝赐予“布政使”衔。乾隆在镇江金山行宫召见过他,他先后得到过皇帝赐予的御书、福字、貂皮、荷包、珍珠、鼻烟壶、玉器、藏香、锡杖等物。江春参加过乾清宫的“千叟宴”,作为商人,江春得到的恩宠可以说登峰造极。

江春一生追求文化,他的著述有《黄海游录》《水南花墅吟稿》和《深庄秋咏》。

江春广交天下名士,许多文人住在他的私人园林里,读书、绘画、吟诗、写书。江春死后,每日来扬州祭奠他的有10多人。

迎驾 清朝康熙与乾隆两个皇帝多次南巡。水运为主的时代,扬州是南北交通的必经城市,盐商江春在扬州6次迎驾。他还在山西迎驾1次,天津迎驾2次,为太后祝寿3次。这充分说明了江春的经济实力与显赫的社会地位。

乾隆皇帝自公元1751年至1784年6次南巡,龙舟沿运河而行,经过扬州。扬州盐商拿出巨额资金修建行宫、花园,整修街道,在码头铺设棕毯,搭彩棚,设景点,建戏台。乾隆皇帝喜欢看戏,扬州商人分摊任务,大街上每隔一段距离,设一个舞台,请全国名角演戏,让乾隆皇帝随时随地可以看到演戏。

公元1765年乾隆皇帝南巡过扬州,两江总督尹继善、巡盐御史高恒、苏州织造普福、盐商江春等招待皇帝。

江春等盐商迎驾尽心尽力,倾力报效。公元1784年正月乾隆帝南巡,仅皇帝奖赏沿途人士的费用,江广达等盐商就提供了白银100万两。盐商不仅迎驾花钱,在皇太后、皇帝、皇后生日、大寿喜庆时,也积极送上大礼。

通过迎驾,弘历认为江春办事很有能力,他每次任命新的两淮巡盐御史,便嘱咐说:江广达人老成,凡事要多与他商量。于是江春成了当时朝廷与两淮盐务的重要人物。

关心社会公益活动 盐业税收是封建社会政府财政的主要收入之一。清朝官员的工资分为正俸与养廉银,正俸由政府给,数量不多,盐官的养廉银由盐商支付,巡盐御史的养廉银每年为5000两,盐运使的养廉银为2000两,其他如心红银、办公费、伙食费,全交由盐商承担,而且列为行政定规。

大盐商关心社会公益事业,主动资助朝廷的有关事务,维护社会的稳定。例如:公元1773年江春捐款400万两银子作为小金川平乱的费用,公元1782年江春捐款200万两银子修黄河,公元1788年捐款100万两银子救济水灾难民,公元1771年江春与其他盐商恭贺皇太后八十寿诞共捐白银60万两,自康熙至嘉庆年间,清朝廷收到扬州盐商报效朝廷的捐款银子共达39822196两。

在民生与公共设施方面,江春等盐商捐款在扬州修整街道、治理河道,修建园林、寺庙与文庙,建立义仓,赈济医药,建育婴堂,修桥摆义渡,冬天给穷人发放棉被棉衣等。

扬州盐商建设了会馆,为在外经商的徽州人服务。扬州盐商出资兴建和修缮书院,发展教育。扬州盐商喜爱书画,在江春等盐商的关照下,郑燮、金农、黄慎、高翔、李鱓、罗聘、汪士慎、李方膺等人,形成了著名的书画群体"扬州八怪"。

园林建设 扬州园林秀美,诗书琴画,梨园戏曲,美酒佳人,俨然天上人间。

江春一家在扬州构筑了8处园林,如:"水南花墅""东乡别墅""深庄""退园""秋集好声寮""江氏东园""西庄""康山草堂"。

乾隆皇帝南巡,曾两次临幸康山草堂,并题写了《游康山即事二首》《游康山》等诗。

江春好客,善待友人。江春的园林不仅是文人雅集的胜地,也是四海文人墨客栖息之所。清代中叶康山文风最盛。戏剧家蒋士铨住康山秋声馆,学者厉鹗写《齐天乐·秋声馆赋秋声》。诗人赵翼访康山草堂吟诗。袁枚是康山的座上客,他写了《扬州康山诗为主人江春作》。金农作《忆康山旧游》。画家陈撰和他的女婿许滨同时住馆康山。书法家、诗人方贞观住江春的秋声馆达20年,吴献可住在江春的园林达20余年,华亭人沈大成住馆江春家近10年,吴烺流寓江淮多得江氏资助,后走入仕途。金兆燕晚年住馆于康山草堂。

徽商建设私人园林,这里有丰富的环境资源、经济资源、文献资源、人才资源、社会活动资源,他们在这里生活高雅,文化活动丰富,文人留念康山。

康山雅集 江春与江昉兄弟,人们称为"二江先生"。他们爱好交结人才,他家大厅里常坐满诗人墨客。很多士大夫到扬州,或住江春的康山草堂,或住江昉的紫玲珑馆。

江春召集的诗友来自全国,他们中有两淮盐运使卢见曾、曹仁虎、蒋士铨、方贞观、阮元、熊之勋、林道源、罗士珏、沈大成、施安、吴献可、郭尚文、吴履黄、李钧、陈撰、徐麟趾、金兆燕、蒋宗海、程兆熊、叶天赐、金农、陈章、郑燮、戴震、江立、吴烺等。

扬州文人“雅集”誉满全国。扬州的各种优越条件，使得文人们像山雨一样蜂拥而来。康山风景优美，园林主人富有、宽厚、仁义，康山留下了许多风流雅事。

清初诗人王士禛任扬州推官的五年，积极倡导康山文化。在他的影响下，康山等园林举办诗歌雅集多次。公元1665年7月，王渔洋与许承宣兄弟、汪楫等登康山，诸人作《康山记》《康山行》《康山怀古诗》。

江春兄弟虽为商贾，却雅好文学，广纳贤士，大兴诗文宴会，其康山草堂为文人雅集的重要场所。公元1751年到1785年的几十年间，以康山草堂为中心的词人群体朝气蓬勃，他们以厉鹗为宗主，以南宋雅词为典范，把扬州诗词推向高潮，促进了扬州词派的繁荣。

巡抚阮元说：江春喜吟咏，好藏书，广结纳，主持风雅，多次招集杭世骏等诗友在扬州赋诗。雅集，既言志，也表达出娱乐的意向。

盐商爱才、揽才、引才、养才、济才，他们营造的良好环境，为天下才子提供了创造性思维的空间。四海文人如鱼得水，如鸟归林，奔赴扬州。

江春与京剧的发展 清朝时期，看戏是宫廷与民间的重要文化活动。

乾隆时期扬州的盐官及盐商，蓄养戏班，蔚然成风，扬州私人园林里有戏班20个。公元1724年清朝廷颁布禁止外官蓄养家乐的政令，公元1778年重申蓄养戏班禁令。这以后，盐商不再办家班，他们招聘职业戏班演出戏剧。盐商家庭出身的人往往爱好写剧本。如汪楫、郑小白、张潮、程梦星等。

两淮盐务把戏班分成花、雅两部：雅部演唱昆山腔；花部演唱京腔、秦腔、弋阳腔、梆子腔、罗罗腔、二簧调，统称“乱弹”。江春曾经养有德音班与春台班两个戏班，德音班属雅部，春台班属花部；江春的戏班规模大，演员技艺精湛，他们除了应付官差外，多数时间在康山草堂演出，凡来了客人，或节日，或主人兴趣来了，就在园林里演戏。

江春的德音班，都是著名演员，这些人表演经验丰富，分工细，演技绝佳。

江春以开放心态，组建春台班，改编新剧、改革声腔、改进舞台布置，合京秦二腔，提高艺术水准。春台班深得大众喜爱。春台班演出的剧目有《滚楼》《送枕头》《思凡》《打盏饭》《花鼓》等。

当时，安庆人高朗亭30岁，专工旦角，主唱二簧、昆曲和小调。他是三庆徽班班主，梨园领袖。他扮演的花旦，一颦一笑，神情入化，具有浓郁的生活气息，受到北京人的欢迎。魏长生，四川金堂人，秦腔花旦名角，公元1779年到北京入双庆部，演《滚楼》名动京师。

徽剧题材来自民间，大量的生活题材，艺术生动，雅俗共赏。徽班的演员，各怀绝技,表演与声乐艺术高,表情细腻。他们从声腔、念白到表演,形成以皮黄为主的声腔音乐体系。他们在唱、念、做、打方面进行艺术创造,演出时,摆身段、甩水袖、扬歌喉、亮武功,个个身怀绝技,在戏班连片的苏唱街,徽剧显示出曲调独特的表现力和声乐美,博得观众的喝彩。

徽州艺人带着乡音来到扬州,南腔北调,各个剧种,互相影响,互相交流,原来的徽班、徽调艺术得到改造,发展成为京剧。

公元1790年弘历八十大寿,北京自西华门到西直门外高梁桥,每隔数十步一个戏台,南腔北调,群戏荟萃。乾隆皇帝下旨调徽班进京演出。江春依旨物色著名演员高朗亭率徽剧"三庆班"进京。

三庆班在北京名声大振,继而引来"四喜""春台""和春"戏班,时称"四大徽班进京"。

三庆班擅长演整本大戏,四喜班擅长演昆腔式的剧目,春台班的青少年演员演艺好,和春班的武打戏最受欢迎。

一般说来,南方的戏唱腔与动作柔软,内容偏于情爱;北方的戏,唱腔高昂,内容偏于攻关夺隘。京剧强调正风俗,艺术精雅,兼有南北戏的优点。

扬州的徽班创造了京剧艺术。京剧有特定的角色、服装、锣鼓、音乐、剧本,在念、唱、做、打等演艺上具有独特的功力。京剧的音调与剧本内容基本上是健康的,对人们有一定教育鼓舞作用。京剧从乾隆年间一直到"文革"前,影响了中国社会几百年。老百姓一出门,就放开嗓子唱大戏(京戏)。人们模仿戏剧中的优秀人物,演唱戏曲中的经典唱段,把戏曲中的经典语句应用于日常生活中,京剧表现了在各种事务中的纲常伦理。以前,在没有文化的农民占多数的时代,京剧对人们的生活发挥了重要的作用。京剧是艺术的上品,四大徽班进京,是一个重要的艺术里程碑。

盐商江春是品位极高的戏曲鉴赏家,他酷爱戏曲,广交天下客,他的园林里客人车水马龙。这些客人不仅吟诗、品画,还喜欢看戏。江春的园林里几乎每天都有三四个戏班分台演出。往往不同的剧种、不同的剧目、不同的声腔的戏同时演唱。演员互相竞争,各露才华。

江春请潘之恒观看戏剧演出,体验情感,分析角色,总结经验。江春与蒋士铨等人研讨白居易《长庆集》,蒋士铨写剧本《四弦秋》。江春吩咐家班排练试演。蒋士铨《空谷香》《四弦秋》创作于秋声馆。一出新戏,从写剧本、道具、布景、排练到演出,费用高昂。例如《桃花扇》费银16万两,《长生殿》费银40万两。如果没有富商,就不会有这些名剧。

江春常在不同亭馆演戏招待客人,作诗饮酒,听曲,看戏,如梦断肠。

公元1788年69岁的江春辞世。

江春眼界开阔、追求标新立异，具有士大夫艺术气质和欣赏水平。

江春组建戏班，选拔优秀演员。各个戏班、各个剧种相互交融，相互学习，创造了著名的京剧。通过江春选送徽班进京，徽班融入宫廷文化，使京剧进一步发展，最后臻于成熟。

江春是盐商，他把积累的资金用于建设园林，迎驾，开展诗词雅集，出版图书，演戏，编写剧本，发展京剧。京剧是文化中的国粹，从民间文化走向宫廷文化，又从宫廷文化播及民间。直至今天，我们还可以看到徽州深山小村里或祠堂中有建造精美的古戏楼，在文化活动稀缺的封建时代，看戏是多么幸福的事啊！此时，你也可以理解，当时的徽商是如何实践儒家箴言“达而兼济天下”的！

管理者语丝：

京剧是中国传统文化的瑰宝。京剧由徽剧演变而来。盐商江春在扬州私人园林里演唱徽剧，也演唱其他的戏剧。江春，大盐商，他投资于戏剧研究、创造、排练、演出。他招揽了全国著名的剧作家、戏剧评论家、演员，以及诗人、画家、学者，让他们观赏戏剧，共同关心戏剧的发展。徽剧吸取了其他戏剧的特长，然后在宫廷中为皇家服务。徽剧由地方文化，发展成为宫廷文化，徽剧演变为京剧，宫廷文化传播到民间，京剧又成为“大戏”，国家级戏剧。

文化，优秀的文化，需要有得力的支持人，集聚各界爱好者、名流，共同研究、创作、发展，方能出成果，出精品。徽商江春以文化将帅的风度，招揽、关心、爱护、培养人才，打出了文化精品。江春，是徽商中儒家风范的代表。

第三节　竹梅秀野不疏园(汪梧凤)

徽州歙县城西约六公里有一个西溪村，或称西沙溪。在西溪村聚族而居的是汪姓人。西溪村西邻“贞白里”，这个村庄居住着郑姓人。西溪与贞白里二村道路相连，街巷相通，人们统称它为郑村。郑村现为歙县下辖的一个镇政府所在地。

西溪村始祖汪人槛(公元1230—1302年)，字月卿。他在公元1291年迁居西溪村。汪人槛的第10代孙汪良锤(公元1573—1659)，字伯英，明代万历年间太学生，风雅好学，他与当时的学者往来于楼台轩阁之间。汪良锤在西溪村口建有“蓑竹馆”，接待各地来访的学者。汪景晃(公元1666—1761年)是汪良锤的曾孙，字明若,号旭轩,他失意于科场,到浙江省兰溪做布匹生意。不多年,他便成为大富翁。50 岁那年,汪景晃把企业管理的事交给儿子,自己则专门做公共福利事业。江永给汪景晃写的传记,述说汪景晃乐善施济的事。据江永记载,汪景晃的社会慈善活动主要在以下几个方面:

为单身老人提供粮食。在山道上设茶亭,免费招待行路人茶水。给衣不蔽体的人发给做衣服的钱。资助病人医疗费。凡适龄儿童不能入学的,设义学让他们接受教育。给缺少安葬费的人购买棺材。

汪景晃从 50 岁开始从事慈善事业,到他 90 岁仙逝,为社会开展慈善事业共达 40 年,耗资巨大。

汪景晃有三个儿子,第 2 个儿子名为汪泰安(公元 1699—1761 年),字永宁,号口石。汪景晃的企业交给汪泰安时,汪泰安只有 17 岁。汪泰安做生意赚的钱根本不够父亲汪景晃的抛撒。有时,入不敷出。汪泰安担心资金短缺,不能满足父亲接济社会活动的需要,引起父亲不高兴。如果长辈不高兴,就是做儿子的不孝啊!

汪泰安扩大经营,赚的钱多了,人们称赞汪泰安为“隐德君子”。

汪泰安与其父汪景晃一起逝世于公元 1761 年,父早其子五个月离世。汪景晃振穷济困,施舍于民众。汪泰安经商有成,建设不疏园,为学者创造了良好的环境。

不疏园 汪泰安经商有道,他积累的资金,不仅使其父实现了济世的愿望,还建设了一个私家园林——不疏园。

园名“不疏”,汪梧凤在《勤思楼记》中说明了园名的来由:“先君子治田为园,园北有堂,颜(题名)之曰不疏,盖取陶诗‘暂与田园疏’意而反之,亦欲使后之读书其中者,常守厥志,不致苟于利禄,而饕餮于宠荣也。”

不疏园的“不疏”二字,借意于陶渊明诗:“投策命晨装,暂与田园疏”,这首诗的题名为《始作镇军参军经曲阿作》。陶渊明说他参军了,不得不暂时疏远他心爱的田园。汪泰安旨在告诫后人,要认真读书,不能为了利禄、恩宠、虚荣,不读书,或假读书。人要有真知灼见,要有天然的美德,做有知识的高尚人。不疏园的园名包含着汪泰安的治学与教子的精神,即:务实,不务虚,重视本质,而不在乎外在的形式。要自然,而不要人为的塑造。

不疏园是一个很有特色的园林。汪梧凤的儿子汪灼在《半隐阁赋》中描述不疏园的建筑格局:园林的西边五丈地建有“半隐阁”,半隐阁邻近的建筑是“四部书楼”,两个建筑中间有一过道相通。半隐阁之所以题名“半隐”,是因为它有半边延伸在曲池的水面上。半隐阁是椭圆的建筑,读书人可以在上面休息或观赏风景。

“四部书楼”也称作“勤思楼”，楼中收藏有“二十四橱书”，它是不疏园中最主要的藏书楼。

盛时修园亭，公元1743年，即乾隆初年，汪梧凤开始动工建设不疏园，不疏园一共存世约120年，这也是西溪汪氏鼎盛的120年。

汪灼收集的《不疏园十二咏》，描述不疏园有六宜亭、别韵轩、拜经草堂、松溪书屋、山响泉、勤思楼、双桐得夏阴、竹北华南藏书室、半隐阁、听雨楼、不浪舟石舫、黄山一角。

不疏园一系列建筑，用于读书、藏书、观鱼、看山、赏花、画画、下棋，亭台楼榭与大自然协调一致，山水相间，虚实对应，明放豁达，生机勃勃。这里是一个可供文人吟眺游息的读书佳境。

栖凤的梧桐　西溪的不疏园藏书多，住馆的学者也多，简直成了栖凤的梧桐。不疏园为学者免费提供住宿、伙食、藏书楼、阅览室，以及一切其他费用。它是人们读书治学的园亭，也是休息消遣的园亭。不疏园里的学者可以连续住下去，几个月、几年、十几年都可以，古代人把这种行为称作住馆。古代的“馆”一般指公益性服务场所，住馆就是免费享受馆内提供的待遇。这种待遇比西方公共图书馆优越多了。不过不疏园不能像公共图书馆一样实行无差别的服务，它开展的是特色服务，即专门为天下有作为的学者服务，私人的财力有限，广泛地为公众服务是不可能的。

不疏园的优越治学环境，培育了一批学者，如江门七子。不疏园里的学者成果丰硕，形成了一个学派——皖派汉学，这样不疏园与皖派汉学一起名传千古。

江门七子　江门七子，指江永带的七个学术上很有造诣的学生。江门七子，加上不疏园主人汪梧凤，共八人。这八个人按照他们出生年月先后顺序排列如下：

郑牧（公元1714—1792年），字用牧，休宁县合阳人。汪肇龙（公元1722—1780年），原名肇宁隆，字松麓，一字稚川，歙县城里人。戴震（公元1724—1777年），字慎修，号东原，休宁县隆阜人。汪梧凤（公元1725—1772年），字在湘，号松溪，歙县西溪人。程瑶田（公元1725—1814年），字亦田、易田、伯易、易畴，号葺荷、葺翁，歙县城里人。方矩（公元1729—1789年），又名根矩，字味原，歙县灵山人。金榜（公元1735—1801年），字蕊中、辅之，号桨斋、拓田，歙县岩镇人。吴绍泽（公元1735—1789年），字蕙川，歙县西溪南人。

老师江永（公元1681—1762年），徽州婺源人。江永21岁考取秀才，27岁开始以教书为业。他是当时著名的学者，他对于中国本源文化研究很深。江永高举正本清源的大旗，专意训诂、考证，突出“经世致用”，他把握研究对象，探求真理，以六经为理论基础,解决当世的事务。

江永的著作有 39 种,如《礼书纲目》《春秋地理考实》《周礼疑义举要》《翼梅》《律吕新论》《古韵标准》《近思录集注》《礼记训义释言》《孔子年谱辑注》《群经补义》《仪礼释例》等。江永的著作被《四库全书》采入的有 16 种。

崇拜江永的郑牧、汪肇龙、戴震、程瑶田、方矩、金榜、吴绍泽,来到不疏园拜江永为师,向江永求学。7 个来学习的人,有 6 个是歙县人,1 个是休宁县人,他们有的人在不疏园住了十几年,有的人住了七八年,或四五年。江永逝世以后,官吏把江永在不疏园住馆培养人才的事迹报告给朝廷,朝廷给予嘉奖,并且把江永塑像供在朱熹庙里,让人们一同祭祀。

江门七子于公元 1752 年齐集于不疏园,教师江永也是那年来的。那一年江永 72 岁,诸位同学中,郑牧 37 岁,汪肇龙 31 岁,戴震 30 岁,程瑶田和汪梧凤都是 28 岁,方矩 24 岁,金榜只有 18 岁。这是江门七子思维最活跃的时期,也是最富有创造力的时期。对于江门七子来说,不疏园是一段美好的峥嵘岁月。

皖派汉学 歙县潭渡人黄仲则由训诂入手治学,撰《字诂》,穷研文字声义,撰《义府》,考论经、史、子、集,开创皖派汉学。

江永 皖派汉学的领军人物。皖派考据学,清初由歙县黄仲则发起,江永是旗手,其弟子戴震、程瑶田、金榜发扬光大,戴震是集大成者,皖派汉学的学术队伍就这样形成了。

江永于公元 1752—1758 年住馆不疏园,这是他学术上大踏步前进的七年,他在这里讲学,读书、著述,与同志旧友商讨学术问题。

江永是名师,他桃李满天下,他的学生中有 3 人考中状元。

戴震 戴震虚龄 30 岁那年(公元 1752 年)住馆不疏园。这时他的已经见世的著作有《六书论》《考工记图注》《尔雅文字考》和《屈原赋注》。戴震是汪梧凤聘请来给他儿子讲课的。戴震住馆时期,正好江永在歙县讲学。戴震抓住这个机会,与汪梧凤一起拜江永为师,学习经书。

公元 1761 年,戴震第二次住馆不疏园,这次他与汪肇龙一起给汪梧凤的两个儿子(汪浑 16 岁,汪灼 14 岁)讲授参加科举考试的知识。第二年戴震自己为参加乡试离开不疏园。戴震在文字、音韵、训诂领域,重名物考据,要求"明道""闻道",与古贤圣的心志相通。他的学术研究沿着天道、人性、人道的路径,探讨孟子的尽心、知性、知天的理论。戴震是皖派汉学的集大成者。

程瑶田(公元 1725—1814 年),字易田,一字易畴,号让堂,安徽歙县人。程瑶田曾经在朝廷担任州学正、县教谕,公元 1796 年举为孝廉。他师从江永,重考证,究义理。他的著作中义理、考据、辞章三者并重。他在文字训诂、天文历算方面,讲明道理,重视学以致用,符合时代特征。程瑶田是皖派汉学中的杰出学者。程瑶田著有《通艺录》19 种,《附录》7 种,程瑶田丰富和发展了皖派汉学,是皖派汉学的主要成员。

金榜(公元 1735—1801 年),徽州歙县岩寺人,字蕊中,辅之。公元 1764 年乾隆皇帝南巡时召试举人,授衔内阁中书、军机处行走。他于 1772 年中状元,授职翰林院修撰、山西省乡试、京都会试副主考官。其外祖父逝世,他服丧以后不再出山任职。

金榜是江门七子中年龄最小的人。金榜公元 1752 年与戴震、程瑶田共学于不疏园,打下了经学的坚实基础。金榜从礼的角度研究典章制度,丰富了江永与戴震领军的皖派汉学。

汪梧凤(公元 1725—1772 年),是江门七子共学时的不疏园主人,又是学生,他对皖派汉学的发展起着组织和推动作用。

汪梧凤的儿子汪灼(公元 1748—1821 年),传世著作《诗经言志》《毛诗周韵诵法》《广韵母位转切》,他的学术受江永、戴震及其家学的影响,汪灼是皖派汉学的传人。

汪梧凤弟弟汪漪(公元 1730—1779 年),经营布业于兰溪,他每年拿出一笔经费维持不疏园的正常运行,支持兄长研究经学。

不疏园良好的学习环境,培育了皖派朴学。众多学者来到不疏园,合志同方,慎静尚宽,通达博学,登达学术的新高地。不疏园是徽州故里以商育儒的典范。

管理者语丝:

文人出脱,需要有独立的人格,自由的天地,灵性涌动的情怀,没有经济压力,执着的专业追求意识。清代汪梧凤的不疏园,内设藏书楼,读书轩,便于研究学问,园内生活设施一应俱全,给学者提供了优越的环境。学者江永、戴震等住馆若干年,成就了一代名流,皖派学者、朴学大师。

徽商,他们穷则独善其身,达则兼济天下。不疏园的汪氏富了以后,心忧天下,开展公益服务,从事慈善事业,接济学术名流,推动了文化的发展。

徽商,他们支持发展了文学、教育、戏剧、出版、藏书、朴学、哲学、美术、园林等。康乾时期,徽商对于文化繁荣的贡献,堪比西方的佛罗伦萨,徽州儒商使得当时中国的文化灿烂辉煌。